Treffpunkt ’89

Marko Martin

Treffpunkt ’89

Von der Gegenwart einer Epochenzäsur

Wehrhahn Verlag

Meinen Eltern

Dem Andenken von Jürgen Fuchs (1950–1999)

Editorische Notiz: *Die in Zeitschriften oder Zeitungen (Lettre International, Kommune, Cicero, DIE WELT, FAZ, NZZ u.a.m.) erschienenen Beiträge des Bandes wurden für die Buchveröffentlichung vom Autor überarbeitet und aktualisiert.*

Bibliografische Information der Deutschen Nationalbibliothek

Die Deutsche Nationalbibliothek verzeichnet diese Publikation in der Deutschen Nationalbibliografie; detaillierte bibliografische Daten sind im Internet über <http://dnb.ddb.de> abrufbar.

2. Auflage 2014
Wehrhahn Verlag
www.wehrhahn-verlag.de
Gesamtgestaltung: Wehrhahn Verlag
Umschlagfoto: Matthias Wehrhahn
Druck und Bindung: Beltz Bad Langensalza GmbH

ISBN 978–3–86525–444–3

INHALT

Wer das Jahr 1989 erlebt hat, hat nicht das moralische Recht, Pessimist zu sein.

David Warszawski, 2006

Die Schlamperei wird siegen, der Frühling, die Witze, die Zeichen von *Solidarnosc* und *Charta 77* an den Häuserwänden, Wajdas Filme, Sarah Kirschs Gedichte, Havels Stücke, Zagajewskis Aufsätze, Biermanns Lieder, aber vor allem: die gute Arbeit solidarischer, freier Menschen in aller Welt.

Jürgen Fuchs, 1981

Nicht nur die alten Geschichten
Weshalb 1989 ein globales Datum ist

2014

Was geschah 1989? Ein Vierteljahrhundert nach den Umwälzungen im damaligen Ostblock wirkt die Erinnerung immer kanalisierter. Als wäre es ein Comic, erscheint wieder und wieder Genschman auf dem nächtlichen Balkon der Prager Botschaft: »Wir sind gekommen, um Ihnen mitzuteilen, dass heute Ihre Ausreise...« Dazu einige Szenen von den Leipziger Montagsdemonstrationen und dann auch schon ein schnauzbärtiger Ossi, der am Grenzübergang Bornholmer Straße »Waahnsinn!« ruft, ehe Willy Brandt sein berühmtes »Jetzt wächst zusammen...« krächzt, Helmut Kohl im Geschichtsmantel vorüber stampft – und schlussendlich die Riege der medialen Bedenkenträger erklärt, was alles schief gelaufen sei und noch zu tun bleibe.

Bei all dem feiert die deutsche Nabelschau wahre Triumphe. Als hätte es nicht zuvor den Todesmut polnischer Werft- und Hüttenarbeiter gegeben, die mit *Solidarnosc* bereits Anfang der achtziger Jahre dem Zwangssystem den Kampf angesagt hatten – und damals von Egon Bahr hören mussten, sie gefährdeten den »Weltfrieden«, während der feingeistige Peter Rühmkorf mit einem »Mehr als Arbeit und Disziplin verschreiben kann der polnischen Nation ohnehin kein Mensch auf der Welt« sekundierte. Für die Gschaftlhuber der FDP waren diese Polen ein Handelsrisiko, für den linken *Mainstream* dagegen fanatische Katholiken, die doch da tatsächlich mit Holzkreuzen in den Händen vor der Danziger Lenin-Werft standen. Dass *Solidarnosc* aber auch deshalb so stark war, weil sich in ihr Arbeiter, Priester und säkulare Intellektuelle versammelt hatten – es spielt in der hiesigen Wahrnehmung ebenso wenig eine Rolle wie die Tatsache, dass die einflussreiche Oppositionszeitschrift *Kultura* den Polen bereits frühzeitig die Angst vor einer deutschen Wiedervereinigung genommen hatte. Denn nur die Existenz der DDR, so die nachvollziehbare Logik, rechtfertigte jene sowjetische Militärpräsenz bis zur Elbe, die man doch lieber heute als morgen abschütteln wollte. *Für Eure und unsere Freiheit*... DDR-Bürgerrechtler wie etwa Wolfgang Templin fanden damals im renitenten Polen Motivation für ihr eigenes Engagement, und die Bücher von Czesław Miłosz und Adam Zagajewski halfen dabei ebenso wie die verbotenen Texte von Václav Havel und den anderen tschechischen Regimekritikern aus dem Umfeld der *Charta 77*.

Wie seltsam also, dass gerade in Deutschland, wo seit 25 Jahren jeder Aspekt der Wiedervereinigung bis zur Erschöpfung hin und her gewendet wird, diese Verknüpfungs-Geschichte eher ignoriert bleibt. Selbst die damals mutige Entscheidung der ungarischen Reformkommunisten um Ministerpräsident Miklós Németh, im September 1989 die Grenze für flüchtende DDR-Bürger zu öffnen, hat es bislang nicht wirklich ins historische Gedächtnis der Nation geschafft. Dass gleichzeitig auch anderes verdrängt wird, scheint dagegen nachvollziehbarer: Denn wie schwer wäre es einzugestehen, dass vor Gorbatschows Rückzugs-Entscheidung erst einmal Ronald Reagans offensives Rüstungsprogramm kam, welches der Sowjetunion nachhaltig klar machte, dass der Kalte Krieg vor allem ökonomisch verloren war. Doch selbst wenn – vor allem wegen der in Lateinamerika begangenen oder unterstützten Schändlichkeiten – Reagans Politik gemischte Gefühle hervorruft, könnte mit ein klein wenig intellektueller Denkanstrengung der immense amerikanische Beitrag zum Fall des Eisernen Vorhangs gewürdigt werden, ganz zu schweigen von Bush Seniors Unterstützung der Wiedervereinigung, als Präsident Mitterand und Margaret Thatcher noch eifrig blockierten. Daran zu erinnern, mindert weder den Wert von Helmut Kohls klugem Management 1990 noch den Mut jener Demonstranten in Leipzig, Dresden und Ostberlin (und zahlreichen kleineren Städten), die durchaus für sich beanspruchen können, im Herbst '89 das marode, aber noch immer waffenstarrende Regime wegdemonstriert zu haben – eine beeindruckend gemeisterte Herausforderung, vor der Westdeutsche noch nie gestanden hatten.

Wenn freilich der Jubel über jenes Jahr etwas monoton klingt, so die Klage über den Epochenwechsel nicht minder. 1989 habe »den Siegeszug des Neoliberalismus« mit sich gebracht, klagen viele, denen vorher die Existenz von Ein-Parteien-Diktaturen und einer mit Streikverbot belegten Arbeiterklasse kaum ein Stirnrunzeln wert war. Dabei setzte in jenem Jahr tatsächlich eine gigantische Verwandlung ein, die einer genaueren Betrachtung wert wäre: Quasi über Nacht wurden aus staatlichen Funktionären »Businessmen«, die mit ihrer Marktwirtschafts-Travestie wiederum dafür sorgten, dass ihre parteikommunistischen Kumpel auch bei freien Wahlen reüssieren konnten. Firmierten diese Kader in Prag, Budapest und Bukarest doch nun als »Sozialdemokraten« und hatten schnell Zutritt gefunden zur einst doch so tapfer von Willy Brandt oder Mario Soares auf antitotalitären Kurs gehaltenen »Sozialistischen Internationale«. Damit begann vor einem Vierteljahrhundert genau jene Geschichte, deren neue Kapitel täglich in Bulgarien, Rumänien, der Slowakei oder in Slowenien zu besichtigen sind: Korrupte Gangs in Regierungsverantwortung (einschließlich weiter Teile der Opposition und Medien sowie der gesamten Wirtschaft), während es »Brüssel« größtenteils bei einem Augenbrauen-Hochziehen belässt. Wie sollte es auch anders sein, haben die Genossen doch längst dafür gesorgt, dass sie selbst bestens EU-vernetzt sind oder zumindest ihre Kinder für solche Art der Kontinuität sorgen. (Wer dies für eine krude Verschwörungstheorie hält, mache ruhig einmal die Probe auf's Exempel und höre sich in Brüsseler Lounge-Bars und Clubs um, wenn zu vorgerückter Stunde die inzwischen dreißigjährige östliche Neo-Elite polyglott aus dem Nähkästchen plaudert als wär's in der Tat ein einziges Mafia-Stück.)

Dennoch: »1989« beweist, dass Geschichte *immer* offen ist, im Guten wie im Schlechten, und damit die deterministischen Voraussagen eines Karl Marx ebenso obsolet geworden sind wie jene von Francis Fukuyama. Anders als im damaligen Umbruchjahr viele vermuteten, führte die Implosion der kommunistischen Regimes allerdings zu keinem »Geschichtsrevisionismus«, der etwa die Erinnerung an den Holocaust verwischt hätte. Im Gegenteil: Dank der Courage vieler Einzelner (und dazu EU-geförderter und zum Glück nicht zweckentfremdeter Projekte) kann erst jetzt der *ganzen* Geschichte des 20. Jahrhunderts gedacht werden, war doch bis 1989 in den Ostblockstaaten die Vernichtung der europäischen Juden (und des eigenen, ukrainischen oder lettischen Anteils daran) ebenso verdrängt wie die Massenverbrechen des Stalinismus. So wurde – ein Beispiel unter vielen – im tschechischen Pilsen/Plzeň, der Europäischen Kulturhauptstadt 2015, die unter dem Kommunismus jahrzehntelang zweckentfremdete Synagoge restauriert und auch ein kleines Museum eingerichtet, das daran erinnert, dass die Stadt im Mai 1945 von amerikanischen Truppen befreit worden war und nicht etwa (wie die Propaganda bis zum November '89 behauptete) von der ruhmreichen Sowjetarmee. Gleichzeitig erinnern inzwischen junge tschechische Künstler an die Vertreibung der Deutschen *und* an die Zwangsumsiedlungen innerhalb des Landes, um die frei gewordenen Grenzgebiete mit vermeintlich »verlässlichen Elementen« neu zu besiedeln. Nicht Relativismus und Aufrechnerei ist dies, sondern die Wiedereroberung eines historischen Gedächtnisses, das vor den Schrecken des 20. Jahrhunderts (und den Gefahren der Gegenwart) nicht ausweicht und sich der Rabulistik des Monokausalen verweigert. So ist nun auch in Polen die Debatte um den einheimischen Antisemitismus längst im Gange, im Baltikum beginnt sie gerade. Selbst im neo-nationalistischen Ungarn, wo plötzlich ausgrenzerischer Kult allerlei Sumpfblüten treibt, ist das Meinungsklima nicht homogen. Wo geschichtliche Aufarbeitung dagegen noch immer ein persönliches Risiko darstellt – etwa auf dem Balkan – haben fast immer ins Chauvinistische gewendete Altkader das Sagen. Auch hier gilt: Wer die Überschneidungen, Verbindungen, Brüche *und* Kontinuitäten übersieht, wird das Potential von »89« kaum verstehen.

Vielleicht ist es ja deshalb mehr als nur eine Fußnote zum Konzert der Heuchler und Trickser: Die meisten derjenigen, die nach dem Mauerfall wortreich vor einem »neuen Nationalismus« warnten, hatten jedenfalls zuvor weder den wüsten Antizionismus ergo Antisemitismus der Ostblockstaaten kritisiert noch fanden sie sich im Januar 1991 bereit, dem von Saddam Husseins Gas und Raketen bedrohten Israel beizustehen. Und als kurz darauf Genosse Slobodan Milosevic – nun tatsächlich ein Erznationalist aus der Schule kommunistischer Funktionäre – einen mörderischen Krieg anzettelte, war es die gleiche Truppe der »Bedenkenträger«, die sich gegen ein militärisches Eingreifen aussprach und damit die leidenden Zivilisten nicht nur von Sarajewo um ihr Leben betrog. Wer dagegen in all diesen Fällen – vor und nach '89 – Position bezog für die Menschenrechte, waren die gleichen: Der Arzt Marek Edelman, letzter überlebender Kommandant des Warschauer Ghetto-Aufstandes und späterer *Solidarnosc*-Aktivist. Der antitotalitäre Philosoph André Glucksmann, Sohn nach Frankreich geflüchteter Juden und Freund Daniel Cohn-Bendits. In Polen Adam Michnik, in Tschechien Václav Havel und Pavel Kohout (der bereits bei einem

Schriftstellerkongress 1967 die staatliche Hetze gegen Israel angeklagt hatte). In Deutschland waren es Schriftsteller und Intellektuelle wie Ralph Giordano, Wolf Biermann, Hans Sahl, Reiner Kunze, Freya Klier und dazu westdeutsch Sozialisierte wie Hans Christoph Buch oder Peter Schneider. Bei all dem nicht zu vergessen Jürgen Fuchs, der Lyriker, Stasi-Dechiffrierer und unermüdliche Vermittler zwischen DDR- und osteuropäischer Opposition und dazu Freund Manès Sperbers – welcher bereits zu k.u.k-Zeiten als Schtedl-Kind aufbegehrt hatte, vom Dach des ärmlichen galizischen Hauses Kieselsteine gegen den Himmel werfend, als Protest gegen das skandalöse Schweigen Gottes zu all den Ungerechtigkeiten auf Erden.

»Tatsächlich – all diese Leute hat es gegeben, und sie haben voneinander gelernt.« Die greise Elisabeth Fisher-Spanjer in Amsterdam, die bereits im Jahre 1934 Willy Brandt kennengelernt hatte und im Paris der Zwischenkriegszeit dann Victor Serge und andere Warner vor dem Totalitarismus, kommt im Gespräch immer wieder auf jene sichtbaren und unsichtbaren Verbindungslinien zurück. Inzwischen ist sie 99 Jahre alt, fast völlig erblindet, jedoch geistig wach – und voller Spott über routinierte Plattitüden. Solle ihr doch keiner erzählen, die Diktaturfeinde von damals seien nur liebe Onkels gewesen, deren Geschichten heute keine Relevanz mehr besäßen... Auf die gleiche Weise hatte in Paris Jerzy Giedroyc, Gründer der legendären Exil-Zeitschrift *Kultura,* darauf insistiert, dass das antitotalitäre Engagement *vor* 1989 auch auf die kommende Zeit bezogen war – etwa in jenen rationalen litauisch-polnischen Diskussionen, die nach 1989 dafür sorgten, dass zwischen beiden Ländern eben *keine* Grenzstreitigkeiten ausbrachen und expansiver Nationalismus keine Chance erhielt. Aber auch der exilungarische Historiker und Résistance-Kämpfer François Fejtö und der tschechische Surrealist František Listopad, nach seinem Bruch mit den Kommunisten nach Portugal ausgewandert, bestanden auf dem Fortwirken des Vergangenen, in ihrem Fall in der Freundschaft mit Albert Camus, der ihnen in Momenten existentieller Einsamkeit beigestanden hatte. Und Melvin Lasky, Gründer des *Monat,* erinnerte sich, dass es im Frühjahr 1948 Klaus Mann gewesen war, der für seine Publikation diesen knappen, unprätentiösen Namen gefunden hatte – der kurzzeitig nach Deutschland zurückgekehrte antinazistische Emigrant als Stichwortgeber für eine Zeitschrift, in der dann Intellektuelle wie

George Orwell, Arthur Koestler, Hannah Arendt (und wiederum Willy Brandt) das Lügengespinst des Stalinismus zerrissen. Während in Wien der serbisch-österreichische Romancier Milo Dor, der als junger Mann von der Gestapo gefoltert worden war, darauf hinwies, dass ein genaueres Hinschauen auf die Realität in Tito-Jugoslawien dem Westen das blauäugige Überraschtsein über das Auftauchen des Genossen Milosevic hätte ersparen können.

Bei all dem aber erwiesen sich diese Jahrhundertzeugen nicht etwa als verbitterte Besserwisser, sondern im Gegenteil als häufig ironische, gelassen-weise Chronisten, die den Vorteil nutzten, nicht von gegenwärtiger (westlicher) Stabilität naiv auf ein gutes Ende der Geschichte zu schließen, sondern von der Erfahrung des Bruchs, der Gefährdung und der historischen Traumata her zu denken. Václav Havel brachte es einmal auf die Formel, dass die östliche Erfahrung des Totalitarismus auch latente Tendenzen im Westen enthüllen könne. Die Ereignisse von 1989 waren deshalb alles andere als »nachholende Revolutionen«, wie sie Jürgen Habermas in desinteressiertem Paternalismus bezeichnet hatte.

Freilich hatte Havel mit seiner Bemerkung nicht jene bequeme Äquidistanz im Sinn, die damit hausieren geht, im Osten hätte eben »die Partei« geherrscht und im Westen »das Geld«. Menschen wie er oder André Glucksmann, Czesław Miłosz, Camus oder Sperber sezierten eher die schnell-falschen Rundum-Erklärungen, und ihre bitter erworbene Fähigkeit, auch gegen den eigenen Referenzrahmen zu denken, täte auch heute Not. Denn so wenig etwa der Snowden-NSA-Komplex dafür taugt, die Welt der Stasi und des (unter anderem Namen fortbestehenden) KGB in ein milderes Licht zu tauchen, so wenig sollte sein freiheitsgefährdendes Potential unterschätzt werden.

Das Thema dürfte nur nicht als billige Spielmarke für jene These herhalten, nach welcher der Westen ja bereits selbst ein ausgefeiltes Manipulations- und Repressionssystem sei. Derlei behaupten zur Zeit unisono russische Machthaber und französische *Front National*-Faschisten, politisch korrekte Linke mit ihrem permanenten Unter-Verdacht-Setzen des Westens *und* politisch angeblich »inkorrekte« Radau-Reaktionäre mit ihrer schrillen Polemik gegen Frauen- und Minderheitenrechte oder gegen die Gleichstellung gleichgeschlechtlicher Paare. Der Angriff auf bürgerrechtliche Selbstverständlichkeiten endete keineswegs 1989 und erfährt inzwischen sogar eine globale Weitung

– und dies nicht nur in Putins Attacken gegen die Nach-Janukowitsch-Ukraine. Weder die offiziellen Lautsprecher in seinem re-sowjetisierten Russland noch die Partei-Ideologen aus Peking sparen mit Spott über den europäischen Sozialstaat und Individualismus, wo doch orthodoxe Popen die besten Sinnstifter wären oder das chinesische Modell zeige, dass es wirtschaftliche Prosperität auch geben könne ohne störende Menschenrechte, Gewerkschaften und öffentliche Kritik. Und wie in den Jahren und Jahrzehnten vor '89 fällt auch diese Propaganda bei den hiesigen Diktaturverstehern auf fruchtbaren Boden, seien es nun Altlinke, Neorechte oder doktrinäre Marktideologen. Die chinesische Parteizeitung *Global Times* macht deshalb auch kein Hehl aus der gegenwärtigen Stoßrichtung, wenn sie schreibt: »Wir sollten erkennen, dass Europa die realistischste Durchbruchsmöglichkeit darstellt, um das größte Hindernis für Chinas Aufstieg zu beseitigen: den Westen.«

Dabei ist diese Kulturalisierung universeller Menschenrechtswerte nichts als ein alter Taschenspielertrick von Diktaturen: Die aufbegehrenden Zivilgesellschaften in Hongkong und in Birma aber zeigen jeden Tag aufs Neue, dass »unsere« Werte auch deren Werte sind. So ist unter den gegenwärtigen Gefährdungen jene nicht die geringste, die in vorauseilendem Gehorsam aus dem Inneren des Westens geistige Kapitulation signalisiert und mit der indifferenten Rede umher geht, der Kalte Krieg und »die alten ideologischen Schlachten« seien doch passé. Chinesische und russische Lagerinsassen würden dies wahrscheinlich radikal anders sehen, und sie könnten dabei – hätten sie freien Zugang zu jenen Büchern – in den Texten von Camus und Sperber, von Havel und Fuchs, so manchen Zuspruch erfahren. Zugespitzt gesagt: Würde Raymond Aron, der große liberale Gegenspieler Jean-Paul Sartres, heute noch leben, würde er seinem *Plädoyer für das dekadente Europa* vielleicht ein Plädoyer folgen lassen für jenen nach wie vor gefährdeten Erinnerungs-Kontinent, dessen Gegner, die Nachfahren der stalinistischen Kommissare, sich inzwischen ein neues, vermeintliches Schimpfwort ausgedacht haben: »Gayropa«.

Wer also dürfte überrascht sein, dass Geschichte immer weitergeht? Die Männer und Frauen, die in diesem Buch porträtiert sind, haben es seit jeher gewusst und sich nicht einschüchtern lassen vom Gängigen und einer machtgestützten »Normalität«. Zahlreiche dieser Menschen noch persönlich kennengelernt zu haben, erfüllt mich mit Dankbarkeit und Freude.

Elisabeth Fisher-Spanjer
»Bei mir war zeitlebens Mauerfall«

2012

»Vielleicht kann man es ja so sagen: Ich war eben ein holländisches Mädel und immer neugierig. Doch so richtig gewundert hat mich eigentlich nie was, denn wenn man schließlich das ganze zwanzigste Jahrhundert erlebt und überlebt hat...« Elisabeth-Fisher Spanjer ist 97 Jahre alt und spricht in vollkommen akzentfreiem Deutsch. In den dreißiger Jahren des letzten Jahrhunderts hatte sie als überzeugte Linke in Amsterdam gegen Stalin und Hitler agitiert, war in der Zeit der nazi-deutschen Besatzung in den Strudel der historischer Verwerfungen geraten, jedoch trotz Gefängnishaft wieder aufgetaucht. Nach dem Krieg verschlug es Elisabeth, die ihre Freude »Bep« nennen, ins Westberlin der Blockade und Luftbrücke, wo sie einen Mann wiedertraf, den sie unter abenteuerlichen Umständen – damals tatsächlich noch ein junges Mädchen in der holländischen Provinz – bereits 1934 kennengelernt hatte: Herbert Frahm alias Willy Brandt. Was aber hatte sie dann in den siebziger Jahren in Amsterdamer und Rotterdamer Sex-Shops zu suchen, russische Dissidenten-Bücher unterm Arm? Doch erzählen wir diese Jahrhundert-Geschichte um verratene Ideale und Treue von Anfang an...

* * *

Es ist ein sonniger Vormittag in einem unscheinbaren Vorort Amsterdams, fünfzehn Tram-Minuten vom Leidseplein entfernt. Die mehrstöckigen Häuser – zurückgesetzt auf einer Grünfläche quer zu den Bahngleisen – gleichen einander, doch steht oben auf einer der Beton-Loggias eine alte Frau mit leuchtend hellblauer Bluse, konzentriert Ausschau haltend. Weder von unten noch danach an der offenen Wohnungstür ist zu sehen, dass sie beinahe blind ist – die Augen nicht starr und wässrig, eher verschmitzt. Die modische Brille hoch ins schlohweiße Haar geschoben, überzieht ein Lächeln ihr Gesicht, dem man trotz winziger Altersflecken das Jahrhundert nicht ansieht: Elisabeth Fisher-Spanjer, Jahrgang 1915. Und die Stimme ist klar, in der Modulation sogar kokett, während sie in die Wohnung hereinbittet: »*Mijn jongen*, haben Sie bisschen Zeit und Energie mitgebracht? Es gibt da nämlich so einiges Unbekanntes zu erzählen.« Aber hatte nicht schon vor ein paar Jahren der prominente holländische Historiker Rob Hartmans eine Biographie über ihr unvergleichliches Leben veröffentlicht, unter dem Titel *Allen in de wind*?«

Sie bricht in ein freundliches, wissendes Lachen aus, als würden wir uns seit jeher kennen. »Der großartige Rob ist ein kluger Sozialdemokrat – und *sehr* anständig, wenn Sie verstehen, was ich meine. So lieb und anständig, dass ich manche Details dann doch besser ausgelassen habe... Schließlich sollte ich mich nicht allzu selbstverliebt als ›Die unwürdige Greisin‹ gerieren – Sie kennen doch diese Erzählung von Brecht?«

Die vitale Greisin geht behend umher, ohne den Redefluss zu unterbrechen. Nur kurz die Brille auf die Nase geschoben, um zu testen, ob der über ein halbes Jahrhundert jüngere Gast sich einzustellen vermag auf ein Geschichtspanorama aus dem Geist der reflektierten Episode. Ein kurzer, fröhlicher Blick auch auf den mitgebrachten Rotwein, für das schwarze Plastikgerät am anderen Ende des Wohnzimmertischs aber nur ein Fingerzeug. »Bis dorthin schaffen es meine Augen schon nicht mehr. Dabei ist das Ding ganz wichtig – da lassen sich nämlich aktuelle CD's hineinschieben, besprochen mit den gerade wichtigsten Zeitungsartikeln und Kommentaren.«

»Eine Art *Readers Digest*?«

»Nun werden Sie mal nicht gleich frech, ja?« Elisabeth Fisher-Spanjer lacht und blinzelt ins Sonnenlicht, das in breiten Bahnen vom Balkon ins Zimmer fällt, auf die Couch und den Beistelltisch mit ein paar gerahmten Fotos, auf ein Regal fast gänzlich ohne Bücher. Plötzlich wird sie ernster, wiegt den Kopf. »Das ist nach dem Verlust meiner Kinder die jüngste Tragödie: nicht mehr lesen zu können. Womöglich wird es ja besser, wenn ich endlich eine Vorleserin gefunden habe. In der ›Weißen Rose‹, der deutschen Buchhandlung an der Rozengracht, habe ich einen Zettel aushängen lassen – vielleicht meldet sich ja eine besonders Wagemutige.«

Die Frau, die mich bittet, sie doch ganz einfach Elisabeth zu nennen (»Früher, als ich noch rank und blond war, nannten mich alle Bep, aber das ist schon eine andere Geschichte«), hat ihre eigene Vorstellung von einer Lebens-Chronologie – undenkbar ohne Abschweifungen und Assoziationen.

»Wissen Sie, was meine Mutter immer gesagt hat? ›Für ein Arbeiterkind ist selbst die beste Bildung noch lange nicht genug.‹ Ja, mit solchen Sätzen ist man *damals* aufgewachsen.« Elisabeth seufzt, stemmt die Hände in die Hüfte, wiegt den Körper, schüttelt den Kopf, streicht sich eine weiße Strähne aus der Stirn. Damals, zu Beginn des 20. Jahrhunderts. Aber was für ein vibrierendes *damals*, gezackt von Aufruhr und Revolte! Ein Jahr vor Elisabeths Geburt bricht der Erste Weltkrieg aus, den ihre Mutter aus tiefstem Herzen ablehnt. Als antimilitaristische Aktivistin verhaftet, begibt sie sich sogleich in Hungerstreik und wird von einem gleichgesinnten jungen Tischler, der sich in seiner Freizeit Jura beigebracht hatte, bald wieder aus dem Gefängnis herausgepaukt. »Voilà – und das war Luuk Spanjer, mein Erzeuger. Denn kurz nach ihrer Freilassung war meine Mutter auch schon schwanger geworden. Aber deshalb gleich heiraten? Gottchen, wie konventionell... Sie war ein friesisches Tagelöhnerkind, und auch er kam von dort, aber beide waren doch A-nar-chis-ten!« Elisabeths Augen beginnen zu leuchten, als sie es buchstabiert. »Und auch wenn sich deshalb die ganze Welt das Maul zerriss – Ehe musste nicht sein. Bildung aber schon. Und so sparte sie sich alles vom Munde ab, damit das blonde friesische Proletenkind lernte, die Welt zu verstehen.«

Wäre diese Geschichte ein Spielfilm (man wird sehen, welche Rolle das Kino in Elisabeths Leben spielen sollte), würde wohl jetzt die Kamera hinüber ins idyllische Laren blenden, dreißig Kilometer östlich von Amsterdam, in ein von Heidehügeln gerahmtes Künstlerdorf voll schmucker weißer Häuschen, das seinerzeit als »holländisches Worpswede« galt. Max Liebermann und Piet Mondriaan kamen hierher, und auch der Dresdner Zigarettenkönig Hüryadzi schickte seine Kinder zur Sommerfrische nach Laren. Elisabeths Mutter hatte hier als Hausmädchen eine Anstellung gefunden, doch während nun die Kamera das idyllische Bild eines kleinen blonden Mädchens mit in ins Kinn gestützten Händchen einfangen würde, das den Zigarettenkönigskindern beim Privatunterricht zuhört und so mit fünf Jahren bereits deutsch zu sprechen lernt – dürfte die helle, klare Stimme der Siebenundneunzigjährigen nicht fehlen, die lachend aus dem Off sagt: »Wo in dieser Zeit mein Erzeuger war? Weiß der Deibel! Er war ein *homme à femmes*, und auch meine Mutter war nicht ganz ohne – eine Art libidinöse Energie scheint uns allen im Blut zu liegen. Jedenfalls habe ich nicht unter seiner Abwesenheit gelitten, denn meine Mutter, die sich mit ihren 23 Jahren wie wild für mich abrackerte, bot mir etwas ganz, ganz Wunderbares. Und wissen Sie was?«

Im Biotop von Laren erlebt Elisabeth zum ersten Mal die weite Welt. Künstler, Freidenker, Kolonialismuskritiker aus dem damals noch holländisch besetzten Indonesien, die ihre Urlaube im Heimatland verbringen und dem staunenden Kind von Kokosnüssen und Palmenstränden erzählen, aber auch von Armut und der Unterdrückung der Einheimischen. »Vielleicht war es ja Fügung, dass ich dann später in Amsterdam meine erste große Affäre ausgerechnet mit dem Gründer der Kommunistischen Partei Indonesiens haben sollte«, sagt Elisabeth, die das Zeitspringen nicht lassen will. Weshalb auch: Wer wie sie mit sechs Jahren die Wunder der Leihbibliothek entdeckt hat und während des abendlichen Schmökerns gleichzeitig die nicht minder abenteuerlichen Geschichten der Larener Pensionsgäste belauscht, der begreift schnell, dass Bücher ein Tor zur Welt sind – wenn auch nur eines davon. Als sie Jahre später die Tropen-Stories von William Somerset Maugham las, dachte sie sofort an jene Geschichten zurück, die damals – halblaut, um das allzu neugierige Kind zu schonen – von den Holländer-Indonesiern erzählt worden waren. Meist ging es um geheime Liebschaften, Ehebruch und andere spannende Dinge. Es muss eine wunderbare Kindheit gewesen sein, frei von angemaßter Autorität. Elisabeths Mutter sorgt dafür, dass ihre Tochter dazu Französisch-Unterricht erhält, für einen wöchentlichen Viertel-Gulden in der Volksschule. Mit elf Jahren kann sie dann bereits die sozialkritischen Romane von Émile Zola im Original lesen und ist geschockt von der darin beschriebenen Ausbeutung der Arbeiter, obwohl doch die gelben Ullstein-Romane von Vicky Baum ihr fast noch mehr imponieren: »Von Berlin nach Shanghai, Männer, Hotels und Abenteuer – oh ja, so wollte ich auch werden. Und ein bisschen hat's später dann ja auch funktioniert, oder?«

* * *

Wie viel Dinge müssen zusammen kommen, Geschichten sich überkreuzen, damit jemand so etwas wie seine Bestimmung findet? Im Fall von Elisabeth – ab jetzt von ihrer Umwelt mit dem kecken Kürzel Bep bedacht – waren es die wechselnden Freundinnen ihres Vaters Luuk, in deren Amsterdamer Wohnungen sie logiert. Während das inzwischen junge Mädchen in der Stadt weiter zur Schule geht – einer ihrer Gymnasiallehrer ist der berühmte Schriftsteller und Stefan-Zweig-Freund Menno ter Braak, der später nach dem nazideutschen Einmarsch Selbstmord begehen wird – lernt sie auch das politische Vorbild ihres Vaters Luuk Spanjer kennen.

»Dieses Männlein da im Fototeil von Rob Hartmans' Biographie – der mit Knollnase, verschwitztem Seitenscheitel und dickem Hintern?«

»Ja, aber er hatte ein solches Charisma! Ihm verdanke ich meine ›Internationalisten-Karriere‹!« Henk Sneevliet, 1883 in Rotterdam geboren, hatte schon vor dem Ersten Weltkrieg im damaligen Niederländisch-Ostindien gegen den Kolonialismus agitiert und die Kommunistische Partei Indonesiens mitbegründet. Später, bei einem Kongress in Moskau, fiel er Lenin ins Auge, der ihn nach China schickte – mit dem Auftrag, dort ebenfalls eine Kommunistische Partei zu gründen. Der späterhin berühmt-berüchtigte Mao hatte dagegen noch gar keine wichtige Rolle gespielt. Also wurde Sneevliet im Juli 1921 zum Mitbegründer der chinesischen KP – und ging doch, wieder daheim in Holland und nach Lenins Tod 1924, immer mehr auf Distanz zum Sowjetregime. Ehe er begann, um das Maß vollzumachen, auch noch rettungslos der kleinen Bep zu verfallen.

Das Foto, über das wir uns am Wohnzimmertisch beugen – Elisabeth hat die Brille wieder hoch ins Haar geschoben, ihre Finger umfahren den gezackten Rand des Bildes – datiert aus dem Jahre 1932 und zeigt ein blutjunges Mädchen mit hochgezogenen Knien auf einer Parkwiese mit Picknick-Decke, umarmt von einem nicht sonderlich attraktiven älteren Herrn, der ein wenig ausschaut wie der Schriftsteller Joseph Roth. Elisabeth lacht. »Jetzt machen also *Sie* die assoziativen Sprünge! Roth, aus Paris kommend, verschlug es nämlich erst später nach Amsterdam, um hier seinen aus Nazi-Deutschland geflüchteten Kollegenfreund Klaus Mann und die Leute vom Exilverlag Querido zu treffen. Hach, was für ein charmantes Männlein mit seinem ewig näselnden k.u.k.-Akzent. ›Küss' die Hand, gnädge Frau‹... Aber 1932, als die Sache mit Henk Sneevliet begann...«

War Elisabeth gerade mal siebzehn. »Hab's Ihnen doch gesagt! Die junge Göre der Revolution.« Eine von allen umschwärmte blonde Muse, die bald schon Botengänge übernahm und Schreibarbeit machte, ja sogar eigene Artikel schrieb für Sneevliets 1929 gegründete Revolutionair-Socialistische Partij (RSP), die anti-stalinistisch war und die holländischen Arbeiter vor dem Schicksal ihrer unterdrückten russischen Brüder und Schwestern bewahren wollte. So etwa wie es zur gleichen Zeit auch die deutsche SAP versuchte. »Und diese SAP war die Partei von meinem Willy, den ich damals aber noch gar nicht kannte.«

Elisabeth macht eine kurze Pause – keineswegs schwer atmend, eher wohlmeinend Rücksicht nehmend auf das Fassungsvermögen ihres Gastes. »Ja«, sagt sie dann, »Gucken Sie sich ruhig die Bilder an, die der gute Rob Hartmans für die Biographie da zusammen getragen hat: Elisabeth in allen Lebenslagen, vertikal und horizontal, haha!« Schwarzweiß-Fotos wie Standaufnahmen eines Films: Zuerst eine junge Maid im weißen Tennis-Dress, die sich Leni-Riefenstahl-like auf einer Gartenliege spreizt, doch gleich darauf im Karojackett und mit kecken Hütchen auf einer Freilufttribüne spricht, unter einem Meer von Fahnen und den bewundernden Blicken von Schiebermützen-Jungs mit Zigarette im Mundwinkel: Sarphatipark, Amsterdam 1935. Danach ein Bild im Mata-Hari-Outfit, berückend onduliertes Haar, oder – vier Jahrzehnte später – Elisabeth in der Camouflage einer russischen Kopftuch-Maschka: Ein klandestiner Moskau-Besuch beim verfolgten Dissidenten Andrej Sacharow.

Doch zurück zur Chronologie, denn gab es da nicht vor allem diesen jungen deutschen Anti-Nazi, den Elisabeth im Sommer 1934 bei einer geheimen Veranstaltung antistalinistischer Linker getroffen hatte, wiederum im Künstlerdörfchen Laren? Was also war mit diesem ihr sofort Erz-Sympathischen, der damals noch Herbert Frahm hieß?

»Lieber junger Freund«, Elisabeths Blick geht mit einem Lächeln in weite Ferne, »dieser verteufelt attraktive Kerl hat mich, was selten passiert, nun tatsächlich sprachlos gemacht – dabei hieß er damals noch gar nicht Willy Brandt! Aber diese gütigen, freundlichen und mitunter doch so tieftraurigen Augen, das jugendliche braune Haar und die sportliche, schlanke Figur! Sein Hemd mit Schillerkragen und der Velourspullover, der ihm verdammt gut stand – an *alles* erinnere ich mich... Und plötzlich, da stürmt die holländische Polizei unsere Versammlung und macht Ausweis-Razzia! Um ein Haar hätten sie ihn also geschnappt und, sture-blöde Beamte, nach Deutschland ausgewiesen und den Nazis in den Rachen geworfen. Zum Glück hatte er geistesgegenwärtig seine in Norwegen ausgestellte Aufenthaltsgenehmigung vorgezeigt, so dass der Kelch an ihm vorüberging. Tja, unsere netten und korrekten Holländer, die später während der Besatzung auch die Juden auslieferten und mit Gestapo und SS blendend zusammenarbeiteten, wobei sie sich noch heute über diese Zeit was in die Tasche lügen...«

* * *

Willy Brandt, auf und abtauchend. Wer dagegen erst einmal in Elisabeths Leben verblieb, war der minder attraktive Revolutionsführer Henk Sneevliet. »Tja, denn da saß ich nun fest in dieser Affäre mit dem so unglücklich Verheirateten, während gleichzeitig die anderen Männer um ihn herum – *Heroen des Klassenkampfes*, haha – schon mit den Hufen scharten. Soll mir doch keiner was erzählen!«

Will wohl heißen: Das Menscheln hinter den Programmen, der alte Adam (inklusive Eva) hinter den Partei-Kürzeln, den ewigen Streitereien über die Haltung zu Stalin und zum exilierten Leo Trotzki, dem Sneevliets Leute nahestanden. »Ich glaube«, sagt Elisabeth heute, über achtzig Jahre später, »dass zumindest die Jüngeren bei uns den strammen Apparatschik-Kommunisten die Lebensfreude voraus hatten, den Witz und die Frivolität. Wenn nämlich die Moskautreuen ganz getragen intonierten ›Der Bauer, der so lange schlief/ pflügt jetzt mit dem Kollektiv‹, antworteten unsre Jungs mit dem Sprechgesang: ›Sonia, die alleine schlief/ treibt's jetzt mit dem Kollektiv.‹ Toll, was? Wobei die Jungs bei den Demos und Kneipenrempeleien immer schnell die Köppe einziehen mussten, denn die Stalinisten verstanden nun mal keinen Spaß.«

Auch nicht in Amsterdam. Mag Elisabeth der folgenden Thriller-Story auch das Aperçu voransetzen, Henk Sneevliet habe vor seiner eifersüchtigen Ehefrau wohl mindestens ebenso viel Furcht gehabt wie vor dem Kreml – das Lachen bleibt im Hals stecken, denn diesmal endet es mit Mord. »Sie haben doch auch das andere Foto gesehen... Bep mit Hütchen, beim hehren Agitieren auf einer Bühne im Sarphatipark. Nun, gar nicht so weit entfernt davon, am Frederiksplein, gab es damals das Café Royal, in das mich Henk bestellt hatte – sozusagen *undercover.*« Verdeckt waren auch andere aus seiner Partei anwesend, denn er fürchtete eine Falle: Es war das Jahr 1937, und in der Sowjetunion wütete Stalins ›Große Säuberung‹ mit ihren Hunderttausenden Opfern. In diesem Moment hatte der russische Top-Spion Ignaz Reiss beschlossen, abzuspringen und Henk Sneevliet zu treffen, um über ihn einen Kontakt mit Stalins Intimfeind Leo Trotzki herzustellen. Also trafen sich die beiden in diesem Café, und die kecke Bep schob so etwas wie Wache. Was zu dieser Geschichte dazu gehört: Die zwei kannten sich bereits. Ende der zwanziger Jahre hatte Sneevliet, wider besseres Wissen damals noch immer auf die UdSSR hoffend, diesem Reiss geholfen, in Amsterdam ein Agentennetz der Roten Armee aufzubauen. »Und jetzt«, erklärt Elisabeth, »zappelten beide, verstehen Sie?«

Der Insider Reiss, dessen Wissen Stalins Geheimdienst nun zu fürchten beginnt, versucht Henk Sneevliet dann ein zweites Mal in Paris zu treffen. Elisabeth reist dem Geliebten hinterher, sehr wohl ahnend, in welche Gefahr sie sich dabei begibt. Eine weitere Zusammenkunft wird vereinbart, an der auch der belgisch-russische Revolutionär und seinerzeit berühmte Schriftsteller Victor Serge teilnehmen sollte, doch dazu kommt es nicht mehr. Ignaz Reiss war mittlerweile von Stalins Geheimdienst GPU in der Schweiz entführt worden – seine Leiche fand man im September 1937 in der Nähe von Lausanne. Da sich in dieser Zeit in Westeuropa solche Morde häuften, blühten alsbald die Gerüchte – ab nun jeder konnte ein Verräter sein, für oder gegen Stalin, für oder gegen Trotzki. »Dabei, verstehen Sie, ging es mir doch um die *Freiheit.* Die Menschen – gerade auch die Nicht-Genossen – sollten verdammt noch mal Grund haben, ihr Leben zu lieben. Und was ist aus alldem geworden?«

Schweigen. Im Wohnzimmer tickt die Uhr, die Sonnenstrahlen vom Balkon werden schwächer, der Nachmittag geht zur Neige. »Ja«, sagt Elisabeth nach einer Weile, »wir haben doch alle so tapfer an dieses Lied geglaubt. Sie kommen aus dem Osten, also kennen Sie das noch, oder? *Und weil der Mensch ein Mensch ist* – na los, kommen Sie!« »*Drum hat er Stiefel im Gesicht nicht gern...*« »*Er möcht' unter sich keinen Sklaven sehn...*« »*...und über sich keinen Herrn.*«

»Hah!«, macht Elisabeth. »Und dann kippt dieser Ernst-Busch-Song auch schon ab, dann kommt ein widerliches *Links-zwei-drei* als Refrain, und da, mein Junge, hast Du das ganze Dilemma der Linken.«

Aber was, wenn das inzwischen nur noch alte Geschichten wären, längst unverständlich gewordene Emotionen und krude Kürzel? »Nicht nur. Es sind Kapitel jenes Jahrhundert-Irrtums, der zahllose Linke – und darunter die Besten, Edelsten, Hochherzigsten – glauben ließ, die Befreiung der Arbeiter vollziehe sich jenseits der bürgerlichen, parlamentarischen Demokratie. Aber wo, verflucht noch eins, wurden die Menschen denn am meisten entrechtet? Unter den Nazis und – ja! – unter den Kommunisten.« Und heute? »Heute? Da kommt die alte Ignoranz in neuem Kleid zurück, bei dieser *Occupy*-Bewegung, den modischen Neu-Kommunisten oder diesen ahnungslosen deutschen Piraten. Sie haben mich gefragt, was von all unseren abstrusen Kürzeln bleibt? Die Geschichte eines langen, *sehr* langen und bitteren Erkenntnisprozesses. Eine Geschichte von Idealismus und Selbsttäuschung, von Freiheit, Verrat und Knechtschaft, kurz ein nicht ganz unwichtiger Teil unseres klein-großen Erdendaseins – *das* bleibt.«

Und was wurde aus Henk Sneevliet? »Den haben sie dann doch noch gekriegt und erschossen. Allerdings waren das schon die Nazis, zwei Jahre nach ihrem Einmarsch 1940. Aber das, junger Freund«, sagt Elisabeth und ihre beinahe blinden Augen nehmen wahr, dass das Wohnzimmerlicht eingeschaltet werden sollte, »das erzähle ich Ihnen am nächsten Morgen. Wo ist Ihr Hotel, hinterm Leidseplein? Ach, da hatte doch 1936 Thomas Manns Tochter Erika ihr Exil-Kabarett *Die Pfeffermühle*, einmal hab' ich sie da gesehen, dazu auch ihren Bruder, den stets so schicken und doch todtraurigen Klaus Mann...«

* * *

Wie die Stadt, in der eine Straße und eine U-Bahn-Station seit ein paar Jahren Henk Sneevliets Namen trägt, plötzlich an Tiefe gewinnt. Die Gegenwart eines Sommerabends 2012, die auf einmal einem Relief gleicht, voller Konturen. Auf dem Leidseplein spielen Straßenmusiker die zigste Whitney-Houston-Hommage, während nebenan rastahaarige Aktivisten pathetische Broschüren der PKK verteilen (Schau, Elisabeth, sage ich im Stillen, das sind die Irrtümer von heute), Touristen in den Coffeeshops verschwinden oder vor zur Prinsengracht flanieren. »Als die Deutschen einmarschierten, waren die Grachten voll schwimmender Bücher, von einem Tag auf den anderen mordsgefährlich gewordener Literatur. Auch ich hab' vieles wegtun müssen. Natürlich nicht alles. Aus dem Roman, den mir der großartige Victor Serge 1938 in Paris geschenkt hat – dieser wirklich freigeistige Linke, der die sibirischen Verbannungsorte und Stalins Mordkomplotte überlebt hatte, ehe er 1947 in Mexico-City starb – habe ich nur das Deckblatt mit der Widmung herausgerissen. So hab' ich das Buch gerettet. Und kann es jetzt doch nicht mehr lesen. Also, *mijn Jongen,* greif zu…« Ich laufe vor zum Bar-Hopping in die Reguliersdwarsstraat, das gerettete Exemplar von Victor Serges *Ville Conquise* in der Jacketttasche.

* * *

»Prima, dass auch Sie die Bars mögen«, sagt Elisabeth am nächsten Morgen. Munter und frisch und erneut wie aus dem Ei gepellt, diesmal mit einem orange seidenen Schal über der Bluse. »Es ist ja doch nicht nur alles These und Kampf – und schon gar nicht Klassenkampf. Man will sich ja auch *amü-sie-ren*, oder? Außerdem: Ich bin nun mal ein geborener Abweichler und Renegat! Wenn ich's recht bedenke, war eigentlich mein ganzes Leben lang Mauerfall – zum Glück, und nix wie weg mit dem Beton vor den Augen und da drinnen im Kopp.« Sie schnippt mit den Fingern und erzählt jetzt nur noch kursorisch von ihrer Arbeit als »Internationaler Sekretär« der »Jugendgarde« von Sneevliets Partei und wie sie den berühmten Leo Trotzki um einen Beitrag in einer ihrer Publikationen bat – was der eitle Revolutionär in seinem auf Deutsch verfassten Antwortbrief unwirsch, wenn auch »mit freundlichen Grüßen« abgelehnt hatte. Und wenn schon. Andere Polit-Aufträge folgten, aber an was sich Elisabeth noch heute am liebsten erinnert, sind eher Montmartre und Montparnasse, das fröhliche Fahnenmeer auf dem Boulevard Saint-Michel zur Unterstützung von Léon Blums linksdemokratischer Volksfront-Regierung, nicht zu vergessen ihre eigene Euphorie, all die Bistro-Abende mit erregten Debatten und *vin rouge*, die romantisch nächtlichen Spaziergänge entlang der Seine, das frühmorgendliche Suppen-Schlürfen in den Markt-Hallen, an der Seite junger Arbeiter. Momente unglaublicher Solidarität, lebenslang gespeichert. Bep hatte sich da bereits von Henk Sneevliet getrennt, müde des Versteckspiels eines Verheirateten und der Korsett-Welt der Sekten. War es nicht immer auch ihr Traum gewesen, wie eine Heldin in Vicky Baums Ullstein-Romanen zu leben?

* * *

Und *voilà*!, es gelingt. 1938 bleibt Bep gleich für ein paar Monate in Paris und findet nach ihrer Rückkehr in Amsterdam Arbeit bei einer Filmfirma, die für Goldwyn Mayer tätig ist. Auch dort sind die Männer – Zeit für ein kleines Understatement – von ihr äußerst angetan, obwohl selbst in der Traumwelt des Fiktionalen das Politische präsent bleibt. »Wir wussten ja nicht, ahnten es höchstens, dass schon bald der Krieg ausbrechen und dann auch das kleine und – unter uns: ganz und gar nicht nazi-unfreundliche Holland – überrannt werden würde. Noch aber tanzt das sogenannte ›Scriptgirl‹ – meine offizielle Berufsbezeichnung – auf dem Vulkan, genießt die Welt der Partys und Semi-Prominenten.« Plötzlich also eine apolitische Welt? »Nicht nur«, sagt Elisabeth. »Dass ich bei allem Champagner nicht abdrehte – dafür sorgten schon meine neuen Freunde, die exilierten Jungs aus dem ›Roten Wedding‹ von Berlin, die bei Bert Brechts und Kurt Weills Film *Kuhle Wampe* mitgearbeitet hatten, ehe sie später vor der Nazi-Gleichschaltung der UFA nach Amsterdam geflohen waren. Aber...«

Ja? »Aber es kam der Krieg, und ich verstand, was Euer deutscher Philosoph Kant meinte, als er sagte, dass die Humanität aus krummem Holz geschnitzt ist. Gerade deshalb darf man den Menschen nicht im Dienst irgendeiner ›Idee‹ überfordern, sondern muss ihn achten und mitunter streicheln. Auch wenn es dabei passieren mag, dass man sich ganz arg täuschen lässt.«

Elisabeth hat einen jüdischen Schwager. Um ihn zu unterstützen, arbeitet sie auch nach der Besatzung und im Kriege weiterhin im Filmgeschäft und reist für die deutsche Firma »Terra« – nun schon eine weitaus weniger euphorische Vicky-Baum-Heldin – quer durch halb Europa. »Und die Züge fuhren pünktlich! Im Schlafwagen für ein Filmprojekt hinunter nach Italien und via Frankreich zurück –

kein Problem. Mitunter hielt man nachts auf einem Abstellgleis, vielleicht mussten ja die Züge nach Auschwitz durchgelassen werden. So war das. Hätte ich direkt in den Widerstand gehen sollen? Das habe ich mich danach oft gefragt. Aber da war mein Schwager, dem ich mit meinem Salär das Leben retten konnte, und da war das Schicksal vieler meiner Freunde und Genossen, die von den Nazis aufgegriffen und erschossen wurden, Henk Sneevliet war ja nur einer davon.«

Bei den Filmleuten hört sie von einem Dr. Erich Kästner – aber ja, das ist doch der Verfasser ihres so geliebten *Fabian* – der in diesem Gewerbe ebenfalls zu überwintern sucht. Sie trifft die nun oberflächlich apolitisch gewordenen »Berliner Jungs aus dem Roten Wedding« wieder, sieht die »düster in sich gekehrte Ernst-Barlach-Gestalt« des späteren berühmten Nachkriegsregisseurs Wolfgang Staudte oder einen gewissen Kurt Hoffmann, der dann in der frühen Bundesrepublik mit dem »Wirtshaus im Spessart« einer der beliebtesten Filmemacher eines um Vergessen bemühten Volkes sein würde. »Was auch immer geschwätzt wird: Es gab keine Stunde Null. Weder nach '39 noch nach '45. Alles ging immer weiter – zumindest für die, die nicht ins KZ gekommen waren.«

Dennoch passiert etwas, das Elisabeth noch jetzt, im Alter von 97 Jahren, aufbringt und ihre Finger ungestüm auf den Tisch trommeln lässt. Sie verliebt sich – in der Tat die erste große Liebe ihres Lebens – in einen holländischen Nazi-Kollaborateur. Ausgerechnet! Angestellter bei der Propagandaabteilung des *Reichskommissariats* in Den Haag, aber ein Bild von einem Mann, elegant, kultiviert, dazu am Klavier so wunderbar Chopin spielend: Was, wenn er in Wirklichkeit gar ein Doppelagent für die Alliierten wäre? (Die Leihbibliotheks-Romane lassen grüßen.) Wer aber kurzzeitig unter dem Verdacht der Spionage verhaftet wird, ist Elisabeth, die Gestapo hat Beps die anarchistische Vergangenheit nicht vergessen. Nach einer Untersuchungshaft im Gefängnis von Scheveningen – wo heute der Völkermörder Radovan Karadzic einsitzt – wird sie ins KZ Herzogenbusch verschleppt, jedoch im Juli 1944 mangels Beweisen plötzlich frei gelassen. Und folgt alsdann, inzwischen schwanger, ihrem dubiosen Geliebten nach Berlin. Dieser nämlich hatte mit der feinen Witterung des Opportunisten erkannt, dass in Holland bald die Amerikaner einmarschieren würden und es für ihn in der »Reichshauptstadt« sicherer sei. »Und dort tauchte er auf und ab und ließ mich allein in den Bombenächten. Ich war, wie es so schön heißt, weiter vor Liebe blind, verstand aber irgendwann: Er war eben also doch *een gottverdomde Collaborateur.*« Elisabeth beißt sich auf die Lippen, Fingerkuppen klopfen hart auf den Tisch: Vermaledeites 20. Jahrhundert.

»Aber wie das so ist: Mein Söhnchen musste geboren und gerettet werden. Es gab wenig zu essen, dafür umso mehr Bomben.« Auf zahlreichen Umwegen landete sie dann im später durch Bert Brechts Gedicht berühmten Buckow bei Berlin. Gebar, litt, wickelte das Söhnchen, das bald eine Lungenentzündung bekam, gegen die mörderische Kälte in Packpapier – und beide überlebten. »Und vor allem: Noch immer fuhren die Züge pünktlich, Februar 1945. Spitfires flogen und schossen über uns, die Abteile waren voller ausgebombter Binnenflüchtlinge, in anderen Zügen hatte man die KZ-Häftlinge zu Tode eingepfercht, und inmitten dieses Hieronymus-Bosch-Bildes landete ich schließlich in Wolfenbüttel – in der schönen Lessing-Stadt.«

Mutter Courage? »Vielleicht«, sagt Elisabeth mit unerwartet ruhiger, ja beinahe kalter Stimme. »Aber ohne Brechtsche Didaktik. Man macht, was man macht. Versucht, das fragile kleine Söhnchen mit Hilfe des Hausmeisterehepaars da auf dem Wolfenbüttler Schloss hoch zu päppeln, den schießenden Nazis auf dem Rückzug ebenso zu entgehen wie den aus gutem Grund auf Rache und Plünderung sinnenden Fremdarbeitern – und hat doch bei aller vermeintlichen Klugheit *so gar keine Ahnung* davon, dass dieser derart wundersam vor dem Tod bewahrte Sohn dann später schon mit 54 Jahren sterben würde. Ebenso wie danach meine nach dem Krieg geborene Tochter: auch mit lächerlichen 54 Jahren dahingerafft.« Und der Hausmeister, ihr Retter? »Gleich nach der Befreiung vom neuen Bürgermeister entlassen, weil dieses bejahrte, taube Männlein ja formell Mitglied der SA gewesen war, während all die anderen... Haha, historische Gerechtigkeit! Soll mir keiner was von erzählen.«

* * *

Dennoch. Vielleicht gibt es keine Stunde Null, aber doch eine Art Neuanfang, wie gebrochen und fragil auch immer. Zumindest für diejenigen, die überlebt hatten. Elisabeth, nun einst wie ihre Mutter unverheiratet und mittellos, doch voller Energie, stellt sich, um ein Zubrot zu verdienen, den Amerikanern als Übersetzerin zur Verfügung – zu etwas muss die ganze Bildung und Sprachlernerei ja gut gewesen sein. Ein Lächeln kehrt zurück auf ihr Gesicht, wenngleich eher schmerzlich als schelmisch. »Euphorie und Desillusionierung, Idealismus und Zynismus – immer hast du *beides*. Denn weißt du was? Mit Tränen und Rufen bin ich gleich bei der Befreiung auf den ersten Panzer der Amerikaner zugestürmt. ›You came late, but finally you came!‹« Die alte Frau kämpft mit den Tränen, während sie es erzählt. »Nie – nie, nie, nie – werde ich das den Amerikanern vergessen. Deshalb mache ich auch das ganze europäische Theater von wegen alter, kultivierter Kontinent gegen die Wallstreet-Yankees, deshalb mache ich dieses Geschichtsfälschen nicht mit. Aber...« Aber wie schnell sich trotzdem alles wieder sortierte. Wie Elisabeth beim Übersetzen der beantworteten Fragebögen mit Verblüffung las, dass auch in Wolfenbüttel alle Deutschen im Widerstand gewesen waren und so gar nichts von Hitlers Machenschaften gewusst hatten. Wie sich dies dann später in ihrem »vermuckt-piefkenesischen Holland« fortsetzte! Ihr Schwager hatte überlebt, aber die meisten holländischen Juden waren zur Vernichtung abtransportiert worden. »Wie Vieh und ohne dass es jemand groß gejuckt hätte. Man beschloss zu vergessen. Trotz allem heutigen Erinnerungs-Kult, in dem eine Geschichte wie meine nach wie vor keinen Platz hat. Ach, *historische Gerechtigkeit*, du falsches Ammenmärchen...«

Dennoch: Alles sortiert sich. Die Leute rund um Wolfenbüttel bauen in diesem ersten Nachkriegssommer in aller Seelenruhe Rüben an, und Elisabeth trifft einen Liebhaber von 1931 wieder – Joop Zwart, der sie hier besucht, in der Uniform der englischen Besatzungsarmee. Joop hatte ebenfalls in den Dreißiger Jahren mit dem Kreml-Kommunismus gebrochen; im Spanischen Bürgerkrieg hatte er den Terror der moskau-treuen Agenten erlebt und blieb zeitlebens geprägt von einer Begegnung mit George Orwell, dem er in Barcelona begegnet war. Später von den Nazis nach Sachsenhausen und Bergen-Belsen deportiert, hatte er auch dort aktiv im Widerstand gearbeitet und erneuerte nun nach der Befreiung die Beziehung zu Elisabeth. Ihre Ehe sollte bis 1962 halten.

* * *

Doch schon bald wieder – Ist es das ewige Muster? – neue Reisen, Aufbrüche und Aktivitäten, sobald man ins Nachkriegs-Amsterdam zurückgekehrt war. Die Zeit der Berliner Blockade erlebt Bep im isolierten Westberlin, wo sie im Grunewald mit dem damals in der ganzen Stadt populären RIAS-Kabarettisten Günter Neumann ein neues Liedchen trällert: »Karussell, Karussell – es geht vorwärts, doch immer nur im Kreise/ Karussell, Karussell – weiter komm wa nich auf diese Weise.«

Elisabeth hält inne. »Damit es nicht falsch verstanden wird: Es war nicht etwa dieses Engagement-Reisen, das sich seine Anlässe selbst sucht, keine künstliche Erregung für's Ego. Da ging's um viel mehr. In Europa hatte – unter der Kollaboration unzähliger Beteiligter – der Holocaust stattgefunden, und dazu war nun auch noch der verfluchte Stalinismus bis in die Mitte des Kontinents vorgedrungen. Kein Wunder, dass linksdemokratische und liberale Juden unter den ersten waren, die das träge Westeuropa aufzuklären versuchten...«

Im Umfeld der von Amerikanern gegründeten Zeitschrift *Der Monat* und dem »Kongress für kulturelle Freiheit« lernt sie antitotalitäre Intellektuelle wie Manès Sperber, Melvin Lasky, Hans Sahl oder Hilde Spiel kennen – und wird selbst aktiv. »Mein Gott, was hatten Leute wie Manès aus ihren Erfahrungen für Bücher gemacht, *plus profond que la bible*!« Sie initiiert eine Brief- und Telefonaktion, in der sich holländische KZ-Überlebende nach den Zuständen in ostdeutschen Gefängnissen erkundigen, und als die Sowjets im Oktober 1956 in Ungarn einfallen, macht sich Elisabeth via Österreich sofort auf nach Budapest, Pakete voller Lebensmittel im Gepäck.

Und die Bundesrepublik? »Wurde, man stelle sich nur vor, für einige Jahre sogar mein Arbeitgeber.« Für das Goethe-Institut organisiert Elisabeth Lesungen in Amsterdam und holt etwa den jungen Siegfried Lenz in die Stadt. Zuvor hatte sie für die deutsche Botschaft in Den Haag Adenauers Reden ins Niederländische übersetzt. »Na, sagen wir besser: die wichtigsten Passagen übertragen, das Zeug klang nämlich ungeheuer langatmig. Der Alte, dem ich in Bonn ein paar Mal begegnet bin, war so ein unverschämt versierter Strippenzieher, dass es mich verblüfft hat. Aber bewundert habe ich eher Theodor Heus für seine ehrliche Rede zum Gedenken an das KZ Bergen-Belsen. Oder Carlo Schmid von der SPD, ein Feingeist von Graden trotz seiner Barockfigur. Wer sich da alles tummelte in dieser jungen

Republik! Da war der alte Nazi Oberländer, aber eben auch so ein vitaler Frischling wie Klaus Harpprecht, der für den RIAS und verschiedene Zeitungen arbeitete und die Republik durchlüften wollte. Zusammen mit... Aber das ahnen Sie ja schon, oder?«

* * *

Elisabeth lehnt sich auf ihrem Stuhl zurück, streckt ihr Kreuz, lächelt versonnen. »Denn natürlich habe ich den Willy wiedergesehen! Permanent. Schon Ende 1946, als der zurückgekehrte Emigrant noch die Uniform seines norwegischen Gastlandes trug und mir in Berlin bei einer Alliierten-Party sofort um den Hals fiel: ›Gott, das ist doch meine Bepie!‹ Tja, das war nun wirklich – *erhebend*! Auch danach sind wir uns begegnet: Als er Berliner Bürgermeister wurde, dann 1966 Außenminister in der Großen Koalition, schließlich 1969 als Bundeskanzler – mit unserem guten Freund Klaus Harpprecht als Redenschreiber. Wie herrlich!« Weil das etwas anderes war als die vorangegangene kommunistische, trotzkistische oder was auch immer Geheim-und Wichtigtuerei? »Genau deshalb! Kommt zum Beispiel der Willy zur offiziellen Visite in die Niederlande. Frag' ich ihn, wie es denn gewesen sei am Nachmittag bei der Königin Juliana, dem alten Schrapnell. Legt er die Stirn in Falten und krächzt (*Elisabeth imitiert seine Stimme*): ›Sehr geehrte Dame, als ehemaliger Regierender Bürgermeister von Berlin kann ich nicht umhin...‹ ›Willy‹, sag ich, ›lass den Scheiß. Also, wie war's?‹ Nun, sagte er, zumindest der Tee wäre in Ordnung gewesen, da im Schloss der alten Königin.«

Die Dezenz verbietet weitere Nachfragen, aber Elisabeth ist ohnehin schon weiter geeilt beim Marsch durch die Jahrzehnte. Nach der Scheidung von Joop lernt sie ihren zweiten Ehemann Frank Fisher kennen, einen polnisch-jüdischen Gelehrten aus New York, mit dem sie bis zu seinem Tod 1970 zusammen bleiben wird. Aber war da nicht auch die Affäre mit Moshe Sharett, dem zweiten, inzwischen halb vergessenen Premierminister Israels? Elisabeth hat ihre eigene Art, auf solche Fragen zu antworten. »Oh, wie David Ben Gurion und er einander gehasst haben...« Aber weshalb? »Ach mein guter Junge, weshalb hassen Menschen einander? Weshalb verraten sie, lieben sie, ja opfern sich? Weil wir so sind, wie wir sind – und nur die besten Schriftsteller ahnen das Geheimnis, nicht aber die Historiker und schon gar nicht die Ideologen.«

Doch auch wenn ihr Trauzeuge bei der Heirat mit Frank Fisher ein ehemaliger Trotzki-Leibwächter ist: Bep hält nichts von Nostalgie, sondern sucht nach neuen Herausforderungen für ihren Freiheits-Impetus. In den siebziger Jahren beginnt sie für »Amnesty International« zu arbeiten, schmuggelt verbotene Bücher nach Jena, setzt sich für den in der DDR inhaftierten Schriftsteller und Biermann-Freund Jürgen Fuchs ein und ficht – natürlich! – so manchen Strauß mit den »Neutralisten« innerhalb der Hilfsorganisation aus: »Diese Leute waren zumeist verkappte Kommunisten. Na, und ich war und bin doch antikommunistisch aus linker Orientierung, als fand ich auch den Kalten Krieg in Ordnung: Keinen Meter zurückweichen vor diesem Diktatursystem im Osten.« Zusammen mit ihrem Mann und Karel van het Reve – einem Bruder des Romanciers Gerard Reve – gründet Elisabeth deshalb die Alexander-Herzen-Stiftung, welche die Bücher der russischen Dissidenten im Westen verlegte und so lange aktiv blieb, bis der Kalte Krieg schließlich gewonnen war. »All die großen Namen der damaligen Zeit – Sacharow, Andrej Amalrik, Nadeshda Mandelstam, Andrej Sinjawski – wir machten sie im Westen populär, damit unser träger Kontinent vom Gulag und der allgegenwärtigen Unterdrückung erfuhr. Also schmuggelten wir die verbotenen Manuskripte aus der UdSSR heraus. Fanden im Westen Verlage – in Deutschland passenderweise mein geliebter Ullstein-Verlag, in Paris war's der Verlag Calmann-Lévy, wo Freund Manès Sperber Cheflektor war – und finanzierten durch Spenden die Übersetzungen. Dazu russischsprachige Buchausgaben, die dann den Weg zurück in die Sowjetunion fanden.« Wie das?

Elisabeth streicht die Tischdecke glatt, atmet tief durch – und unterdrückt ein Lachen. »Ja wie? Für irgendwas muss meine Familienprägung mit der starken Libido doch gut gewesen sein, oder? Also wusste ich sofort, wie man vorgehen musste. Unser Amsterdam und Rotterdam sind Hafenstädte, richtig? Natürlich wurden sie auch von sowjetischen Frachtern angelaufen. Und was machen Matrosen auf Landgang – na?« Also ging Elisabeth – oft zusammen mit ihrem Sohn Sebastian – in die Sexshops, um die Dissidentenbücher kostenlos zwischen den Pornoheften zu platzieren.

Elisabeth klatscht in die Hände. »Ja-ah! Und wie das funktionierte! Auch wenn von den Dissidenten wohl nur Andrej Sacharow, den ich als eine der ersten aus dem Westen 1973 unter abenteuerlichen Bedingungen in Moskau besucht habe, ein wahrer Heiliger war. Die anderen, na ja, da gab es Geschichten... Weil natürlich auch dort, unter den ausgebürgerten Dissidenten, nicht alles nur edel, hilfreich und gut war. Gottchen, wie da etwa Andrej Amalrik, der später in Spanien umgekommene Autor von *Erlebt die Sowjetunion das Jahr 1984?*, an meinem Küchentisch saß, Lachs vertilgte und guten Weißwein schlürfte und Bep's Großzügigkeit missinterpretierte als materiellen Reichtum. ›Sie hat Geld, sie ist ein Gurmett‹, flüsterte er einem Kollegen zu, nicht ahnend, dass ich ja auch ein bisschen russisch sprach. Und weißte, was ich da dem Amalrik gesagt hab', *mijn jongen*?« Elisabeth klatscht erneut in die Hände, legt den Kopf ein wenig schief. »Leiden macht noch lang nicht immun gegen Ignoranz, hab' ich gesagt. Ich helf' euch aus Altruismus, auf den schließlich nicht nur ihr Russen das Monopol habt. Aber auch Genuss ist ein Menschenrecht, und außerdem: Es heißt nicht *Gurmett*, sondern *Gourmet*, auszusprechen mit betontem é, dawarisch Andrej Alexejewitsch! Aber ach... Am Ende zählen ja ihre Bücher, die uns so verdammt aufrüttelten.«

* * *

»Übrigens... Da mein Leben nicht gerade langweilig war, hatte ich nie einen Fernseher. Großes Kino – na immer, aber so ›ne Glotze? Bis ich mir in einem Anfall von Konsum-Irrsinn doch noch so ein Gerät habe installieren lassen, nachmittags am 9. November '89. Da war's also wenigstens für etwas gut! Aber die Realität, die Wirklichkeit des *eigenen* Anschauens..... Da war doch dieser Trabi, den ich dann auf einem Autobahn-Parkplatz gesehen hab, ein paar fröhlich-verwegene Arbeiterkinder aus Sachsen drin, die auf dem Weg nach Spanien waren! Tja, für die breitete dann wohl Spaniens Himmel tatsächlich seine Sterne, und die damals auch schon ziemlich bejahrte Bep musste da einfach heulen vor Freude, denn das mit der *Befrreiung der Arrbeiter* (sie imitiert Ernst Busch) hatte also doch noch geklappt. Und mein formidabler Willy hat's sofort erspürt, auch wenn in der SPD ein paar seiner Genossen erstmal wieder am Nörgeln waren. Denn es war, verdammt noch mal, eine Befreiung. Trotz der nachfolgenden

Enttäuschung und himmelstürzenden Entdeckung, dass dann auch die Gegenwart so manche Fehler hatte. Gottchen!«

Hatte nicht gestern Vormittag – zu Beginn unserer Jahrhundertreise – Elisabeth gesagt, dass letztlich vor allem diese ewige Neugier sie gerettet hatte, über alle Gefahren und Enttäuschungen hinweg? Und heute?

»Ich soll doch nicht etwa ein Lebens-Fazit ziehen, oder? Schau... Das Viertel hier, in dem ich wohne, ist längst multi-ethnisch, wie es so schön heißt. Einen halbem Kilometer Luftlinie entfernt hat der islamistische Mörder gewohnt, der 2004 unserem so wunderbar provokanten Theo van Gogh die Kehle aufgeschlitzt hat. Ja! Wie sollte ich mich da *nicht* an die stalinistischen Feme-Morde der dreißiger Jahre erinnern – ich mit meinem Elefantengedächtnis? Aber deshalb jetzt diese rechte Populistenpartei von Geert Wilders wählen? Never!« Also regelt Elisabeth die Dinge auf ihre Weise: Frauen aus Marokko die Adressen von Polizei oder Hilfsvereinen geben, wenn deren Männer sie schlagen, dazu den Kids englisch oder auch nur holländisch beibringen. »Und wenn sie mir dann sagen: ›Ich hasse die Welt‹, dann entgegnet die steinalte Bep: ›Recht haste! Und trotzdem gucken wir heute mal, was uns Grund gibt, sie *nicht* zu hassen.‹«

Elisabeth ist auf den kleinen Balkon hinaus getreten. Die Sommersonne scheint, und die Siebenundneunzigjährige hält ihr das Gesicht entgegen, die Hände aufs Geländer gestützt und schnuppert die frische Luft. »Ist trotzdem noch gar nichts gegen den Ersten Mai. Da hat nämlich auch dieses Jahr die nun fast völlig blinde Bep diese CD vom Zweitausendeins-Versand in den Player hinein gefummelt und auf Start gedrückt, alle Fenster und Türen weit offen.« Und was erklang? »Natürlich die ›Internationale‹, was dachtest du denn? Diese wirklich tolle Sache mit den Menschenrechten, die darf man doch weder Kommunisten noch Islamisten überlassen. Nicht nach allem, was ich erlebt habe. Siehste, und genau deshalb dieses Lied und kein anderes!«

* * *

Im Juli 2014 feierte Elisabeth Fisher-Spanjer ihren 99. Geburtstag. Danach, sagte sie am Telefon, sei ihr doch tatsächlich ein paar Tage lang schummrig gewesen vom vielen Champagner: »*Mijn jongen*, die Gurmett-Bep wird nun wirklich alt...«

Reiner Kunze – »Es ist auf den Weg gebracht.«

2013

Er hatte tatsächlich an alles gedacht. Das kleine Päckchen voll bunter Schilling-Briefmarken, per Einschreiben aus Österreich geschickt und als Absender ein gewisser Herr Faber-Castell. Etwa der »Buntstift-Graf«, dessen Produkte die Westverwandten stets im Geschenk-Gepäck hatten, zur Freude der Kinder und zum neidvoll-stummen Missfallen der Lehrer danach in der Schule? Die Zöllner und die ihnen übergeordneten Geheimdienstler hatten jedenfalls nichts bemerkt und das Päckchen nicht geöffnet (klugerweise war der kleine Inhaltsangabezettel – »ein Buch« – vom Absender direkt über den hinteren Verschlussstreifen geklebt worden). Soviel Sorgfalt und Voraussicht, um *eines jeden einziges leben*, den Gedichtband von 1986, hinein in die sächsische Provinz zu schmuggeln!

Vorausgegangen war dem mein Brief an Reiner Kunze via S.Fischer Verlag, die Bitte um Bücher, notgedrungen vage begründet mit dem Lesehunger eines damals 18jährigen, der dabei jedoch *nicht* schreiben konnte, dass er als Nicht-FDJler kein Abitur machen durfte, aus politischen Gründen aus einer Lehrstelle geschmissen und zum Hilfsarbeiter gemacht worden war, dass er den Kriegsdienst verweigert und zusammen mit seiner Familie die Ausreise beantragt hatte, und nun nach nichts Geringerem suchte als nach der Schönheit einer Wahrheit, in einem Land der Angst, Lügen und Vertuschungen. Denn hatte es nicht kurz zuvor diese bald enttäuschte Freude gegeben? In der staatlichen Buchhandlung der nahen Kreisstadt hatte ich einen Reclamband mit Essays von Gerhard Wolf gefunden, in welchem unter dem Titel *Dialog mit Dichtung* u.a. Erich Arendt, Georg Maurer, Johannes Bobrowski, Volker Braun und (durchaus wagemutig) sogar Günter Kunert präsentiert wurden in einer fein ausdifferenzierten Sprache, die nichts gemein hatte mit dem Losungs-Deutsch der Zeitungen und offiziellen Verlautbarungen. Doch gleichzeitig, dieser

Eindruck bereits nach wenigen Seiten: Wie verschroben und ziseliert da um das Eigentliche – eben jene Angst und Unfreiheit – herum geschrieben wurde, Pirouetten der Andeutung drehend und noch im Impetus des sich vorwagenden Widersprechens im allerletzten Moment wegflutschend, mit Verweis auf »Komplexität« die eigene Position erneut in ein quecksilbriges Fragezeichen verwandelnd. Bei der partiellen Wiederlektüre zur Vorbereitung für diesen Text hatte ich erneut Kopfschmerzen bekommen, nun seit über zwei Jahrzehnten – auch Dank Reiner Kunze – der sinnlosen Suche enthoben, zwischen den Zeilen lesen zu müssen und lesen *zu wollen*, was nicht etwa existenzielles Mysterium war – aus gutem Grund von Sprache höchstens zu umkreisen oder in einer gelungenen Metapher zu bannen – sondern lediglich verklausulierte politische Botschaft und im Grunde pure bürgerrechtliche Selbstverständlichkeit. Gerade deshalb gilt Joseph Brodskys Diktum »Ästhetik *ist* Ethik«: Je freier das Denken und Sprechen, desto stringenter auch die Form.

In *Die Verurteilten von Thorn* (provoziert von der Ermordung des polnischen Priesters Jerzy Popieluszko und in jenem nach Sachsen geschmuggelten Band veröffentlicht) wird ein politischer Kriminalfall zum Prüfstein menschlicher Widerständigkeit, präzise und bar jeder pathetischen Rhetorik: *Ihr verhängnis: Verräterisch klein/ ist ihr land// Ihre hoffnung: das große land// Reglos/ kehrt es den rücken zu// Doch jeder weiß, es liegt wach*

Waren es Verse wie diese, die Gerhard Wolf in erwähntem Essayband in einer Zwei-Zeilen-Notiz davon schreiben ließen, manche von Reiner Kunzes Gedichten seien geprägt von »Ressentiments«? Immerhin ließ sich bei entsprechend gutem Willen selbst die pikiert tadelnde Randbemerkung noch als eine literaturkritische Position verstehen, die Wiedererwähnung eines spätestens seit 1976 zur Unperson gemachten Dichters. Zumindest war es keine Schuftigkeit wie jene des damaligen Schriftstellerverbandspräsidenten Hermann Kant, der auf Kunzes erzwungenen Weggang aus der DDR ein »Kommt Zeit, vergeht Unrat« gemünzt hatte. Selbst die Schmähung aber reizte, gegen den Strich gelesen, zur Renitenz, war sie doch ebenfalls in einem Band publiziert worden, der in einer Buchhandlung auslag – schwarz auf weiß. Dennoch: Wie deprimierend all das war, wie eng und grau. Und wie letztlich schal selbst das Vergnügen, bei der Leipziger Buchmesse am S. Fischer-Stand ganz oben auf dem

Bücherregal den *Löwen Leopold* thronen zu sehen, angestarrt von Besuchern, die einander danach ein wissendes Lächeln schenkten.

Aber war man nicht ebenfalls gefangen in diesem Kokon aus Halbwissen, Gerüchten und mühsam dechiffrierten Nachrichten, in einem Nebel, durch den zum Glück wenigstens ab und an die Radiostimme des engagierten RIAS-Redakteurs Hans-Georg Soldat drang? »Kunze, Kunert, Kirsch« oder: »Kunze, Biermann, Loest, Fuchs und Klier.« Der ermutigende Klang allein schon der Namen, zeitweiliger Ersatz für die verbotenen Gedichte und Texte. *Wenn eure lesebücher die verluste melden werden,/ die eure zeitungen verschweigen – dann/ vielleicht// Doch zu ende zählen werden wir die tage nicht// Euch, die ihr gespräche dort pflanzt,/ wo sie befahlen, die wurzeln zu roden,/ hinterlasse ich den treffpunkt, / damit ihr ihn hinterlaßt:// Beim blauen schriftzug des eisvogels,/ der nur dann seinen ort verläßt,/ wenn den bächen das eis/ bis zum quell steht*

Immerhin hatte man mir am Messestand bei S. Fischer die Verlagsadresse gegeben, über die ich Reiner Kunze schließlich schrieb – nicht wissend um die potentiellen Risiken solcher »Kontaktaufnahme«. Wenig später traf im sächsischen Dorf eine Ansichtskarte mit einem Emil-Nolde-Motiv ein, auf der ein gewisser Toni Pongratz in mikroskopisch kleiner, doch lesbarer Schrift den Erhalt des Briefes bestätigte und seine Postadresse hinterließ. (Für all das würde es später eine Erklärung geben.) War Pongratz womöglich ein Pseudonym für Reiner Kunze? Eine Camouflage, ähnlich dem »das Banjo spielt noch nicht« des Volker Braun, mit welchem er Anfang der siebziger Jahre in einem Gedichtband die Zensur hatte zu überlisten geglaubt, da ein »die Gitarre spielt noch nicht« als eine zu starke Anspielung auf das Auftrittsverbot Wolf Biermanns verstanden worden wäre? Die Anekdote, von Biermann als Beleg für ängstlichen Mut oder mutige Angst erzählt, hatte ich ebenfalls eines Abends im RIAS gehört und hielt mich demzufolge für recht gewitzt, im Antwortbrief zu schreiben: »Wäre überglücklich, mit Ihnen ins Gespräch zu kommen. Falls es geht, auch mehr zu erfahren, Herr Toni Pongratz. (Ich habe von Max Frischs Roman gehört, der hieß: *Mein Name sei Gantenbein.*)« Doch wiederum: Diese flaue, bemühte Klügelei des Halbwissens und notgedrungenen Nur-Vermuten-Dürfens. Am 29. April 1989 dann eine Karte aus Brüssel, mit einer Luftansicht der EG-Gebäude: »Es ist auf den Weg gebracht. Händedruck...«

Und so traf *eines jeden einziges leben* schließlich in einem Kaff namens Wechselburg ein – exakt drei Wochen, ehe nach schwerer Zeit unserer Familie endlich und abrupt die Ausreise gewährt wurde. Seltsame, doch glückliche Koinzidenz, denn nun war es genau dieses Buch, das mich auf ein neues Leben vorbereitete. *IN SALZBURG,/ AUF DEM MÖNCHSBERG STEHEND (nach ankunft im westen Europas)// Wiederzukehren/ hier, können von nun an mich hindern/ armut nur, krankheit/ und tod// Im kupferlaub der dächer geht der blick/ den abend ab// Heimat haben und welt,/ und nie mehr der lüge/ den ring küssen müssen*

Ein Preisen der Freiheit, ohne die Begrenzungen zu verschweigen, die allesamt mitgedacht und doch unterschiedlich gewichtet werden. Denn das »nur« gilt ja allein der Armut, gegen die es immerhin Gegenwehr gibt im Unterschied zu Krankheit und Tod. Ein Welt-Anschauen in vier Zeilen, poetisch und präzis. Zwar unwahrscheinlich, dass der euphorische Achtzehnjährige, der nun Stunde für Stunde die ungute Gegenwart zu einer bald überwundenen Vergangenheit zusammen schnurren fühlte, auch dies bereits mitlas und unser aller Endlichkeit in Rechnung stellte. An eines aber erinnere ich mich, gilt es doch bis heute: Es war und ist das Aufatmen und *Wahr*nehmen-Können, das hier auf den Lesenden übergeht. Eine jedes Detail achtende Gestimmtheit, mit deren Hilfe sich dann auch gewiss die letzten Hürden überwinden ließen. Wobei es in der sogenannten »Kaderabteilung« des Betriebs, in welchem ich als Hilfsarbeiter tätig war, eine handfeste Überraschung gab.

Denn da saß sie an ihrem Sprelacart-Schreibtisch und konnte plötzlich nicht anders. Hinter sich das gerahmte Honecker-Bild an der Wand, nestelte die in diesem Moment ungeheuer wagemutige SED-Genossin mit dem sprechenden Namen Johanna Luther in einem Aktenordner und heftete mit zitternden Fingern Seiten heraus. »Das sind die internen Berichte über Sie, über die zwangsweise abgebrochene Ausbildung, über die Vorladungen bei der... Sie wissen schon. Schmuggeln Sie's hinüber in den Westen, vielleicht kann es ja dort von Nutzen sein.« Mitte Mai 1989 in einem Funktionärszimmer in der sächsischen Provinz, und nichts hatte mich darauf vorbereitet, ausgerechnet hier Hilfe zu finden – zwei Tage vor der Ausreise. »Warum?«, fragte ich leise, und ebenso leise antwortete die eigentlich so unscheinbare Genossin Luther: »Wegen

Reiner Kunze. Ich hab' auf RIAS Berlin mal eine Lesung aus den *Wunderbaren Jahren* gehört, und da habe ich mir vorgenommen, sollte ich jemals...« Erneut: Was für ein Zufall! Dabei dürfte die Anzahl deutscher Gegenwartsautoren, die allein Kraft ihrer Texte Mut zu derlei Handeln geben, überschaubar sein. Oder hatte Genossin Luther nicht gewusst, dass in diesem Land Menschen sogar ins Gefängnis gekommen waren, nur weil sie Kunzes Prosa und Gedichte weitergegeben hatten?

Wir haben immer eine wahl/ und sei's, uns denen nicht zu beugen,/ die sie uns nahmen. Jedes Mal, wenn ich an diese Zeilen denke, erinnere ich mich an die damalige Parteigenossin Johanna Luther, deren Beispiel beweist, dass solche Verse alles andere sind als abstrakte Sinnsprüche.

Doch dann: Wie ewig lang stand der *Reichsbahn*-Zug am Grenzbahnhof im thüringischen Gerstungen! Die Lok abgekoppelt, dumpfe Mittagshitze. Durch einen Windzug wurde am Sperrzaun immer wieder ein Wellblechstück sinnlos hin und her geworfen, hin und her, während auf dem Bahnsteig die Grenzer patrouillierten, Schäferhunde an der Leine und mit Eisenzangen, an deren Enden sich kleine Spiegel befanden, unter dem Zug nach versteckten Menschen suchend.

Meine Manuskripte aber, die Tagebücher und mit Pauspapier kopierten, aus der Unfreiheit abgeschickten Briefe – dazu die zwei W*estpostkarten,* Kunzes Gedichtband und die von Genossin Luther aus der Kaderakte entfernten Seiten – versteckt inmitten des Gepäcks meiner kleinen Schwester, ohne dass die Mutter davon wusste. Und in einer Schuhsohle, die Vater noch gestern zusammengenäht hatte, der Negativstreifen mit den abfotografierten Dokumenten über seine zweijährige Haft als Kriegsdienstverweigerer. Ein, zwei Stunden, und es schien, als würde sich der Mönchsberg in Salzburg doch noch entfernen und womöglich in die Hände der Uniformierten geraten. Nerven, zum Zerreißen gespannt, und all die zähen DDR-Jahre jetzt noch einmal konzentriert in diesem Moment: Grenzübergang Gerstungen, 19. Mai 1989.

Dann ging schließlich ein Rucken durch die Abteile. Es ertönte ein Pfiff, der Zug setzte sich – doch wie quälend langsam – in Bewegung. Ließ diesen Bahnsteig hinter sich, den abrasierten Waldhang diesseits der Grenzanlagen, jene Art Leben. Wenig später ein Dörfchen, »Westautos« auf den Straßen. Mutter begann zu weinen, mein Vater biss sich auf die Lippen und nickte mir zu. Ab jetzt...

Die Aufnahmekapazität des Übersiedlerlagers in Gießen aber war erschöpft – die DDR kippte »ihre Bürger« schubweise heraus, um das westliche Aufnahmesystem zu paralysieren. Was bedeutete, dass die Neuankömmlinge, die spätabends *mit Sack und Pac*k den Weg vom Bahnhof hierher gefunden hatten, in den Kellern der Wohntrakte untergebracht werden mussten. Schränke wurden so zu provisorischen Wänden, als Türen galten die dazwischen ausgespannten Decken und Bettlaken. Warme Mahlzeiten gab es nicht mehr, doch hatten die Leute aus der Küche zumindest noch ein paar Früchte auftreiben können; aus manchen der provisorischen Wohngevierte hörte man gereizte Beschwerden. Am nächsten Morgen ging das Gerücht, oben in einem der Zimmer hätten Ausgereiste einen spionierenden Stasi-Mann wiedererkannt, doch ehe es zu einer Prügelei gekommen wäre, hätten die Verantwortlichen eingegriffen und die Polizei alarmiert. Als beim Mittagessen ein altes deutschrussisches Ehepaar – gebeugte Rücken, runzlige Bauerngesichter, sie mit einem weißen Häubchen – aufgrund seiner sichtbaren Hinfälligkeit vorgelassen wurde, brach bei einigen in der Warteschlange der Hass hervor: »Was soll das mit dem Iwans, gelten wir Deutsche denn gar nüscht?«

Der Gießener Angestellte ließ sich davon nicht beirren und geleitete die zwei Leutchen direkt zur Durchreiche – wahrscheinlich machte ich in diesem Moment zum ersten Mal Bekanntschaft mit jener Bundesrepublik, wie sie mich noch zwei Jahrzehnte später zutiefst rührt: Effizient und demokratisch und dabei durch vielerlei klug eingebaute Zwischenschaltungen den Lärm der Menge, das Hordengebrüll, ebenso effektiv dämpfend. Und wie gut es dann war, in den Amtszimmern zu sitzen und Fragen zu beantworten, die nicht gebrüllt, die nicht mit schneidender Schärfe gestellt wurden. Ruhig vortragen zu können, dass man entgegen des vorgesehenen Kontingentplans lieber doch nicht ins Ruhrgebiet, sondern hinunter an den Bodensee siedeln wollte. »Gut«, sagte mit einem freundlichen Lächeln der Beamte und machte sich Notizen. »Via Durchgangslager Rastatt. Wird allerdings noch ein paar Tagen dauern. Wenn Sie es also solange noch im Keller aushalten könnten... Ich muss mich dafür entschuldigen.«

Beim Gang durch die Gießener Innenstadt entdeckte ich plötzlich ein Plakat. Ein weiterer Zufall: Reiner Kunze würde am nächsten Tag in der Stadt sein, dem 23. Mai 1989, an dem sich die Verabschiedung des Grundgesetzes zum vierzigsten Mal jährte. Morgens eine Schullesung, abends ein öffentlicher Auftritt bei einer Feierstunde im Rathaus. In einer Buchhandlung wies man mir den Weg zum Justus-Liebig-Gymnasium, das dann auch ganz einfach zu betreten war – die Wandzeitungen in den Gängen voll mit Bildern von den Auslandsausflügen der Schüler, bunte Polaroids. Im Lehrerzimmer bildete sich sogleich eine Traube um mich, man wollte die Geschichte hören, und seltsam: Das Gefühl des Befreitseins wurde stärker und stärker, doch hatte es überhaupt nichts Unwirkliches an sich. Und so hatte der junge Mann, der kurz darauf am Bodensee auch endlich auf ein Gymnasium gehen würde, um sein Abitur vorzubereiten, wahrscheinlich schon damals in der *zivilen* Atmosphäre dieses Lehrerzimmer gedacht: *Das* hier ist die Normalität und der Maßstab, das ganz Selbstverständliche, und es steht mir zu – so wie allen Menschen auf der Welt. »Dann kommen Sie morgen also auch bestimmt wieder? Unser Deutschkurs hat sich auf die Lesung vorbereitet, und ein paar von Reiner Kunzes Gedichten stehen schon hier auf dem kleinen Faltblatt, das die Schüler...«

Auf dem Weg zurück ins Übersiedlerlager las ich dann Ausschnitte aus Heinrich Bölls Laudatio auf Reiner Kunze, vor allem aber dieses Gedicht – binnen Monatsfrist nun schon das zweite, das den Weg beschirmte. *Ich bin angekommen// lange ließ ich auf nachricht/ euch warten// Ich habe getastet// Doch ich bin angekommen// Auch dies ist mein land// Ich finde den lichtschalter schon/ im dunkeln*

An die Lesung selbst gibt es merkwürdigerweise nur eine verschwommene Erinnerung. Ich hatte Platz genommen in einer der letzten Stuhlreihen in der lichtdurchfluteten Aula – und kämpfte gegen meine Müdigkeit. Nicht, dass die Veranstaltung enttäuschend gewesen wäre. Im Gegenteil: Wie wunderbar fügte sich Reiner Kunzes helle, fein akzentuierende Stimme zu den Gedichten, wie passten sich die Atemzüge den Freiräumen zwischen den Versen an, deren Mehrzahl ich ja noch gar nicht kannte! Vor allem aber war es die bereits in Sachsen vorweggenommene und nun wiederkehrende Salzburg-Empfindung, die genau in diesem Moment zu einer *Erfahrung* wurde: *Wiederzukehren/ hierher, können mich von nun an nur hindern*... Und irgendeine Stimme sagte: Es ist gut, Junge, jetzt bist du in Sicherheit, auch genießt du kein Privileg, sondern hast ersten Anteil am Leben in freier Gesellschaft, die Verhörzimmer der Abteilung Inneres liegen hinter dir, die Angst und die Schreie, denn ab nun ist auch der Zugang zu den Büchern nicht mehr versperrt und muss nicht mittels Deckadressen listig erzwungen werden, ab jetzt... Und dem Neu-Übersiedler aus dem Wohngeviert im Lagerkeller, der müder war, als er es sich selbst eingestehen wollte, fielen die Augen zu, während weiter Reiner Kunzes beruhigend klare Modulation zu hören war, rezitierend und die Fragen der Schüler beantwortend. *ZUFLUCHT NOCH HINTER DER ZUFLUCHT.*

Doch danach, als ich mich am Ende der Lesung vorstellte, wahrscheinlich etwas verlegen, gab es da einen kurzen Moment des Zweifels, vielleicht gar des Misstrauens, war – nur einen Monat nach meiner »Kontaktaufnahme« – mein plötzliches Hiersein im Westen nicht ein arg merkwürdiger Zufall? Nichts davon. (Jedenfalls hat das Gedächtnis nichts dergleichen gespeichert.) Stattdessen: Eine Widmung in den *Wunderbaren Jahren*, die mir zuvor der Gymnasiumsdirektor am Büchertisch gekauft hatte, und dazu eine Einladung zum Spaziergehen in der Innenstadt. Vor allem an zwei Details erinnere ich mich: Als ich während unseres Gesprächs Stefan Heym erwähnte, der mich bei einem Besuch in Ostberlin überraschenderweise mit einem jovial-grummeligen »Weggehen verändert gar nichts, junger Mann« abgespeist hatte, kam von Reiner Kunze kein abwertendes Wort. »Tja, Stefan Heym...«, sagte er, ganz kollegiale Wertschätzung und wahrscheinlich im Vertrauen darauf, dass ich das Zusätzliche schon irgendwann selbst herausfinden würde. Als ich dann von Christa Wolf sprach, meinen Briefen an sie, und meinte, Inhalt und Ton ihrer Bücher schienen vor dem Entscheidenden, wirklich Schmerzlichen leider jedes Mal abzubiegen, wenn auch in wortreicher Trauer – was sagte da mein Gegenüber, der selbstverständlich dieses und noch vieles andere ungleich besser wissen musste aus existenzieller Erfahrung? Nun folgte eben keine »typische Emigranten-Suanda«, kein Parlando in Bitternis oder gar eine hektische Vereinnahmung des Neuzugangs für die »gemeinsame Sache«. Nichts von alledem. Nur ein leises, doch ganz und gar nicht gewollt suggestives »Vielleicht muss man sich ja mitunter entscheiden, ob es der Nationalpreis der DDR *oder* der bundesdeutsche Büchner-Preis sein soll«.

Ein Gedanke, dem jungen Übersiedler fast beiläufig vermittelt. Sympathische Souveränität, die weder eilfertig nach Gefolgsleuten sucht noch mit politischer Äquidistanz kokettiert. Denn in den Büchern, den Gedichten ebenso wie in den Essays, war ja alles bereits geformt und konzentriert. Auch die Empathie mit jenen, denen dies *nicht* gelungen war. *LEBEN MIT EINEM MISSLUNGENEN WERK. Zeigen hattest du wollen/ den strick, mit dem man die seelen hängt// Gezeigt hast du/ ein würgemal// Zu groß war/ das deine// Und viele gehen den henkern zur hand,/ und tiefer schneidet der strick ein*

Am Abend dieses 23. Mai dann die Rathaus-Lesung. Mein Vater und ich im Publikum (zuvor die besorgte, bei der kleinen Schwester im Keller verbleibende Mutter, ob wir auch *ordentlich angezogen* wären) und wir beide bewegt von der Gelassenheit gerade auch der offiziellen Vor-Redner, der Abwesenheit von Pomp und Parolen.

Ja, wir waren hier in einem guten Land, und da wir uns unbedingt am Bodensee ansiedeln wollten, geschah es auch so – via Aufnahmelager Rastatt, einer ehemaligen französischen Kaserne. Das Übergangsgeld war knapp, doch ausreichend. Auch wenn dann an der Supermarktkasse die Verkäuferin meinen Vater, der nicht schnell genug alles aufs Laufband gestellt hatte, anherrschte: »Bei uns hier im Weschte wird gschafft, net gschlafe...« Wir standen, die Plastiktüten in den Händen, bereits wieder auf der Straße, als Papa nochmals hinein an die Kasse stürmte: »Wissen Sie was? Ich war im Osten selbstständiger Handwerksmeister, da hab' ich in der Tat den ganzen Tag *gschlafe...*«

Was ich damals mit meinen 19 Jahren unterschätzte: Für die Eltern, die mit 43 Jahren plötzlich wieder am Punkt Null beginnen mussten, war diese Ankunft nicht allein ein Abenteuer, sondern die immense Herausforderung, ein neues Familienleben zu meistern, Wohnung und Arbeit zu finden. Und dazu für mich ein Gymnasium. Auf zwei geborgten Fahrrädern fuhren wir dann nach Singen am Hohentwiel und wurden schnell fündig. Zivil effektive Bundesrepublik! Und doch... Konnte man, *durfte* man sich so vorbehaltlos zu ihr bekennen, wie es Reiner Kunze in den Interviews und Gesprächen tat, die in der Edition Toni Pongratz (Lösung des »Decknamen«-Rätsels) veröffentlicht waren und die ich nur wenig später an die neue Adresse zugeschickt bekam? Tatsächlich kein Grund für Trauer und Verlustgefühle, solange man nur in einer freien Gesellschaft lebt? »Der Kunze hat völlig recht, denn *du* verwechselt da was«, sagte daraufhin der Vater. »Der Staat ist nur für die Rahmenbedingungen zuständig, nicht für's Individuelle. Das bleibt mal hübsch bei jedem selbst, und wenn es schwerfällt, das als Chance zu sehen, muss man sich eingestehen, dass ja sogar wir noch ein Stück rot verblödet sind und gehirngewaschen.« Sprach's und machte sich wiederum auf den Weg für die Zukunft unserer Familie.

Während der Ost-Immigrant dann von anderen Einwanderer-Kindern und Einheimischen offenherzig aufgenommen wurde: Die um Jahre jüngeren Mitschüler ohne jedes Ressentiment – stattdessen ein Wettbewerb, wer mich zuerst nach Hause zu den Eltern einlädt, die mich nur so mit Fragen überhäuften. Francas Familie war einst aus Salazars Portugal ausgewandert, Marias italienischer Vater »schaffte« bei Alu-Singen und war sichtlich stolz, dass es nun *seine Tochter* war, die dem Ex-Ostler bei kniffligen Mathematik-Hausaufgaben helfen konnte. Während der pensionierte Direktor »meines« Hegau-Gymnasiums es sich nicht nehmen ließ, Französisch-Nachhilfe zu erteilen – wenn auch in recht konventioneller Manier mit auswendig zu lernendem Voltaire. (»Au meurtrier! Justice, juste ciel!«, klagte *L'Avare.)* Zum Glück sorgte gleichzeitig eine junge Referendarin mit ihrem marokkanischen Freund dafür, dass ich auch Gegenwartsfranzösisch lernte – sehr praktisch dann beim ersten Besuch im Nachbarland, beim großen Staunen zwischen Straßburg und Colmar (wo inzwischen meine Schwester mit Mann und Kindern lebt). Nicht vergessen die Lehrerin Ildikó Pap, die einst aus dem kommunistischen Ungarn geflohen war und mir nun Englisch-Nachhilfe gab – gratis. Ohne ideologisches Brimborium: Welche Solidarität da unten am beschaulichen Bodensee. Und so konnten sie sich ausbreiten, Kunzes Gedichte aus den anderen Büchern, die er mir schickte – zusammen mit der Adresse des 1977 nach Stasi-Haft ausgebürgerten Jürgen Fuchs, den ich, so sein Rat, baldmöglichst kennenlernen müsse. Und noch heute sichtbar, welche Verse ich mir anstrich: *An der Donau unterhalb von Passau/ Die grenze, über die ich blicke/ auf österreichs burg und buchen, ist// nichts als ein fluß* Im Sommer dann auf den Radwegen von Radolfzell nach Konstanz oder mit den Schulkameraden hinüber nach Hemishofen in die Schweiz, zum Schwimmen im Rhein. Und jedes Auto, das langsam neben dir her fährt, ist schlicht ein langsam fahrendes Auto und keine Stasi-Aktion zur »psychischen Zersetzung«. Der Vater eines Mitschülers arbeitete beim Zoll an der Grenzstation Rielasingen – und wunderte sich, weshalb der Ostler da auf seinem Fahrrad nun jedes Mal fröhlich salutierte, wenn er vom Rhein-Schwimmen zurück kam und das schwarzgelbe Schild *Bundesrepublik Deutschland* sah. Weltfreude und Heimatliebe ohne Tremolo: *Mit dieser fahne schon/ Manche hätten ihr den wind/ am liebsten ausgeredet// Wir aber hatten gesetzt auf ihn// Wir hatten gehofft/ auf das eine land/ mit der einen fahne// Auf das land,/ das nicht leugnet,/ mit der fahne,/ die in frieden läßt.*

Kunzes Fähigkeit des Benennens auf kleinstem Raum geleitete auch späterhin in einem Land, in welchem bis heute zahllose *gut Vernetzte* der Meinung sind, Demokratie und Menschenrecht sei bestenfalls Wortgeklingel. Die Debatten um die Stasi-Akten, der große Frieden mit den Mitläufern bei der Akademie-Vereinigung, die Invektiven gegen die erneut störenden Dissidenten – Reiner Kunze bezog Stellung. Das war mehr als tagesaktueller Einspruch, so wie auch sein Gedicht von 1980 als Quintessenz *jeder* derartigen Erfahrung zu lesen ist. *AUF DEM VORMARSCH. Erst fassen sie fuß, dann/ nach den Köpfen// (Hindert sie die schwelle, kehren sie/ die reihenfolge um)*

Und die Schönheit, die sich zwar auch in der bitteren Wahrheit findet, aber doch wohl nicht allein an jenem Ort? »Mein Gewährsmann ist Albert Camus«, hatte Reiner Kunze damals in Gießen den Schülern gesagt, wohl wissend, dass in den frühen fünfziger Jahren die aristokratisch prokommunistische Dame Simone de Beauvoir jene wirkungsmächtige Häme ins *juste milieu* gebracht hatte, nach welcher der furchtlose Mann aus Algerien doch höchstens zur Gymnasiasten-Lektüre tauge. (Auch das war etwas, auf dass mich der Dichter noch am gleichen Tag aufmerksam gemacht hatte, denn die noch kurz zuvor in der DDR so glücklich ergatterte Reclam-Biographie wand sich selbstverständlich um die Sache herum, verklausierte den intellektuellen *und* sinnlichen Antitotalitarismus Camus'.) *MÖGLICHKEIT, EINEN SINN zu finden. Durch die risse des glaubens schimmert/ das nichts// Doch schon der kiesel/ nimmt die wärme an/ der hand*

Selbst frühe Prägungen aber müssen keine gegenwärtigen Traumata sein: Kunzes auf oder nach Reisen entstandene Gedichte zeugen davon, von jener befreienden Mönchsberg-Erfahrung zehrend, ohne ihr thematisch verhaftet zu bleiben. Außerdem, natürlich: Die Liebe und Böhmen! Wer könnte durch jenes Land reisen, das seit November 1989 nicht mehr gedemütigte, ohne an Elisabeth und Reiner Kunze zu denken? (Beim Hören seiner Gedichte auf *Radio Prag* hatte sich Anfang der sechziger Jahre die in Tschechien lebende junge Ärztin in Kunze verliebt und ihn kurz darauf geheiratet.) Unmöglich, die Grenze zu überqueren, ohne sich an die ironischen Kundera-Anekdoten zu erinnern oder an die kongenialen Übertragungen der Verse von Holan und Skácel. *Zátopoli* dichte jener, und Reiner Kunze übersetzte es als *umlindensein:* Und in eben dieser Gestimmtheit und Geborgenheit ab nun durch die böhmischen Wälder, entlang der Elbe und Moldau, hinein in die Altstadtgassen von Prag, die panzerfreien...

Was aber Krankheit und Tod betrifft, die ewig tumben, eben nicht tot zu kriegenden Breschnews und Kossygins: Furchtlos, ja provozierend wird ihnen gerade das Intimste, Verletzlichste entgegen gestellt, die lebenslange Liebe zweier Menschen, eine Doppel-Existenz gewordene Unwahrscheinlichkeit. Wer ebenfalls des Glücks teilhaftig geworden ist, die Welt mit vier Augen sehen zu dürfen und sich deshalb gar nicht vorstellen mag, gerade dies könnte endlich sein, hat den Trost, dass zumindest in Worten das Unsägliche gebannt ist. *TAPFERER VORSATZ. Wir wollen, wenn die stunde/ naht, mit ihr/ nicht hadern// Möglich, das irgendwann/ beim anblick eines leeren schuhs/ das universum/ über uns zusammenstürzt// Dann laß uns denken an den fuß,/ zu dem der schuh gehörte,// und an das zehenspiel,/ das ungezählte male, als wir/ beieinanderlagen,/ das universum/ zurückkatapultierte/ an seinen platz*

Eine Revolte gegen das deprimierend Gängige, ja gegen das Schicksal selbst und das indifferente Universum – auch dafür erweist sich der noch im Aufbegehren eher stille Dichter als stark genug: Reiner Kunzes Gewährsmann ist schließlich Albert Camus.

Albert Camus – Sehnsucht nach Licht

2013

Fan eines Philosophen zu sein, scheint inzwischen aus der Mode geraten. Von Sartre über Foucault bis Deleuze – ein Lebens-Erklären und eine habituelle Imitation aus dem Geiste der Meister mag vor Zeiten in Uni-Seminaren einen Distinktionsgewinn (erotische Eroberungen inklusive) versprochen haben; heute, im Zeitalter des promiskuitiven Info-Hoppings per Tablet, wäre es hoffnungslos *démodé*. Selbst der Szenenapplaus für einen Jongleur wie Slavoj Žižek scheint mittlerweile etwas ausgedünnt.

Was aber, wenn bestimmte Gedanken dennoch weiterwirken und sei es als Travestie? Auch wenn sich heute wohl kaum noch einer als Hegelianer und nur noch so mancher als Marxist bezeichnen würde – die Vorliebe fürs Orakeln ist geblieben, für Zurichtungswünsche der heterogenen Wirklichkeit, für die Anbetung einer angeblichen »Notwendigkeit« á la »Hier ist allein der Staat ist gefragt« oder auch »Einzig der Markt (oder Allah) wird es richten«. Die säkular oder religiös daherkommende Anmaßung, es besser als seine Mitmenschen zu wissen und sie aus eben diesem Grunde kujonieren zu dürfen, bleibt jedenfalls weltweit virulent. Nicht wenige antitotalitäre Intellektuelle hatten dagegen angeschrieben: Karl Popper, Raymond Aron, Isaiah Berlin, Jeanne Hersch, Ralph Dahrendorf oder André Gluckmann – allesamt Denker verantwortungsvoller Freiheit. Was jedoch die Frage provoziert: In Werk und Leben stringent, doch auch von *sinnlichem* Reiz und Überzeugungskraft? Gerade dies nämlich scheint selbst unter Freiheitsfreunden rar zu sein.

»Wir suchen weder Belehrung noch die bittere Wahrheit der Größe. Stattdessen Sonne, Küsse und erregende Düfte… Gerade diese Sehnsucht nach Licht rechtfertigt mich: sie redet von meiner wahren Heimat.« Dabei war der am 7. November 1913 im damaligen französischen Algerien geborene Albert Camus – Fußballspieler, Schwimmer und Frauenliebling – weniger kokett als vielmehr daseinsdankbar. »Solcherart war meine Liebe zum Leben: eine Leidenschaft für das, was mir vielleicht entgleiten würde.« Der Sohn eines im Ersten Weltkrieg umgekommenen Feldarbeiters und einer beinahe stummen Mutter litt seit jungen Jahren an Tuberkulose und musste seinen geliebten Mittelmeerstrand immer wieder gegen Krankenzimmer tauschen. Auch wenn dieser biographische Hintergrund wichtig ist, um Camus' Lebensmut und seine Loyalität gegenüber Freunden, sein Engagement für die Gedemütigten zu würdigen – was sagt es uns heute? Vielleicht dies: Jenes »tragische Glück« im und trotz des Absurden ist keine Philosophen-Marotte, sondern etwas Konkretes und Universelles, ja beinahe Strenges, beglaubigt durch Erfahrung.

Da war etwa dieses kleine Mansardenzimmer in Paris, Frühjahr 1992. Gerade hatten in Algier die korrupten Militärs geputscht, um eine Machtergreifung der islamistischen Fundamentalisten des FIS zu verhindern. Der Autor dieser Zeilen, kurz vor dem Abitur und selbstverständlich Camus-Leser (hatte die salonlinke Simone de Beauvoir nicht einst in bourgeoiser Herablassung gespottet, Camus sei »vor allem ein Autor fürs Lycée«?), dachte an den *Fremden*, an *Hochzeit des Lichts* und *Heimkehr nach Tipasa*, als er den gleichaltrigen algerischen Freund nach eben jenem tapferen Algerienfranzosen fragte. »Camus – *qui*?« Ein rätselhaftes Lächeln, dann: »Weißt Du, dass sie meiner Tante Malika die Kehle aufgeschlitzt haben, in Oran? Sie war eine freie, eine schöne Frau, und als ich vierzehn war, hatte sie mir... *tu sais*. Und mein eigener Bruder ist jetzt bei dieser religiösen Mörderbande! Nicht dass das Militär besser wäre, aber wenn ich an jene Nacht in der Kaserne bei Algier denke, als dort nur ein junger Rekrut Dienst tat und wir beide dann in der freien Zelle... Ach, wie sie all das jetzt entwürdigen werden mit ihrem Hass, den Schreien, dem Blut.«

Und obwohl jener Mourad keine einzige Zeile des Philosophen gelesen hatte, der sich mit seiner Algerien-Position einst den Hass sowohl der linksnationalistischen Araber wie jenen der rechtsextremen Franzosen zugezogen hatte, so war sein kurzer Monolog tatsächlich dass, was man »typisch Camus« nennen könnte. Ein Lächeln unter Tränen, ein Hochhalten der Menschlichkeit, geboren aus Erlebtem statt aus »gedanklicher Herleitung«. Oder wie es bei Camus heißt: »Wir ewigen Girondisten, immer den Schlägen der modernen Stehkragen-Jakobiner ausgesetzt.« Und als Gegenmittel dazu weder Gott noch das geheiligte Proletariat, sondern: »Das Verneinen des Fanatismus, das geliebte Antlitz, die Schönheit endlich, dies ist der Ort... Und wieder einmal wird sich die Philosophie des Dunkels verflüchtigen über dem strahlend hellen Meer.«

Zum 100. Geburtstag dieses verblüffend jung Gebliebenen wird wahrscheinlich wieder allein Camus' Bruch mit dem Dunkel des Marxismus im Mittelpunkt stehen, als er mit dem 1951 veröffentlichen Essay *Der Mensch in der Revolte* plötzlich völlig isoliert war, ein Halbwaise fast wie in seiner ärmlichen Kindheit. Das Pariser linke *juste milieu* gegen ihn – und natürlich auch die Rechten weiterhin in Hass-Position zu jenem sie derart enervierenden Gegner der Todesstrafe und Befürworter einer französischen Staatsbürgerschaft für Algeriens Muslime. Letzteres scheint heute vergessen und ist doch für Camus' Aktualität ungleich entscheidender. Dass sich nämlich ein lebenslang im besten Wortsinn Sozialliberaler gegen die marxistische Herrschaftsideologie wenden *muss* – nicht dies ist das eigentlich Lehrreiche. Wohl aber seine luzide Moral, der jegliches Nebelwerfen fremd war: »Der Akademismus der Rechten ignoriert ein Elend, dessen sich der Akademismus der Linken bedient.«

Gerade deshalb Camus' fortgesetztes Engagement – gegen die folternden französischen Militärs wie auch gegen die Verbrechen der Unabhängigkeitsbewegung FLN, die das eigentlich paradiesische Algerien bis heute ruinös regiert. Nicht ein völkischer Fetisch wie »nationale Unabhängigkeit«, sondern Bürgerrechte für alle waren Camus' Ziel, der aus eigener Herkunftserfahrung wusste, dass weder historische, ethnische noch soziale Differenzen unser Dasein letztgültig erklären: »Das Elend hinderte mich zu glauben, dass alles unter der Sonne und in der Geschichte gut sei; die Sonne aber lehrte mich, dass Geschichte nicht alles ist.« Aus diesem Grund wurde Camus von den osteuropäischen Dissidenten auch nicht allein als Warner vor den Totalitarismen des Jahrhunderts rezipiert, sondern als Denker einer Freiheit, die sich nicht zuletzt im Privatesten konkretisiert. Seine Freundschaft mit Schriftsteller-Kollegen wie Czesław Miłosz, František Listopad und Arthur Koestler ist legendär, die uneigennützige Hilfe für Jerzy Giedroyc' Pariser Exilzeitschrift *Kultura,* die Solidarität mit dem Budapester Aufstand von 1956 und mit Historikern wie François Fejtö. Und dies just in jenen Jahren, als im intellektuellen Paris so etwas keineswegs *en vogue* war. So galt auch für ihn selbst, was er bei seinem Freund Manès Sperber so schätzte: »Der Mut zur Wahrheit, ohne aber aufzuhören (und das ist das Schwierigste), für Freundschaft und Zärtlichkeit einzutreten.«

Eine sinnlich-intellektuelle Welterfahrung ohne Mätzchen, weshalb (inzwischen ebenfalls verdrängt) im *Mensch in der Revolte* nicht nur mit der »lieblosen Gerechtigkeit« der Linken abgerechnet wird, sondern auch mit dem obszönen Kult um den menschenverachtenden Marquis de Sade, den narzisstischen Dandy Baudelaire und den späteren Sklavenhändler Rimbaud. In der Tat: Harte Kost für literarische Feinschmecker, doch schrieb dieser solitäre Albert Camus eben nicht als politisch korrekter Asket, sondern als jener tragisch wissende Liebhaber des Lebens, der am Schluss der *Pest* seinen Dr. Rieux von all jenen Menschen sprechen lässt, »die trotz ihrer inneren Zerrissenheit gegen die Herrschaft des Schreckens ankämpfen, die keine Heiligen sein können und sich dennoch bemühen, Ärzte zu sein«. Und nicht in halluziniertem »Einklang mit geschichtlichen Prozessen« solle das Individuum sein, im Laufrad irgendwelcher »historischer Missionen« (oder, gegenwärtiger gesagt: wirtschaftlicher »Effizienzstrategien«), sondern seine Berechtigung in sich selbst finden. »Ich glaube weiterhin, dass unserer Welt kein tieferer Sinn innewohnt. Aber ich weiß, dass etwas in ihr Sinn hat, und das ist der Mensch, denn er ist das einzige Wesen, das Sinn fordert. Unsere Aufgabe besteht darin, ihm seine Gründe gegen das Schicksal in die Hand zu geben, denn ihn muss man retten, wenn man die Vorstellung retten will, die man sich vom Leben macht.« Die Kampfansage an die weiterhin Schicksal spielenden Menschenschinder dieser Welt könnte radikaler nicht sein.

Jürgen Fuchs – »Ich feinde an, was über Leichen geht.« Erinnerungen an einen Freund

2007

»Das Politische war mir immer wichtig. Die Freiheitsfrage. Aber da war auch schon das Literarische. Dabei war Literatur als Mittel der politischen Artikulation für mich kein wesentliches Moment. Ich war begeistert von Sprache. *Levins Mühle* von Bobrowski habe ich laut gelesen. Ich mochte den Klang der Worte.« Selbstporträt des 48 Jahre alten Künstlers als junger Mann, ein halbes Jahr vor seinem Tod in das Aufnahmegerät seines späteren Biographen gesprochen: »All diese Bücher haben mir gut getan in diesem Provinznest Reichenbach. Vor dem Fenster ein Bach, der seine Farben wechselte wie es aus der Färberei rein floss, wo Ratten herum rannten, wo Ängste waren... Ich wollte so nicht leben, so geduckt in dieser verfluchten Erziehungsgesellschaft, in der mir klar wurde, dass das mit der führenden Rolle der Arbeiterklasse nicht stimmt. Diese Häuser ohne richtiges WC, alles stank nach Scheiße, wenn es Sommer war. – Und dann bin ich nach Greiz gefahren, zu Reiner Kunze. Relativ früh, '67, '68. Da war ich 17, 18.«

Und plötzlich ist alles wieder da, bei der Lektüre von Udo Scheers skrupulös recherchiertem Buch *Jürgen Fuchs. Ein literarischer Weg in die Opposition.* Vor allem Fuchs' helle Stimme mit dem noch leicht vogtländischen Dialekt, diese Mischung aus Lebensfreude und Wut darin. Das Suggestive der Bilder, Abwesenheit von Rhetorik zugunsten des sprechenden Details und dazu diese stets mitschwingende (und nicht immer leicht zu ertragende) Forderung: Tu etwas! Das war der Menschenrechtsaktivist, der Kontakt hielt zur polnischen Solidarnosc und Václav Havels *Charta 77*, der bei *Amnesty International* und den frühen Grünen um Petra Kelly und Lukas Beckmann Engagierte, der ehemalige Stasi-Häftling und Weggefährte von Robert Havemann und Biermann, Freund von Böll und Lew Kopelew,

Gegner jeglicher Diktatur und deren Schönrednern. Aber da gab es noch – seltene Dopplung in Deutschland – den Lyriker, den »sie« 1975 von der Universität in Jena geext, 1976 aus dem Auto Robert Havemanns gezerrt und ins Gefängnis geworfen hatten, ausgebürgert 1977 nach Westberlin. Freund der Sprache und der Wahrheit, die er sich vor allem als Zweifel, als Nicht-Lüge vorstellte. *DIESE ANGST/ auf halber Zeile/ Dass mein Stift/ Zerbricht/ Bevor alles gesagt/ Und/ Wer hört mich/ Wenn ich schweige.* Und dazu, quasi als Adieu jener Sklavensprache der »kritisch-loyalen« DDR-Literatur, deren Protagonisten er gut genug kannte: *TREUE. Ich bin jung/ Ich habe keine Stalin-Oden geschrieben/ Ich muss nicht vornehm schweigen/ Oder in Andeutungen sprechen/ Ich kann lachen/ Und weggehen/ Wenn die Versammlung beginnt.* Oder, in essayistischer Prosa: »Wo waren in der DDR jene älteren Schriftsteller und Intellektuellen mit der moralischen Kraft etwa eines Wladislaw Bartoszewski, die als Opfer des Nazismus eine klare antifaschistische *und* antistalinistische Position bezogen haben und uns Jüngeren damit ein Beispiel gaben?«

Ich weiß nicht, ob ich es ohne ihn geschafft hätte. 17, 18 Jahre alt, und das verfluchte Nest hieß Wittgensdorf. '87, '88. Der gleiche stinkende, verseuchte Dorfbach, dazu in der Lehrwerkstatt des VEB »Trikotex« diese Geruchsmischung aus Eisenspänen und Schweiß. Die »Traditionsecke« mit der roten Fahne und den Schwarzweißfotos: Lehrmeister Nebel und Lehrmeister Fuchs in der Uniform der Kampftruppen, Direktor Baeßler auf dem Berufsschulhof beim Fahnenappell, auch er in Uniform. Schließlich gab es hier, bei den auszubildenden Elektronik-Lehrlingen, »eine Konzentration freiwillig Längerdienender«. Jungen, die sich hatten werben lassen als spätere Offiziere in der Armee, aber auch einer, der mir sagte, »woandershin, ganz woandershin« habe er sich verpflichtet und mich bat, ihm ab nun nichts mehr Privates zu erzählen. Zehn Monate bis zu meinem Rausschmiss, und jeder Morgen eine Tortur. Halb fünf Uhr morgens aufstehen für einen Tag, an dem Genosse Nebel erneut schreien und Genosse Fuchs mit dem absurden schwarzen Ponyschnitt zynisch grinsen würde, die anderen Lehrlinge weggeduckt beim Feilen und Bohren, schaler Geruch von Eintopf in der Kantine und die Panik, dies würde nie vorübergehen, nie. Verblüffend, wie aber gerade das Konkrete half: Pass auf, da gibt es in Westberlin einen, der heißt auch Fuchs, den kannst du manchmal abends hören, »Kulturzeit« auf RIAS 2, der hat in Romanen und Gedichten seine noch viel härtere Armeezeit und die scheinbar ebenfalls endlosen Monate im Gefängnis beschrieben, *so* beschrieben, wie auch du es tun solltest: Keine Ausflucht in dunkle Metaphern, statt dessen die angeblich kleinen Dinge beim Namen nennen, Gerüche, Gesten, Alltägliches. Nur keine Slogans in der Literatur, in den Büchern! Und auch dies: Hilfe für Bedrängte muss keine Leerformel sein; freie Städte gibt es, da lässt sich Klartext reden vor Mikrophonen, ohne sich wichtig, ohne sich klein zu machen. »Rosa Luxemburg wurde 1919 von rechten Reaktionären viehisch ermordet. Das Andenken an diese Frau wird von den linksgetünchten Machthabern in Ostberlin jeden Tag aufs Neue beleidigt.« Solche Sätze, in das DDR-Gemisch aus Trägheit und Angst wie Lichtstrahlen hineinfahrend. Das war im Januar 1988. In Ostberlin waren die Regimekritiker Freya Klier und Stephan Krawczyk verhaftet worden, und im sächsischen Wittgensdorf brüllte ein Lehrmeister Nebel einen Lehrling und Nicht-FDJler, der partout die vormilitärische Lagerausbildung verweigerte, mit herausgestreckter Brust an, die Hornbrille mit dem dunkelgelben Rahmen im Rhythmus des Wortschwalls wippend: »Tja Sportsfreund Martin, da siehste jetzt, wie wir mit Feinden unserer Ordnung umgehen, und ich sage dir eins, ganz klipp und klar, dass wir uns hier nicht missverstehen, die zuständigen Stellen, ich wiederhole, *die zuständigen Stellen...*« Noch am gleichen Abend habe ich es aufgeschrieben, Wort für Wort, in die A-4 Hefte mit dem graugrünen Umschlag, und dann bei der Ausreise im Mai '89 mit in den Westen geschmuggelt, versteckt unter den Spielsachen meiner kleinen Schwester.

Ohne meinen Vater hätte ich es nicht gewagt. »Wenn wir drüben sind, solltest du diesen Fuchs treffen, der ist okay.« (Untrügliches Gespür des Ex-Häftlings.) Und dann, nach den Tagen im Übersiedlerlager Gießen und im Übersiedlerlager Rastatt, am dortigen Bahnhof, wo im Sommersonnenlicht die Übersiedlerbusse in Richtung Bodensee abfuhren, dieser schattige, nach Zigarettenrauch und Kaffee riechende Kiosk mit dem Drehständer der Taschenbücher: Zwischen Uta Danella und Frederick Forsyth auch Jürgen Fuchs' Armeeroman *Fassonschnitt*, DM 10,80. Muss das sein, fragte meine Mutter, besorgt um das schwindende, ohnehin knapp bemessene Übergangsgeld, das wir zuvor erhalten hatten. Ja, sagte Vater, das müsse jetzt sein.

Reiner Kunze, der mir Fuchs' Westberliner Adresse schickte (»Jürgen ist ein ganz feiner Mensch, Sie werden sehen«), mein Brief an ihn und die prompte, herzliche Antwort mit dem Poststempel vom 4. Juni 1989. Der Tag, an dem die chinesischen Parteikommunisten in Peking massenmorden ließen, gleich darauf in Ostberlin bejubelt von Egon Krenz. Namenlose Schrecken, die gerade deshalb *benannt* werden mussten, die entsetzliche Infamie der Angstmacher und Lebenauslöscher.

Udo Scheer zeichnet die Genese von Jürgen Fuchs' Schriftsteller- und Oppositionellen-Existenz gleichwohl nicht als Heiligenlegende. Der thüringische Autor, in der DDR ebenfalls unangepasst und seit 1989 einer der wenigen ostdeutschen Publizisten, die das Vergangene nicht eilfertig totschweigen, zitiert Stasi-Akten, vermeidet jedoch den gebannten Kaninchenblick auf die MfS-Schlange und deren Bürokratenvokabular und lässt statt dessen Fuchs immer wieder selbst zu Wort kommen. Die Gestalt eines wirklichen Ausnahme-Intellektuellen gewinnt so Kontur, der – anders als viele Ost-Dissidenten – nach seiner Zwangsausbürgerung den Westen nicht etwa der Flachheit zeiht, sondern Gedichte schreibt wie dieses: *ALS ICH MIT DER EISENBAHN/ Nach Stockholm fuhr/ Und nur ab und zu ein Haus sah/ alte Bäume/ Seen/ Ab und zu ein Haus// Zerbrachen die Wände meiner Zelle/ Der Ölsockel/ Die Tür/ Der Spiegel über dem Waschbecken.* Fuchs beobachtet genau und seziert dabei auch jene hiesige Protestkultur, die er oft im Verdacht hat, in Menschenrechtsfragen zu relativieren und einäugig zu sein. Trotz Widerständen von Seiten der damals einflussreichen DKP spricht er auf der legendären Friedensdemonstration 1982 im Bonner Hofgarten – Robert Jungk und die Dissidentenfreunde bei den Grünen hatten ihn eingeladen. Seine Notizen danach aber verraten eine immense Desillusionierung: »Liebe Freunde, ich habe Angst vor euch. Ihr seid guter Stimmung, das freut mich. Aber ich bin ein Fremder, das merke ich. In Jena prügeln sie zehn Leute auf der Straße zusammen, die auch für den Frieden demonstrieren wollen. Sind zehn manchmal wie zehntausend? Ich sehe eure Gesichter, eure Augen nicht. Ich weiß nicht, wer wirklich von euch an die polnischen und türkischen Gewerkschafter denkt. Liebe Freunde, ich weiß nicht, ob ihr meine Freunde seid. Ich bin nicht sicher, es könnte sein, aber ich bin nicht sicher, ob ich euer Freund bin.«

Das ist keine Leitartiklerprosa, kein 68er-Bashing, sondern eine Confessio, eindringlich und ohne falsche Vorsicht. Vermutlich hat sich kein anderer oppositioneller Ostler so auf die Gedankenwelt des Westens eingelassen, auf die dortige Offenheit *und* die Lebenslügen. In einem der Kurzprosastücke heißt es: »Was du erlebt hast, sind Fehler. Aber im Großen und Ganzen... Was hier passiert, ist schlimm. Und das ist System. Reisen, na ja, was ist das schon. Tourismus, Hotels, überall das gleiche. Und gibt es hier etwa keine Gefängnisse? Und das hier alles anders werden muss, siehst du schon daran, dass ich wahrscheinlich nicht Beamter werden kann – *sagte mir ein Student der Politologie aus Lüneburg, bevor er in seinem kleinen grünen Auto davonfuhr.*«

Die harte Genauigkeit und freundliche Fairness, das Nicht-herum-Reden, auch die Hilfsbereitschaft, das Alltagssolidarische: Mein allererster Eindruck von diesem Jürgen Fuchs, der mich dann im September '89 zu einem Schriftstellertreffen ins ostwestfälische Vlotho einlud und ermutigte, dort aus meinen A4-Heften vorzutragen. Er hörte aufmerksam zu, und er hatte Bücher dabei. Nicht nur die eigenen, die konzisen, von jeder Dokumentarprosa-Routine kometenweit entfernten *Gedächtnis- und Vernehmungsprotokolle*, mit einem »herzlich!« schnell und unprätentiös gewidmet, sondern auch ein Taschenbuch polnischer Gegenwartslyrik, aus dem er mir besonders die Gedichte von Adam Zagajewski empfahl. Dazu die Namen, die ich damit das erste Mal von *ihm* hörte: Manès Sperber, der antinazistische Individualpsychologe, mit dem er in Paris intensive Gespräche geführt hatte über die Mechanismen von Diktaturen und über die Erinnerung an die gemordete Welt der Schtedl-Juden. André Glucksmann, der Philosoph mit der Empathie für die osteuropäischen Dissidenten und deren unschätzbare Erfahrungen. Hannes Schwenger in Westberlin, dessen 1977 gegründetes »Schutzkomitee Freiheit und Sozialismus« Heinrich Böll, Dürrenmatt und Max Frisch, Enzensberger, Romy Schneider, Yves Montand und so viele andere aktiviert hatte, um sich u.a. für ihn, den damals noch völlig unbekannten Stasi-Häftling, einzusetzen. Dazu Hans Sahl, der frühe Brecht-Kritiker und weise-gütige Exil-Rückkehrer aus New York...

»Ganz wichtig: Nicht auf falsche Namen hereinfallen. Die stalinistische Linke und ihre westlichen Unterstützer und Verharmloser sind eine ›neue Rechte‹, und von Sperber kannst du lernen, dass man nicht etwa vergleichen darf, sondern *vergleichen muss,* die Gesten und die Mimik, die Worte und die Taten.« Und dann, nach der zigsten Zigarette, wie ganz nebenbei die Erwähnung der anderen guten Freunde – »Sarah und Wolf«, sagte er, Sarah Kirsch und Wolf Biermann – die er von einer hoffentlich abhörsicheren Telefonzelle aus dringend ausrufen müsse, gleich beim nächstgelegenen Flughafen, von dem er nach Westberlin zurückfliegen könne, da die Transitstrecke zu unsicher war.

Was er damals nur ahnte, bestätigte sich ab 1992 bei Lektüre der Stasi-Akten: Jürgen Fuchs war bis zum Mauerfall in der DDR zur Fahndung ausgeschrieben. Zusammen mit Roland Jahn war er der wohl effizienteste logistische Unterstützer der DDR-Opposition, hatte über seinen Freund, den Schriftsteller Lutz Rathenow, über die Jahre hinweg Texte und Manuskripte von West nach Ost (und retour) geschmuggelt, und war deshalb selbst im Westteil der Stadt bespitzelt und zum »Objekt der Zersetzung« geworden.

Diese ersten Bilder also: Jürgen Fuchs in Eile, das häufig kursorische, aber stets suggestive Sprechen in glasklarer Logik, nicht ohne Wärme. Zurechtweisungen inklusive: Nach dem Fall der Mauer kam ich vom Bodensee häufig hoch nach Berlin, entdeckte aber nirgendwo mehr den Zauber jener just vergangenen Herbstrevolution, »nur« den schäbigen Trubel am Bahnhof Zoo. »Was heißt hier *nur?* Schon die Nazis in der Weimarer Republik hatten die Großstadt und deren Schriftsteller denunziert.« Ohne Vorwarnung, ohne Floskeln konnte er auch solche Sätze sagen. Es war das brachiale Mutmachen eines einstmals Ausgebürgerten, der nach seiner Ankunft im Westen das irritierende Gefühl der Ortslosigkeit noch ungleich stärker erfahren hatte. *Diese kleine Insel/ Aus Flitter und Stein/ Könnte die Rettung sein/ Wenn ringsum Wasser wäre/ Und nicht mein Zuhause.* Wobei er dieses Zuhause geographisch verortete – das waldreiche Thüringen und die ambivalente Universitätsstadt Jena, wo er seine Frau kennengelernt hatte und die inzwischen in alle Winde verstreuten Freunde.

Der DDR als vermeintlichem Ort einer »verlorenen Utopie«, wie sie etwa noch bei Thomas Brasch erscheint, weinte er indessen keine Träne nach – als eher konkret sozialdemokratischer denn wolkig utopischer Linker wusste er um die bereits schlechten *Anfänge* dieses Staates der Einheitspartei und Fackelmärsche. Faszinierend, wie frühzeitig er schon diese Erkenntnis verteidigte, auch in seinem Briefwechsel mit dem geistigen Vater Robert Havemann, heimlich von Westberlin nach Grünheide gesandt. Havemann, damals bereits todkrank, hatte ihm sein letztes Manuskript geschickt, und Jürgen Fuchs antwortete ohne falsche Pietät. »Woher kommt deine Strenge, die mich an die des Staates erinnert? Ich meine es gar nicht touristisch, sondern auch politisch: Ist es etwa kein ausreichender Grund, diese DDR verlassen zu wollen, wenn einer sagt: ›Ich möchte mal in Kopenhagen am Strand spazieren gehen?‹ Und was Utopia betrifft: Du machst es zu einer äußeren Landschaft, die man im Wartburg erreichen kann. Das ist eine Rechnung, die zu schnell, zu willkürlich aufgeht. Denn Utopia ist doch überall: In Grünheide, in Westberlin, Moskau, Leipzig und London, wenn Menschen versuchen, ehrlich und solidarisch zu leben.« Dagegen findet er in Rudolf Bahros *Alternative* eine »mörderische Sprache«, warnt Wolf Biermann davor, »jetzt den Westlinken sogleich ein paar scharfe Lieder zu schreiben, damit sie sich freuen« und besteht auf seinem Credo: »Vom Einzelnen darf nicht abstrahiert werden. Wenn einem Unglück geschieht, geschieht es allem. Große Menschheitsziele, die mit ›den Massen‹ operieren und ›Verluste‹ als traurige Notwendigkeit für kommende Siege einkalkulieren, sind mir zuwider... Ich feinde an, was über Leichen geht.« (Man könnte darüber nachdenken, ob Wolf Biermanns späterer Satz, Manès Sperber hätte ihm »wie ein guter Zahnarzt« den faulenden Zahn des verbliebenen Kommunismus-Glaubens gezogen, nicht zu ergänzen wäre – um den Einfluss seines anderthalb Jahrzehnte jüngeren und verblüffend hellsichtigen Freundes Jürgen Fuchs.)

Freilich konnte der permanent aufrüttelnde Ton auch überfordern. »Marko, Du gehst jetzt also zum Studieren nach Paris? Gut! Hans Sahl und Sperber waren dort gewesen, ihr Bruch mit den Kommunisten in den dreißiger Jahren, das Hinterfragen fester Gewissheiten, ›Auch wer gegen den Strom schwimmt, schwimmt mit dem Strom‹, solche Sätze und solche Leute, Paris....« »Jürgen, ich geh' dahin, weil ich mich verliebt habe!« »Na, das freut mich aber! Das Recht auf Lust und Privatheit, auf Lebensfreude, es gibt da dieses Biermann-Lied...« Momente, in denen ich – bei aller Bewunderung und dankbar entgegengenommener Motivation – ziemlich erleichtert war, dass dieser derart pflicht-ethische Altruist *nicht* mein Vater war.

Jürgen Fuchs, der überdies in Westberlin zum wichtigen Gesprächspartner der Rumäniendeutschen um Herta Müller und Richard Wagner geworden war, setzte sein Credo auch lebensweltlich um. Wie er in der Waldstraße in Moabit, wo er zusammen mit seiner Frau Lilo ein Sozialprojekt leitete, problematischen Kindern und Jugendlichen aus Migrantenfamilien bei den Hausaufgaben half, sie aber vor allem anstachelte, sich ihrer eigenen Würde bewusst zu werden anstatt herum zu nölen... Dann schnell vom Tisch aufgestanden und mir einen Text gereicht, eines seiner zahlreichen ab 1992 erschienenen Interviews und Essays zur deutschen Täter-Problematik, zu den Stasi-Akten und der ostwestlichen Koalition der Beschweiger und Verdränger. Danach zurück zu den Jugendlichen und deren Sorgen, obwohl doch ganz anderer Art, er genauso ernst nahm. (Auch wenn bei all diesen Aktivitäten das in seinem frühen Gedicht behauptete »Ich lache« oft auf der Strecke blieb und sich ein Entspanntsein kaum je einstellen wollte: Wie hätte ich mir dann im Jahre 2000 gewünscht, den ein paar Monate zuvor so verdammt früh gestorbenen Freund unter den Lesern meines Einwanderer-Romans *Der Prinz von Berlin* zu wissen, wo ja auch er seinen Auftritt hatte – als eben jener Sozialtherapeut mit Vergangenheit, dessen Energie einen der libanesischen Protagonisten der Geschichte inspiriert, sich nicht länger selbst zu bemitleiden, sondern den Weg ins Offene zu wagen.)

Verblüffend – und auch beängstigend – bei der Lektüre von Udo Scheers Buch, wie viel inzwischen dennoch vergessen ist: Fuchs' Gedichtbände, das fast ins Surreale spielende, hochkonzentrierte Theaterstück *Der Verkauf der Landeskinder* über die Praxis des Häftlingsfreikaufs. Vor allem jedoch *Fassonschnitt* und *Das Ende einer Feigheit*, die zwei großen NVA-Romane, die in ihrer Gewissenssondierung so ganz anders sind als jene mitläuferkompatiblen Leander-Haußmann oder Jochen-Schmidt-Nettigkeiten, die aus der militarisierten DDR ein Reservoir für Weißt-Du-Noch-Kumpel-Anekdötchen machen. Vergessen und vorbei, ebenso wie *Magdalena*, die romaneske Stasi-Collage?

Fuchs hatte sie noch kurz vor seinem Tod fertiggestellt und 1998 bei Rowohlt veröffentlicht – und wir waren darüber öffentlich in Dissens geraten. Zu ungerecht schienen mir die Attacken auf den »Behördenchef Joachim Gauck«, zu hurtig die Engführung zwischen Stasi-Bürokratie und dem gegenwärtigen Reglement der Akteneinsicht, zu selbstgerecht und undifferenziert die Scheidung der Welt in reine Aufrührer und alerte Kompromissler. Und auch zu illiberal der vorwurfsvolle Ton gegenüber der heterogenen Alltagswelt, die sich partout nicht um die Mechanismen der Staatssicherheit und die fortwirkenden Traumata der Opfer scherte. Als hätte in unseren quirligen Gesellschaft nicht *ein jeder* über huschige Missachtung zu klagen...

Durchaus möglich, dass ich es war, der zumindest bei Letzterem irrte. Der im Dauergeplapper lieber Neil Diamonds »Beautiful noise« als jenes Geschwätz wahrnehmen wollte, das den Unterschied zwischen Demokratie und Diktatur nivelliert. Der sich, inzwischen zurückgekehrt aus Paris, bereits an die mediale Machtpräsenz der Gysis, Stolpes, Dahns und de Maiziéres gewöhnt hatte – und nicht ahnte, was Jürgen Fuchs wusste: Es blieb kaum noch Zeit bis zum Ausbruch jenes eher selten auftretenden Blutkrebses, der in wenigen Monaten nicht nur ihn selbst, sondern auch Weggefährten dahinraffen sollte, die wie er in den Jahren 1976/77 in Stasihaft gesessen hatten. »Wurde in den Fotoräumen der Untersuchungsgefängnisse etwa noch ein Licht angeknipst, für ein paar Sekunden mit anderen Strahlen? Kamen daher die Rückenschmerzen, die Koliken, die Beschwerden beim bloßen Gehen?« Aufgefundenes in den Stasi-Akten, etwa dieser Abschlussbericht für die Sektion Kriminalistik der Humboldt Universität: »Schädigung durch Beibringung radioaktiver Stoffe.... Hohes Verschleierungspotential durch spät einsetzende Initialsymptomatik sowie komplizierte Analytik...«

Der Familienvater war nicht paranoid; er hatte nur Erfahrungen, die ihn hellhöriger machten als andere. Denn wenn sogar *ihn* im September 1989 diskret der KGB angesprochen hatte, um ihm eine reformierte DDR unter Markus Wolf schmackhaft zu machen, welche – so seine logische Schlussfolgerung – blitzartigen Vor- und Nachwende-Karrieren erschienen da plötzlich in ganz neuem Licht?

Und wie war das schließlich mit dem Links-Sein, in den späten Neunzigern, als die Grünen längst nichts mehr mit Dissidenten am Hut hatten und die einst so solidarische taz Jürgen Fuchs als »bärtigen Bürgerrechtler-Zausel« mit Häme überzog? Ein bedauerndes Schulterzucken, kein Beleidigtsein, denn wer eher aus der Tradition von Wilhelm Weitling und Lasalle, von den Reformern statt den Staats-Utopisten kam, für den war die »authentische Linke« ohnehin nicht ortsgebunden, sondern jene, die Mitmenschlichkeit mit Eigenverantwortung verband und »Macht, Dominanz und Hierarchie in Frage stellt«.

Doch die Krankheit wucherte weiter, und während Jürgen Fuchs im Rudolf-Virchow-Krankenhaus langsam an jenem seltsamen Blutkrebs verreckte, stand Genosse Gysi vor einer riesigen Friedenstauben-Imitation am Alexanderplatz und wetterte gegen die NATO, die sich gerade anschickte, dem Genossen Milosevic beim Kosovaren-Morden in den Arm zu fallen.

Auf der Beerdigung am 15. Mai 1999 spielten sie in der Trauerhalle Joan Baez. Das war die Jugend von Jürgen: im Westradio die Stones und Joan Baez, der Traum von langen Haaren und Freiheit. Stattdessen aber *Fassonschnitt* und *In the Army now* – jedoch nicht als netter *Status Quo*-Song, der sich auch abschalten ließ. Etwas ging kaputt, etwas wurde kaputt gemacht, irreparabel. *Das Schlimme ist nicht/ in einer Zelle zu sitzen/ Und verhört zu werden/ Erst danach/ Wenn du wieder vor einem Baum stehst/ Oder eine Flasche Bier trinkst/ Und dich freuen willst/ Richtig freuen/ Wie vorher/ Erst dann.*

Wer hätte jemals von diesen zerstörten Träumen, von der engen Welt der Appellplätze, der eigenen Verführbarkeit und Angst, und der späteren Einsamkeit in den Stasi-Zellen erfahren, vom Innenleben der reaktionären DDR *und* vom coolen Wegsehen so vieler westlicher Linksliberaler, wäre dieser Jürgen Fuchs nicht so gewesen, wie er eben war? Das Insistierende, Ernsthafte, manchmal auch obsessiv Verbissene – es war wohl Lebens-, dann auch Überlebensstrategie, um die Kraft zu bewahren, genau das zu sagen, was zu sagen war. Sie spielten Joan Baez, und langsam begann ich zu begreifen.

Zur Beerdigung waren unter vielen anderen auch Herta Müller, Bärbel Bohley und Hans Joachim Schädlich gekommen. Joachim Gauck war da, Václav Havel hatte Blumen schicken lassen, und der Grünen-Politiker Lukas Beckmann erinnerte daran, dass es Fuchs gewesen war, der die Grünen immer wieder gemahnt hatte, dass Frieden und Menschenrechte unlösbar zusammengehörten. Wolf Biermann sang dem Freund ein Abschiedslied, Ralph Giordano sprach ein paar persönliche Worte. Und dann... Und dann waren da auch noch diese jungen Türken und Jugoslawen, die Jürgen und Lilo Fuchs als Heranwachsende betreut hatten. Waren auf den Heide-Friedhof nach

Alt-Mariendorf gekommen und standen nun in ihrem teilweise Macho-Outfit und mit Blumen in den Händen am Sarg. Und heulten Rotz und Wasser. Auch sie hatten jemanden verloren, der weder ein abweisender Prophet noch ein amorpher Gutmensch gewesen war – nur einer jener verdammt unprätentiös guten Menschen, von denen es so wenige gibt. Ich vermisse meinen Freund Jürgen Fuchs noch immer.

Hans Sahl – »Als wär ich nie gewesen oder kaum«

Meine Generation hat ein großes Thema.
Wir sagen, was der Mensch dem Menschen antut.
Wir brauchen keine Fabeln für unser Buch.
Wir lesen der Menschheit vom Munde ab.

Wir sind die Letzten.
Fragt uns aus.
Wir sind zuständig.

Hans Sahl

2002

»Rief mich jemand zurück? Ich wartete noch einen Augenblick und dann hörte ich die Tür hinter mir zuschlagen, stand draußen, war wieder frei. Ich ging den Boulevard Saint Michel hinunter, der Seine entgegen, ich sah die Menschen wieder in ihrer Einmaligkeit und Besonderheit, nicht mehr als graue, gesichtslose Masse, die im Begriff war, irgendeine ›historische Mission‹ zu erfüllen, sondern aus vielen Zügen und Gesichtern zusammengesetzt, von denen jedes einzelne ein Schicksal hatte, und auch ich hatte wieder ein Schicksal, ich war aus der Anonymität aufgetaucht.«

Ein Schlüsseltext des zwanzigsten Jahrhunderts, in welchem man häufig bereits den Gedanken kriminalisierte, von irgendwo wegzugehen und sich Ideologien, Kollektiven oder Nationen zu verweigern. Der Mann, der damals einen kommunistischen Versammlungsraum verließ, um in den Straßen der Stadt Paris die Einmaligkeit jedes Menschen neu zu entdecken, war der von den Nazis 1933 in die Emigration getriebene deutsch-jüdische Schriftsteller Hans Sahl. 1902 in Dresden geboren, über Frankreich, Spanien und Portugal schließlich in die USA entkommen. Anfang 1989 zusammen mit seiner jüngeren Frau nach Deutschland zurückgekehrt und im Frühjahr 1993 in Tübingen gestorben.

Seine wichtigsten Bücher – die beiden autobiographischen Bände *Memoiren eines Moralisten* und *Exil im Exil*, der Roman *Die Wenigen und die Vielen*, sowie die Gedichte, ein Essayband und der Briefwechsel mit dem Freund George Grosz – sind noch immer lieferbar. Man sollte sie lesen. Sie bergen eine Jahrhundert-Lehre, die Geschichte eines Mannes, der politisch engagiert war und sich doch nie vereinnahmen ließ, der im antinazistischen Exil den Bruch mit seinen kommunistischen Kollegen Egon Erwin Kisch und Anna Seghers riskierte, weil er nicht einsehen wollte, dass der Kampf gegen Hitler eine gläubige Blindheit gegenüber Stalin verlange. In den letzten Jahren der Weimarer Republik einer der hoffnungsvollsten Nachwuchs-Publizisten, war Sahl linksbürgerlich, jedoch nicht prokommunistisch.

Womöglich sah er deshalb eher als andere, dass die Moskau-Getreuen selbst im Exil versuchten, geistige Unabhängigkeit zu unterbinden. Über ein halbes Jahrhundert später erinnerte sich der freundliche, schon halb blinde Greis noch immer voller Präzision an die damaligen Ereignisse, an den Bruch, der sein Weltverständnis prägte.

»Ich war damals im Vorstand des ›Schutzverbandes deutscher Schriftsteller‹, der jedoch – wie es von der KPD vorgesehen war – eigentlich von den Kommunisten Kisch, Seghers und Manès Sperber geführt wurde. Die Sozialdemokraten und Parteilosen fügten sich – und das nicht gerade unwillig. Doch 1936 begannen die Moskauer Prozesse und lösten große Unruhe aus; jetzt musste Position bezogen werden. Die auch im Pariser Exil weitergeführte berühmte Zeitschrift *Tagebuch* von Leopold Schwarzschild brachte eine kritische Serie über diese Schauprozesse, worauf die Kommunisten sich auf ihn einschossen. Manès Sperber, der damals noch nicht mit Moskau gebrochen hatte, brachte im Vorstand des Schutzverbandes eine Resolution ein, in der erklärt wurde, dass Schwarzschild ein Nazi-Spion sei. Laut Statut konnte so etwas nur einstimmig beschlossen werden, und so weigerte ich mich: Wie konnte man nur eine solch infame Lüge in die Welt setzen? Die Absicht war ja jedem klar. Sperber sagte zu mir: ›Lieber Hans, ich habe dich sehr gern, und ich möchte nicht, dass dir etwas passiert. Ich rate dir also dringend, zu unterschreiben.‹ Ich habe mit meinem Austritt aus dem Verband geantwortet und damit zum zweiten Mal meine Heimat verloren. Freundschaften und alte Gewissheiten gingen in die Brüche, und mein Exil im Exil begann. Das klingt heute pathetisch, aber stellen Sie sich vor: Vertrieben aus Deutschland, fremd im fremden Land, und dazu nun der Schock über das infame Kalkül oder den blinden Gehorsam früherer Weggefährten. So war das damals in Paris: Die Gestapo spitzelte herum, Moskau-Leute waren präsent, es regierte eine Volksfrontregierung, die Polizei war zum Teil kommunistisch, es drohte große Gefahr von allen Seiten. Doch wurde ich genau damals zum freien Menschen, zum Skeptiker auch meiner selbst. Und, junger Freund, das muss die Alterseitelkeit hinterher schicken: Ein Aufwachen aus selbstverschuldeter Unwissenheit und falschen Allianzen, noch *vor* Koestler und Sperber – und selbstverständlich auch ganz anders als Stefan Heym, der nun nach dem Mauerfall tatsächlich sagt, er könne doch nicht seine ganzen Überzeugungen über Bord werfen. Das kommt daher, dass in diesem Deutschland Unrecht-Haben noch immer zu den Todsünden zählt anstatt als Weg zu neuen Erkenntnissen. Deshalb wagt man auch keine wirklichen Revisionen, sondern bleibt bei ideologischer Nibelungentreue.«

Mai 1992, Hans Sahls sonnenhelle Wohnung in der Primus-Truber-Straße in Tübingen. Auf dem Tisch mit dem Aufnahmegerät die Feuilletonseiten der wichtigsten Tageszeitungen; auf Sahls Bitte hatte ich ihm ein paar Artikel daraus vorgelesen, während seine Frau Ute Kaffee kochte und aus der Küche ironische Kommentare herüber rief. Ihr hatte Sahl seine berührenden Altersgedichte gewidmet, Zeilen der Liebe, aber auch der Rückkehr ins trotz allem lebenslang vermisste Deutschland, nun die letzte Station seiner Reise. *Du bist so schön in den kleinen Städten,/ wo kein Gesicht uns erwartet und keine Tür/ und die Sonnenuhren die Zeit verschweigen,/ weil sie alt sind und keine Schatten mehr werfen.*

»Ich gehe jetzt zwar langsam aus der Welt heraus, aber trotzdem interessiert mich, was hier nun alles so passiert. Ich war dabei, als Wolf Biermann in Frankfurt seine Dankesrede zum Georg-Büchner-Preis hielt und den Stasispitzel Sascha Anderson als Arschloch bezeichnete. Köstlich! Und dann die öffentliche Aufregung – viel größer übrigens als die Empörung über die ganze üble DDR-Realität, in der es solche Arschloch-Verhaltensweisen doch *en masse* gegeben hatte. Seltsam, diese Täternähe deutscher Innerlichkeit... Biermann würde nicht ›differenzieren‹, hieß es sogleich – auch aus dem moralisierenden Mund meines Tübinger Nicht-Nachbarn Walter Jens, der mich bisher kein einziges Mal besucht hat. Macht aber nichts, dafür kommen dann eben die Schulklassen und Studenten und fragen mir Löcher in den Bauch.« (Zu dieser Zeit war über Jens' NSDAP-Mitgliedschaft noch nichts bekannt.)

Der Neunzigjährige sprach sanft und flüssig, mitunter huschte eine Art Schalk über sein Gesicht. Denn auch der in Tübingen ansässige Germanist Hans Mayer, der nun in Phantomschmerz der DDR nachtrauerte und allein den bösen Spitzbart Ulbricht für »vergebene Chancen« verantwortlich machte, hatte die Begegnung mit Sahl gemieden. »Wahrscheinlich wäre er lieber weiter zu Ernst Bloch gepilgert, auch wenn die nach ihm benannte Straße eigentlich eine Sackgasse ist.«

Dennoch: Keine Härte oder Bitternis. Auch kein Stolz in seiner Stimme, als er von den Solidaritätslesungen in Asylbewerberheimen spricht, an denen er trotz körperlicher Gebrechlichkeit teilgenommen hatte als Protest gegen die Anschläge in Rostock, Mölln und Solingen. Eher schon dieses stille, aber klar analysierende Verwundertsein, was das Zwanzigste Jahrhundert mit ihm angestellt hatte, den Sohn aus gutbürgerlicher Familie in Dresden. Wie er – dank der logistischen Unterstützung des amerikanischen Flüchtlingshelfers Varian Fry – im Frankreich des Jahres 1940 gerade noch knapp den Nazis entkommen war und sich mit einer Flucht über die Pyrenäen nach Spanien und Portugal durchschlug, ehe er im Hafen von Lissabon das rettende Schiff nach New York besteigen konnte. Dort, in der brodelnden Metropole, traf er dann auch die Schriftstellerfreunde aus Paris wieder, die sich damals zusammen mit ihm dem kommunistischen Dominanz-Anspruch verweigert und den Verband ›Freie Presse und Literatur‹ gegründet hatten: Klaus Mann, Alfred Döblin, Hermann Kesten, Walter Mehring. »Wir waren Antifaschisten *und* Antistalinisten, und in unserem Pariser Manifest hatte es damals geheißen: ›Wir glauben, dass die Sache der deutschen Freiheit nur mit den Mitteln der Freiheit erkämpft werden kann.‹ Und nun saßen wir in New York, im doppelten Wortsinn auf dem Trockenen. Obwohl das eigentlich falsch klingt, denn im Unterschied zu Adorno und Brecht habe ich nie dünkelhaft über dieses Amerika geklagt, das uns doch gut aufgenommen hat. Auch wenn drüben mein Sohn aus erster Ehe bis heute kein einziges meiner Bücher gelesen hat und sich vielleicht fragt, was für ein seltsamer Vogel sein Vater ist, der zwar mal der jüngste Filmkritiker der Weimarer Republik war und dann nach dem Krieg für die Deutschen Thornton Wilder und Tennessee Williams übersetzte, inzwischen auch diesen oder jenen schönen Literaturpreis gekriegt hat – es bei alldem aber nie zu einer Berühmtheit brachte, wie es sich die Amerikaner vorstellen. Tja...«

Trotzdem: *Ich bin für die Städte gemacht,/ wo man mit harter Währung zahlt/ und die Häuser in den Himmel wachsen./ Die Stille eines Dorfweihers macht mich misstrauisch.*

In New York war damals auch der Bruch mit Brecht erfolgt, der nicht erlauben wollte, dass man in seiner Gegenwart den Genossen Stalin kritisierte. Von all dem erzählte Sahl mit leiser, konzentrierter Stimme und berichtet davon auch in seinen Büchern – pointenreich und eloquent, in episodenhafter Schnitt-Technik von moderner Filmästhetik geprägt. Ein permanentes Gleiten zwischen den Zeiten, das dennoch nie konfus wurde.

»Wissen Sie, weshalb mir die Bücher der ausgebürgerten Ost-Autoren so lieb sind, die ›Wunderbaren Jahre‹ von Kunze, ›Der letzte Tag der Kindheit‹ von Utz Rachowski, die Prosa von Hans Joachim Schädlich, die Gedichte und Gedächtnisprotokolle von Jürgen Fuchs und Biermanns genialische Sachen? Weil mir die Einsamkeits-Erfahrungen dieser Leute sehr nah sind. Im Westen hält man sie für hitzige Übertreiber, im Osten sind – außer vielleicht bei Biermann – ihre Namen längst aus dem Gedächtnis getilgt. Da hält man sich in beiden Landesteilen lieber an Christa Wolf. Oder an Ernst Jünger, der ja längst wieder nobilitiert ist. Wissen Sie, woran mich das erinnert? An Klaus Manns Rückkehr ins kriegszerbombte Deutschland. Schon wurde dort wieder fleißig Theater gespielt, und aus dem Dunkel des Parketts sah er seinen ehemaligen Schwager bejubelt über die Bühne tänzeln – Mephisto Gründgens. Und das sind noch die harmloseren Beispiele; Walter Benjamin, den ich auf einer Straße in Marseille zum letzten Mal getroffen hatte, wäre dankbar gewesen, noch solche Erfahrungen machen zu können und daran seinen Geist zu schärfen. Und ich erinnere mich, wie Hans Werner Richter von der *Gruppe 47* klagte, dass die angeblich arrogante Umerziehungspolitik der Amerikaner eine Katastrophe sei. So wurde ich dann auch bei meiner ersten

Rückkehr ins Land der Täter begrüßt: ›Ja, allein mit Coca Cola geht's bei uns nicht.‹ Keine Rede von den erbauten Amerikahäusern, der dort ausliegenden Presse, der versuchten Heranführung eines ganzen Volkes an den Puls der Zeit... Hochinteressant auch das: Noch vor Kriegsende hatte man in der amerikanischen Armee die Idee, die beste Literatur des Landes gratis in Deutschland zu verteilen. Emigrierte Autoren wie Hermann Kesten oder ich besorgten die Übersetzungen, wurden aber nicht namentlich erwähnt: man wollte bei den Deutschen keine Vorurteile schüren, die es aufgrund unserer Existenz sicher gegeben hätte. Das heißt, damit die Täter und Mitläufer nicht ärgerlich werden, verschweigen die Opfer, dass sie noch leben. Allerdings war es mit Melvin Lasky dann erneut ein Amerikaner – ein jüdischer Ex-Trotzkist aus der New Yorker Bronx – der das Risiko einging und mit seiner 1948 gegründeten Zeitschrift die Emigranten zumindest publizistisch wieder nach Deutschland holte. Ich schrieb dort über das amerikanische Bühnen- und Kulturleben, Mehring und Kesten spotteten himmlisch über die Gehorsams-Bigotterie der Brechts, Bredels, Hermlins und Seghers' in der DDR, aber der unglückliche und menschlich so verdammt tapfere Klaus Mann war es, der Lasky auf die Idee gebracht hatte, dieser Zeitschrift den späterhin so legendär werdenden Namen zu geben: *Der Monat*.«

Hans Sahl, der von Klaus Mann und Melvin Lasky und Walter Benjamin sprach, von seinen Begegnungen mit Wolf Biermann und Jürgen Fuchs. Der schrieb, dass der Bürger letztlich weniger gefährlich sei als der Polit-Kommissar, da es gegen diesen *keinen* Einspruch gibt. Der noch bei unserem letzten Treffen in einem kleinen Hotel in der Berliner Meinekestraße ironisch konstatierte, dass in Deutschlands Malerei und Literatur weiterhin »das Sperrige der Moderne« nachgeholt werde, als hätte sich die Welt seither nicht weitergedreht. Kurz zuvor war sein Roman *Die Wenigen und die Vielen* wieder aufgelegt worden. Trotz eines enthusiastischen Lobes von Marcel Reich-Ranicki hatten sich nach der Erstveröffentlichung im Jahre 1959 gerade einmal neunhundert Exemplare verkauft, dabei wirkte der in Deutschland, Frankreich und New York spielende Exilroman in gewisser Hinsicht wie eine Vorwegnahme von Uwe Johnsons *Jahrestagen* – wenn auch klarer strukturiert und ungleich selbstironischer. Hans Sahl, der sich bei all dem auch noch an seine Schulzeit erinnerte, als er mit seinem Ranzen am Tiergarten die Bellevuestraße entlang ging, zum »königlichen Wilhelms-Gymnasium«. Hans Sahl, der wusste, dass er bald sterben würde. Und sich freute, dass Wolf Biermann eines seiner letzten Gedichte vertont hatte: *Ich gehe langsam aus der Zeit heraus/ in eine Zukunft jenseits aller Sterne,/ und was ich war und bin und immer bleiben werde,/ geht mit mir ohne Ungeduld und Eile,/ als wär ich nie gewesen oder kaum.*

Zwischen *nie* und *kaum* – Einspruch des Individuums, des Unverwechselbaren der eigenen Existenz, in beinahe schmucklose deutsche Verse gebracht, jenseits jeder Hybris. Es lohnt sich, Hans Sahl zu lesen.

Melvin J. Lasky – Schicksalsort Berlin

2013

Es ist ein wenig seltsam: In der mittlerweile bestens kartographierten Geisteslandschaft der frühen Bundesrepublik scheint es noch immer einen blinden Fleck zu geben – die Zeitschrift *Der Monat*. Das Periodikum war bereits 1948 gegründet worden, und François Bondy hatte es später als »die damals wohl beste Kulturzeitschrift der Welt« bezeichnet. Es war jener Ort, an dem Grass' *Blechtrommel* zuerst in Auszügen erschien und Max Frisch in einem Essay der »Kultur als Alibi« misstraute, der Germanist Robert Minder eine furiose Attacke ritt auf »Heidegger, Hebel und die Sprache von Meßkirch« und Peter de Mendelsohn Ernst Jüngers Tagebücher kritisch sezierte. Ignazio Silone, Ludwig Marcuse, Walter Mehring und Arthur Koestler rechneten hier mit dem Kommunismus ab, Friedrich Torberg und Joachim Kaiser fochten ihre berühmte Fehde, ob man Brechts Stücke auch im Westen spielen solle oder nicht. Nicht zu vergessen Karl Jaspers' Essays zum Eichmann-Prozess oder die Sechziger-Jahre-Polemik des jungen Marcel Reich-Ranicki gegen den damals in weiten Kreisen noch immer tonangebenden Restaurations-Romancier Gerd Gaiser; eine Art literarische und ethische Flurbereinigung, die den weiteren Aufstieg Heinrich Bölls flankierte.

Die Aufzählung ließe sich mühelos fortsetzen, und darin wäre dann vor allem von den antinazistischen Emigranten die Rede – von Hilde Spiel in London, Golo Mann und Hermann Kesten in der Schweiz, Hans Sahl in New York, Max Brod in Tel Aviv oder dem Soziologen Alphons Silbermann im noch ferneren Sidney. Sie alle wurden bald zu regelmäßigen *Monat*-Beiträgern, obwohl der geistige Mainstream der Bundesrepublik, vom kulturkonservativen Bürgertum bis hin zu den forschen Neuen der »Gruppe 47«, nicht allzu viel wissen wollte von denen, die das Dritte Reich in alle möglichen Winkel der Welt zerstreut hatte. Stichwort »Welt«: Kein Porträt des *Monat* wäre vollständig ohne die Erwähnung der zahlreichen ausländischen Beiträger, die hier im Laufe der Jahrzehnte (genau genommen bis 1986) und unter der Ägide der Herausgeber und Chefredakteure Melvin J. Lasky, Helmut Jaesrich, Fritz René Allemann, Peter Härtling, Klaus Harpprecht und Michael Naumann veröffentlicht hatten: Sartre und Camus, Raymond Aron und Manés Sperber, Hannah Arendt und Saul Bellow, Leszek Kołakowski und Isaiah Berlin, Christopher Isherwood und Graham Greene, die Ungarn Tibor Déry, Paul Lendvai und François Fejtö, John le Carré und Romain Gary, T.S. Eliot, François Mauriac und Denis de Rougement – ganz zu schweigen von der spitzzüngigen Mary McCarthy und ihren »Kulturbriefen« aus New York.

»*Too much* für das beschauliche Deutschland? Na ja, vielleicht. Obwohl sich mit einem damaligen Buchtitel meines Freundes und Nachfolgers Fritz René Allemann die Bundesrepublik noch heute selbst auf die Schulter klopft: *Bonn ist nicht Weimar*. Und obwohl sie ja *alle* den Monat gelesen hatten, nicht nur mein ambivalenter Freund und Zeitschriftenbeiträger Willy Brandt und der junge Helmut Kohl, sondern anscheinend sogar der Spitzbart aus dem Osten, der *Comrade* Walter Ulbricht.« Sprach mit kokettem Akzent der Amerikaner Melvin J. Lasky, geboren 1920 als Sohn jüdisch-polnischer Einwanderer in der New Yorker Bronx, schmauchte an seiner Tabakspfeife und schien sich der Ironie durchaus bewusst, dass er mit *seinem* getrimmten Bart nebst Glatzkopf ein wenig an Lenin erinnerte. Das Gedächtnis hat alles gespeichert: Berlin im Frühsommer 1992, ein weiträumiges Dach-Apartment in der Charlottenburger Mommsenstraße und bereits meine erste Begegnung mit Lasky eine geradezu unglaubliche Achterbahnfahrt durch das Zwanzigste Jahrhundert.

»Sieh an, der liebe steinalte Hans Sahl da in seiner Rückkehrer-Klause in Tübingen hat dich zu mir geschickt? Und du bist mit Hans Christoph Buch befreundet? Warte mal mal... (Erhebt sich im Arbeitszimmer behend von seinem Drehstuhl und geht die Wandregale ab, die voll gebundener *Monat*-Ausgaben sind, dazwischen gerahmte Fotografien: Lasky und Brandt, Lasky und Ernst Reuter, Lasky und Thomas Mann.) Dieser Buch hatte doch ebenfalls seinen Erstauftritt bei uns, mit dieser tollen Analyse von Ian Flemings James-Bond-Romanen. Das war zwar schon nach meiner Zeit – ich war 1958 nach London gezogen, um dort bis 1989 den *Encounter* zu leiten

– und ein bisschen so auf ideologiekritisch-*new left,* aber genau so sollte es ja auch sein: Von der antifaschistischen Rechten bis zur antikommunistischen Linken war die Zeitschrift offen für alle Schriftsteller und Intellektuelle. Nur Grass, der olle Quatschkopf, nörgelt da was von angeblicher ›Vereinnahmung‹ – erst vor kurzem wieder bei unserem unerquicklichen Wiedersehen bei diesem Streitgespräch in der Akademie der Künste. Wo mich doch sogar der alte Wolfgang Harich (lacht schelmisch, kehrt zum Drehstuhl zurück, setzt sich jedoch nicht, sondern fischt aus dem mit Büchern, Manuskripten und Zeitungsseiten übersäten Schreibtisch eine für mich bestimmte Kopie eines *Zeit*-Artikels), wo mich also sogar der regimetreue Renegat Harich mit den Worten begrüßte: ›Mel, mein alter Feind, du hast gewonnen!‹ Während Grass nur dünn lächelte und anscheinend vergessen hatte, dass er 1968 einen seiner besten Essays unbedingt im *Monat* hatte veröffentlichen wollen, eine luzide Kritik an der Mao-Poster und rote Flaggen schwenkenden Studentenbewegung, aus sozialdemokratischer Perspektive. Ein Hohelied auf den lebenspraktischen Reformismus, der Dinge im Hier und Jetzt zu verbessern sucht – ach, wie klug er damals noch war...«

Too much? Nicht im Geringsten. Für Melvin Lasky hatte diese Rückkehr nach Berlin eine eigene Logik. In dieser Stadt – im Saal der Kammerspiele in der Ostberliner Schumannstrasse – hatte er 1947 als 27jähriger Amerikaner den 1. Deutschen Schriftstellerkongress aufgemischt und die anwesenden Sowjetfunktionäre mit folgender, eigentlich moderater Wortmeldung in Rage gebracht: »Ich möchte sagen, dass wir uns solidarisch fühlen mit den Schriftstellern und Künstlern Sowjetrusslands. Auch sie kennen den Druck und die Zensur. Auch sie stehen im Kampf um kulturelle Freiheit. Und ich glaube, wir alle müssen ihnen unsere offenherzige Sympathie entgegenbringen.« Die abgesandten sowjetischen Kulturoffiziere kochten vor Wut, und dem Schriftsteller Valentin Katajew fiel nichts anderes ein als eine durchsichtige Vereinnahmung des »Antifaschismus« für die Zwecke des stalinistischen Regimes. »Das, was der unbekannte Lasky über die Sowjetunion sagte, ist natürlich eine Lüge. Schon der verstorbene Dr. Goebbels hat sich derselben Mittel bedient.«

Hier in Berlin hatte Lasky dann mit amerikanischer Hilfe den *Monat* gegründet und Anfang der fünfziger Jahre beim »Kongress für

Kulturelle Freiheit« die damalige Intellektuellen-Elite in den Westteil der Stadt geholt: Arthur Koestler und Ignacio Silone, François Mauriac, Richard Löwenthal, Eugen Kogon, Carlo Schmid und zahlreiche andere. So sehr dann London auch lockte: Der Abschied von dieser Frontstadt, in der Willy Brandt als reformerischer Bürgermeister regierte, war Lasky schwergefallen. Doch Ironie des Schicksals: Im Februar 1989 ging seine Zeitschrift *Encounter*, in der beinahe ein halbes Jahrhundert lang vor den totalitären Versuchungen gewarnt worden war, aus Mangel an Sponsoren pleite. Dass dann ausgerechnet in jenem Jahr, in dem Lasky mit seiner Frau, der Schriftstellerin Helga Hegewisch, für einen temporär gedachten Aufenthalt ans Berliner Wissenschafts-Kolleg kam, Ulbrichts und Honeckers Mauer fiel – Glück der Geschichte, List der Vernunft. Das Ehepaar beschloss, in Berlin zu bleiben, Lasky veröffentlichte seine *Wortmeldungen zu einer Revolution*, die ihm als friedlich-antikommunistische einen Lebenstraum erfüllte – gerade *wegen* ihres Mangels an nebulöser Utopie, sondern in ihrem Bezug auf universelle Menschenrechte, die nun auch in Ostberlin, Leipzig, Prag, Warschau und Budapest gelten sollten. In der Tat: Auch er hatte gewonnen, war seine antitotalitäre Verve doch von den Ereignissen des Jahres ’89 beglaubigt worden.

Freilich kam Lasky auf dieses jüngste Kapitel eher kursorisch zu sprechen, denn ungleich wichtiger waren die Tiefenschichten, die Erinnerung an die Anfänge. Eröffnete sich doch hier eine Jahrhundert-Geschichte, voll thematischer, aber auch personeller Querverweise und Verknüpfungen – und damit genau das Gegenstück zum ideologisch Festgezurrten, in dessen Dunstkreis ich Jahre zuvor das erste Mal von Melvin Lasky und seiner Zeitschrift gehört hatte. Im Jahre 1986 war im Ostberliner Aufbau-Verlag mit großem Aplomb Werner Mittenzweis zweibändige Brecht-Biographie erschienen, die als vermeintlich »kritische« sogar im Westen Furore machte. Erwähnt wurde darin auch jenes Streitgespräch von 1954, als Brecht im (noch heute existierenden) »Sachsenhof« am Westberliner Nollendorfplatz auf den »berufsmäßigen Provokateur« (Mittenzwei) Melvin Lasky traf. Dieser machte Brecht das Angebot, ihm fünf Seiten des *Monat* bereit zu stellen, falls er im Gegenzug in einer Ostberliner Publikation dem kurz zuvor von Johannes R. Becher herausgeschleuderten Verdikt entgegentreten könne, die im *Monat* schreibenden Autoren seien »Hyänen – und wir nehmen Kenntnis von euch nur in dem

Sinne, wie man von einem Geschwür Kenntnis nimmt, das darauf wartet, operiert zu werden«. Mit einem »Dies ist kein ehrlicher Vorschlag, mit Kriegsverbrechern kann nicht diskutiert werden, das sind Feinde der Menschheit, und sie müssen vernichtet werden, das ist im Sinne der Humanität«, lehnte jedoch Brecht Laskys Vorschlag ab, was wiederum – und dies drei Jahrzehnte später, kurz vor dem Ende der DDR – sein Biograph Werner Mittenzwei wie folgt kommentierte: »Diese Erklärung entsprach weder Brechts taktischen noch seinen strategischen Überlegungen (in der ›Maßnahme‹ forderte er auf: ›Umarme den Schlächter, aber/ Ändere die Welt‹), dafür aber genau seinem Temperament.«

Nun also saß ich diesem »Schlächter und Kriegsverbrecher« gegenüber, der im Zweiten Weltkrieg als Soldat und Kriegshistoriker der 7. US-Army seinen Teil dazu beigetragen hatte, Deutschland von den Nazis zu befreien und während der letzten Kriegstage im KZ Dachau erschütterter Augenzeuge der dortigen Leichenberge geworden war. Ein ehemaliger Trotzkist, der bereits Anfang der vierziger Jahre Präsident Roosevelts Schweigen zur nationalsozialistischen Judenvernichtung angeprangert hatte, der eng mit George Orwell befreundet war und dann im Oktober 1947 bei jenem 1. Deutschen Schriftstellerkongress die neue Gefahr öffentlich thematisiert hatte: Den über Ost- und Mitteleuropa sich ausbreitenden Stalinismus und die erneute Kollaboration zahlreicher Intellektueller. Laskys damals öffentlich gestellte Frage, wie es die Sowjetunion denn mit der Zensur und den verbotenen Gedichten von Anna Achmatowa halte, katapultierte den jungen Amerikaner schlagartig in den Aufmerksamkeitsfokus der geteilten Hauptstadt, bescherte ihm die Sympathie der alten Ricarda Huch, aber auch den Zorn Walter Ulbrichts, von dem – via Wolfgang Harich – jenes Diktum überliefert ist: »Lasky ist der Mann, der den Kalten Krieg begonnen hat.«

Als kurz darauf die Idee zu einer literarisch-kulturellen Zeitschrift entstand, die im Zuge der »re-education« eine dezidiert antitotalitäre Position beziehen sollte, kamen die Leute um den damaligen amerikanischen Stadtkommandanten General Clay deshalb sogleich auf den jungen Lasky, der sich für »seine« Zeitschrift jedoch keinen allzu tönenden Namen wünschte. »Es gab da den *Ruf* und *Die Wandlung*, ich aber wollte – ganz im angelsächsischen Sinn – eher etwas Beiläufiges, das die Leser nicht schon im Titel mit Programmatik behelligte. Als zukünftigen Beiträger hatte ich bereits Thomas Mann gewinnen können, hatte vor allem aber Freundschaft geschlossen mit seinen Söhnen Golo und Klaus. Und Klaus Mann war es dann auch, der – in einem Restaurant am Mexikoplatz leicht nervös an seiner Zigarette ziehend – auf den Namen *Der Monat* kam. Was für ein fragiler und gleichzeitig tapferer Mensch, der nur kurz darauf, im Mai 1949 in Cannes, aus dem Leben scheiden sollte.« Und da war es das erste Mal, dass ich Melvin Lasky, ansonsten doch mit eher trockenem Witz begabt und Pathos fern, kurz um Fassung ringen sah, die Augen feucht.

Denn das war ja in der Tat symbolisch, wenn auch bis heute von der bundesrepublikanischen Forschung kaum gewürdigt: Der einst aus Nazideutschland Vertriebene und nach dem Krieg – im Unterschied zu all den Dritte-Reich-Mitläufern, den Gustaf Gründgens' und Frank Thiess' und Walter von Molos – eben *nicht* mehr reüssierende Emigrant als Stichwortgeber einer Zeitschrift, die neben der literarischen Neugier sehr wohl auch ein politisches Programm hatte: Aufklärung zu liefern über den verhängnisvoll rechtskonservativen deutschen Sonderweg *und* über die Verbrechen des Stalinismus und das Schweigen der ihm hörigen Intellektuellen. Bereits die erste Nummer vom Oktober 1948 – 60.000 (ab den fünfziger Jahren dann 25.000) Exemplare zum lange konstanten Preis von 1 DM und mit einem zurückhaltenden, auf Illustration verzichtenden Umschlag – widmete sich deshalb dem »Schicksal des Abendlandes«, wenn auch nicht im bis dahin gängigen Spenglerschen Moll-Ton. George Orwells *1984* erlebte hier seinen Erstdruck, gefolgt von Essays Theodor Pliviers, Arthur Koestlers oder Manès Sperbers – jenen »Hyänen« also, denen Brecht und Becher den konsequenten Bruch mit dem Kommunismus nie verzeihen würden.

Lasky, der mein Interesse – die Neugier des Nachgeborenen, der im Mai '89 als DDR-Kriegsdienstverweigerer in die Bundesrepublik gekommen war – mit Vergnügen sah, riet mir deshalb, bald auch Wolf Jobst Siedler zu besuchen, »einen der damaligen Jungspunde«.

Der Verleger und Gründer des Siedler-Verlages nahm die Bezeichnung gern an, mit ausgestreckten Beinen in seinem Arbeitszimmer sitzend, die Hand auf dem Krückstock, in den Gesichtszügen noch immer ein fast magnetisches Charisma. »Für uns Studenten, die wir im Dritten Reich aufgewachsen waren, erwies sich *Der Monat* tatsächlich als ein Fenster zur Welt, das frische Luft hereinließ. Bislang verfemte Namen und Debatten – hier wurden sie geführt. Ich glaube, dass die damals 25- bis 40jährigen der eigentliche Stamm der *Monat*-Leser waren, denn unser Nachholbedarf war am größten. Intellektueller Antikommunismus ohne autoritäre Schlagseite, dazu all die Kulturbriefe aus den westlichen Hauptstädten, oft verfasst von Emigranten, von deren Weltneugier wir nun endlich profitieren konnten... Friedrich Torberg und Friedrich Luft schrieben Theaterkritiken, denn selbstverständlich war es die hohe Zeit all der Stücke von Sartre, Camus, Giroudoux oder Thornton Wilder, dieser übrigens in der Übersetzung von Hans Sahl. Was für ein wunderbares Netzwerk freier Geister! Was die Nazis zerrissen hatten und die Kommunisten verschwiegen oder erneut verboten, hier in einer Redaktionsstube in Westberlin-Dahlem wurde es wieder zusammengesetzt – und zwar auf eine denkbar enthusiastische Weise, professionell und leserfreundlich.«

Allerdings gab es da auch noch etwas Anderes und in der Wahrnehmung bis heute wohl Wirkungsmächtigeres – ein (zumal im Zusammenhang mit einer dezidiert diktaturkritischen Zeitschrift) wohl eher irritierendes Kürzel. War es also wirklich so, dass *Der Monat* – ebenso wie seine Partnerzeitschriften *Encounter* in London, das von Friedrich Torberg herausgegebene *Forum* in Wien, *Preuves* in Paris (geleitet von François Bondy) und *Tempo Presente* in Rom (unter der Ägide Ignazio Silones) – »von der CIA bezahlt« waren, wie es bereits 1967 in einem Enthüllungsartikel der *New York Times* geheißen hatte?

Was Melvin Lasky, der ab 1958 den *Encounter* leitete, damals bereits wusste, jedoch verschwieg (und was ihm die Freundschaft des Schriftstellers Stephen Spender kostete) – seine Nachfolger hatten davon keine Kenntnis. Bei genauerem Hinsehen ergibt sich ohnehin ein differenzierteres Bild: Eine CIA-Finanzierung gab es bei der Organisation »Kongress für Kulturelle Freiheit«, die den *Monat* von 1958-1966 unterstützte – zuvor war es die Ford-Foundation gewesen und danach der S.Fischer und der Bucerius-ZEIT-Verlag (in der Phase der dreijährigen Wiederbelebung ab 1982 unter Michael Naumann dann der Weinheimer Beltz Verlag.) Doch wie indirekt auch immer – der Schatten bleibt. Was freilich auch jenen zugute kommt, die noch heute der These anhängen, die vor allem von jüdischen Emigranten entwickelte Idee des intellektuellen Antitotalitarismus sei unhistorisch, da sich Nazismus und Stalinismus nicht vergleichen ließen. Tatsächlich nicht?

Was jedoch den »CIA-Einfluss« betrifft, so kann sich auf Nachfrage Peter Härtling an keinerlei ominöse Eingriffe in den Redaktionsalltag erinnern, und Klaus Harpprecht, in den sechziger Jahren der prägende *Monat*-Herausgeber, bringt es wie folgt auf den Punkt: »Die Zeitschrift wurde aus unvernünftig *haushaltstechnischen* Gründen für eine Weile aus den Fonds der CIA subventioniert, weil die Abgeordneten und Senatoren des amerikanischen Kongresses kaum bereit gewesen wären, die Mittel für solchen Luxus zu genehmigen. Nach meiner Erfahrung wurde auf die Redaktion und die Mitarbeiter dieser Zeitschrift niemals der geringste Druck ausgeübt. Wie gern hätte ich jedoch die CIA für die Autoren des *Monat* weißbluten lassen! Die Agentur, die anderswo in der Welt gewiss für manches Verbrechen verantwortlich ist, hat ihr Geld niemals für einen besseren Zweck ausgegeben.«

Dennoch: Gerade wenn man, wie der Verfasser dieser Zeilen, vom Projekt einer solchen Zeitschrift geradezu angefixt war und sich deshalb aufmachte, darüber zu schreiben (insgesamt würden es dann drei Bücher zum Thema werden), musste quasi Text für Text, ja Zeile für Zeile durchgegangen werden auf der Suche nach womöglich doch versteckter Propaganda. Aber siehe da: Bereits Anfang der fünfziger Jahre wurde im *Monat* die Hysterie des Senators Joseph McCarthy scharf kritisiert, wurde dann die Bürgerrechtsbewegung von Martin Luther King mit immenser Sympathie begleitet und der Vietnamkrieg abgelehnt – und bei all dem nicht etwa einem wie auch immer gearteten ›american way of life‹ die Präferenz gegeben, sondern eher einer Form westeuropäisch sozialliberalem Rechtsstaats. Und was die präsentierte und rezipierte deutsche Literatur betraf: Da war es eben tatsächlich Böll statt Gaiser, dazu der junge Hubert Fichte und Uwe Johnson, Gisela Elsner und häufig auch Günter Grass. Als der *Monat* schließlich im März 1971 das erste Mal eingestellt wurde (die Auflage war inzwischen auf 8000 Exemplare abgerutscht), hatte dies weniger mit irgendeinem CIA-Ruch zu tun, sondern mit dem inzwischen gewandelten Zeitgeist: Die Debatten über die Verbrechen der braunen und roten Diktatur schienen passé, und die mittlerweile zum Magazin umgemodelte Zeitschrift musste sich bewusst dem Dilemma stellen, für die aufbegehrenden Studenten zu versöhnlerisch zu sein – und für deren Eltern-Generation und das konservative »Establishment« viel zu subversiv-liberal. Kann man sich ein Scheitern vorstellen, das ehrenwerter wäre?

Zugleich war genau dies Laskys Lebensthema, weshalb er auch wie ein Magnet all die Sperbers und Koestlers für seine Zeitschriften zu interessieren vermochte: Die Einsamkeit der Reformer – Albert Camus nannte sie »ewige Girondisten – welche die Ungerechtigkeiten der herkömmlichen Gesellschaften sahen und bekämpften und dennoch – oft nach langen, peinigenden Lernprozessen – die kommunistische Alternative verwarfen. Genauer: Nicht dennoch, sondern *weil. Weil* sie ihrer ursprünglichen Empörung treu blieben, konnten sie keinen massenmörderischen Stalinismus akzeptieren, ja irgendwann nicht einmal mehr jenen geschichts-deterministischen Marxismus, dessen Kausalketten rasselten und dem nur »Klassenverhältnisse« etwas galten.

Lasky, der – nicht immer ohne eine gewisse Missgunst – über Hannah Arendts Fehlurteile zu Eichmann spottete, Arthur Koestlers Egozentrik mild ironisierte und Thomas (er sprach es englisch aus) Manns maliziöse Tagebuchnotiz, er, Lasky, halte sich wohl für einen Hamlet, mit trockenem Gelächter zitierte und überdies zu jedem Zeitgenossen einen schnellen, klugen Kommentar parat hatte (inklusive zu Saul Bellows Frauengeschichten) – Melvin Laskys Stimme wurde leise und bewegt, wenn er von seinem Besuch bei George Orwell berichtete, den er damals an seiner Schreibmaschine fotografiert hatte, in einem eisigen Arbeitszimmer im maroden Nachkriegs-London. Schon vom Tode gezeichnet, die inneren und äußeren Verletzungen aus dem Spanischen Bürgerkrieg (jene durch Franco-Kugeln wie jene durch die blutigen Säuberungsaktionen der Stalinisten) immer gegenwärtig und doch noch voller Arbeitseifer, denn *1984* musste unbedingt fertig gestellt werden, um die Welt aufzurütteln. »So war er, dieser integere englische Sozialist, und jedes Mal, wenn ich an ihn denke, erinnere ich mich an diesen Satz von Camus, der auch ein verdammt feiner Mensch war: ›Wir halten die Fahne der Freiheit in den Händen und sind den Tränen nahe.‹«

Für Lasky, der wie Manès Sperber aus ärmlichen jüdischen Verhältnissen stammte, wurde gerade das wichtig, was Marxisten mit großer Geste als bürgerlichen Schnickschnack verwarfen: Unabhängige Gewerkschaften, freie Medien und Wahlen, Bildungsreformen, Tarifverhandlungen – und über all dies kontroverse, öffentliche Debatten. Hinzu kam der Impetus der Kritik, genährt aus versiertem Debattenwissen und einer Alltagserfahrung, die zumeist auch eine Kriegs- und Widerstandserfahrung war – wie etwa auch bei Laskys Freund und Historiker-Kollegen, dem linken Résistancekämpfer *und* Antikommunisten François Fejtö.

Eines von Laskys Lieblingszitaten war jener Satz von Reinhold Niebuhr: »Der Marxismus ist eine säkularisierte Form des Messianismus, jedoch fehlt ihm das aufrührerische Wissen der Propheten.« Sein schriftstellerisches Hauptwerk *Utopie und Revolution oder Eine Geschichte des politischen Temperaments,* erschienen 1976 und ironischerweise erst im Frühjahr 1989 auf Deutsch übersetzt, beginnt mit der schönen Widmung: »Dem Andenken meines Großvaters Eli Meyer Kantrowitz gewidmet, der unermüdlich versucht hat, mich von der Wichtigkeit treffender Textstellen zu überzeugen und mich daran erinnerte, dass (nach einer jüdischen Legende) auch die Engel im Himmel nicht einer Meinung waren.« Doch nicht konservative Status-Quo-Denker wie Burke oder de Maistre hatten es ihm angetan, sondern Liberale wie Condorcet und Locke, dazu die frühen Utopisten Thomas More und Samuel Hartlib, über die er schreibt: »Dieser skeptische, fast religiöse Ton der Hoffnung ist ein Charakteristikum des humanistischen und praktischen Utopisten, der zu beschäftigt ist, um Zeit für abstrakte Fanatismen zu haben. Denn so, wie dem Revolutionär die Apokalypse Trost gibt, schöpft der Reformer Kraft aus praktikablen Phantasieprodukten.« An anderer Stelle: »Die Utopier liebten die Menschen zu sehr, und die Revolutionäre liebten die Menschen zu wenig.« Und schließlich, sogar noch radikaler: »Rebellion ist ein Werk der Armen, Revolution ein Privileg des Mittelstandes. Revolution ist die Verschwörung einer Elite, die eine andere lediglich ersetzt, und damit der Feind jeder echt volksfreundlichen Reform.«

Melvin J. Lasky (das J stand für Jonah, einen der großen biblischen Ungehorsamen) hatte bereits als junger Mann in New York für die antistalinistisch linken Blätter *New Leader* und *Partisan Review* geschrieben. Wenn er dann in späteren Lebensjahren eher die Nähe zu den amerikanischen *Neo-Cons* suchte – Generationsgenossen und oft ehemalige Kommilitonen, vor allem aber ehemalige Linke, ja *ehemalige Liberale* – mochte dies auch mit seiner herben Enttäuschung über jene »volksfreundlichen Reformer« zu erklären sein: Denn viele derjenigen, die innerhalb des Westens so skrupulös mehr Demokratie wagten und den dortigen Reaktionären den Kampf ansagten, wurden plötzlich ganz kleinlaut und relativistisch, wenn es um die ungleich schlimmeren Menschenrechtsverletzungen im Osten ging. Erinnerungsbild: Im Herbst 1992 hatte Lasky zu einem Kongress geladen, der ein »Last encounter with the cold war« sein sollte, jedoch nicht nur alte Kämpen versammelte, sondern auch zahlreiche osteuropäische 89er-Bürgerrechtler. Mitten in die Konferenz platzte die Nachricht vom Tod Willy Brandts, und während einige der bejahrten Neokonservativen eine ostentativ unbeteiligte Miene aufsetzten, schossen Lasky, der sofort ans Mikrofon ging, Tränen in die Augen. Denn am Schluss war der alte Brandt, der sich – im Gegensatz zu den Lafontaines und Schröders in seiner Partei – über den Mauerfall und die Wiedervereinigung freute, ja doch wieder der junge Herbert Frahm geworden, lebenspraktischer Idealist und Verächter *aller* Diktaturen. »Leb' wohl, mein schwieriger, mein guter Freund«, sagte Lasky, der sich um das deutsche Geistesleben ähnlich große Verdienste erworben hatte: Mehr Kritik und Internationalität wagen.

So waren auch die Briefe beschaffen, die er mir regelmäßig schickte, darin seine berühmten »clippings«, kopierte Zeitungs- und Zeitschriftenartikel von dies- und jenseits des Atlantik, einzelne Sätze eingekringelt, ganze Absätze unterstrichen oder mit Fragezeichen versehen, an den Rändern von ihm kommentiert und mit ähnlichen (oder widersprechenden) Texten zusammengeheftet. (Bei den regelmäßigen Salon-Abenden im Hause Hegewisch-Lasky sorgte dann seine mondäne Gattin dafür, dass die politisch erfreulich bunt gemischte Gästeschar – von Wibke Bruhns über Arnulf Baring bis zu Peter Schneider – auch kulinarisch genießen konnte und aus Mels Jackentasche nicht allzu viele *clippings* heraus flatterten.)

Vielleicht war es deshalb auch kein Zufall, dass bei seiner Beerdigung im Sommer 2004 Berlins ehemaliger Regierender Klaus Schütz

(»Alle Macht den Räten, brecht dem Schütz die Gräten«, lautete der einstige 68er-Slogan) ebenso unter den Trauergästen war wie Gesine Schwan und – Günter Schabowski. Letzterer mühte sich dann am Grab sogar, das Kaddisch des Rabbis mit zu murmeln und ein wenig zu wippen – eine kleine Absurdität, die Mel, wie ihn seine Freunde nannten, sicherlich gefallen hätte. Und wer weiß – vielleicht hätte ja sogar der abweisend strenge Bert Brecht ein wenig dialektischen Nektar aus der Szene gesogen.

Arthur Koestler – Ein Mann springt in die Tiefe

2005

Der Hass muss noch immer beträchtlich sein. Die Bronzebüste im Foyer der Universität Edinburgh wurde nach wütenden Protesten entfernt, auf den ersten Seiten der Boulevardzeitungen prangte fett das Wort »Serienvergewaltiger«, und im *Observer* stand folgendes zu lesen: »So wie er sich in längst überholte Konflikte, eine wenig eindrucksvolle Überproduktion und lebenslanges Fehlverhalten verstrickt hat, ist seine Zeit ganz einfach vorbei, und was ihm noch von seinem Ruf geblieben ist, wird in diesem Buch derart gründlich zerstört, dass man sogar die Möglichkeit einer Rehabilitierung ausschließen möchte.« Zum Zeitpunkt des Skandals war Arthur Koestler freilich bereits zweiundzwanzig Jahre tot, am 1. März 1983 in London zusammen mit seiner jüngeren Frau Cynthia freiwillig aus dem Leben geschieden. Weshalb also diese grelle, eifernde Feindseligkeit gegenüber einem seit langem verstorbenen Schriftsteller, dem man allerdings – und zwar im Präsens! – geradezu zwanghaft hinterher rufen musste, seine Zeit sei angeblich »ganz einfach vorbei«?

Auslöser der Hysterie – und es handelte sich weniger um eine Debatte als vielmehr um kollektives Jagdgeschrei – war die soeben erschienene Koestler-Biographie *The Homeless Mind*, die materialreich des Ex-Kommunisten und Schriftstellers Wandlungen beschrieb, in dessen wie auch immer gearteter »Heimatlosigkeit« einen bedenklichen Malus entdeckte, sich weitschweifig über Alkohol- und Frauen-Konsum ausließ, aber gerade dann harte Fakten durch raunende Mutmaßungen ersetzte, als es um wirklich Entscheidendes ging: Hatte Koestler im Laufe seines Lebens »massenhaft« Frauen vergewaltigt, hatte er am Schluss gar Cynthia gezwungen, mit ihm Selbstmord zu begehen?

Gerade aber weil es – bis auf einen, freilich schwerwiegenden Vergewaltigungsfall von 1952 – keinerlei Beweise gab, ja nicht einmal plausible Indizien, liegt die Vermutung nahe, dass der mediale Aufruhr ohnehin etwas ganz anderem gegolten hatte: Es ging nicht allein um die moralischen Fehltritte eines durchaus eitlen, dem eigenen Brillantine-Charme mitunter recht penetrant vertrauenden, dabei seelisch labilen Großstadt-Macho. Wohl eher ging es um die intellektuelle Biographie jenes am 5. September 1905 in Budapest geborenen Arthur Koestler, der in den zwanziger Jahren von der ungarischen Sprache ins Deutsche wechselte, für die Berliner Ullstein-Zeitungen nach Palästina und in die Sowjetunion reiste, der sich 1931 der Arktis-Expedition des Grafen Zeppelin anschloss und im gleichen Jahr auch der Kommunistischen Partei, der im Pariser Exil zur Intellektuellengruppe um (den später entweder von Gestapo oder GPU ermordeten) Willy Münzenberg zählte, ehe er als Kriegsberichterstatter nach Spanien ging und dort von Franco-Schergen verhaftet und zum Tode verurteilt wurde, worauf ihn internationaler Protest wieder freibekommt, der nach seiner Rückkehr in Paris mit dem Kommunismus bricht, wegen des deutschen Überfalls 1939 als feindlicher Ausländer verhaftet wird und nach dem Waffenstillstand an die Nazis ausgeliefert werden soll, der mit Hilfe von Freunden schließlich aus dem südfranzösischen Lager Le Vernet zu entkommen vermag und über Marseille nach England flüchtet. Punkt, aber noch lange kein Ende dieses abenteuerlichen Lebens, das ein solch todernst pikaresker Roman war, wie ihn kein Autor zu erfinden gewagt hätte.

Ab 1941 hatte sich Koestler dann dauerhaft in Großbritannien niedergelassen, geographisch-geistiger Ruhepol zwischen den fortdauernden Engagements, Reportagereisen und Vortragstouren eines inzwischen weltberühmten Schriftstellers, Ex-Kommunisten und Autors der *Sonnenfinsternis*, diverser anderer Romane sowie ab den späten Fünfzigern einer ganzen Reihe populärwissenschaftlicher, ins umstritten Parapsychologische spielender Bücher und Schriften. Das »Fair play«, politisch-kulturelle Ingredienz einer der ältesten Demokratien der Welt, hatte es ihm, dem ungarischen Juden, dessen Verwandte in Auschwitz und dessen Freunde im Gulag ermordet wurden, angetan, obwohl er keineswegs blind war für die ignoranten Bräsigkeiten, wie sie liberale Gesellschaften ebenfalls züchten. Vermutlich hatte er sich nicht einmal Illusionen gemacht über die fortdauernde Existenz des intellektuellen Spießers, der gerade in der Demokratie so gut gedeiht, da er sich allein dort über den ewigen Wams von lauer Feigheit und Inferioritätskomplexen, von sexueller Frustration inklusive eines latenten Antisemitismus immer wieder das weite, flauschige Gewand der Toleranz und der abgeklärten Ironie ziehen kann – ein friedlicher, biographieloser Zivilist im angenehmen Kontrast zu all jenen so enervierend herumpolemisierenden Dissidenten, Flüchtlingen, Bestsellerautoren, Womanizern, Anti-Kommunisten und Pro-Zionisten.

Es scheint in der Tat, als habe sich hier einer auf ein Terrain gewagt, wo man seinesgleichen nicht gern sieht. Allein nämlich die Brillanz und Klarheit der *Sonnenfinsternis*, gegen die sich Chruschtschows stalinkritische Geheimrede auf dem XX. Parteitag 14 Jahre später wie ein läppisch bürokratischer Epilog liest, dürfte den bis heute fortdauernden Hass kaum erklären. Was damals risikoreich und todesmutig war – Koestler schrieb den Roman unter dem Eindruck der Moskauer Schauprozesse, während gerade die Wehrmacht in Frankreich einmarschierte und er interniert wurde; später verlor er auf der Flucht sämtliche auf Deutsch verfassten Manuskripte, so dass das Buch schließlich aus dem Englischen zurückübersetzt werden musste – gilt heute vermutlich selbst bei verbliebenen, nicht gänzlich verbohrten Linken als antitotalitäre Meisterleistung. Wer auch würde heute noch Stalin allen Ernstes loben, wer Koestlers Bekannten Karl Radek und Nicolai Bucharin (reale Vorbilder für die literarische Figur des als »Volksfeind« verhafteten Alt-Revolutionärs Rubaschow) die herausgepressten Geständnisse abnehmen? Etwas anderes wäre es schon, zugeben zu müssen, dass man seine eigene Desillusionierung genau diesem mit der Präzision eines Uhrwerks geschriebenen Buch verdankt, beziehungsweise 1968 hätte durchaus klüger sein können, wenn man jene »literarischen Hochstapler und Verbrecher« (O-Ton Ulbrichts Kulturminister Johannes R. Becher) wirklich gelesen hätte. (Als Anfang dieses Jahres in einem Berliner Akademie-Gespräch zwischen Daniel Cohn-Bendit und Joschka Fischer der zugegebenermaßen rabiate Satz fiel, ihre damalige Ignoranz und Nicht-Lektüre von Hannah Arendt, Manès Sperber und Arthur Koestler sei »genauso schlimm wie die RAF« gewesen, stürzten sich Feuilletonisten republikweit auf dieses Resümee und verhalfen damit zumindest für einen Tag der längst vergessen geglaubten Schmähvokabel vom »peinlichen Renegateneifer« zur Wiederauferstehung.)

Man vernimmt die unabweisbare Tatsachenwucht der Botschaft, fremdelt jedoch weiterhin mit dem Boten – wenn schon nicht aus

Abscheu vor einer »Literaturgattung des Verrats« (so Ernst Bloch 1942), dann zumindest, subtil und womöglich sogar unbewusst, aus handfestem Erfahrungsneid gegenüber einem, der mit eigener Haut erlebt und durchlitten hatte, was von den nachfolgenden Generationen im Westen dann höchstens noch als universitäres Papiergemetzel zelebriert werden konnte. Und was wäre, wenn in einem hinteren, von der Reflexion an die Mystik verlorenen Gehirnwinkel noch immer der Glaube von der vermeintlich guten Wurzel des späterhin stalinistisch »deformierten« Systems hocken sollte? Eine intellektuelle Nicht-Entwicklung, die von Koestler ebenfalls hellsichtig antizipiert wurde, wenn er seinen Rubaschow in der Moskauer Lubjanka bitter notieren lässt: »Wir haben den Neo-Macchiavellismus in dieses Jahrhundert eingeführt; die anderen, die konterrevolutionären Diktaturen, sind plumpe Kopien. Wir waren Neo-Machiavellisten im Namen der universalen Vernunft – das war unsere Größe; die anderen im Namen nationaler Romantik – das war ihr Anachronismus. Deshalb werden wir letzten Endes von der Geschichte absolviert werden; sie nicht...«

Etwas weiteres ist verblüffend: Koestlers Roman *Ein Mann springt in die Tiefe*, geschrieben 1942/43, scheint heute so gut wie vergessen. Dabei ist er, wie Koestlers deutscher Biograph Christian Buckard nachweisen konnte, der einzige literarische Text eines namhaften Autors dieser Jahre, in dem auf die planmäßige Vernichtung der europäischen Juden aufmerksam gemacht wird. In der Tat zählen die Erinnerungen des jungen, nicht-jüdischen Flüchtlings Peter Slavek an jene mobilen, in Lastkraftwagen eingebauten Gaskammern, deren er zufällig durch die Holzritzen eines Gefangenenzuges ansichtig wird, zu den erschütterndsten Passagen dieses Buchs: Arthur Koestlers Informant und Gewährsmann war dabei kein Geringerer als der kürzlich hochbetagt verstorbene Jan Karski, 1942 mit einem Mikrofilm nach London entsandter Kurier der polnischen Untergrundarmee, der die Westalliierten schon zeitig über den Holocaust informierte. Was aber störte dann an diesem thriller-artigen Roman und verhinderte seine Bekanntheit? Slaveks Entscheidung, als Fallschirmspringer in die englische Armee einzutreten, nachdem er von der Kommunistischen Partei und deren Lobeshymne auf den Hitler-Stalin-Pakt zutiefst enttäuscht worden war? Vermutlich irritierte vor allem die Abwesenheit eines engagierten Tremolo. Statt sich begeistert in den

Kampf zu stürzen, verbringt Peter nach seiner Flucht aus der Heimat zuerst einmal Tage und Wochen in einem südlichen, als »Neutralien« bezeichneten Land und lässt sich auf der Couch einer mütterlichen Freundin ausgiebig analysieren – nebenbei bemerkt: in Szenen, die eines Hitchcock-Films würdig wären, fern von jeder bemüht therapeutischen Prosa. Parallel zu Camus' (der später im Nachkriegs-Paris ein Freund von ihm werden sollte) *Mythos von Sisyphos*, schreibt der Ex-Kommunist Koestler über seinen Protagonisten: »Ja, er unterwarf sich mit offenen Augen, mehr ›trotzdem‹ als ›weil‹. Und so sollte es auch sein. Wenn man einen Glauben annimmt, sollte man nicht fragen ›wofür‹. Derjenige, der ›weil‹ sagt, muss zwangsläufig Enttäuschungen erleben. Er hat keinen festen Boden unter den Füßen. Derjenige aber, der ›trotz‹ seiner Einwände akzeptiert, ›trotz‹ der erkannten Unvollkommenheiten – der wird seiner sicher sein können.«

Unabhängig davon, dass selbst in dieser Unterscheidung noch das alte rigide Entweder-Oder aufscheint (Koestler wird sich zeitlebens nie davon lösen können) – die Entscheidung für das »trotz« bedeutet auch, dass er letztlich nur auf sich selbst zählen kann und weniger auf die »Glaubensbrüder«, selbst wenn sie Demokraten sein sollten. Koestler mag den zähen Durchhaltewillen des Westens unterschätzt haben, als er bei der Roman-Niederschrift noch über »morsche Tradition« spottete. Andererseits: Hatte nicht auch der Spanienkämpfer George Orwell konstatiert, dass man liberale Gesellschaften zum Kampf für ihre Weiterexistenz quasi immer wieder tragen musste, dass – unauflösbares Paradox – zivile Skepsis einerseits essentiell notwendig war, andererseits aber auch ein beträchtliches, ja selbstmörderisches Hindernis darstellen konnte? (»Was«, schreibt 1941 der demokratische Sozialist Orwell in einer Polemik gegen H.G. Wells, »hat England im vergangenen Jahr denn auf den Beinen gehalten? Zum Teil, daran besteht kein Zweifel, eine unbestimmte Vorstellung einer besseren Zukunft, hauptsächlich aber die atavistische Regung des Patriotismus, das tief verwurzelte Gefühl, überlegen zu sein. Während der letzten zwanzig Jahre war es das Hauptziel der englischen Linksintellektuellen, dieses Gefühl zu brechen, und wenn sie Erfolg gehabt hätten, könnten wir vielleicht in diesem Augenblick patrouillierende SS-Männer in den Londoner Straßen sehen.« Hieße es, unzulässig zu vergleichen, mit dem gegenwärtigem Kenntnisstand »SS-Männer« durch islamistische Rucksackbomber zu ersetzen?) Von westlicher Selbstzufriedenheit – und auch eine Kritik, die sich in nörgelnder Weise nur im eigenen Referenzrahmen austobt, ist selbstzufrieden – hielt der von Stalin und Hitler gejagte Emigrant Koestler also wenig; dass er seine Kritik dabei derart schneidend und sarkastisch vortrug, dürfte ihm, dem »scharfsinnigen Analytiker, glänzenden Unterhalter und naiven Angeber« (Philip Toynbee) jedoch kaum zusätzliche Freunde geschaffen haben. Und selbst Orwell und Camus blieben stets auf einer gewissen Distanz, denn Koestlers im Alkoholrausch noch potenzierte Egozentrik verleitete ihn zu allerlei unschönen Szenen. Dabei war er, nüchtern, geradezu ein Meister politisch grundierter Habituskritik. Über das von ihm im Laufe der Jahre in unterschiedlichen Facetten erlebte selbstgerechte Protestler-Milieu schrieb er: »Diese Reizlosigkeit der Mädels! Im Allgemeinen sah das weibliche Element in den Versammlungen, Vorträgen und Diskussionsgruppen wie eine Auswahl neurotischer Aschenbrödel aus, die die Gesellschaftsordnung umstürzen wollten, weil niemand sie zum Tanze aufforderte. Und wenn man die Männer näher betrachtete, war es ungefähr das gleiche. Oder vielleicht sollte ich gar nicht ›Männer‹ sagen, denn vorherrschend waren die ewigen Jünglinge. Welch eine Prozession von Gezeichneten, mein Lieber! Da gab es die schüchternen Fanatiker der Gewalt, die keuschen Prediger der freien Liebe, die gehemmten Dantons. Es gab haarspalterische Dialektiker, die proletarische Einfachheit predigten; sühnende Ödipusse, blutrünstige Pazifisten; Asketen, lüstend nach Macht.«

Koestlers Skepsis hatte Gründe. Sogar liberale Traditionen galten ihm partiell als »morsch«, weil diejenigen, die so gut in und von ihnen lebten, keinerlei Anstrengungen unternahmen, ihre Werte und ihre Lebenswelt auch zu verteidigen und ihre beträchtlichen Mittel nicht nutzten, um bedrohten Menschen in anderen Teilen der Welt beizustehen. Nachdem 1938 im Abkommen von München die Tschechoslowakei an Hitler ausgeliefert worden war, plante die britische Regierung unter dem damaligen Premier Chamberlain sogleich einen neuen Kotau: Während die antisemitischen Verfolgungen nicht nur in Nazi-Deutschland, sondern auch in den halbdiktatorischen Ländern Osteuropas zunahmen, sollte die jüdische Besiedlung des Mandatsgebiets in Palästina – und dies unter Bruch des 1917 von Lord Balfour gegebenen Versprechens – radikal eingeschränkt werden und faktisch zum Erliegen kommen. In dieser Zeit spielt Koestlers Roman *Diebe in der Nacht*, den er 1946 in Jerusalem fertigstellte; nach Zeugenberichten hatten sogar mehrere Mitglieder der UN-Kommission, die 1947 den Teilungsplan für das Land ausarbeiten sollten, das Buch gelesen und waren von Koestlers Argumenten beeindruckt. Denn natürlich wimmelt das Buch nur so davon: Argumente, Debatten zwischen den jungen, gerade aus Europa geflüchteten Siedlern, Streitgespräche mit Vertretern der britischen Mandatsmacht, Diskussionen über die Legitimität von Gewalt, das Palaver arabischer Dorfältester... Ein wahres Auf und Ab von Thesen und Antithesen, und gleichzeitig dieses wohltuende Misstrauen vor jeglicher, die Welt- und Lebensrätsel mit einem Schlag lösender Synthese. Wenn ein Romancier etwas erschaffen kann, dann vor allem eine packende Story, plausible Dialoge sowie Personen und Szenen, die noch lange im Gedächtnis bleiben – wie etwa die Verwandlung eines den arabischen Bauern legal abgekauften Brachlandes in eine blühende Landwirtschaftskommune gleichgesinnter, aber nicht gleichgeschalteter Idealisten, wo für einen kurzen Moment einmal beides zusammenzugehen schien: Freiheit und Sozialismus. Wer verstehen will, was die Existenz Israels bedeutet, sollte dieses Buch lesen – fern jenes vereinfachenden Mythos, hier hätten die Opfer Hitlers lediglich neue »Opfer« produziert, indem sie die palästinensische Urbevölkerung vertrieben. Denn vor 1948 und den kriegsbedingten Vertreibungen war *dies* die Realität: Stück für Stück, Hektar für Hektar waren die unwirtlichen Sumpfgebiete in Galiläa und in der Jesreel-Ebene, war der Dünensand, aus dem später Tel Aviv entstehen sollte, Beduinenstämmen abgekauft worden, war unter den Augen schläfriger, höhnischer Skepsis ein Lebensmodell entstanden, das radikal mit feudalistischer Indolenz brach und nicht nur die Wüste bewässerte, sondern den Menschen, das Individuum als etwas sah, das die Kraft in sich barg, Veränderungen zu wagen und das Leben zu verbessern. Viel ist inzwischen bekannt über die israelischen Gräuel während der Verteidigung im ersten Unabhängigkeitskrieg – es würde indessen nicht schaden, auch einmal den Blick auf die Vorgeschichte zu lenken, wo es eben auch dies gab: Jüdische Gewerkschafter und blutjunge Sozialisten aus Polen, die versuchten, die jahrhundertelang unterdrückten Fellachen – die sogenannte »arabische Straße« von heute – für Freiheit statt Kismet zu begeistern, für kreativ machende Emanzipation anstatt der alten Frauenunterdrückung und des verdruckst-scheelen Starrens auf die Siedlerinnen. Typisch westlich-naives Dominanzgebaren? So mussten es auch die kolonial abgeklärten, britischen Bürokraten jener Zeit gesehen haben, zynisch korrekte Kulturrelativisten *avant le lettre*.

»Der für sein angeblich finanzielles Genie sprichwörtliche Stamm musste für sein Nationalheim hektarweise auf Raten ankaufen, und die Spekulationen der Araber trieb den Preis eines Hektars von Wüstensumpf in die Höhe eines Baugrundes in einer Industriestadt. Wenn das Jehovas Strafe für die Geldwechsler war, dann hatte der alte Wüstengott wieder einmal seinen rachsüchtigen Witz bewiesen. Aber diesmal hatte das englische Kolonialamt selbst den alten Jehova überlistet. Kein Brachland sollte mehr an die Heimatlosen verkauft werden. Der hölzerne Pflug musste gegen den lärmenden Traktor beschützt werden, die durstende Erde gegen eine künstliche Bewässerung, die Steine auf den Felsen gegen die unheilige Entfernung und die hilflosen Moskitos gegen das grausame Trockenlegen ihrer Brutsümpfe. Denn siehe, es gab noch Gerechtigkeit in der Welt, die nach den Schwachen sah.«

In dieser Situation – drohendes Verbot der Siedlungstätigkeit in Palästina bei gleichzeitig sich sichtbar ankündigendem Holocaust in Europa – beschließt der Einwanderer Joseph, einer der Protagonisten des Romans, zu den Waffen zu greifen und den jüdischen Untergrundtruppen beizutreten. Diese werden vom offiziellen Zionismus als »Faschisten« bezeichnet; ein Verdikt, das den rabiaten Menachim Begin noch in den fünfziger Jahren traf, ehe er 1977 die Quarantäne des liberalen Establishments durchbrechen konnte, zum Ministerpräsidenten gewählt wurde – und, in genauer Kenntnis arabischer Mentalität, mit Ägypten einen Friedensvertrag aushandelte, der noch heute funktioniert. Koestler, der Ex-Kommunist, war freilich gebranntes Kind genug, um zu wissen, dass liberale Skrupel gegenüber Manichäismen dennoch die Basis der Gesellschaft darstellen *muss*, dass die Demokratie von permanenten Einwänden und auch vom Misstrauen gegen sich selbst lebt und dass selbst derjenige, der aus guten Gründen glaubt, schießen zu müssen und sei es auch nur zurückzuschießen, dies nicht ungestraft tut – denn einmal moralisch auf die Ebene der anderen abgesackt, käme er da so leicht wieder heraus? »Die Hand, die zur Waffe greift«, schreibt Emmanuel Lévinas, »leidet gewiss an der Gewalt dieser Geste. Das Betäuben dieses Schmerzes bringt den

Revolutionär an die Grenze des Faschismus.« An eben dieser Grenze ist *Diebe in der Nacht* angesiedelt, als hochsensibler, vibrierender Signalgeber in beide Richtungen. In einem Gespräch mit seinem Freund Ruben konstatiert Joseph: »Es ist die alte Geschichte, dass du deine Faust verwenden musst, um deinen Kopf zu schützen, in dem das Denken vor sich geht; ein Paradoxon, das ich nicht erfand, sondern das der menschlichen Natur anhaftet und besonders deutlich wird in einer moralischen Eiszeit. Ihr Pazifisten müsst in Fällen der Not immer eure Prinzipien aufgeben, weil ihr diese grundlegende Antinomie der Natur nicht wahrhaben wollt. Halte dein Gewehr geölt und deinen Spiegel rein. Darin liegt kein Widerspruch.«

Als Koestler jedoch nach der Unabhängigkeit des Staates erneut nach Israel kam, zeigte ihm nicht nur Ministerpräsident David Ben-Gurion die kalte Schulter, auch die langjährige Freundschaft mit Teddy Kollek wurde einer harten Bewährungsprobe ausgesetzt. Anstatt es nämlich bei diesem Roman bewenden zu lassen, hatte er in der Folge zahlreiche ebenso elegant geschriebene wie unzulänglich recherchierte Essays publiziert, die vor dem »messianistischen Sozialismus« der neuen aschkenasischen Elite warnten – was, selbst wenn im Detail wieder einmal traumwandlerisch das Richtige erspürt worden war, nicht sonderlich geschätzt wurde bei einem Autor, der heute in Tel Aviv und morgen in New York auftauchte und nächste Woche schon in Paris oder beim Westberliner »Kongress für Kulturelle Freiheit« auftrat, *un mot pour tout le monde*. Gleichzeitig benötigte auch die Gegenseite, all die einstigen »Irgun«- und »Lechi«-Paramilitärs der »gut geölten Gewehre«, keinen europäischen Moralisten und *Monat*-Autor, der da mit einem Selbstprüfungs-Spiegel vor ihnen herumfuchtelte. Dennoch. Hatte Koestler, der es oft tatsächlich besser wissende Besserwisser mit dem feinen Gespür und ostentativ blitzenden Florett, nicht antizipiert, was später geradezu zum Topos der modernen israelischen Literatur von Amos Oz bis Meir Shalev werden sollte? Einerseits die altruistisch intendierten Kibbuzim, das Ideal einer klassenlosen Gesellschaft, andererseits der alt-neue Adam, der übrigens keineswegs nur raffen, betrügen, herrschen und übervorteilen wollte, sondern eben auch: Leben und lieben auf eigenes Risiko – ohne dass seine emotionalen oder sexuellen Bedürfnisse sogleich als »kleinbürgerlich« pathologisiert wurden. In den Worten von Koestlers Ich-Erzähler:

»Ich wollte, wir würden dann und wann von einer barmherzigen babylonischen Hure besucht.«

Nein, der Mann war kein Asket. Zeitgenossen hatten seine Eitelkeit und Selbstliebe beschrieben, die Alkoholexzesse, das Kippen in Depressionen – eigentlich nicht verwunderlich bei einem Schriftsteller, der einmal ausrechnete, dass drei Viertel aller Menschen, die er bis zu seinem dreißigsten Lebensjahr näher gekannt hatte, entweder in Hitlers oder in Stalins Konzentrationslagern ermordet wurden, in Palästina und Spanien fielen oder Selbstmord begingen. (Auch der Dichter Endre Havas, das reale Vorbild des Peter Slavek in *Ein Mann springt in die Tiefe*, überlebte zwar als Fallschirmspringer den Zweiten Weltkrieg, wurde aber schon bald nach seiner Rückkehr in das stalinistische Ungarn verhaftet und erneut gefoltert; wie ein Hund auf allen vieren kriechend, bellend und »Es lebe der Genosse Stalin!« rufend, endete er 1955 in einer Budapester Zuchthaus-Psychiatrie.)

Revolten scheiterten, wenn ihre Anführer vor der strategischen Brutalität, den Säuberungen in den anarchisch eigenen Reihen, Halt machten – 1938 hatte Koestler darin das Drama des misslungenen Spartakus-Aufstandes gesehen und dies zum Leitgedanken seines wuchtigen (und zuvor in der Pariser Bibliotheque Nationale detailliert recherchierten) Historienromans *Die Gladiatoren* gemacht. Gleichzeitig verloren Revolten ihre ethische Letztbegründung, wenn sie »konsequent« vorgingen – die Quintessenz der *Sonnenfinsternis*. Was aber geschah dann mit jenen, die über die Jahrhunderte, ja Jahrtausende hindurch von diesem Dilemma Bericht gaben, als donnernde Propheten, namenlose Chronisten, als vertriebene und niedergeschossene Literaten – oder in Gestalt der ex-kommunistischen Star-Intellektuellen des Sammelbandes *Ein Gott, der keiner war*, jener Männer also, die in der Nachkriegszeit ganze Versammlungssäle des Westens mit ihrer freiheitlichen Rhetorik zu füllen vermochten? Wurden sie, wie die kommunistische Gegenseite und die freundlich-indifferenten Beiseite-Steher Westeuropas in merkwürdigem Gleichklang behaupteten, zu Karikaturen ihrer selbst, laut tönenden Verwaltern gebrochener Biographien und damit entweder zu Kriegshetzern (Das KP-Blatt *L'Humanité* veröffentlichte 1950 Koestlers Pariser Adresse mit dem Hinweis, hier trainiere die CIA ihre »faschistischen Agenten«) oder doch zumindest zu lächerlichen, immer ein wenig *zu* aufgeregten Gestalten? Das Instant-Verdikt überlebte übrigens Koestler und geisterte noch 1992, in der Debatte um die Öffnung der Stasi-Akten, durch die deutsche Öffentlichkeit. Waren sie also wirklich nur eifernde, ihren ehemaligen Verhaltensmustern reziprok treue Renegaten, all die Biermanns, Nolls, Kunerts, Kunzes, Loests, Kliers und Fuchs', ganz zu schweigen von ihren großen Vorgängern Manés Sperber, Franz Borkenau, Hans Sahl et tutti quanti?

Koestlers letzter großer Roman – wenn man von dem eher essayistischen Dialogwerk *Die Herren Callgirls* von 1967 absieht – erschien 1951 und thematisierte (und widerlegte künstlerisch) unter anderem auch dies. *Gottes Thron steht leer* beschreibt in über vierhundert Seiten die letzten Tage von Paris, ehe es zu einer Invasion der Truppen des »Freien Friedensreiches« kommt. Koestler, der sich zu dieser Zeit noch nicht die positive Konsequenz eines nachhaltigen amerikanischen Nachkriegs-Engagements vorstellen konnte, ging von einer nahenden Niederlage des erschlafften, in Agonie und Selbstzweifel verstrickten Westens aus, und es spricht für ihn als Romancier, dass er die wissenden Kassandras und Warner ebenfalls in all ihrer Schwäche zeigt. Da ist etwa der sowjetische Vorzeige-Schriftsteller Leontiew, der nach seinem Übertritt in den Westen die Freiheit, endlich seinen Erfahrungen die adäquaten Worte geben zu können, schon ganz nahe vor sich sieht – und dennoch scheitert, überwältigt von Scham und Traumata, nicht zuletzt auch überrumpelt vom völligen Desinteresse seines neuen mondänen Umfelds. Keinen einzigen Satz seines geplanten Buchs bringt er zustande und tritt stattdessen – im Budjonny-Kostüm und Alexander Bloks *Die Zwölf* rezitierend – als lebendes Revolutionsmonster in einem Exilanten-Kabarett auf, wo er wenigstens den ersten Absinth des Abends auf Rechnung des Hauses schlucken darf. »Es ist grässlich, dies würgende Gefühl des Unvermögens, sich anderen Menschen verständlich zu machen.« Es ist ein makaberer Tanz, der da im Angesicht der Bedrohung aufgeführt wird: Während die sowjetischen »Kulturattachés« bereits das Terrain sondieren und Listen »unzuverlässiger Elemente« anlegen, macht etwa Professor Pontieux unverdrossen weiter in windiger Dialekt und bringt sein Werk »Negation und Position« unter die Leute. Parallel dazu zetert dessen Gattin, die unter der deutschen Besatzung recht still gewesen war, in den hauptstädtischen Salons nun desto lauter über die kulturlosen Amerikaner (Koestlers ziemlich gelungene Persiflage auf Beauvoir und Sartre).

Doch ließen sich, so könnte man fragen, die Reden von Pontieux nicht durch das Geschwurbel eines heutigen Starphilosophen wie Giorgio Agamben ersetzen? »Was Professor Pontieux betraf, so war er der Lieblingsphilosoph der jüngeren Generation; diese schätzte seine Schriften wegen der messerscharfen Klarheit seines Stils und der völligen Undurchsichtigkeit ihres Inhalts.« Wobei Madame Pontieux' selbstgerechte Ansprache von nicht minder verblüffender Aktualität ist: »›Mein lieber junger Mann, Sie brauchen nicht lange mit Ihren Gallup-Fragebogen herumzulaufen, um festzustellen, dass das französische Volk nur einen Wunsch hat, nämlich den, endlich in Ruhe gelassen zu werden…‹ Der junge Amerikaner rückte nervös an seiner Brille herum. ›Ja gewiss, Madame‹, pflichtete er respektvoll bei. ›Es fragt sich nur, ob Sie überhaupt in Ruhe gelassen würden, wenn wir nicht gewisse Maßnahmen…‹ ›Schenken Sie sich Ihre Maßnahmen!‹, unterbrach ihn Madame Pontieux mit heiserer Stimme. ›Führen Sie Ihre Kriege gefälligst woanders – mehr wollen wir ja gar nicht.«

Koestler allerdings wäre nicht Koestler, würde er die Szene nicht mit diesem Satz beenden: »Sie drehte sich um, zog sich in eine leere Ecke der Bar zurück und verlangte vom Diener ein Glas Vichy-Wasser.« Abermals: Touché!

Freilich hatte Madame Pontieux nicht gänzlich unrecht, wenn sie sich auf »das Volk« berief. Denn schließlich ist da ja auch noch die Pariser Bevölkerung. Diese kann sich zwar vorstellen, dass die eigene Regierung lügt und betrügt, ahnt jedoch nicht einmal ansatzweise, dass es noch ganz andere Mächte gibt – weder konservativ noch sozialdemokratisch, weder gewerkschafts- noch arbeitergeberfreundlich, weder konsumistisch noch feinnervig konsumkritisch; stattdessen Einparteien-Mächte der Konzentrationslager, Erschießungskommandos und Gehirnwäsche-Schulungen, die tatsächlich pure Realität sind. Es fällt schwer, Koestlers Roman nicht mit der Frage zu lesen, inwieweit jenseits seiner literarischen Stärken – impressionistische Stadt-Porträts, plastische Charaktere und spannende Handlung – auch die damalige Zeitdiagnostik noch Gegenwartsbezug besitzt. Denn in genau diesem Moment tritt der Leser hinaus in die spätsommerliche Wirklichkeit des Jahres 2005, sechzehn Jahre nach dem Mauerfalldatum 1989.

Freut sich, wieder einmal im sonnendurchfluteten, palmenbestandenen Barcelona der Ramblas und Highlife-Clubs zu sein, begreift und liebt den Hedonismus der Stadt als Insignie einer seit Francos Tod vitalen Demokratie – und fragt sich gleichzeitig beinahe verzweifelt, weshalb dann eigentlich »3/11«, der Madrider Massenmord vom 11. März 2003 so schnell in Vergessenheit geraten konnte. Obwohl – man hat es ja durchaus gespeichert: War das nicht jene Sache, bei der Aznar, der damalige Ministerpräsident, so abscheulich gelogen und die über zweihundert bei den Vorortzug-Anschlägen Umgekommenen sofort der ETA in die Schuhe geschoben hatte? Der manipulierende Ministerpräsident scheint im strafenden kollektiven Gedächtnis – vermeintlich kritisch und dabei doch in reinster Verdrängungsleistung – längst die massenmordenden Islamisten ersetzt zu haben, an die man sich aus Gründen des emotionalen Selbstschutzes lieber nicht so genau erinnert. Der Mechanismus der selbstverliebten Selbstanklage, längst entleert von jedem emanzipatorischen Potential, er klappert ja weiterhin durch Europa. Istanbul, Madrid, London: »Leben wir weiter wie bisher, bleiben wir gelassen, das stört die Terroristen am meisten« – das Tremolo der »schlauen Trottel« (Koestler) hat das Ende des Kalten Krieges anscheinend unbeschadet überlebt. Lieber rot als tot. Sich erst einmal an die eigene Nase fassen. Die sozialen Ursachen reflektieren. Nur nicht voreilig urteilen: Ewiger, europaweit unsterblicher New-speak vermeintlicher Toleranz, die alles akzeptiert außer der Kritik an den eigenen Reflexions-Schablonen.

Der heutige Leser Arthur Koestlers aber stellt sich vor, dass in jenen Tagen, als man in der Edinburgher Universität die Bronzebüste des Schriftstellers verschwinden ließ und der *Observer* sein hämisches Verdikt publizierte, im Vereinigten Königreich bereits ganz andere Zellen gebildet wurden und neue Welterlösungs-Kommissare *ihre* Lubjankas planten – mit dem Unterschied, dass hier Entlassungen nicht einmal in Ausnahmefällen vorgesehen waren. In der *Tube*, im Bus, Flugzeug oder Zug sind wir nämlich alle gleich – der Koestler-Leser ebenso wie der *Observer*-Journalist, der, so lange es eben gut geht, sein Geld mit dem wohlfeilen Spott über unverständliche, »längst überholte Konflikte« verdient.

* * *

Dass Koestler ein Denken in Schablonen, einen dualen Antagonismus nie losgeworden sei, hat sich als Nachwelt-Urteil bis heute erhalten – selbst wenn ein gelassener Sozialdemokrat wie der kürzlich verstorbene britisch-amerikanische Historiker Tony Judt in einer Besprechung der hyper-kritischen Koestler-Biographie *The Homeless Mind* zum Fazit kam, hier leide wohl eher der universitäre Verfasser an einem Übermaß an Phobien. Nun ist aus den Tiefen der russischen Archive ein Koestler-Text aus dem Jahre 1934 aufgetaucht, der nach dem deutschen Einmarsch in Frankreich von der Gestapo beschlagnahmt worden war und 1945 im Reichssicherheitshauptamt der Roten Armee in die Hände fiel. Arthur Koestlers früher Roman *Die Erlebnisse des Genossen Piepvogel in der Emigration* ist jetzt im Europa Verlag erstmals publiziert worden – samt seiner Wirkungsgeschichte als Manuskript.

Denn die Genossen waren *not amused* an jenem Abend 1934 in Paris. Auf einer öffentlichen Veranstaltung des »Schutzverbandes Deutscher Schriftsteller« (jener kommunistisch dominierten Emigrantenorganisation, die 1936 Hans Sahl, Klaus Mann und andere unter Protest verlassen würden) las ein 29jähriger namens Arthur Koestler aus einem Roman-Projekt, das er zuvor bei einem Preisausschreiben der ebenfalls exilierten Büchergilde Gutenberg eingereicht hatte. War nicht bereits der Titel eine Provokation? *Die Erlebnisse des Genossen Piepvogel in der Emigration* hatte Koestler den Text genannt, der die Atmosphäre und das Leben in einem (realen) Pariser Kinderheim einfing. Die durch Spenden und Hilfsgelder finanzierte Institution war gegründet worden, um Waisen und den minderjährigen Söhnen und Töchtern nach Frankreich geflüchteter Nazigegner ein Refugium zu verschaffen – und eine marxistische Orientierung. Koestler, der zu dieser Zeit für das sowjet-finanzierte Medien-Imperium von Willy Münzenberg arbeitete, war damals genau wie sein Arbeitgeber noch auf kommunistischer Parteilinie – oder beinahe. Denn der Roman – Resultat eines zweimonatigen Aufenthaltes in jenem Heim – beschreibt weniger im Stil des von Stalin geforderten »Sozialistischen Realismus« als dass er *problematisiert* und aus der Perspektive der durch Flucht und Exil traumatisierten Kinder einen recht seltsamen Kosmos Gestalt annehmen lässt. Kein Zufall also, dass der

Literaturfunktionär Alexander Abusch – später in der DDR Walter Ulbrichts gefürchtet orthodoxer Kulturminister – bereits an diesem Abend 1934 erspürt hatte, dass mit dem Genossen Koestler irgendetwas nicht stimmen könne und deshalb mühelos die Mehrheit seiner Kollegen davon überzeugt, das soeben Gehörte sei »Ausdruck bürgerlicher, individualistischer Tendenzen«. Schließlich gäbe es die hier geschilderten pubertären Unsicherheiten nur in dekadenter, bürgerlicher Umgebung, mitnichten aber in einem Heim, das »von verantwortlichen Parteigenossen kontrolliert wird«.

Der einzige, der Koestler damals verteidigte, war ausgerechnet Egon Erwin Kisch – ein Akt von Kollegen-Solidarität, wusste der »rasende Reporter« doch zumindest die stilistischen Qualitäten der Geschichte zu schätzen, ihren kecken Tonfall und den untrüglichen Sinn für entscheidende Details. Dem heutigen Leser ergeht es ähnlich, und er ist überrascht: Das Figuren-Ensemble mit den sprechenden Spitznamen wie »Peter, der Einsame«, »Genosse Piepvogel« oder »Ullrich, die Opposition« wurde von einem Autor geschaffen, der innerlich bereits auf dem Absprung war und in der Jahrhundert-Auseinandersetzung zwischen Kollektiv und Individuum schon unbewusst seine Wahl getroffen hatte. So lässt er eines der Kinder, müde der dauernden Rhetorik, im Selbstgespräch sagen: »In unseren Sitzungen gewannen alle Vorgänge und Worte eine zugespitzte Bedeutung – Flöhe wurden im Handumdrehen zu Elefanten, und Elefanten schrumpften einem sozusagen auf der Zunge zu Flöhen zusammen. Es war eine eigentümliche Sache mit den Kollektivsitzungen.« In einer anderen Szene: »›Russland beschützt die Proletarier aller Länder‹, sagt Gustav, so wie man eine Lektion aufsagt. Man stimmte zu, auch diesen Satz hatte man wahrscheinlich schon öfter gehört. Überhaupt schien es, dass alle Leute nur Dinge aussprachen, die allgemein bekannt waren.«

Doch noch ist das Kinderheim ein freies Experimentierfeld, befindet sich die aus geflüchteten Antifaschisten bunt zusammengewürfelte Lehrerschaft ebenfalls in einem durchaus sympathischen Stadium der Unentschiedenheit. Noch sind bei den permanenten Sitzungen die Kinder stimmberechtigt, ja gründen sogar ein eigenes »Kollektiv« und kritisieren in ihrer Wandzeitung die größeren und kleineren Verschrobenheiten der Lehrer, mit denen sie das gleiche Flüchtlingsschicksal teilen. Zwar wird von manchem Pädagogen ausgerechnet das sowjetische Propagandabuch *Schkid, Republik der*

Strolche als leuchtendes Vorbild »solidarischer« Kollektiv-Erziehung gepriesen, aber dann erweisen sich die Fragen nach fehlendem Fleisch und Gemüse, temporären Aufenthaltsgenehmigungen und den fortgesetzten Horrormeldungen aus dem Dritten Reich als entschieden wichtiger. So kommt es, dass die eindringlichsten Passagen dieses Internat-Romans an Szenen in Louis Malles Film *Auf Wiedersehen, Kinder* erinnern, während die wenigen verbliebenen ideologischen Schlacken auf eine noch ungleich schlimmere Zukunft verweisen. »Peter, der Einsame« weigert sich nämlich, seinen inzwischen aus Frankreich ausgewiesenen Eltern nach Palästina zu folgen, welches angeblich »nur ein Land zum Sterben für alte Juden« sei, und beschließt stattdessen, sich im Heim weiterhin nützlich zu machen. Mit dem heutigen Wissen um das Kommende, die französische Kapitulation und den deutschen Einmarsch 1940, möchte man sich das weitere Schicksal dieses sensiblen jüdischen Jungen lieber nicht vorstellen. Doch trotz dieses grobschlächtigen Autoren-Tributs an die Parteilinie – Koestlers wahre Sympathie gilt zwei Außenseitern, deren unlösbaren Konflikt er mit einer Prägnanz beschreibt, die bereits den späteren Sezier-Experten in Sachen Zweifel und Selbstreflexion erahnen lässt. Als der sechzehnjährige, plebejische Piete erfährt, dass sein Vater in Nazideutschland »auf der Flucht erschossen« wurde, vermag er die gängigen Erklärungen vom »heldenhaften Kampf gegen die faschistischen Ausbeuter« nicht länger zu ertragen – und wendet sich dennoch mit physischer Gewalt gegen den bürgerlich sozialisierten Ullrich, genannt »die Opposition«, der sich bereits zuvor über das mokiert hatte, was er »unsere pathetischen Phrasen« nennt. Mit einem suggestiven »Du-gehörst-nicht-zu-uns«, gefolgt von Schlägen, kündigt Piete den zivilen Comment im Internat, verletzt Ulrich auch seelisch – und verlässt kurz darauf doch selbst das Heim, um anschließend in der Pariser Halbwelt verschütt zu gehen. »Er war aus dem Kollektiv herausgewachsen, so wie er aus alten Schuhen und Kleidern herausgewachsen war.« Der aufbrausende Anarchist und der skeptische Intellektuelle – feindliche Brüder, um deren natürliche Nähe der ebenso freiheitsliebende wie charakterlich schwierige Koestler demnach schon 1934 instinktiv gewusst hatte, vier Jahre vor seinem öffentlichen Bruch mit dem Kommunismus.

* * *

Kurz nachdem im September 2005 der obige Aufsatz zu Koestlers 100. Geburtstag erschienen war, klingelte in meiner Berliner Wohnung das Telefon. »Hier Schabowski... Wir kennen uns von Melvin Laskys Beerdigung.« (Dies mit passender Grabesstimme.) »Ich will Ihnen etwas sagen: Koestlers Bücher haben mir 1989 die Augen geöffnet; hätte ich sie nur früher gelesen und wäre nicht so borniert gewesen. Ein wichtiger Text, junger Mann, und in diesem Sinn: Weiter so auf diesem Wege!« Worauf der Ex-Genosse Günter Schabowski den Kurz-Monolog beendete und schwer atmend auflegte. Hatte er solche Formen der Kommunikation noch intus aus Politbüro-Zeiten oder aus den Jahren als Chef des *Neuen Deutschland* – Selbstkritik plus zukunftsweisendes Lob? Es war absurd und gleichzeitig rührend. Auch wenn es wieder einmal skeptisch machte gegenüber einem Bruch-Zelebrieren, das sich allein auf intellektuelle und politische Parameter bezog anstatt Charakterforschung zu betreiben. (Den von Koestler bedrängten Frauen und beleidigten Freunden war es gewiss kein Trost gewesen, dass sie immerhin von einem *Antitotalitären* schlecht behandelt wurden. Gleiches mag für jene gelten, die bis zum Ende des SED-Regimes den Mann mit der schnarrenden Stimme vor allem als Angsteinflößer kennengelernt hatten.)

Außerdem irrte Günter Schabowski, der Mann mit dem Zettel vom 9. November 1989. Wir waren uns bereits im Herbst 1992 begegnet, bei jenem von Melvin Lasky initiierten Kongress mit dem Titel »A last encounter with the cold war«. Als bei einer der Podiumsdiskussionen im Palais am Festungsgraben Schabowski recht forsch sein »Ich sag' jetzt mal drei Punkte, weshalb det mit dem Sozialismus nich funktionieren konnte« ankündigte, unterbrach Pavel Kohout mit sanften böhmischen Akzent: »Ich möchte nur höflich darauf hinweisen, dass Sie nicht mehr SED-Chef von Ostberlin sind und Ihr Publikum auf diese Art Nachhilfe nicht angewiesen ist.« Beifall von Gertrude Himmelfarb, Norman Podhoretz und anderen amerikanischen *Neo-Conservatives.* Allerdings mischten sich dann, trotz mancher Hellsicht, in deren Schelte der liberalen Gesellschaft immer wieder die altlinken Schlenker des Verächtlich-Machens, welche sie vermutlich in ihrer trotzkistischen Jugend erlernt hatten, um sie später nie mehr los zu werden. (Melvin Laskys Ärger, als ich ihm bei einer Büfettpause zuflüsterte, dieser Teil seines Freundeskreises erinnere schon im Habitus an die schimpfenden alten Ekel in den berühmten James-Dean-Filmen.)

Und der sanfte, ironische Pavel Kohout? »Einer der gemeinsten Jung-Stalinisten nach 1948«, beschied mich 2012 der greise František Listopad in seinem Lissaboner Exil und lehnte es mit plötzlicher Härte ab, auf meine Erwähnung von Kohouts beeindruckendem Wandel ab Mitte der sechziger Jahre auch nur mit einem Wort einzugehen. Vielleicht ja auch aus Scham darüber, dass Kohout später als Mitbegründer der *Charta 77* jene existentiellen Risiken gewagt hatte, mit denen man in Portugal gewiss nicht konfrontiert gewesen war? (Und bei alldem die Frage, wann aus lehrreichen Jahrhundert-Geschichten rachsüchtige Fußnoten werden, steril innerklösterliche Streitereien.)

Manès Sperber – Wider den Meinungs-Suff

2005

Hätte Manès Sperber vielleicht sogar Freude daran gefunden? Freunde und Zeitgenossen des 1905 in Galizien geborenen und 1984 in Paris gestorbenen Intellektuellen sprachen oft von der aufmerksamen, skeptischen Güte Sperbers. Von robuster Befriedigung angesichts der Bestätigung seiner Thesen war indessen nie die Rede – dafür war die Thematik von Diktatur und Widerstand, von Verdrängen und Erinnerung zu gewichtig. »Was mich antreibt«, heißt es in einem seiner Essays, »ist nicht so sehr der unbrechbare Wille zur Hoffnung als vielmehr die kategorische Ablehnung der Mutlosigkeit, somit der Widerstand gegen die Resignation.«

Wir stellen uns deshalb vor, dass Manès Sperber, jüdischer Antinazi und linksliberaler Antikommunist, an jenem Freitagnachmittag im Dezember 1994 ganz still in einer der hintersten Sitzreihen gesessen und sein feines Lächeln gelächelt hätte, dass er sich also keineswegs verzweifelt in das kurzgeschnittene weiße Schläfenhaar gefahren wäre, sondern vermutlich mit ebenso ruhiger wie tapferer Geste sein Notizbuch hervorgezogen hätte, um diese Fußnote verlogener deutscher Aufarbeiterei zu beschreiben: In der Stadt Berlin, wo er 1933 als junger Alfred-Adler-Schüler von den Nazis verhaftet worden war, ehe seine Odyssee über Prag, Wien und Belgrad nach Paris begann, fand zu Ehren des Schriftstellers und Individualpsychologen ein Symposium statt. Es trug den schönen Titel »Die Ethik des Widerstandes«, und den Eröffnungsvortrag hielt Manfred Stolpe (sic!). Der Bock als Gärtner war denn auch eloquent genug, die Gelegenheit zu nutzen und aus Sperbers skrupulösen Reflexionen über die Dialektik zwischen Erinnern und Vergessen ein Plädoyer für die fröhlich-dreiste Existenz in den Grauzonen der politischen Moral herauszufälschen. Der Kongress aber klatschte, die eingeladenen Franzosen kapitulierten vor dem ihnen unbekannten, wenngleich hochbrisanten Kontext des Spektakels, so dass sich am nächsten Tag nur ein einziger kritisch zu Wort meldete, der neben Siegfried Lenz wohl engste deutsche Schriftstellerfreund während Sperbers letzter Jahre: Es war Jürgen Fuchs. 1976 von der Stasi verhaftet und ein Jahr später in den Westen ausgebürgert, erinnerte er sich an die frühe, für sein eigenes Widerstehen so wichtige Sperber-Lektüre, an die späteren Besuche in Paris. Dann präsentierte er – gezischelter Unmut im Saal, wo mancher aus nachvollziehbaren Gründen jene Institution ganz und gar nicht schätzte – ein kurz zuvor in der Gauck-Behörde aufgefundenes Dokument. Da stand es, in den deutschen Schreibmaschinen-Buchstaben einer MfS-Karteikarte: »Sperber, Manès, geboren am 12.12.1905 in Zablotów/ ehem. Galizien« – Objekt für einen »OV« (»Operativ-Vorgang«), um den einst aus Nazi-Deutschland Entkommenen dafür zu bespitzeln, dass Essays wie *Zur Analyse der Tyrannis* nun auch den DDR-Dissidenten und Bürgerrechtlern Kraft und intellektuellen Halt gaben. Nichts hätte dem damaligen *juste milieu* Berlins – einschließlich jener auf einmal philosemitisch gewordenen Postkommunisten, die zu ihren Herrschaftszeiten den Staat Israel mit geradezu faschistoider Hetze überzogen – mehr gegen den Strich gehen können, als dieser Einbruch des noch immer Gegenwärtigen in eine als zahnlos historisierend intendierte Referenten-Veranstaltung.

Sperbers Widerständigkeit war Haltung, keine Pose. Wie er in *Die Wasserträger Gottes*, dem ersten Teil seiner dreibändigen Autobiographie, berichtet, war er einmal als Kind auf das Dach seines Elternhauses im galizischen Schtedl gestiegen, um Kieselsteine gegen den Himmel zu werfen – zu empörend war das Schweigen Gottes angesichts all des Elends, der Armut, der Enge. Sein späterer Abschied von der Welt des chassidischen Judentums – zusammen mit der Familie floh er 1916 vor den anrückenden russischen Truppen nach Wien, wo er dann bereits mit 17 Jahren in den Kreis des Individualpsychologen Alfred Adler aufgenommen wurde – gehorchte im Grunde dem gleichen Muster wie seine Hin- und Abwendung vom Kommunismus, dem Austritt aus der Partei 1937 nach zehn Jahren aktiver, ja orthodoxer Mitgliedschaft. Gerechtigkeitsliebe und Wahrheitssuche, Bruch und Kontinuität, Engagement und Selbstbefragung wurden so zu Sperbers ureigensten Themen – in den Veröffentlichungen während der Schweizer Exilzeit bis 1945 ebenso wie danach in Frankreich, wo er mit Hilfe seiner Freunde André Malraux und Raymond Aron eine feste Verlagsanstellung und einen Echo-Raum fand, der sich bald auch nach Deutschland erstreckte, auf die Seiten von Melvin Laskys *Der Monat* oder bei der Teilnahme am »Kongress für kulturelle Freiheit«, zusammen mit Arthur Koestler und François Bondy.

Die Ortlosigkeit aber blieb, der Heimatverlust eines jüdischen Linksliberalen, der letztlich um die Vergeblichkeit aller Argumente, Erwägungen und Einsprüche gegenüber dem wusste, was entweder als tumbe etablierte Macht oder auch als pseudo-aufgeklärter Mainstream daherkam. Sperber, der aus der Bibel die königskritischen Propheten – »in der Tat die ersten Intellektuellen, die, nur ihrem eigenen Gewissen treu, in die Politik eingriffen« – zu seinen Vorbildern zählte, war nicht von Hegel und Marx fasziniert, sondern eher von anarchischen Freigeistern wie Gustav Landauer oder Fürst Kropotkin. Voraussehbar, dass solch ein Intellektueller an den doktrinären Jahren um 1968 kaum Vergnügen finden konnte. Unter dem Titel »Stufen praktizierter Unwissenheit« konstatierte er damals in einem Essay: »Jedes Mal, wenn ein verbrauchter Glaube seine Macht über Geist und Gemüt einbüßt, entsteht ein Vakuum, das man zumeist mit Aberglauben ausfüllt; ihm entspricht gegenwärtig ein frenetischer Meinungs-Suff, der alles Wissen entwertet und nur jene Wahrheit gelten lässt, die der Meinung dient. Es ist aufschlussreich, dass kaum zwei Jahrzehnte nach der Niederlage des Nazismus die verwöhnteste Jugend der hochindustriellen Länder ihre Neigung entdeckt, das Wissen zugunsten einer Ideologie radikal abzuwerten und in den Universitäten jenen Meinungsterror einzuführen, den vorher nur totalitäre Regime an ihren Lehranstalten praktizierten.«

Schön und gut, ließe sich einwenden, doch ist dies nicht ein wenig Schnee von gestern – antitotalitäre Ideologiekritik, wie sie inzwischen beinahe überall zu finden ist? »O die Wahrheit zu wissen«, schrieb in einem Gedicht Hans Sahl, Weggefährte im Paris der dreißiger Jahre, der sogar noch ein wenig früher als Sperber den Charakter des Kommunismus erkannte, »bevor sie allgemein wird,/ Ertragen die lange Schweigepflicht,/ bis alle aussprechen,/ was dir zu sagen/ so schwer fiel,/ bis die Wahrheit in aller Munde ist/ und dadurch/ schon wieder fragwürdig geworden ist/ und beinahe falsch.«

Sperbers Reflexionen über die Phantasielosigkeit jener »Entfremdungsschwätzer«, die »Konsumterror« anklagen, ohne von wirklichem Terror die geringste Kenntnis zu haben, bleiben indessen aktuell. Für ihn waren es »Elite-Klischees jener widerwilligen, jedoch privilegierten Wohlstands- und Luxuskonsumenten«, die mit der repetitiven Ausschlachtung der eigenen imaginierten Wehwehchen die Emphatie-Aufmerksamkeit abzogen von den wirklich Leidenden und Gedemütigten dieser Welt. 1942 mit Frau und Kind vor der drohenden KZ-Deportation von Südfrankreich in die Schweiz geflüchtet und nach Kriegsende ein genauer Beobachter des sowjetischen Totalitarismus, wusste Sperber, dass die meisten Menschen nicht etwa durch zu viel Amüsement zu Tode kamen. Trotz aller Manipulationsversuche der Unterhaltungsindustrie: Nicht die Huxleysche Glückspille ist das Symbol der Erniedrigung, sondern wohl eher der Orwellsche Rattenkäfig, der in *1984* kollaborationsunwilligen Gefangenen über den Kopf gestülpt wird. Sperber wusste, wovon er sprach und konnte sich – im Unterschied zu den salonlinken Bourgeois – deshalb auch jene Kritik an der 68er-Jugend leisten: »Ich gehöre zu den seltenen Erwachsenen, die kein schlechtes Gewissen gegenüber ihrer eigenen Jugend haben. Ich bin ihr nicht untreu geworden. Wenn ich also mit jungen Menschen spreche, habe ich denen gegenüber kein schlechtes Gewissen. Ich kenne diese Mischung von Fiktion, Lüge, Selbstbelügen und auch idealem Streben usw. Mir also die Jugend als diejenige vorzustellen, die das Ideal verkörpert, ist Nonsens.«

Mehr noch: Eine Linke, die mit solcher Arroganz zur Macht käme, würde bald zur »neuen Rechten«, die abweichende Meinungen als Hochverrat bestrafte – nunmehr im Namen des »Fortschritts« statt im Verweis auf die »Tradition«.

Ein Insistieren auf diese Tatsache kam gestern wie heute schnell in den Ruch des Anachronistischen, und so schrieb selbst ein kluger Kopf wie Claudio Magris im Jahre 1983: »Dies führt dazu, dass Sperber nur allzu oft die alten Wunden aufreißt, manchmal ohne zu bemerken, dass die Welt sich wandelt und mit ihr auch die Kommunistischen Parteien.« Erich Mielkes Ostberliner Karteikarten-Prüfer und die Solidarnosc-Jäger im kommunistischen Polen dürften damals diese abwiegelnden Zeilen mit dem gleichen Vergnügen gelesen haben wie heute die Dissidenten-Häscher und Zwangsarbeiter-Herren im »gewandelten« China. Als Fußnote: Als im Herbst 1987 in der Ostberliner Zionsgemeinde die Räume der kirchlich-systemkritischen »Umweltbibliothek« gestürmt und deren Mitarbeiter von der Stasi verhaftet wurden, befand sich unter den konfiszieren Büchern auch Manès Sperbers Roman *Wie eine Träne im Ozean*.

Sperber, der trotz seiner zahlreich publizierten Warnungen eine priesterliche Attitüde verschmähte, wusste als Individualpsychologe um die seelische und gedankliche Routine, vom eigenen Umfeld auch auf die Gegebenheiten anderswo zu schließen. Kein Zufall also, dass Max Frischs *Homo Faber* und dessen bestens nachvollziehbares Verstricktsein in eine technizistische Weltsicht bis heute ungleich bekannter ist als Sperbers Romanheld Dojno Faber. Für die tausendseitige Romantrilogie *Wie eine Träne im Ozean* hatte er 1975 in Deutschland den Georg-Büchner-Preis erhalten, Heinrich Böll hielt die Laudatio. Heutige Prosa-Leser, gewöhnt an lakonischen Zwischen-den-Zigaretten-*talk*, könnten womöglich überfordert sein von all diesen partei-treuen oder abtrünnigen Idealisten, Partisanen und Kommissaren, von Bauern, Arbeitern, Rabbis und Intellektuellen, die in diesem balzacschem Jahrhundertgemälde pausenlos kämpfen, diskutieren, vor Nazis oder Stalinisten flüchten oder auch aufbegehren und sich ihrer Existenz immer neu versichern müssen. Sperbers Fazit, jenseits jede Renegaten-Selbstgefälligkeit: »Auch wer gegen den Strom schwimmt, schwimmt im Strom.« Und es klingt wie ein Kommentar zu seinem Freund Albert Camus, wenn er hinzugefügt: »Der Humanist betrachtet den Menschen nicht anders, als er selbst betrachtet zu werden wünscht: mit erwartungsvoller Ungewissheit und skeptischer Nachsicht.«

Ein Nachgeborener wie Daniel Cohn-Bendit musste das erspürt haben, denn als er – zu jener Zeit Moderator einer Literatursendung im Schweizerischen Fernsehen – in der von Zuschauern erstellten »Top Five«-Liste *Homo Faber* entdeckte, wies er auf jenen anderen Faber hin, der in Sperbers Roman mit Fährnissen, Tragödien und Entscheidungen konfrontiert ist, die dann doch ein anderes existentielles Gewicht besitzen.

Ironischerweise aber fand kürzlich sogar eine frühe Sperber-Schmähung ihren Weg auf deutsche Bühnen – die Wiederaufführung von Jean-Paul Sartres unlustiger Komödie *Nekrassow* aus dem Jahre 1956. Noch waren die Sowjetpanzer nicht nach Budapest gerollt, noch hatte sich der Meisterdenker nicht von der stalinistischen französischen KP distanziert, sondern ihr im Gegenteil ein (vom Publikum freilich eher ungeliebtes) Stückchen geschrieben, in dem osteuropäische Dissidenten als hochstaplerische Knallchargen auftauchen, eitel-dumpfe Marionetten in den Fingern eines »bürgerlichen« Pressebetriebs. Die aktuellen Theaterkritiken thematisierten den damaligen Kontext jedoch kaum, sondern delektierten sich an der Präsentation des Gängigen, das »man« doch so gut kennt: Zeitungen brauchen Auflage, Medienmanager sind zynisch, die Öffentlichkeit ist verführbar etc. Dagegen die Einsamkeit der Warner und Dissidenten: Ein Joke für den kritisch korrekten Abend.

Dabei war Sperber auch als streitbarer Essayist alles andere als ein Schönredner des Bestehenden, denn: »Nein, man kämpft nicht gemeinsam mit McCarthy und ihresgleichen gegen den Stalinismus; man kämpft auch nicht mit Sartre und ihresgleichen gegen McCarthy. Aber dass auch der Gegner eine bestimmte Wahrheit ausspricht, entwertet sie in keiner Weise. Wer denkt und schreibt, als ob der andere immer und in allem Unrecht haben müsste, verteufelt die Welt und misshandelt die Wahrheit. Es gibt nämlich keine Wahrheit, die wir aus taktischen Gründen verschweigen müssten, keinen Betrug, den wir mit Stillschweigen, und wäre dies auch nur vorläufig, übergehen dürften.« Allein die Tatsache, dass sowohl Amerikahasser wie auch die eilfertigen Rechtfertiger noch jeder *White House*-Aktivität sich hier direkt angesprochen fühlen könnten, spricht für Sperbers Aktualität. Ebenso seine Bemerkungen zum europäischen Kolonialismus, dessen integere Gegner in die gleiche Falle des okzidentalen Größenwahns laufen, wenn sie glaubten, mit dem Rückzug der »Weißen« würde in den übrigen Teilen der Welt sofort Frieden herrschen und ein Zeitalter der Gerechtigkeit ausbrechen.

In Deutschland waren vor allem Siegfried Lenz und Jürgen Fuchs von Sperbers »skeptischen Optimismus« angetan, vom Charakter eines Mannes, über den sein Freund Raymond Aron einmal schrieb: »Seit dem Tag, an dem ich ihm Mitte der dreißiger Jahre bei André Malraux begegnet bin, hat die Enttäuschung niemals die Nüchternheit seines Urteils getrübt.«

Dennoch: Wie beruhigend, dass auch Sperber seine Schwächen hatte und – vermutlich eher aus Scham denn aus Eitelkeit – seine kommunistischen Partei-Aktivitäten *vor* dem Bruch 1937 eher kursorisch abhandelte. Hans Sahl erinnerte sich im Gespräch mit dem Verfasser dieses Textes an einen durchaus harschen Apparatschik, und auch Michael Rohrwasser förderte in seiner Studie *Der Stalinismus und die Renegaten* einige verstörende Details zutage. So wird in Sperbers Autobiographie zwar André Gides damals für Skandal sorgender Reisebericht *Retour de l'U.R.S.S.* erwähnt, jedoch der eigene Anteil bei der parteikonformen Schmähung des Buchs unterschlagen. Dabei hatte Manés Sperber im Auftrag der Komintern extra einen Gide-Abend in Paris einberufen, um die Genossen auf Linie zu bringen – passenderweise an einem Ort namens *Café Mephisto*. (Details gibt es, die würde kein Romancier zu erfinden wagen. Und dazu augenöffnende Parallelen: Denn gerade dieses Wissen um Sperbers frühe Jahre versetzte dann einen Nachgeborenen wie Jürgen Fuchs in die Lage, die ab 1992 aus Stasi-Akten aufgetauchten Informationen über Robert Havemann richtig einzuordnen. Auch der Dissident von Grünheide war einst ein glühender Stalinist gewesen, ja hatte bis 1963 sogar mit dem russischen Geheimdienst und der Stasi zusammengearbeitet. Beide, Havemann wie Sperber, aber hatten schließlich den Bruch gewagt und die nicht zuletzt emotionalen Erpressungsstrategien der Diktatur einer radikalen Analyse unterzogen.)

Es lag nahe, einen Jahrhundertzeugen wie Sperber mit dem Friedenspreis des Deutschen Buchhandels auszuzeichnen. Doch schien im aufgeheizten Jahr 1983 und während der Debatte um die Nachrüstung die Realität der diktatorischen Sowjetunion und ihrer Satelliten weit weniger bedrohlich als die Existenz von Pershing II: Lieber rot als tot. Sperbers Preisrede, die er aufgrund seiner Krankheit nicht mehr persönlich halten konnte, wurde äußerst ungnädig aufgenommen und als »Kriegshetze« denunziert. Dabei fühlte sich Manès Sperber nach wie vor »einer authentischen Linken« zugehörig, »die sich für die Einigung Europas einsetzt und den Menschen hilft, außerhalb des Absoluten und gegen das Absolute zu leben.« Seine in Frankfurt verlesenen Sätze galten vielleicht gerade deshalb einem bestimmten Milieu als unerträgliche Provokation. Mit Verweis auf Europas Selbstzerstörung im Sommer 1914 und Hitlers Zweiten Weltkrieg fasste Sperber die drohende Gefahr weiter, als es das Gros der bundesdeutschen Friedensbewegung tat. »Wer, anstatt über die Quelle und die Gründe der Kriegsgefahr nachzudenken, seinen leidenschaftlichen Protest nur auf die Waffen reduziert, vermeidet bewusst oder unbewusst die Suche nach dem Feuerherd und erliegt der heute weitverbreiteten Neigung, die Mittel mit dem Zweck zu verwechseln.«

Der Skandal war enorm. Bernt Engelmann, damals Vorsitzender des »Verbandes Deutscher Schriftsteller«, forderte den greisen Sperber »im Namen der deutschen Schriftsteller« unwirsch auf, den Friedenspreis zurückzugeben; eine Forderung, der sich dann auch Politiker der Grünen anschlossen. Diese Attacke, die Sperbers Lebensleistung ignorierte, sorgte dann freilich sogar in Medien wie der *Frankfurter Rundschau* oder der *Taz* (die ohnehin den osteuropäischen Dissidenten so manches Podium gab) für Unmut. Autoren wie Günter Grass, Siegfried Lenz, Hans-Christoph Buch, Jürgen Fuchs oder Jörg Fauser protestierten gegen Engelmanns Rufmord – eine Kollegensolidarität, die Sperber, der damals nur noch ein Jahr zu leben hatte, mit großer Freude erfüllte.

Mehr noch. Auch über seinen Tod hinaus behielt seine Ermutigung Gültigkeit, das »halbphilosophische Schwätzen, das mehr Terminologie als Wissen hervorbringt« endlich einzutauschen gegen wirkliches Engagement. In seinem Essay *Wider den Zeitgeist* hatte er seinen ganz konkreten Traum beschrieben: »Eine bewusste Linke würde die Jugend dazu aneifern, Tausende spezialisierte Equipen zu bilden, um in den rückständigen Ländern dank der Kraft der Arbeit den Grundstein zu einer solidarischen Welt zu legen.« Vier Jahrzehnte nach diesem Text und dreißig Jahre nach dem Tod seines Autors finden sich in vielen dieser Länder couragierte *und* effiziente NGO's am Werk, Menschen jedes Alters, die auch ohne *Attac*-Getöse genau für *diese* Welt arbeiten. Durchaus möglich, dass manche der solcherart Handelnden auch Leser von Manès Sperber sind.

Ralph Giordano – Jubeljung begeisterungsfähig
Eine Hommage

2013

Sie zelebrierten jahrzehntelange Hochämter des Mahnen und Tadelns: Walter Jens, Günter Grass und Günter Gaus, Erich Kuby, Gerhard Zwerenz, Uwe Wesel, Hanns-Dieter Hüsch, Horst- Eberhard Richter, Margarete Hannsmann oder Dorothee Sölle. Wer Ende der achtziger Jahre als DDR-Kriegsdienstverweigerer in die Bundesrepublik gekommen war, fand eine solche Ansammlung zuerst einmal erfreulich – was für ein gutes Land, dessen Kritiker nicht marginalisiert in einer Ecke hockten, sondern dauer-präsent schienen auf Podien und Demonstrationen, in Zeitungskolumnen und vor der Kamera. Allerdings: Mussten sie sich wirklich auch noch selbst das Prädikat »unbequem« ausstellen, mussten sie ihre Einsprüche dadurch entwerten, dass sie die Diktaturen im Osten vernehmlich beschwiegen oder in Äquidistanz vernebelten – dort die Partei, hier die Banken und Konzerne? Aber da gab es schließlich ja noch einen anderen, dann war da Ralph Giordano.

Wohl zog er mit seinen Reden und Büchern, vor allem mit dem berühmten von der »Zweiten Schuld« der Dritte-Reichs-Verdrängung, den gleichen Hass der unbelehrbaren Rechten auf sich, aber die Scheide zur selbstgerechten Linken war dennoch tief. Das mochte nicht immer und sofort sichtbar sein, hatte sich die Öffentlichkeit doch schon damals ein klares Bild gemacht: Der 1923 in Hamburg geborene Holocaust-Überlebende war der Roman Bertini aus dem gleichnamigen autobiographischen Roman und der Verfilmung, war der jahrzehntelange Weltreisende und WDR-Dokumentarfilmer, und wenn er keinen Strauß mit den konservativen Naziverdrängern ausfocht, dann eben mit geschichtsblinden Türken, die sich an seinem Film über das Armenier-Massaker störten.

Und natürlich: Das grauwellige, dann schneeweiße Haar, der Seidenschal und diese sonore Ralph Giordano-Stimme. Weshalb es also verschweigen: Da wurde offenbar, dass da einer ohne Verdrucksteit mit sich selbst ziemlich gut befreundet ist, ein daseinsdankbarer Überlebender, der gerade mit dieser Gestimmtheit auch Empathie zu entwickeln vermag für seine Mitmenschen. Nicht zuletzt aus dem Gefühl der eigenen Fehlbarkeit heraus, einer Selbsttäuschung, der Ralph Giordano als Nachkriegskommunist für einige Jahre erlegen war – sein Buch *Die Partei hat immer recht* legt davon Zeugnis ab.

Verblüffend, dass selbst er, der später so versierte Weltreisende, auch diese muffigen Ideologen-Zirkel kennengelernt hatte, in Hamburger Parteibüros, in Ostberlin, am Literaturinstitut in Leipzig, ja sogar beim »Kongress Junger Künstler 1956 in Karl Marx Stadt«, als nach dem Schock von Chruschtschows Geheimrede ein Parteisekretär dekretierte: »Alles schön und gut, Genossen. Sagt, denkt, tut, was ihr wollt, aber lasst bei eurer Kritik die Finger von der Partei.« Und er hatte sie tatsächlich noch getroffen, jene stalinistischen Lemuren aus den Fußnoten der parteiischen Literaturgeschichte: Otto Gotsche, Alfred Kurella, »Kuba«, den Genossen Johannes R. Becher... Neben dem ethischen Erschrecken des Holocaust-Überlebenden über deren sterile Lügenwelt ist da aber auch schon damals jenes feine Gespür für Ästhetisches und Politisches. Bei einem Majakowski-Rezitationsabend während der Ostberliner Weltjugendfestspiele wird der junge Giordano von der Wucht der Verse genauso erschüttert wie vom Schicksal des Dichters: »Warum hatte Wladimir Majakowski Hand an sich gelegt?« Was also war das für eine geographische und Geistes-Welt, an der irgendwann sogar die hymnischsten Künder verzweifelten? Und ähnlich wie zwei Jahrzehnte zuvor Hans Sahl befreit in den Pariser Abend hinausgetreten war und den Parteiklüngel hinter sich gelassen hatte, spürt nun auch Ralph Giordano erst am Westberliner Bahnhof Zoo wieder das Vibrieren komplexen, widersprüchlichen Lebens, fern der Ödnis des Stalinismus. Das waren meine ersten Lektüre-Eindrücke.

Und dann kam, unvergesslich, der Januar 1991. Saddam Hussein drohte, »Israel in ein Krematorium zu verwandeln« und alle – *alle* – die oben erwähnten Bedenkenträger und bis zur Peinlichkeit erklärt philosemitischen Der-Schoß-ist-fruchtbar-noch-Rhetoriker zogen sich auf einen potentiell mörderischen Pazifismus zurück und verweigerten in der Stunde der höchsten Gefahr dem jüdischen Staat ihre Solidarität. Aus jenen Tagen datiert meine Freundschaft zu Ralph Giordano, der im übrigen die Irritation des jungen Mannes angesichts des doppelzüngigen Antinazismus der Linken und des falschen, scheppernden Antikommunismus der Rechten ein für alle Mal behob mit seiner sprachmächtigen und unschlagbaren Definition jener »Internationale der Einäugigen, die in einem Teil der Welt das anklagt, was sie in einem anderen Teil der Welt rechtfertigt«.

Kurz danach erschien sein Buch *Israel, um Himmels Willen Israel*, das bis heute nichts von seiner Aktualität eingebüßt hat: Als detailgesättigtes Plädoyer für einen starken, selbstverständlich bewaffneten Frieden und für die Übereinkunft zwischen zwei Völkern – und dies nicht angemahnt in einem naiv-selbstgerechten All-Umarmer-Ton, sondern mit einer Klarheit, die aus biographischer Erfahrung heraus den genauen Blick hat für das Schlimmste, aber auch das Beste im Menschen.

Ein Jahr später, Anfang 1992 – lang scheint es her und hat doch das wiedervereinigte Land entschieden geprägt – kam es zur Öffnung der Stasi-Akten und zur Debatte über Schuld und Verdrängung der zweiten deutschen Diktatur. Während mit beinahe genüsslichem Verweis auf die nun entdeckten Scheußlichkeiten so mancher Konservative versuchte, „»der ewigen Fixierung auf die dunklen zwölf Jahre« einen Schlussstrich zu verpassen, argumentierte die traditionelle Linke bis hinein in bürgerliche Kreise in geradezu spiegelbildlicher Rabulistik: Wenn unzählige Nazi-Täter, Mitläufer und Denunzianten schnell wieder Posten bekommen hatten in der jungen Bundesrepublik, weshalb sollte dann ausgerechnet über die Stasi-IM's, über die Stolpes und Gysis und Tausende Andere der Stab gebrochen werden?

Auch wenn der Streit inzwischen obsolet erscheint und sich die Bundesrepublik längst zu beiden Vergangenheiten, der roten wie der brauen, bekennt und sie aufarbeitet: In jenen Monaten war es keineswegs sicher, ob nicht die Dissidenten und Bürgerrechtler um Wolf Biermann, Freya Klier, Jürgen Fuchs und Joachim Gauck zwischen den ideologischen Fronten zerrieben würden. Bis ihnen Ralph Giordano mit der ganzen Wucht und Glaubwürdigkeit seiner eigenen Biographie und mit luziden Argumenten beisprang: In landauf, landab wahrgenommenen Essays und Artikeln im *Spiegel* oder in der *taz*. »Obwohl das Kriminalgewicht der DDR mit dem des ›Dritten

Reichs‹ nicht gleichzusetzen ist, zeigt sich heutzutage eine erschreckende Parallele – und zwar in der Haltung der Täter. Das ist für jemanden mit meinen Vergleichsmöglichkeiten geradezu atemberaubend: Die Ähnlichkeiten der Verdrängungsartikulation gehen bis ins Wortwörtliche hinein, in den Gestus, die Mimik und den rhetorischen Habitus… Und erneut ist der demokratische Rechtsstaat dabei, komplett zu versagen.«

Ein paar Monate später brannte es in Rostock-Lichtenhagen, in Mölln und Solingen starben Menschen, während es kein Mitglied der damaligen Bundesregierung für nötig erachtete, solidarisch Präsenz zu zeigen. Dennoch hielt so mancher Giordanos verzweifelte und publikumswirksame Einsprüche im Fernsehen, im Radio und in den Zeitungen für politisch korrekten Alarmismus. Dabei war es gerade das Gegenteil: Ein deutscher Jude bekannte sich trotz schlimmsten Erfahrungen offensiv zu diesem seinem Land, das er ebenso wenig von neonazistischen Mordbanden terrorisiert sehen wollte wie heute von demokratie- und frauenfeindlichen Islamisten und deren Schönrednern.

Selbstverständlich ist er ein Moralist, wenn auch weniger im geläufigen, stets ein wenig verhärmt-säuerlichen Sinn, sondern eher nach französischer Facon, wo die enzyklopädisch neugierigen Moralisten des 18. Jahrhunderts vor allem an den »moeurs«, den Sitten ihrer Zeit, interessiert waren und sie diesen eine ethische Basis zu geben versuchten. Nun ist der in seiner Emphase- und Empathie-Fähigkeit verblüffend jugendlich Wirkende aber auch ein Stilist, Komponist und Regisseur seiner Texte. Da ist ein geradezu musikalisches Gespür für Sprachmelodie und Satzrhythmus, ein siebter Sinn für dramaturgischen Feinaufbau selbst im Atmosphärischen und dazu die Stringenz einer Argumentation, die bei aller rhetorischen Energie nie das Rabulistische streift. Mehr noch: Ralph Giordano ist, neben Wolf Biermann, einer der wenigen, die zuerst einmal von den Widersprüchen her denken und sich danach der didaktisch beruhigenden Synthese ebenso verweigern wie dem Furor der Monokausalität. Unzählig, farbig, vibrierend und jedes auf seine Art einmalig sind dafür die Exempel in Giordanos Büchern und Debattenbeiträgen. An was ich mich dabei jedoch *sofort* erinnere, wann immer ich, über die Jahre hinweg, an ihn denke oder wir zusammen telefonieren, sind vor allem drei Episoden.

In *Israel, um Himmels Willen Israel* gibt es ein Kapitel, in welchem der Autor zwei israelischen Frauen, einer »linken« und einer »rechten«, jeweils eine Frage stellt: »Sind Sie jemals auf den Gedanken gekommen, ein jüdisches Opfer der Intifada aufzusuchen?« und »Haben Sie schon einmal ein palästinensisches Opfer der israelischen Armee besucht?« In beiden Fällen ging es nicht um die Besserwisserei eines vermeintlich objektiven Beobachters, nicht darum, zwischen den Stühlen der diversen Überzeugungen auf dem bequemen Sessel der Äquidistanz Platz zu nehmen. Im Gegenteil: Der stets auf das Konkrete rekurrierende Humanismus Giordanos fahndete geradezu verzweifelt nach der Fähigkeit, das Leid der Anderen mitzufühlen, nach der moralischen, aber auch intellektuellen Qualität, über den eigenen Referenzrahmen hinaus zu schauen und sei es auch nur für einen Augenblick. Stattdessen blieben beide Frauen stumm und schienen den Sinn der Frage – die eben mehr als ein Denkspiel war – nicht einmal zu erahnen.

Das Bedrückende dieser Szene steht mir auch nach Jahren noch vor Augen, doch wenn ich seither auf Reisen und bei Diskussionen mitunter ähnliche Erfahrungen machen musste, erwies sich die Giordanosche Sprachgenauigkeit als eine Art schützendes Medaillon oder ein rettender Bannspruch. Denn was es mit dieser so verflucht gängig selektiven Wahrnehmung der Menschenrechte auf sich hat, er hatte es ja ein für alle Mal auf den Begriff gebracht, in eben dieser grandiosen Definition von der »Internationale der Einäugigen, die in einem Teil der Welt das anklagt, was sie im anderen Teil der Welt rechtfertigt.«

Ein Satz, mit dessen Verinnerlichung man zumindest immun wird für all die Nebelkerzen, Manipulationen und emotionalen Erpressungen derer, die als *One-issue*-Aktivisten trommelnd umherziehen – ob in Israel/Palästina, auf dem Balkan, in Irland oder weltweit nach den Geschehnissen des 11.September 2001. Freilich besteht die Pointe darin, dass ein Staatswesen und eine Gestimmtheit, in deren Inneren das Widersprechen ein *movens* anstatt ein Störfaktor ist, dann aber auch und bei aller Kritik wirkliche Solidarität verdient. Giordanos Bekenntnis zu Israel, zu den Vereinigten Staaten und der gewandelten Bundesrepublik erscheint vor diesem Hintergrund nicht nur verständlich, sondern geradezu zwingend.

Ein zweites Bild, genauer: Zwei *Taz*-Beiträge aus den frühen Neunzigern. »Wider die trauerunfähige Linke«, hieß einer seiner

Texte, gegen die Verdränger und Schönredner der DDR, gegen die zynischen Dissidentenverächter und deren »Es muss jetzt mal genug sein«. Gerade im linken Spektrum konnte solch eine Position schwerlich ignoriert werden – was fallweise zu durchaus ehrlicher Selbstprüfung führte. Was mir aber vor allem erinnerlich bleibt – eben weil derart typisch für Giordano – ist der Offene Brief an Walter Jens. Jens, als Präsident der (Westberliner) Akademie der Künste mehr um die Integration der Ostberliner Akademie und ihrer zum Teil einst staatstragenden (SED-)Mitglieder besorgt als um die Kritik eines Günter Kunert oder einer Herta Müller, war in den üblen dreißiger Jahren in Hamburg Ralph Giordanos loyaler Schulfreund gewesen. Würde also jetzt mit Aplomb die alte Freundschaft gekündigt werden, würde Giordanos Anfang der fünfziger Jahre vollzogener Bruch mit den Kommunisten nun in den neunzigern eine mechanische Fortsetzung finden im Sinne eines »Ab jetzt ist das Tischtuch zerschnitten«?

Nichts davon. Die Liberalität, die Jens in seinen Katheder-Reden immer wieder lautstark einforderte – Giordano *beweist* sie. Bei aller Schärfe der Kritik erinnert er sich nämlich daran, wie damals der hochgewachsene Schuljunge Walter seinen jüdischen Kameraden Ralph vor den Nachstellungen der Nazis geschützt hatte – als einziger in der Klasse. Das soll niemals – *niemals* – vergessen sein. Und kann doch gleichzeitig nichts von dem abschwächen, was Giordano vorträgt an Anklage gegenüber aktueller Geschichtsblindheit und Seelenkälte. Eine solche Balance zu halten, ist nicht allein eine Angelegenheit von Textaufbau und Stil. Schon eher betrifft es die charakterliche Grundierung, die Art, sich und andere Menschen und dazu die ganze Welt anzuschauen anstatt in starrer *Weltanschauung* zu verharren.

Und schließlich – Stichwort Welt – gibt es noch ein drittes Erinnerungsmedaillon, das sofort Form und Farbe gewinnt, sobald ich an Ralph Giordano denke. Zur Vorbereitung auf eine Dublin-und Belfast-Reise hatten wir ausführlich miteinander gesprochen, wobei er – ebenfalls typisch für ihn – keineswegs monologisierte, sondern sich zuerst einmal erkundigte, an was *ich* interessiert sei auf der grünen Insel. Dann gab er mir sein Irland-Buch, eine Hommage auf Bölls *Tagebuch* und gleichzeitig dessen Weiterschreibung. Denn da war ja – neben all den zarten Landschaftsbeschreibungen, packenden

Menschen-Porträts und Geschichts-Exkursen – erneut diese Giordanosche Gestimmtheit: Ein Pochen auf universelle Menschenrechte angesichts britischer Arroganz in Nordirland *und* radikal-katholischem Gewaltfanatismus. Und genug integere Menschen hatte er zuvor auf seinen Exkursionen getroffen, um sich von den pathetischen Geschichtsverkürzungen der Belfaster Doppel-Extremisten nicht ins Boxhorn jagen zu lassen. Wie lebendig und konkret das erneut war, wie Personen da in Habitus und Biographie sichtbar wurden – und wie anhänglich der zugereiste Gast ihnen blieb. Denn das ist das dritte Bild, quasi ein Konzentrat von Giordanos Weise, sich auf dieser Welt zu bewegen: Als alle Recherchen getan und nahezu jeder Winkel der Insel besucht, muss der Chronist noch einer inneren Stimme folgen und Irland erneut von Nord bis Süd durchqueren. Schließlich gilt es noch Abschied zu nehmen von einer gütigen alten Irin namens Maureen, die den Gast zu Beginn der Reise so hilfreich bei sich aufgenommen hatte in ihrer winzigen Unterkunft am Meer. Unmöglich also, ohne Abschied, Dank und Umarmung zu scheiden – ein ebenso warmherziger wie präziser Begriff von Treue, ohne den unsere Welt tatsächlich ärmer wäre. Gedankliche Schärfe und Feingefühl müssen sich nicht ausschließen, und Sprachkraft ist kein Hindernis für all jene nur vermeintlich kleinen Gesten der Zuwendung, die freilich weit mehr als Gesten sind und von unvergesslichem Nachdruck. Und da der Abkömmling eines sizilianischen Einwanderers mit Emotion und dem passionierten Stilmittel des Ausrufezeichens nicht eben fremdelt: Chapeau, Umarmung und hab' tausend Dank, mein wunderbarer alter Freund Ralph Giordano!

André Glucksmann – Die Solidarität der Erschütterten

2009

Das 18. Arrondissement von Paris, zwischen der Gare du Nord und dem Boulevard Montmartre gelegen, ist trotz seines Charmes – Bistros, Blumen- und Buchläden, kleine Werkstätten in den Innenhöfen – keine Adresse, die man mit dem Wörtchen *in* assoziieren würde. Die sogenannten Literatencafés in Saint-Germain befinden sich, von hier aus gesehen, in einer anderen Welt, ebenso wie der diskret großbourgeoise Charme des siebten und 16. Arrondissements.

Nun wohnt jedoch genau hier einer der bedeutendsten französischen Philosophen und Zeitkritiker. Obwohl André Glucksmann, auch im achten Lebensjahrzehnt beinahe alterslos wirkend mit seiner grauen Pagenfrisur und den Jeans, eine solche Zuschreibung eher skeptisch kommentieren würde. Was bedeuten schon Ranglisten? Baudrillard, Derrida, Lyotard, Foucault – sah die begeisterungsfähige (und auch ein wenig vergessliche) Metropole nicht schon viele Sterne aufleuchten und wieder vergehen? Überdies: Als Glucksmann, Kind jüdischer Emigranten aus Wien, 1937 in Boulogne geboren wurde, galt den Kommunisten Stalin als größter Philosoph, während die Nazis, deren Sympathisanten auch im vermeintlich kultivierten Paris saßen, zwar Carl Schmitt und Heidegger höchstens ansatzweise verstanden, jedoch den Mix aus stilistischer Dunkelheit und Entscheidungsfuror äußerst attraktiv fanden. Glucksmanns Vater wurde von den Nazis ermordet, er selbst und seine Mutter jedoch entkamen der Deportation und damit auch einer Ideologie, in welcher der Einzelne nichts zählte angesichts von Stamm, Rasse – oder sozialer Klasse und Parteidisziplin.

Halt! Glucksmann sagt es ironisch auf Deutsch, beim Gehen über den Dielenboden seiner weiträumigen Wohnung plötzlich inne haltend unter einem Lüster im Salon, den Kopf leicht seitlich geneigt, von ovalen Wandspiegeln vervielfacht. »Die Sache mit der Parteidisziplin, c'etait plustard...« Weiter also auf Französisch, hinein in die späten vierziger und frühen fünfziger Jahre, in der ein intellektuell ausgehungerter junger Mann in die Kommunistische Partei eintritt und nach seiner Kritik am sowjetisch niedergeschlagenen Ungarnaufstand flugs wieder rausgeschmissen wird (und zwar von einer Kommission unter Leitung des Partei-Philosophen Roger Garaudy, der später zum Islam konvertierte und zu einem prominenten Holocaust-Leugner wurde). »Also Sartre?«

»Ja! Obwohl wir uns damals noch nicht kannten. Ich habe ihn erst später getroffen, wie auch Raymond Aron, dessen Assistent ich an der Universität war, Ende der sechziger Jahre.« »Hat er dich geprägt?« »Nun..« Mehr ist an diesen Nachmittag nicht zu erfahren, auch nicht in Glucksmanns Autobiographie *Wut eines Kindes, Zorn eines Lebens*. Dabei wüsste man doch gern etwas über den Anteil des großen Liberalen Aron – luzider Gegenpart des stets revolutionär vibrierenden Sartre – an Glucksmanns Weg vom 68er-Kurzzeit-Maoisten zu jenem modernen Klassiker der Diktaturkritik, über den der russische Dissident und Häftling Vladimir Bukowski später sagte: »Bravo dem Mann, der Paris von seiner Liebe fürs Totalitäre befreit hat.«

Inzwischen aber sind wir in einem anderen Raum, stehen vor einer Bücherwand, mildes Nachmittagslicht sprenkelt den Teppich und auch die Buchrücken, so dass Glucksmanns Blick auf eine alte Hegel-Ausgabe fällt. »Die ist von 1923, irgendwann hatte ich sie aus der Sorbonne gestohlen.« Was zeitlich allerdings wohl *vor* jenen zwei Büchern geschehen sein musste, die ihn (zusammen mit seinen Generationskollegen Bernard-Henri Lévy und Alain Finkielkraut) zum Star jener »noveaux philosophes« gemacht hatten, die unter dem Schock von Solschenizyns »Archipel Gulag«-Lektüre tatsächlich ausgezogen waren, Frankreich aufzurütteln: *Köchin und Menschenfresser. Über die Beziehung zwischen Staat, Marxismus und Konzentrationslager*, der Skandalerfolg von 1974, gefolgt von *Die Meisterdenker*, einer profunden, an Karl Popper gemahnenden Kritik deutschen Staatskultes, für welchen symptomatisch Hegel und Marx stehen.

»Und du hast die Deutschen im Original gelesen?«

»Gewiss. Natürlich auch Heine, der mir von allen am liebsten ist. *Das Buch der Lieder*, aber auch die visionäre *Geschichte der Religion und Philosophie in Deutschland*, wo er schon im Jahre 1834 vor dem gefährlich fehlgeleiteten Idealismus ›in der Verschanzung des eigenen Gedankens‹ warnt – und vor ›bewaffneten Fichteanern‹. Wäre Ernst Nolte etwas gebildeter und hätte das gelesen, wäre er nicht auf das Schulhofspiel ›Wer hat zuerst angefangen: Hitler oder Stalin?‹ verfallen und weder er noch seine damaligen Gegner aus dem Historikerstreit hätten sich mit ihren jeweiligen Relativierungen wichtig machen müssen. Stattdessen hätten sie die mörderischen Verknüpfungen gesehen, aber na ja...«

»Und da oben, sind das die Griechen?« »Ja, aber nicht in ›edler Einfalt, stiller Größe‹. Nicht als goldgeprägtes Zitat für jenen Matura-Humanismus, der schon den Irrsinn von 1914 nicht verhindert hatte. Nicht zur Beruhigung, sondern zur permanenten Verstörung, dem Sinn für das Tragische. Und vor allem: Für Normen und Regeln, um die Macht zu domestizieren.« In der Tat gibt es wohl kein Glucksmann-Buch ohne den Rekurs auf das griechische Denken – seltener hingegen Verweise auf die jüdische Ethik wie bei Alain Finkielkraut. Selbst *Der Stachel der Liebe*, die Auseinandersetzung mit Aids und dessen früherer Verdrängung, nimmt Bezug auf ein Denken vom Schlimmsten her: Das Kondom quasi als Symbol institutioneller Zwischenschaltung, Instrument lebensrettender Distanz.

Wir stehen vor einem bis an die Decke reichenden Bücherregal, gegenüber dem sich eine breite Schreibplatte befindet und darüber an der Wand die Bilder und Zeichnungen von Glucksmanns Frau, einer Malerin. Unternehmen wir also eine Bibliotheksbesichtigung? Eher schon gehen wir spazieren, und der Kritiker der Meisterdenker, der heute nicht müde wird, vor der Naivität des Westens gegenüber dem russischen Putin-System zu warnen, ist das Gegenteil eines intellektuellen Mandarins, des beifallsüchtigen Gelehrten. »Und natürlich Platon. Alte, zweisprachige Studienausgaben, darin meine frühen Bleistiftanstreichungen. Übrigens nicht gänzlich nutzlos, da ich gerade an einem Buch über Sokrates im Gegensatz zu Heidegger arbeite...«

»Über die Naziverstrickungen?«

»Das wäre zu einfach, fast schon Pariser Mode. Nach der Begeisterungsphase nun die empörte Abwendung. Einer seiner Gegner hat gerade geschrieben, Heideggers Werk wäre gar keine Philosophie. Als ob man die ›Philosophie‹, die seit jeher *auch* Stichwortgeberin für schlimmste Verirrungen war, um jeden Preis rein halten wolle – lächerlich.« Wie so oft, wenn er eine Absurdität aufspießt, spricht er leise, mit einem verwunderten Lächeln. »Dabei geht es viel tiefer. Sokrates ist der unermüdliche Frager, der das ›Warum‹ in unsere Kultur gebracht hat, die Erschütterung der alten Gewissheiten. Während Heidegger sich vor allem um das *Bodenständische* sorgt und in seinem raunenden Tonfall sagt: ›Denken ist Danken.‹ Denken also als Danksagen, fern jeden Zweifels?«

Die Augenbrauen hochgezogen und dabei dieser Glucksmann-Blick – nun gar nicht mehr ironisch, eher traurig angesichts all der Nuancen des Nicht-Wissen-Wollens. Wahrscheinlich ging es ohnehin immer darum: Der Fragesteller im Kontrast zu jenen, die noch nicht einmal die *Notwendigkeit* der Frage ahnen. Was hat der Gulag mit den marxschen Prophezeiungen zu tun, was Hegels Geschichtsphilosophie mit dem modernen Totalitarismus? Was lehren uns die osteuropäischen Dissidenten? (Glucksmann, als Tourist getarnt in Prag bei Havel und den anderen Initiatoren der *Charta 77*, danach in Paris zusammen mit seinen Generationsgenossen und dem drei Jahrzehnte älteren François Fejtö nun seinerseits ein Komitee gründend, zur praktischen Unterstützung der Isolierten.) Weshalb sind die atomare Abschreckung und der Nato-Doppelbeschluss weniger irrational als von der deutschen Friedensbewegung angenommen? (Glucksmann im Tumult des Frankfurter Audimax, den deutschen Pazifisten ihre Geschichtslosigkeit vorhaltend, flankiert von den noch skeptischen Daniel Cohn-Bendit und Joschka Fischer, der in späteren Jahren Glucksmann als »Augenöffner« bezeichnen wird.) Dann der allseits bejubelte Mauerfall, auf den er mit dem Buch *Am Ende des Tunnels* antwortet und die ahistorische Euphorie dämpft mit Verweis auf kommende Gefahren, aber auch einer Anleitung, wie man sich wappnen könne: »Das elfte Gebot sollte lauten: Nichts Unmenschliches sei dir fremd. Wenn wir die innere Geschichte eines Jahrhunderts auf uns nehmen, in dem nichts Unmenschliches uns wirklich fremd war, wollen wir versuchen, via negativa als Kenner der Moral, nicht als Moralapostel, uns der Erfahrung unserer doch sehr eigenartigen Menschlichkeit zu nähern… Die Gemeinschaft der Überzeugten muss der ›Solidarität der Erschütterten‹ weichen, will man Ethik begründen.«

Die Solidarität der Erschütterten: Ein Zitat des tschechischen Philosophen Jan Patocka, der 1977 in Prag an den Folgen eines elfstündigen Polizeiverhörs gestorben war. Diese osteuropäische Erfahrung und dazu das im Westen bis heute andauernde, permanente Verdutzt- und Überraschtsein: *Ach so? Haben wir nicht gewusst...* Bis, zugespitzt gesagt, auf diese Wohnung hier unweit der Gare du Nord, wo man *es* eben sehr wohl wusste: Hier wurden die Treffen mit Biermann und Jürgen Fuchs organisiert, die Arbeit des »Vukovar-Komitees«, das bereits ganz früh, 1991, vorhersah, dass der ins Völkische gewendete Genosse Milosevic einen massenmörderischen Flächenbrand entfachen würde, stoppte man ihn nicht *jetzt.*

»Bist du dessen nicht manchmal müde? Die Reisen und Geldsammlungen für Häftlinge und Aktivisten, die Petitionen, Proteste und Klarstellungen? Vukovar, Bosnien, das Lager Omarska. Das von serbischen Scharfschützen ins Visier genommene multiethnische Sarajewo, während westliche Diplomaten vor allem darum bemüht waren, den ›Gesprächsfaden‹ mit Milosevic nicht abreißen zu lassen. Was ihn ermutigte, danach im Kosovo weiterzumachen. Ruanda. Jelzins erster und Putins zweiter Tschetschenienkrieg, die lange Tradition westlichen Wegschauens...«

»Nun, im Fall Ruanda hat Frankreich *nicht* weggeschaut, sondern die Hutu-Milizen für das große Morden sogar noch ausgerüstet. Und François Mitterand, der ehemalige Vichy-Sympathisant, beendete sein politisches Leben wie er es begonnen hatte: Als Komplize eines Völkermords.«

Es waren Sätze wie diese, in ihrer Klarheit alles vernebelnde Geschwätz wegfegend, die mich ab Mitte der neunziger Jahre immer wieder hierher geführt hatten, für Gespräche und Interviews. Irritation und Kritik inklusive: Wann nämlich würde Glucksmann auch endlich einmal die feudal-korrupte Binnenstruktur Frankreichs in den Blick nehmen, die täglichen Fragen des (un)demokratischen Prozedere?

»Aber wer sagt denn, dass die ›großen Themen‹ von Genozid und Diktatur mit unserem Alltagsleben nichts zu schaffen hätten und nur ein Feld für Debatten-Intellektuelle wären? Meinst du wirklich, Details der Rentenfinanzierung seien letztlich entscheidender als die Frage, ob Deutschland auch in Zukunft von Putins Erdgas abhängig bleiben möchte?«

Ein Gespräch, über die Jahre hinweg. Der deutsche Champagner-Boykott auf Sylt als Lifestyle-Protest gegen die Atomversuche auf Mururoa – bei gleichzeitigem Schweigen zu Srebrenica, dem größten europäischen Massenmord an Zivilisten nach dem Ende des Zweiten

Weltkrieges. Die »seelische Geschlossenheit«, die Glucksmann – dabei sarkastisch jenes Ludendorff-Ideal zitierend – bei weiten Teilen der deutschen Friedensbewegung am Werk sah, und deshalb lieber Menschenrechtler und Intellektuelle traf, denen er *seine* Jahrhundert-Konklusion »Nie wieder Diktatur« nicht erst lang und breit erklären musste: Rainer Hildebrandt, Gründer des Mauermuseums Haus am Checkpoint Charlie, die Schriftstellerfreunde Peter Schneider und Hans Christoph Buch. Und von letzterem zur Argumentation immer wieder ausgeborgt jener im liberianischen Bürgerkrieg an einer Straßensperre gehörte Satz, definitive Antwort auf die Warum-Frage angesichts all des Mordens: »Why not?« Nihilismus der Dschungelfreischärler, kreiselnder Hass der Le Pen-Faschisten und österreichischen Haider-Leute, der Attentäter des Elften September – Abstufungen des Fanatismus inbegriffen.

»Alle diese Erfahrungen und deine Bücher und Texte dazu... Manés Sperber hat solches Unterfangen einmal *Die vergebliche Warnung* genannt...«

»Und?« Glucksmann steht im Türrahmen und lächelt. »Heißt das, man müsse aufhören und resignieren?« Doch wie modest der Ton der Entgegnung, keine MaulrauxII-Pose wie etwa bei Bernard-Henri Lévy (über den der ein Jahrzehnt ältere Glucksmann dennoch kein abwertendes Wort verlauten lässt). Und gleichzeitig diese Neugier aufs Lebensweltliche, etwa jene mir jetzt ins Gedächtnis zurückkommende Frage nach meinen Lederschuhen, mitten in einem Gespräch über *Solidarnosc*. »Sind die in London gekauft?« (Etwas, was einem wie Jürgen Fuchs *niemals* in den Sinn gekommen wäre. Andererseits: Als wir uns, nach einer Podiumsdiskussion Glucksmanns mit Adam Michnik, in einem Restaurant am Berliner Gendarmenmarkt trafen und ich die Magnetblicke der übrigen Gäste zu erklären versuchte – an einem der Tische saß Verona Pooth – schaute er nur flüchtig hinüber und widmete sich dann gleich darauf wieder seinem gegenwärtigen Thema: Das tschetschenische Grosny als verdrängtes Menetekel – von Putin dem Erdboden gleich gemacht, so dass es nun Warschau nach dem Krieg ähnelte.)

Doch seltsam: Es ist das erste Mal, dass wir – bei aller Ernsthaftigkeit – *en passant* das Geschehene Revue passieren lassen, denn diesmal bin ich für eine Zeitschrift hier, wo man anhand einer »Bibliotheksbesichtigung« etwas über Leben und Werk Glucksmanns erfahren möchte. Wobei in diesem Fall *en passant* keine Metapher ist: Es existiert in dieser Wohnung, in der er seit über einem Vierteljahrhundert lebt, nämlich gar kein eigentliches Bibliothekszimmer. Es gibt die Küche mit den Regalen voller Taschenbuch-Ausgaben, den schmalen Korridor zur Toilette mit weiteren Bücherwänden (und verschiebbaren Tapetentüren, hinter denen ebenfalls hunderte Exemplare verstaut sind, die in ihrer überraschenden Staubfreiheit von häufigem Konsultiertsein zeugen), dazu das eigentliche Arbeitszimmer, die Bücherhöhle mit der Montaigne- und Mallarmé-Gesamtausgabe oder besser: »Sagen wir, *eine* der Gesamtausgaben, denn die beiden sind meine Hausgötter.«

»Und das Internet?«

André Glucksmann druckst ein wenig herum, macht sich am Schreibtisch zu schaffen, im Türrahmen aber steht seine Frau und flüstert vernehmlich: »Keine Ahnung hat er davon, er braucht den physischen Kontakt mit Buchrücken und Seiten…«

»C'est ca!«

Eine Abstinenz, die verblüffend ist angesichts jener bis heute ungebrochenen Produktion von Zeitungstexten, aktuellen Solidaritätsaufrufen und Petitionen: Einst für die osteuropäischen Dissidenten und die Opfer lateinamerikanischer Rechtsdiktaturen, für die vietnamesischen *boat people* (diese Aktion 1979 dann gemeinsam mit den greisen und nun doch miteinander versöhnten Antipoden Aron und Sartre), in der jetzigen Zeit gegen das Schweigen des Westens zum Tschetschenienkrieg. Auf dem Schreibtisch liegen die aktuellen Ausgaben von *Le Monde, Libération* und der *Herald Tribune*, denn in zumindest in einem hatte Hegel recht behalten: »Die Zeitung ist das Morgengebet des modernen Menschen.«

Doch ist es inzwischen Abend geworden, überall sind Lichter eingeschaltet. Haben wir uns, wie es so schön heißt, vielleicht ein wenig verplaudert?

»Aber nein, das wäre dann doch die falsche Formulierung. Immerhin haben wir über *Bücher* und ihre Wirkung gesprochen!« Und finden Mühe, nun wieder im Flur stehend, ein Ende zu finden. Ist das da ganz oben auf dem Bücherstapel im Korbsessel, versehen mit dutzenden Anmerkungszetteln zwischen den Seiten, nicht Jonathan Littells »Die Wohlgesinnten«, die umstrittene Geschichte des elitären

SS-Manns Max Aue? »Ja, das hat mir Danny Cohn-Bendit empfohlen. Anfangs war ich gelangweilt, doch dann gepackt – die Geschichte vom Bösen, das sich allen Klischees entzieht, weil es in jedem von uns lauert.« Und wieder ist da jenes Lächeln, das beinahe mild wirken würde, wären da nicht die großen graublauen Augen und ihr Ausdruck einer namenlosen Trauer.

In seinem Buch *Das Ende des Tunnels*, kurz nach der Euphorie von 1989 veröffentlicht, hatte Glucksmann geschrieben: »Was uns verbindet, ist der Tod. Was wir brauchen, ist eine Moral der Ersten Hilfe. Auch Ärzte bemühen sich ja schon von Berufs wegen, Krankheiten zu bekämpfen anstatt um eine unangreifbar gute Gesundheit bemüht zu sein. Den Scharlatanen überlassen sie es, Rezepte für sicheres Glück auszustellen.« Präziser hätte selbst Albert Camus' Dr. Rieux in *La Peste* sein Berufsverständnis nicht ausdrücken können.

* * *

2014

Das Vergessen selbst des Vergessens: Der Jubel des Mauerfalljahrs und Glucksmanns überhörte Warnungen. »Der Westen schweigt und ist dabei, den Sieg von 1989 aus lauter Bequemlichkeit wieder zu verspielen.« Wenn Vukovar folgenlos zerstört werden kann, wird Milosevic dem auch bald andere Städte folgen lassen. Wenn die Lehre von '45 »Nie wieder Krieg« lautet, wie sollte man dann den Mördern in den Arm fallen? Wenn im Dezember 1999 bei dubiosen Bombenanschlägen in russischen Wohnhäusern über dreihundert Menschen sterben, dabei vermutlich der Geheimdienst FSB involviert ist und sofort der zweite Tschetschenienkrieg gestartet wird: Was wird Putin dann in der Zukunft einfallen? Die Analysen waren niedergeschrieben, ausgesprochen, publiziert worden. Hatten man ihnen Bedeutung beigemessen? André Glucksmann habe einen »Russenkomplex«, war selbst in einigen liberalen Zeitungen zu lesen – gemeint war damit allerdings nicht seine Freundschaft mit der später ermordeten Anna Politowskaja, sondern die fortgesetzte Kritik am Putin-System und jener westlichen Eilfertigkeit, sich von dessen Rohstoff-Exporten abhängig zu machen. Vergebliche Warnungen, über die Jahre hinweg.

François Fejtö – Zwischen Budapest und Paris

1997

Auf den Champs-Èlysées treten sich die Touristen auf die Füße, um den Arc de Triomphe kreiselt der Autoverkehr, aber schon etwas weiter nördlich wird es ruhiger. Avenue Hoche, Avenue MacMahon – hier residiert das Großbürgertum hinter eindrucksvollen, abweisenden Fassaden, hier haben arabische Ölscheichs und afrikanische Despoten ihre Zweit-Domizile. Rechts liegt der Parc Monceau, links hinunter geht es nach Neuilly. Neuilly, der Pariser Edelvorort, wo Platanen längst der schmalen Boulevards stehen, dezente Nobelwagen aus sich sofort wieder schließenden Einfahrten rollen und der ultrakonservative Innenminister Pasqua seine Hausmacht besitzt.

»Sehen Sie mal aus dem Fenster«, sagt François Fejtö, in der ersten Etage seines kleinen Gartenhauses in einem Sessel sitzend. »Wo Sie jetzt Bürogebäude sehen, standen, als ich nach dem Krieg hier einzog, noch Fabrikhallen. Ich habe oft mit den Arbeitern gesprochen; mit den Jahren hatten sie sich etwas Geld gespart und kauften sich die ersten kleinen Peugeots. ›Das Proletariat verelendet und wird revolutionär‹, sagte mir damals Sartre. ›Das Proletariat kauft sich Peugeots und wird kleinbürgerlich‹, entgegnete ich. ›das ist eine Lüge‹, rief Sartre ärgerlich.«

François Fejtö, ein schmalschultriger, doch agiler alter Herr von 88 Jahren, kichert vergnügt in sich hinein. Dann wird er ernst. »Wissen Sie, manchmal glaube ich, dass sich Sartre bestätigt fühlen könnte, jetzt in den Zeiten des Neoliberalismus. Das habe ich auch Chirac gesagt: man muss einen sozial verantwortlichen Kapitalismus bewahren! Aber er hat nur freundlich genickt und nichts gesagt.«

Sartre, Chirac – wer kommt wohl als nächstes? Ich sitze seit kaum fünf Minuten in diesem bücherüberfülltem Arbeitszimmer und schon sprudeln die Anekdoten. Allerdings folgt ihnen kein lauernder Blick geschwätziger Greise: Wird die Enkel-Generation meine Wichtigkeit auch angemessen zu würdigen wissen? Nichts von derlei Spielchen bei François Fejtö, dem Doyen der französischen Osteuropa-Forschung und einer der letzten »Kalten Krieger«, die aus sozialdemokratischer Motivation die Kommunisten bekämpften.

Begonnen hatte es in Budapest, wo Fejtö als Sohn von ungarischen Juden, die zum Katholizismus konvertiert waren, aufwuchs. Im Salon seiner Eltern verkehrten der Soziologe Karl Mannheim und Thomas Mann; den jungen Studenten aber zog es eher zum Marxismus. 1932 wegen Gründung eines marxistischen Studentenzirkels zu einem Jahr Gefängnis verurteilt, schloss er sich 1934 dann jedoch den Sozialdemokraten an und gründete zwei Jahre später mit József Attila, einem der bedeutendsten ungarischen Lyriker des 20.Jahrhunderts, die antifaschistische Zeitschrift *Szép Szó*.

1937 musste er fliehen. François Fejtö hatte die prodeutsche Politik des Horthy-Regimes in einem aufsehenerregenden Leitartikel angeklagt und war zu sechs Monaten Gefängnis verurteilt worden. Ehe er allerdings die Strafe antrat, ging er zur französischen Botschaft, ließ sich ein Visum aushändigen und setzte sich nach Paris ab.

»Man sieht also«, sagt Fejtö, »dass es damals in Ungarn zwar eine autoritäre Regierung gab, die den Nazis immer mehr Zugeständnisse machte, aber ein perfekt kontrolliertes totalitäres System war das noch nicht. Das wurde erst geschaffen, als die Deutschen einrückten und Eichmann begann...« Er bricht ab, wendet für einen Moment das Gesicht mit den klugen, wachsam blickenden Augen weg. Ich frage nicht nach. Sprechen wir lieber von Paris.

»1937 kam ich hier an; es war nicht das erste Mal und ich kannte bereits die Sprache. Es gab da einen Mann in Paris, mit dem ich schon seit meinen Budapester Tagen befreundet war und der nun ebenfalls sein Emigrantenleben begann...Ödön von Horvárth. Als ich ihn jedoch eines Sommertages in seinem Hotel besuchen wollte, kam hinter der Rezeption ein Mann mit aufgedunsenem Trinkergesicht und rötlichem Bart hervor und fragte, zu wem ich wolle. ›Zu Horváth? Da sind Sie zu spät, wir kommen gerade von seiner Beerdigung.‹ Der Mann war Joseph Roth.«

Verblüffung. Dazu ein wenig Zweifel; immerhin gibt es Dutzende Berichte, in denen immer wieder neue »Augenzeugen« zitiert sind, die steif und fest behaupten, just in dem Moment die Champs-Élysées entlang geschlendert zu sein, als durch eine Sturmbö ein Platanenast abbrach und den Autor von *Glaube Liebe Hoffnung* unter sich erschlug... Aber François Fejtö hatte nur von Horváths Hotel gesprochen, und eigentlich gibt es keinen Grund, ihm *nicht* zu glauben.

Als 1940 die Wehrmacht Frankreich überfiel, meldete sich Fejtö als Freiwilliger für die französische Armee und kämpfte dort zusammen »mit dem ebenso wagemutigen wie eleganten Schriftsteller János Békessy alias Hans Habe, der sich bereits eine eindrucksvolle Offiziersuniform hatte schneidern lassen und später im amerikanischen Exil über seine Kriegserlebnisse den Bestseller *Ob tausend fallen* schrieb.«

Aber die Situation war nicht vergleichbar mit derjenigen der Internationalen Brigaden im Spanischen Bürgerkrieg einige Jahre zuvor. »Die befehlshabenden französischen Militärs waren Feinde ihrer eigenen Republik. Uns ausländische Freiwillige benutzten sie entweder als Kanonenfutter oder sie musterten uns ›vorläufig‹ wieder aus. Die wollten nämlich gar nicht richtig gegen die Nazis kämpfen und betrachteten uns eher als Feinde. Das waren schon die Vorboten von Vichy.«

Manchmal, sagt Fejtö und streicht sich über den weiß wuchernden Haarkranz um seine Stirn, mussten diese Militärs sogar von Wehrmacht-Generälen davon abgehalten werden, sofort mit den pompösen Übergabe-Zeremonien zu beginnen. »Mein Gott, kapitulieren Sie morgen; ich habe seit zwei Nächten nicht mehr geschlafen«, verlautbarte einmal ein ranghoher Nazi, nachdem eine ohnehin nur halbherzig geführte Bataille mit dem Sieg seiner Seite zu Ende gegangen war.

Nach der Niederlage Frankreichs bestieg François Fejtö zusammen mit seiner Frau Rózsi einen der vollbesetzten Züge in Richtung Süden, wobei ihnen als Inhabern offizieller ungarischer Pässe, in denen unter Religionsangehörigkeit der Vermerk »römisch-katholisch« stand, sogar noch das zweifelhafte Vergnügen zuteil wurde, von zwei besonders höflichen deutschen Soldaten freie Plätze zugeschanzt zu bekommen. Mit einem Koffer voll verfänglichen Materials bedankten sich die Fejtös, am ganzen Körper zitternd. »Was für uns gut ausging, endete für Millionen Anderer im Tod. Es war für unsere Familie deshalb besonders bewegend, dass im Jahre 1987 unser Enkel Raphael Fejtö die Hauptrolle in Louis Malles oscar-gekröntem *Auf Wiedersehen, Kinder* spielte.«

Um die überwältigende Emotion zu verbergen, springt der alte Herr immer wieder mit unerwarteter Elastizität aus dem Sessel und schleppt Bücher herbei, Neuerscheinungen oder längst Vergriffenes zu historischen Themen. Schlägt die betreffenden Seiten auf, liest etwas vor, verweist auf Widersprüche oder Parallelitäten. Die Umstellung funktioniert in Sekundenschnelle: Eine Buch-Passage auf Französisch lesend, sucht er danach das Gespräch auf Deutsch, ein weiches, fließendes deutsch, das seinen Ursprung noch in der k.u.k.Zeit hat.

Seine Résistance-Zeit in Südfrankreich streift Fejtö dennoch nur kurz: »Es war doch selbstverständlich, gegen die Nazis zu kämpfen!« Was ihn dagegen heute noch umtreibt, was womöglich auch seine lebenslange Beschäftigung mit der empörenden Realität in den sogenannten »Volksdemokratien« provozierte, war das Tun derer, die man ursprünglich doch als Verbündete betrachtet hatte, trotz aller Skepsis. Aber es war in der Résistance, als Fejtö, der eher den Gaullisten zuneigte, die für ihn entscheidende Lektion über den wahren Charakter der Kommunisten erhielt.

»Seltsam«, sagt er, »über diese Geschichte habe ich nicht einmal in meiner Autobiographie *Mémoires de Budapest a Paris* geschrieben. Einige meiner Freunde wussten davon, André Glucksmann, Alain Finkielkraut... Aber wahrscheinlich musste erst die jetzige, so notwendige Debatte über die Rolle der Kommunisten während des Zweiten Weltkriegs losbrechen, damit ich ohne Scheu darüber sprechen kann.«

Und das ist es, woran sich François Fejtö erinnert: »Es war während meiner Résistance-Zeit in der Dordogne. Eines Tages hatten die Amerikaner dort Waffen für uns abgeworfen, die wir für den Einsatz gegen die Nazis dringend benötigten. Kurz darauf wurde unsere Widerstandsgruppe aber von kommunistischen Freischärlern eingekreist, die uns ein Ultimatum stellten – entweder sofort eure Waffen raus, oder wir schießen. Was hätten wir tun können? Unser Chef entschied sich für die Herausgabe und lief aus lauter Angst gleich mit zu den straffer organisierten Kommunisten über. Es hatte ihm nichts genützt. Wenig später nur geriet er in einen mysteriösen Hinterhalt der Deutschen und wurde erschossen. Bis heute weiß ich nicht, ob sich nicht so die Kommunisten am einfachsten eines Mitwissers entledigt hatten.«

Ein ähnlicher Schock war für Fejtö bereits vor dem Krieg die Reaktion der französischen Kommunisten auf den Hitler-Stalin-Pakt gewesen: quasi über Nacht musste jede antifaschistische Agitation eingestellt werden, das verbale Trommelfeuer auf die »französische Bourgeoisie« wurde verstärkt, während die von Hitler-Deutschland ausgehende Bedrohung völlig aus dem Blick geriet. Am meisten litten darunter die Emigranten. Kurz nach seiner Ankunft in Paris hatte sich François Fejtö – zusammen mit einem Freund, dem prominenten SPD-Politiker Rudolf Breitscheid, der später von Pétain an die Gestapo ausgeliefert wurde und im KZ Buchenwald starb – einem Komitee aktiver Hitler-Gegner angeschlossen. Als die Kommunisten, die auch diese Organisation dominierten, 1940 einen Richtungsschwenk durchsetzten und das Parteiorgan *L'Humanité* gar eine Verbrüderung mit den einrückenden Wehrmacht-Soldaten propagierte, traten Fejtö und Breitscheid unter Protest aus.

»Wir waren nicht die einzigen, die den Hitler-Stalin-Pakt verurteilten und deshalb bei den Kommunisten in Ungnade fielen. Auch der Schriftsteller Paul Nizan brach aufgrund der Ereignisse mit der Partei und wurde deshalb von ihr sogar noch nach dem Krieg als ›Verräter‹ tituliert. In der Umkehrung jeder Wahrheit hatten die Funktionäre Übung.«

Diejenigen unter ihnen, die ihm dann in der Résistance begegneten, machten keinen Hehl aus ihrer Absicht, nach der Vertreibung der Nazis in Frankreich eine »proletarische Diktatur« nach sowjetischem Vorbild zu errichten. Aus diesem Grund mied man auch, so erinnert sich Fejtö, im Widerstand am meisten die Sozialdemokraten und Sozialisten, sah man sie doch als härteste Konkurrenten innerhalb der Linken.

»Ohne mich und meine Freunde zu wichtig zu nehmen, glaube ich doch, dass die schärfsten – und auch die am besten informierten – Kritiker der Kommunisten von links kamen, denn dort hatte man all deren Tricks hautnah miterlebt und war ehrlich empört über die dreiste Usurpation von Worten wie *Freiheit* und *Menschenwürde*. Den naiven Katholiken konnten die Kommunisten bei Bedarf noch etwas vorheucheln – uns nicht.«

Kommt jetzt der Moment der Selbstbeweihräucherung? Weit gefehlt. Fejtö setzt seine Brille auf, findet unter den Papieren auf seinem Tisch ein Buch und schiebt es zu mir herüber.

Dieu et son Juif. Essai hérétique. Erschienen 1960 bei Grasset, wiederaufgelegt 1997. »Nur damit Sie sehen, dass meine letzte Bemerkung nicht antireligiös war«, sagt François Fejtö über dieses Buch, das er geschrieben hat, um über die leidenschaftliche, anklagende, verzweifelte oder sogar hasserfüllte Liebe der Juden zu Gott nachzudenken – aus dem Blickwinkel eines antitotalitären Historikers, eines Juden, der an Jesus Christus glaubt.

Sollten wir darüber diskutieren? »Ja sicher, mein junger Freund. Aber vielleicht ein andermal. Diese diffizilen Dinge zwischen Himmel und Erde sollte man nicht verknappen. Und gleichzeitig nicht allzu sehr auswalzen.« Worauf der 61 Jahre jüngere Gast ein schelmisches Lächeln erhält, an diesem Sommertag 1997 in Neuilly.

Zwei Jahre nach dem Krieg kehrt François Fejtö für zwei Wochen nach Ungarn zurück. Sein ehemaliger Universitäts-Kommilitone László Rajk, der inzwischen Innenminister geworden war, versuchte ihn zum Bleiben zu überreden. »Aber das war nichts für mich. Das Klima der Repression, das überall herrschte, machte mir Angst, so dass ich mir sagte: Lieber Hausmeister in Paris als Minister in Budapest. Leider hatte ich sogar recht – 1949 wurde László Rajk im Zuge der stalinistischen Säuberungen gehängt.«

Der Schauprozess, der dem Todesurteil vorangegangen war, wurde auch im Westen aufmerksam verfolgt. Die dortige Linke erhielt ihre Informationen jedoch hauptsächlich von Prozessbeobachtern, die als Journalisten selbst KP-Mitglieder waren oder mit den Kommunisten sympathisierten. Als diese hörten, dass das Pariser Monatsmagazin *Esprit,* das den Sozialdemokraten und Liberalen nahestand, François Fejtö mit einer Analyse des Rajk-Prozesses beauftragt hatte, schlugen sie Alarm. Eine Delegation »um die Völkerverständigung besorgter Zeitgenossen« tauchte plötzlich in der Redaktion auf, um die Veröffentlichung des Fejtö-Aufsatzes noch in letzter Minute zu verhindern. Als das nichts half, informierte Pierre Courtade, der damalige Starkorrespondent von *L'Humanité,* den Chefredakteur von *Esprit,* dass Fejtö ein »früherer Faschist, ein Agent der ungarischen Polizei und Kollaborateur während des Zweiten Weltkriegs« gewesen sei. Um der Kampagne zusätzliches Gewicht zu verleihen, schickte die französische KP-Führung einen weiteren *L'Humanité*-Journalisten direkt zu Diktator Rákosi nach Budapest, um kompromittierendes Material gegen Fejtö zu bekommen.

»Der Journalist wurde natürlich sofort empfangen«, erzählt François Fejtö. »Rákosi war begeistert. ›Nichts leichter als das‹, sagte er und ließ sich von seiner Sekretärin das sogenannte ›Fejtö-Dossier‹ bringen. Er blätterte lange darin herum, vertiefte sich in einige Passagen und schüttelte immer wieder empört den Kopf: ›Hier sind alle Geheimberichte gesammelt, die dieser Fejtö damals für das Horthy-Regime geschrieben hat.‹ Natürlich war der Journalist ganz wild darauf, einige dieser Dokument-Kopien mit nach Paris zu nehmen und mich damit ›als Spion zu entlarven‹, wie es so martialisch hieß. Aber genau an diesem Punkt zögerte Rákosi: ›Kopien?‹, fragte er misstrauisch. ›Glauben Sie uns etwa nicht? Gut, man wird sie Ihnen nach Paris schicken.‹ Der Journalist wartete Tage, Wochen – nichts geschah. Aber wie hätten sie ihm denn auch diese ›Dokumente‹ geben sollen, wo es doch gar keine gab und alles nur eine Erfindung war?«

»Wie haben Sie von dieser Unterredung erfahren?«

»Nun, nach der Niederschlagung der Revolution 1956 saßen nicht wenige Journalisten und Intellektuelle genau dort, wo jetzt Sie sitzen und entschuldigten sich für die Infamien, die sie über mich verfasst hatten. Inzwischen war auch ihnen ein Licht aufgegangen, und mit vielen von ihnen bin ich bis heute befreundet. Entweder hatten sie 1956 ihr Damaskus-Erlebnis oder dann 1968. Seitdem gibt es in der französischen KP kaum noch Intellektuelle.«

Es ist keine Spur von Triumphalismus in der Stimme des alten Mannes, als er erzählt, wie Annie Kriegel – einst eine gläubige Stalinistin, danach die große alte Dame der französischen Kommunismus-Forschung – 1956 bitterlich weinend zu ihm kam und nicht wusste, wie sie zukünftig weiterleben sollte – ohne Illusionen über eine Ideologie, deren Inhumanität sie gerade dabei war zu entdecken.

»Das sind Momente eines Ehrlich-Werdens, einer noch tastenden Selbstvergewisserung, die man nie vergisst. Manés Sperber hat aus individualpsychologischer Dissidenten-Perspektive viel Erhellendes über diese Art Brüche geschrieben – übrigens nuancierter als Koestler. Andererseits« – und hier fällt Fejtö sichtlich in sich zusammen, sieht man die 88 Jahre in seinem Gesicht, vollführen die Hände kleine fahrige Gesten – »wer gibt uns Gewähr, dass nicht irgendwann der blutige Irrsinn wieder siegen wird? Schon darf Le Pen von der ›natürlichen Ungleichheit der Rassen‹ schwadronieren, ohne dass es wirksame Proteste gibt, die Eliten sind träge und korrupt und die

Intellektuellen... Machen Sie nur nicht den Fehler und verlassen Sie sich nicht auf deren angebliche Klarsicht.«

Womit eine weitere Geschichte folgt. Oder eher eine Episode, ein Schnappschuss der Erinnerung, der bestimmte Mentalitäten für einen Moment blitzlichtartig erhellt.

»1949 hielt die KP eine Massenveranstaltung in der Pariser Mutualité ab, wo deren Chef Jacques Duclos eine Grußbotschaft an den Genossen Rákosi verlas und ihm dankte, ›den Verräter Lászlo Rajk unschädlich gemacht‹ zu haben. Das überraschte mich nicht. Aber als ich den Mann, der da auf der Bühne neben ihm stand, sah, versetzte es mir einen Schock. Es war Julien Benda. Der gleiche Julien Benda, der 1927 das hervorragende Buch über den *Verrat der Intellektuellen* geschrieben hatte! Ein paar Tage später rief ich ihn an, um ihn wieder zur Vernunft zu bringen, und was sagte er? ›Weshalb sollte ich wohl Ihnen mehr glauben als unserem Genossen Stalin?‹«

Andere Begegnungen verliefen undramatischer. Natürlich meldete sich auch Sartre. Der XX. Parteitag der KPdSU, auf dem Chruschtschow Stalins Verbrechen enthüllte, sowie der nachfolgende russische Einmarsch in Budapest hatten einige Gewissheiten zerbrochen und auch ihn schockiert – zumindest ein paar Wochen lang. In dieser Zeit las Sartre ein bereits 1952 erschienenes Buch Fejtös über die ›Volksdemokratien‹ – bis dahin hatte er die Lektüre verweigert und das Buch unaufgeschnitten in seiner Bibliothek liegenlassen – und veröffentlichte eine Sondernummer der *Temps Modernes* zur ungarischen Literatur.

»Aber Sartre, der mich für diese Ausgabe mehrfach kontaktierte, war bei aller umtriebigen Freundlichkeit nie so redlich und geradlinig wie Camus. Die hochfahrende Simone de Beauvoir beeinflusste ihn mit ihrem geradezu paranoiden Antiamerikanismus derart, dass gar nicht lange Zeit vergehen musste, ehe das Pärchen vom *Café Flore* wieder den Stein der Weisen entdeckt hatte. ›Mit Sowjetrussland brechen heißt nicht, mit den Kommunisten brechen‹, lautete nun der neue Slogan. Und dann begannen sie wieder, sich Artikel in *L'Humanité* anzustreichen und in *Les Temps Modernes* Essays über die Lage der französischen Arbeiterklasse zu verfassen. Ich möchte nicht wissen, mit wie viel Arbeitern sie je in ihrem Leben wirklich gesprochen haben.« Und Camus? »Camus«, sagt François Fejtö leise, »tat das Größte und Wichtigste, was vorstellbar war. Kam zu meiner Frau und mir nach Hause, umarmte uns und hielt unsere Hände, wortlos. Und kein Gewäsch, keine *These* – verstehen Sie?«

In den fünfziger Jahren wurde Fejtö von interessierter Seite abwechselnd als amerikanischer, ungarischer oder gar sowjetischer Agent gebrandmarkt. Grund dafür mag seine immer wieder formulierte Ablehnung einer Rechten gewesen sein, »die in einem Teil der Welt das unterstützte, was sie im anderen Teil wortreich kritisierte« (Ralph Giordano). »Man kann nicht die Niederschlagung der ungarischen Revolution verurteilen und im gleichen Augenblick den schmutzigen Algerienkrieg verteidigen«, sagt Fejtö. Das Misstrauen der Linken zog er sich zu, als er sich in Paris für den »Kongress für kulturelle Freiheit« engagierte, der unter dem Vorsitz des Philosophen Denis de Rougement und des Komponisten Nicolas Nabokov – eines Cousins von Vladimir Nabokov – eine Art liberale Offensive gegen die stalinistische Infiltration versuchte.

Fejtö, jahrelang Hauptkommentator von *Agence France Press* für Osteuropa, schrieb für François Bondys *Preuves* und Melvin Laskys *Der Monat,* lehrte am renommierten »Institut d'études politiques« und veröffentlichte zahlreiche historisch-politische Bücher, von denen einige auch auf Deutsch übersetzt wurden, so etwa sein zweibändiges Werk über die osteuropäischen »Volksdemokratien« und die Studien zum Habsburger-Reich. Ganz zu schweigen von seinem Engagement für die osteuropäischen Dissidenten, zusammen etwa mit André Glucksmann und Edgar Morin, oder dem 1991 gegründeten »Vukovar-Komitee«, das den Westen (leider folgenlos) vor Slobodan Milosevics weitergehenden Vertreibungs- und Mordplänen warnte.

Zerfasert das Gespräch, verliert es sich in Aufzählungen? Mit feinem Gespür kriegt François Fejtö wieder die Kurve, lächelt nachsichtig über sich selbst. »Natürlich ist es schade und kränkt auch etwas meine Eitelkeit, dass gegenwärtig keines meiner übersetzten Bücher in der Bundesrepublik noch lieferbar ist.« Folgt jetzt der Hinweis, dass er trotzdem noch französische Politiker, einschließlich des Präsidenten, in Osteuropa-Fragen berät? Natürlich folgt er. Aber: »Mitunter kommen mir meine Gesprächspartner ungeheuer alt und resigniert vor, als ob *sie* knapp neunzig wären und nicht ich. Diese Ignoranz gegenüber dem Osten! Ihre Illusion, dass mit dem Jahr 1989 auch jegliche Bedrohung der Demokratie zu Ende gegangen sei. Die Hilflosigkeit und das Versagen im Bosnien-Krieg. Unser Wegschauen vor den Gräueln des Tschetschenienkrieges. Und selbst in meiner Heimat Ungarn... Dorthin war ich, nach über fünfzigjähriger erzwungener Abwesenheit, schließlich im Sommer 1989 zurückgekehrt, um auf dem Heldenplatz in Budapest die posthume Rehabilitierung von Imre Nagy mitzuerleben – ein gar nicht zu überschätzendes Ereignis im damaligen Revolutionsjahr. Die Logistik der Zeremonie hatte übrigens der Sohn des 1949 ermordeten László Rajk übernommen, ein oppositioneller Architekt. Und neben dem Sarg als Ehrenwache die Parteireformer Imre Pozsgay und Ministerpräsident Németh, der kurz darauf die Grenze für die flüchtenden DDR-Bürger öffnen würde... Was für eine Zeit! Doch der emanzipatorische Elan von damals ist längst verpufft, die alten Partei-Kader sitzen noch immer fest im Sattel. Und die vermeintliche Alternative der nationalistischen Rechten, gar nicht zu reden von deren antisemitischen Rändern, ist auch nicht dazu angetan, meine Besorgnis zu zerstreuen. Dazu habe ich den Eindruck, dass all diese Dinge in Deutschland kaum interessieren. Ohne diffamieren zu wollen: Hat da jemand wie etwa der medienmächtige Peter Glotz, der in den *Frankfurter Heften* den großen Antitotalitären wie Eugen Kogon und Walter Dierks gefolgt ist, etwas Relevanteres dazu zu sagen als sein Mantra, Antikommunismus sei passé und die Erfahrungen der Dissidenten höchstens noch von historischem Interesse?«

In den Parteien sieht es nicht anders aus. Im *Parti Socialiste,* dem François Fejtö nach wie vor nahesteht, hat der machiavellistische Mitterand ein Erbe hinterlassen, um das sich nun populistische Klassenkampf-Rhetoriker und alerte Partei-Kader raufen, währenddessen unprätentiöse Sozialdemokraten wie Michel Rocard oder Jacques Delors kaum mehr eine Rolle spielen. (Im ideologisch aufgeheizten Vorwahl-Jahr 1980 hatte Fejtö ein Buch mit dem programmatischen Titel *La social-démocratie quand même* veröffentlicht.)

Also Resignation? François Fejtö lächelt milde. »Mein formidabler Freund Raymond Aron hätte darauf mit der ihm eigenen abwägenden Skrupelhaftigkeit geantwortet: *Oui-Non.* Wir waren eine Generation, die unter großen Anstrengungen die Schönheit des Zweifels entdeckt hat. Aber man muss das produktiv einsetzen, um etwas zu verändern. Ich würde wohl nur unnötig grämlich werden, wenn ich nicht die Hoffnung hätte, dass auch die nach uns Kommenden dazu in der Lage sind.«

Wir verabschieden uns. Die altväterliche Geste, der von Lebenserfahrung diktierte Sinnspruch bleibt aus. »Schönes Wetter heute«, sagt François Fejtö. Über dem Boulevard Victor Hugo scheint die Sonne.

* * *

Nachdem dieser Text erschienen war, erreichte mich ein Brief, handgeschrieben in fein geschwungener, konzentrierter Schrift. Freundliche Zeilen, aber auch die Frage: »Weshalb machen Sie mich denn so alt?« Damals war François Fejtö bereits 88 Jahre, aber er würde noch über ein Jahrzehnt leben, geistig wach bis zum Schluss. (Bald waren seine Nachrichten aus Paris E-Mails, klug-ironische Kommentare zum politischen Geschehen oder zu Lektüren.) Die un-polemische Genauigkeit, mit er über Ungarn sprach und schrieb, erinnerte an Paul Lendvai, Holocaust-Überlebender und seit 1956 in Wien der Experte für jenes Land. Neben zahlreichen anderen internationalen Publikationen schrieb François Fejtö auch für Lendvais *Europäische Rundschau*, und er tat es so, wie in der Bundesrepublik etwa der ehemalige Bautzen-Häftling Karl Wilhelm Fricke über das Repressionssystem der DDR schreibt: Im Vertrauen auf die Kraft der Wahrheit Fakten ausbreitend und Zusammenhänge erläuternd – ohne Schaum vor dem Mund und ohne (sichtbare) Ungeduld mit der Naivität jener, die bis heute von ihrer westlichen Umgebung auf die Gegebenheiten anderswo schließen. Seine Wiederentdeckung in Deutschland hat François Fejtö indessen nicht mehr erlebt: 2012 publizierte der Verlag Matthes & Seitz das bereits 1934 erschienene politisch-literarische Tagebuch »Reise nach Gestern«, eine zukünftige Verwerfungen bereits ahnende Expedition ins untergegangene k.u.k.-Reich – und ein lebensweltlich grundierter Abschied von marxistischen Vereinfachungen. 2014 erschien dann in deutscher Übersetzung auch jenes Werk, an dem er bis seinem Lebensende gearbeitet hatte: »Gott, der Mensch und sein Teufel«, eine Art Ergänzung zum Essay »Der Anteil des Teufels« von Fejtös Freund und Kollegen Denis de Rougement. Für den jüdischen Christen Fejtö ist der Teufel vor allem eine Metapher für das in uns allen wohnende Böse, wobei das feine Sensorium des ex-marxistischen Sozialdemokraten verblüffende Parallelen entdeckt angesichts des Tuns der selbsternannten Retter: so etwa zwischen Paulus und Lenin, die beide mit den Ursprüngen einer Lehre brachen, um sie zu institutionalisieren und zu einem weltweit verzweigten Herrschaftsinstrument zu machen. Fejtö, der ab 1989 wieder häufig nach Ungarn reiste, sah die ex-kommunistische Klüngelei ebenso kritisch wie den neo-nationalistischen Rekurs auf ein mythisches »Magyarentum«, das er als überzeugter Europäer schlicht lächerlich fand. Trotz dieser Kritik wurde der in Paris lebende Intellektuelle über die politischen Lagergrenzen hinweg anerkannt. Nach François Fejtös Tod am 2. Juni 2008 wehten in Ungarn die Fahnen auf Halbmast. Er wurde auf dem Budapester Nationalfriedhof beigesetzt, und als sich sein Sarg in die Erde senkte, stand eine Ehrengarde der Republik Wache.

Die kleine Villa bei Paris – Jerzy Giedroyc und *Kultura*

Januar 2001

Als letzten Dezember Kanzler Schröder nach Warschau reiste, stand Polens nahender EU-Beitritt im Zentrum der Gespräche; für die jüngste Vergangenheit gab es höchstens Nebensätze. Immerhin blieb, obgleich ein wenig verklausuliert, sogar Platz für Selbstkritik: So erinnerte Gerhard Schröder an die »Fehleinschätzung« – man darf auch sagen: das Versagen – mancher westdeutscher Sozialdemokraten, die in den Achtziger Jahren das marode Jaruzelski-Regime als Stabilitätsanker missverstanden und lieber mit dessen Funktionären palaverten anstatt sich den polnischen Dissidenten und der Gewerkschaft Solidarnosc zuzuwenden.

Die Ironie der Geschichte wollte es, dass ausgerechnet im Dezember 2000 auch die letzte Ausgabe der Zeitschrift *Kultura* erschien, legendäres Flaggschiff der liberalen polnischen Intelligenz. Jerzy Giedroyc, im September vorigen Jahres im hohen Alter von 94 Jahren verstorbener Gründer und Chefredakteur, hatte in seinem Testament das endgültige Ende dieses einmaligen Projektes festgelegt. Man kann geteilter Meinung sein über diesen autoritären Akt, der – was übrigens durchaus plausibel war – wie selbstverständlich von einer Identität zwischen Zeitschrift und Chefredakteur ausging.

Aber so wenig sich Willy Brandts Kniefall vor dem Denkmal des Warschauer Ghettoaufstandes wiederholen ließ, so undenkbar schien es, die mit dem Namen Giedroyc derart eng verknüpfte *Kultura* nun zu einer Zeitschrift unter vielen anderen werden zu lassen. Überhaupt: was war das für ein Periodikum, das in Paris erschien, ihr Vorbild jedoch in Alexander Herzens liberaler Exil-Zeitschrift *Die Glocke* sah, die der russische Demokrat Mitte des 19. Jahrhunderts zuerst in London, dann in Genf herausgegeben hatte? Eine babylonische Sprachverwirrung, ein ostwestlicher Trip in H.G. Wells' Zeitmaschine?

So mag es scheinen, wenn man in jenen alten bundesdeutschen Publikationen stöbert, die von Melvin Laskys *Monat* über den *Merkur* bis hin zu den längst vergessenen Ausgaben von Rudolf Pechels *Deutscher Rundschau* oder Margarethe Buber-Neumanns *Aktion* in den Fünfzigerjahren bemüht waren, Demokratie und Debattenkultur unters bundesdeutsche Volk zu bringen. Inmitten der Annoncen, die dort auch für fremdsprachige Zeitschriften wie François Bondys *Preuves* oder Stephen Spenders *Encounter* warben, fand sich immer wieder diese Anzeige: »*Kultura* ist die größte, in der freien Welt erscheinende polnische Zeitschrift für politische, soziale und literarische Fragen. *Kultura* erscheint in Frankreich einmal monatlich unter der Schriftleitung von Jerzy Giedroyc. Redaktion und Vertrieb: Maisons Lafitte (Seine et Oise).«

Bis ins 21. Jahrhundert hinein hatte diese Anzeige ihre Gültigkeit bewahrt, über fünfzig Jahre lang. Was gewiss auch daran lag, dass *Kultura* stets autonom war und deshalb auch nicht jene Image-Einbußen hinnehmen musste, die den *Mona*t, *Preuves* und *Encounter* belasteten, nachdem 1967 deren temporäre CIA-Finanzierung ans Tageslicht gekommen war. Dennoch bleibt es verblüffend, dass die Zeitschrift unter ihrem bis zuletzt agilen Chef Giedroyc alles andere als das Schattendasein eines vergessenen Emigrantenblättchens führte. Noch im Sommer 2000 hatte Giedroyc das Internet für sich zu entdecken begonnen, um besser mit seinen Korrespondenten und Text-Beiträgern in aller Welt kommunizieren zu können. Am Tag, als er in ein Pariser Krankenhaus eingeliefert wurde, sandte er dem in Berlin lebenden jungen polnischen Publizisten Basil Kerski noch eine allerletzte E-Mail: »Bitte richten Sie sich darauf ein, meinen Nachruf zu schreiben. Hochachtungsvoll G.«

Die Veränderungen, welche die Zeitschrift (und ihre Leser als politische Multiplikatoren) mit angestoßen hatte, veränderten das Gesicht Osteuropas. Denn nicht erst seit den ersten (halb) freien Wahlen, die im Juni 1989 Solidarnosc triumphieren ließen und zur ersten nichtkommunistisch geführten Regierung im Ostblock führten, hatte sich Polen rasant verändert. *Kultura* leistete dabei intellektuellen Beistand und brachte Diskussionen und Debatten in Gang – und all das in jener kleinen Villa in der Avenue de Poissy im Pariser Vorort Maisons Lafitte.

Ein schmiedeeisernes Tor, ein kleiner Briefkasten, eine Klingel mit der Aufforderung »Sonnez« und daneben an der moosüberwachsenen Umfassungsmauer die Hausnummer nebst einer zerbröckelnden Wandkachel, auf welcher der Name *Kultura* nur noch schwer zu entziffern ist. Danach ein schmaler, von Tannen und Efeu gesäumter Weg zu einer verwunschen anmutenden Villa mit hohen, in kleine Vierecke geteilten Fenstern und einer massiven Holztür, die in eine dämmrige Diele hineinführt. So war es, und so wird es wohl auch noch eine Weile bleiben. Die Zeitschrift *Kultura* mag nun Geschichte sein; die unzähligen Buchprojekte, die mit dem Verlag verbunden sind, sollen eine Fortsetzung finden.

Und so werden auch im Jahre 2001 noch ein paar Monate lang aus den von der Diele abgehenden Zimmern jene Geräusche dringen, wie sie in jeder Redaktion und in jedem Verlag zu hören sind: Telefonate, das Klappern von PC-Tasten, Papiergeraschel, Rufe nach verschwundenen und just in diesem Moment benötigten Manuskripten. Nur etwas Entscheidendes wird nun anders sein: Jerzy Giedroyc, 1916 geborener Spross einer litauischen Fürstenfamilie, der als Abgesandter der in London residierenden Warschauer Exilregierung 1947 in Rom die *Kultura* ins Leben gerufen hatte – dieser polyglotte und stets auf Haltung bedachte Jerzy Giedroyc ist nicht mehr da. Sitzt nicht mehr als Patriarch mit seidenem Halstuch unter dem weißen Hemd in seinem bücherüberfüllten und dennoch wohlgeordneten Büro. Ist aus dem 20. Jahrhundert, das ihn so unauslöschlich geprägt hatte, ganz leise hinausgegangen – ebenso wie sein Freund und langjähriger Mitarbeiter, der kurz zuvor in Neapel verstorbene Schriftsteller Gustaw Herling, dessen Lager-Erinnerungen *Welt ohne Erbarmen* nun auch in deutscher Übersetzung zugänglich sind. (Bereits Anfang der fünfziger Jahre geschrieben und in *Kultura* erstveröffentlicht, hatte sich damals Albert Camus, ein loyaler Freund des Hauses, erfolglos bemüht, für diese antitotalitären Memoiren auch einen französischen Verlag zu interessieren. Doch war das Pariser *juste milieu* damals pro-stalinistisch und wollte bis 1974, dem Schock-Jahr der veröffentlichten Solschenizyn-Bücher, nichts hören von der Existenz des sowjetischen Gulag.)

Wer jetzt in diesen Tagen die kleine Villa besucht, wird neben einem Stamm junger Mitarbeiter, die sich um das im *Kultura*-Verlag Instytut Literacki erscheinende umfangreiche Buchprogramm kümmern, aber noch immer Zofia Hertz treffen. Auch sie, die seit den Tagen von Rom die Zeitschrift geprägt hat, ist inzwischen Mitte neunzig – und von einer Vitalität und Geistesfrische, die ihre Kraft nicht allein aus der Erinnerung an Vergangenes zieht.

Man muss nicht unbedingt der polnischen Sprache mächtig sein, um zu verstehen, welches Wunder, welch nahezu unwahrscheinliches Glück sich hier zugetragen hat. Deutscher Besucher, lies die Namen: Zofia Hertz, Józef Czapski, Leszek Kołakowski, Henryk Grynberg, Gustaw Herling, Seweryn Blumstaijn. Wäre es nach Hitler und Stalin gegangen, hätte man sie vollständig ausgelöscht, ermordet. So aber konnten sie sich um *Kultura* sammeln, Antitotalitäre der ersten Stunde, jüdische und nichtjüdische Polen, die 1939 gegen die Nazis gekämpft hatten, von Stalin deportiert wurden, als polnische Regimentssoldaten auf westalliierter Seite 1944 die Wehrmacht aus Italien vertrieben oder dann 1968 während der großen antisemitischen Säuberungswelle Polen verlassen mussten.

Biographien über Biographien und dennoch, wie es so schön heißt, der Zukunft zugewandt. Was nicht selbstverständlich ist: Wer wie Zofia Hertz durch den Hitler-Stalin-Pakt und die darin beschlossene Aufteilung Polens plötzlich unter sowjetische Herrschaft geriet, verhaftet wurde oder – wie der 1993 verstorbene Maler und Schriftsteller Józef Czapski – nur zufällig dem Massaker von Katyn entging, wer dann nach dem deutschen Überfall 1941 die UdSSR verlassen konnte und – wie Jerzy Giedroyc – im damaligen Palästina in die englische Armee eintrat, in Libyen, Ägypten und Italien kämpfte und an der Belagerung von Tobruk teilnahm; wie konnte der nach dem Ende des Krieges wieder von vorn beginnen?

»Es war nicht einfach, aber wir hatten keine andere Wahl«, sagt Zofia Hertz. »In Polen wurde ein kommunistisches System installiert, und die Exil-Regierung in London geriet immer mehr ins Abseits. Da musste man doch etwas tun.«

Zum Beispiel 1947 in Rom eine Zeitschrift gründen, weil es dort gerade eine Unmenge demobilisierter polnischer Soldaten gab, die noch regelmäßig Sold bezogen und jede neue *Kultura*-Nummer sofort aufkauften. Bis sie Italien verließen, ins westeuropäische, amerikanische oder australische Exil gingen und die um ihre Leser bangende Zeitschrift förmlich zwangen, offen und international zu bleiben: kein Außenseiter-Blättchen, keine verbitterten Hinterzimmerdebatten und »Nächstes Jahr in Warschau«-Träumereien, kein großpolnisch nationalistischen Delirien und kleinkarierten Exil-Streitereien.

So zog man schließlich nach Paris, wo zu dieser Zeit aber schon der neue Zeitgeist wehte und Louis Aragons stalinistische *Lettres Francaises* und Sartres subtiler prokommunistische *Temps Modernes* dafür sorgten, dass die kleine Gruppe liberaler Kosmopoliten hier nicht etwa der Illusion verfiel, eine neue Heimat gefunden zu haben.

Diese Geschichte hatte mir Zofia Hertz bereits bei meinem ersten Besuch erzählt, im Frühling 1998, als Jerzy Giedroyc noch lebte und sich die zwei Jahrhundertzeugen abwechselnd ergänzten, jedoch nie einander ins Wort fielen. Das Fehlen jeglichen Eiferns war faszinierend. Und so wie Zofia Hertz jetzt über Giedroyc' geistiges Erbe spricht und dennoch nicht die Gegenwart aus den Augen verliert, so gab es auch vor einem Jahr mitnichten nostalgiegesättigtes Greisengemurmel. Im Gegenteil: Die neue *Kultura*-Ausgabe musste fertig werden. Darin eine Analyse (»Analyse, nicht Beschimpfung«, stellte Jerzy Giedroyc klar) der zu Sozialdemokraten gewandelten Postkommunisten, ein Artikel »über die reaktionäre Auffassung der polnischen Kirche zu Abtreibung und AIDS«, möglicherweise auch ein paar neue Gedichte der beiden Nobelpreisträger Czesław Miłosz und Wisława Szymborska. Wobei Literatur und Poesie nie lediglich schöngeistige Garnierung der analytischen Essays waren. Denn auch Miłosz' politische Texte, beginnend mit dem legendären *Verführten Denken* erschienen zuerst in *Kultura* und im Instytut Literacky, dazu Slawomir Mrozeks Dramen, Andrej Szczypiorskis *Die schöne Frau Seidemann* oder die Gedichte von Zbigniew Herbert, Adam Zagajewski oder dem Litauer Tomas Venclova. Nicht zu vergessen im argentinischen Exil Witold Gombrowicz, dem damals Chefredakteur Giedroyc den Vorschlag gemacht hatte, neben den drei Bänden seiner bereits umstrittenen Tagebücher doch nun auch den als »sperrig« geltenden Roman *Trans-Atlantik* in der renommierten *Kultura*-Bibliothek zu veröffentlichen. Was damals nicht ganz ohne Risiko war. Von Buenos Aires aus hatte Gombrowicz beinahe alles angegriffen, was einem konservativen Polentum heilig war – Kirche und Patriotismus, Heimatkult und konventionell-erbauliche Literatur. Stattdessen: Eine Dekonstruktion des Wirklichkeits- und Männlichkeitsbegriffs, ein kaum verfülltes Bekenntnis zur eigenen Bisexualität und dazu eine fortdauernde Eloge auf jene »Unreife«, welche die blechernen Riten des Kommunismus ebenso verspottete wie jene eines illiberalen Antikommunismus. Auf die Frage, wie viel Abonnement-Kündigungen die Präsenz dieses *enfant terrible* gekostet habe, winkte Jerzy Giedroyc nur gelassen ab: Nicht so wichtig. (Man darf spekulieren, dass womöglich auch für ihn, den aristokratisch sozialisierten Ex-Soldaten, die Wunder- und Trubel-Welt in Gombrowicz' Büchern durchaus gewöhnungsbedürftig gewesen war.) »Auch Czesław Miłosz war ja nicht bei allen gut gelitten... Die einen warfen ihm vor, erst Anfang der fünfziger Jahre öffentlich mit dem Kommunismus gebrochen zu haben, für die anderen war er schlicht zu polyglott, zu ›projüdisch‹ und ›unkatholisch‹, trotz seines Glaubens.«

Und dann war da auch noch der renitente Sohn eines hohen Regime-Funktionärs, der 1964, damals noch nicht einmal 18 Jahre alt, während einer Besuchsreise hier in der kleinen Vorort-Villa aufgetaucht war und Giedroyc um die klandestine Übersendung von *Kultura*-Ausgaben und Büchern gebeten hatte. »Sein Name wird Ihnen gewiss etwas sagen: Adam Michnik...«

Dieses feine Lächeln in der Faltenlandschaft von Jerzy Giedroyc! Der hellwache Greis war sichtlich aufgeblüht, als er diese Geschichten erwähnte, die ja eben keine *old stories* waren, sondern eine gemeisterte Jahrhundertherausforderung – ein Engagement, das mehr war als nur Anklage, sondern Wege ins Offene wies. Zofia Hertz, die ihn überlebt hat und nun die letzte Zeitzeugin der *Kultura*-Anfänge ist, wirkt ebenfalls nicht erschöpft. Mochte auch nach 667 Ausgaben der Zeitschrift Schluss sein, die Buchproduktion – mittlerweile über 500 Bände – wird wohl noch eine Weile weitergehen. »Der polnische Staat hat uns Finanzierungshilfe angeboten, aber das haben wir selbstverständlich abgelehnt; wir sind doch kein Verlag wie andere. Stattdessen starteten wir eine Spendenkampagne.«

Die Arbeit der *Kultura*-Bibliothek und des Institut Literarcky, dazu die nötige Archivierung der Zeitschriftenbestände ist dank dieser fast schon in *taz*-Manier geführten Kampagne bis auf weiteres gesichert – nicht zuletzt dank jüngerer polnischer Autoren, die es sich auch heute noch als Ehre anrechnen, in dieser Institution zu publizieren.

Dass irgendwann ausgerechnet der polnische Staat dem Haus finanzielle Hilfe offerieren würde, war nicht zu erahnen gewesen. Die Bände der *Kultura*-Bibliothek, die im Ausland den Reichtum und die Kreativität der freien polnischen Literatur bekannt machten und in Polen selbst heimlich von Hand zu Hand gingen, waren dem KP-Regime jahrzehntelang ein Dorn im Auge: Oppositionelle kamen in der Frühphase bereits wegen Besitz oder Schmuggel dieser Bücher und Zeitschriften ins Gefängnis, und bis in die Achtzigerjahre hinein hing in Warschau ein großformatiges Propagandaplakat mit einer Abbildung des »Baumes des Verrats«, worin einer der giftigen Äpfel den Namen Jerzy Giedroyc trug. Wie gut, dass man jenseits östlicher Parteibonzen und westlicher *Fellow traveller* auch auf Freunde zählen konnte: In Paris waren es vor allem Albert Camus und André Malraux. Letzerer sorgte als de Gaules Kulturminister dafür, dass die vier *Kultura*-Redakteure – Giedroyc, Hertz, Czapski und Herling – ungestört in Frankreich arbeiten konnten.

Kultura blieb ein Ärgernis und war dennoch unangreifbar. Getreu Giedroyc' Motto – »Man muss lernen, Prinzipien treu zu sein und Ansichten zu verändern« – kritisierte die Zeitschrift schon frühzeitig die Vertreibung der deutschen Zivilbevölkerung nach 1945 und setzte sich gleichzeitig für eine realistische Akzeptanz der Oder-Neiße-Grenze ein. Es hätte wahrscheinlich auch den »Ost-Experten« bundesdeutscher Parteien nicht geschadet, *Kultura* zu lesen, die sich bereits in den Sechzigerjahren mit einer deutschen Wiedervereinigung anfreundete. In seinen Essays wurde später dann auch der erwachsene Adam Michnik nicht müde, darauf hinzuweisen, dass es nur den Kommunisten in die Hände spielte, wenn die Bundesrepublik weiterhin die Westgrenzen Polens infrage stellte. Starker Tobak für Ideologen jeder Couleur.

Zum besseren Verständnis der deutschen Nachbarn diente auch die Übersetzung zahlreicher Bücher ins Polnische, der Romane von Heinrich Böll, Horst Bienek, Günter Grass und Johannes Bobrowski. Aber auch russische Autoren und Liedermacher wurden übersetzt, um den existentiellen Unterschied zwischen deren Kultur und dem sowjetischem Imperium bekannt zu machen: Boris Pasternak, Alexander Solschenizyn, Bulat Okudschawa, Wladimir Wyssotzkij. Ein Verlag und eine Zeitschrift mitten im Getümmel, dabei manichäische Festlegungen meidend, fast familiär von einem winzig kleinen Freundeskreis geführt und doch stets offen für neue Argumente. Dies schützte vor einer Infiltration durch den polnischen Geheimdienst, der andererseits die Londoner Exil-Grüppchen scharf unter Kontrolle hatte, und verhinderte, in die Grauzonen des Kalten Krieges hinabgezogen zu werden.

Seit 1989 konnten *Kultura*-Ausgaben ganz legal nach Polen versandt werden, wo man deren geistige Offenherzigkeit und Parteiferne nach wie vor zu schätzen wusste. Die Zeitschrift, nunmehr dank neuer Abonnementen finanziell gesichert, hatte im Unterschied zu anderen Exil-Publikationen ihr Thema auch keineswegs verloren, sondern konnte es sogar ausweiten – so etwa in der offensiven Gegenposition zu einem großpolnischen, häufig antisemitischen Chauvinismus, der sich nun ebenfalls als Gefahr entpuppte. Publizisten und Politiker pilgerten in dieser Zeit in die kleine Villa, darunter sogar der Ex-Kommunist Aleksander Kwasniewski, seit 1995 Walesas Nachfolger im Präsidentenamt. Im Unterschied zu Gustaw Herling, der deswegen sogar die jahrzehntelange Freundschaft mit Jerzy Giedroyc aufgab, sah der *Kultura*-Herausgeber in Kwasniewski einen durchaus Gewandelten, dessen pro-europäischer und pro-atlantischer Realitätssinn Polen in die NATO und in die EU führen würde und damit die beste Garantie war, pathetischen Nationalismus zu vermeiden. Eine Zeitschrift, die damit auch über 1989 hinaus ihre Relevanz behielt. Umso bestürzter reagierte nun die polnische Öffentlichkeit auf die Nachricht vom Ende von *Kultura*.

Und was ist mit Alexander Herzens Zeitschrift *Die Glocke*? Es war Mary McCarthy, die *Kultura* einst in der *New York Times* mit dem exilrussischen Periodikum verglichen hatte. Zofia Hertz wiegt nachdenklich den Kopf. »Sehen Sie, Herzen wollte dem ›anderen Russland‹ eine Stimme geben, wir haben das Gleiche für das ›andere Polen‹ versucht, mit einigem Erfolg. Unsere Zeitschrift existiert nicht mehr, aber noch immer kommt es darauf an, die Demokraten in Polen, Russland und in der Ukraine zu stärken, denn Sie wissen ja...«

Zofia Hertz und ihre Mitarbeiter wissen, dass auch im dritten Jahrtausend die Welt nicht zum Paradies werden wird. Noch immer lauern Intoleranz und Repression; in der kleinen Villa in Maisons Lafitte aber hält man weiter tapfer Kurs. Auch über das Ende von *Kultura* hinaus.

»Denn Sie wissen ja...« Wusste es der Besucher von 1997 und 2000, hatte er es tatsächlich »auf dem Schirm«? Jerzy Giedroyc hatte damals auch von der Polnisch-Litauischen Adelsrepublik des 16. bis 18. Jahrhunderts gesprochen, welche jedoch – im Unterschied zu vielen Emigrantenzirkeln – von *Kultura* nicht idealisiert worden war: Ein neues Polen, so die Überzeugung, konnte nur im Rahmen gegenwärtiger Grenzen stabil sein und musste auf Revanche-Forderungen gegenüber Litauen, Weißrussland und der Ukraine verzichten, wollte es nicht selbst zum Opfer neo-nationalistischer Aufrechnungen werden. Überdies, so der steinalte litauische Adelsspross, würde es für Polen und die baltischen Staaten nur eine EU- und NATO-Perspektive geben, falls sich alle Beteiligten auf respektierte Grenzen einigten und ihre jeweiligen sprachlichen Minderheiten fair integrierten.

Gewiss, gewiss – und doch hatte ich nicht verstanden, welch visionäre Denkleistung hier *Kultura* bereits lange vor 1989 geleistet hatte, um ihre Leser, darunter zahlreiche angehende polnische Politiker, auf den »Day after« vorzubereiten. Dabei hatte ich Ähnliches bei Czesław Miłosz gelesen, der in Wilna geboren war; auch der litauische Exil-Dichter Tomas Venclova hatte mir letztes Jahr in Berlin erzählt, wie atmosphärisch virulent dieser uralte Ost-Ost-Konflikt gewesen war mit seinem Wirrwarr aus Gebieten, Eroberungen, Identitäten, Diskursen. Doch nach 1989: Ein rational-ziviles, beinahe lautloses Ausräumen aller Streitpunkte, von dessen Existenz im Westen wohl nur Fachhistoriker wussten.

Und nun, an diesem Mai-Tag in London, in den fetten Schlagzeilen der in der U-Bahn aufgeschlagenen Zeitungen: Die Rückkehr der Grenzverschiebungen, die völkerrechtswidrige Annektion der Krim, wie Kai aus der Kiste plötzlich aufgetauchte pro-russische Separatisten in der Ostukraine. Und nicht zufällig all das ins Werk gesetzt von einem Ex-KGBler... Ich steige an der Station Green Park ans Tageslicht, und wie es der Zufall oder irgendein themen-fixierter Magnetismus wollen, hatte ich am Vormittag im Hotel diesen Satz aus Ian McEwans ironischem Geheimdienst-Roman *Honig* gelesen: »An der U-Bahn-Station Green Park sah ich die Zeitungsschlagzeilen der Mittagsausgaben.« Mit distanziertem Amüsement wird hier die Geschichte der MI5-Unterstützung eines ostblock-kritischen Jung-Romanciers erzählt, der von dieser undercover-Hilfe freilich überhaupt nichts weiß – und sie für seine Motivation ebenso wenig nötig gehabt hätte wie Stephan Spender, Manès Sperber und Arthur Koestler, die für den *Monat* und *Encounter* schrieben ohne Kenntnis von deren zeitweiliger CIA-Finanzierung. Es war im Sommer 1995 gewesen, dass mir in einem Café gleich in der Nähe Melvin Lasky zum wiederholten Male diese CIA-Sache erläuterte (und dabei wohl auch so manches ausließ), erneut sein »*Kultura* hat es besser gemacht« sagte, aber auch bei dieser Begegnung darauf bestand, dass seine Autoren derart unabhängige, biographisch und intellektuell glaubwürdige Diktaturgegner waren, dass der Gedanke einfach lächerlich sei, sie – damals längst internationale Berühmtheiten – hätten sich »kaufen lassen«.

Und apropos Weitsicht: Hatte sein alter Freund, der Soziologe Daniel Bell, jüdischer Emigrantenjunge aus der New Yorker Lower East Side, nicht schon als Jugendlicher erspürt, dass mit dem Kommunismus etwas grundlegend nicht stimmte? »Nachdem Trotzki und Sinowjew 1921 auf Lenins Befehl den Kronstadter Matrosenaufstand niedergeschlagen hatten, weil dieser die Forderung ›Alle Macht den Räten – nicht der Partei‹ erhoben hatten, bürgerte sich das Wort ›Kronstadt‹ als Pseudonym für Desillusionen ein: Einst gläubige Kommunisten hatten ihr Kronstadt 1936 während der Moskauer Prozesse, 1939 beim Hitler-Stalin-Pakt oder 1953 in Ostberlin, '56 in Budapest und Poznan, 1968 in Prag oder 1981 bei Jaruzelskis Ausrufung des Kriegszustandes. Mein kluger alter Freund Danny aber sagte immer: ›Mein Kronstadt war Kronstadt.‹ Worauf Melvin Lasky lächelte, weise-versonnen und ein wenig verschmitzt, ganz ähnlich wie Jerzy Giedroyc.

Alte Kamellen? Ich bin diesmal mit der amerikanischen Historikerin Anne Applebaum verabredet; in der Woche zuvor hatte sie in einem Zeitungsessay die deutsche Überschätzung der damaligen Entspannungspolitik karikiert und kühl darauf hingewiesen, dass 1989 nicht dank Egon Bahr zum Zäsurjahr geworden war, sondern aufgrund der militärischen und wirtschaftlichen Stärke des Westens. Während ich zwei Tage später in einem Text an den in Deutschland nach wie vor verdrängen Anteil der polnischen Arbeiter erinnert hatte, die »89« erst möglich gemacht hatten. (Und, infolge der Ukraine-Krise, nun endlich meine Entdeckung, wie viel auch in Sachen gelöster Grenzfragen *Kultura* zu verdanken ist.) Als wir das letzte Mal über das Fragile der Nach-89er-Friedensordnung debattierten, die ja bereits Milosevic hatte zuschanden werden lassen, war Annes Ehemann, der polnische Außenminister Radek Sikorski, gerade mit Frank-Walter Steinmeier auf dem Weg nach Tiflis: Putins Russland hatte sich das ungeschickte Agieren des dortigen Präsidenten Saakaschwili zunutze gemacht, um Abchasien und Ossetien aus dem georgischen Staatsverband zu lösen. Frank-Walter Steinmeier, einst unter Gerhard Schröder Vordenker einer Amerika-kritischen »Achse Paris-Berlin-Moskau«, nun erneut Außenminister – und die ins Gegenwärtige geholte Frage: Wann wird er sein »Kronstadt« haben, die Einsicht in den Expansionscharakter des neu-alten Russland? Oder wäre es eine falsche Analogie, da der diplomatische Sozialdemokrat doch unverkennbar ein Mann der Mitte ist?

An diesem Nachmittag erlauben wir uns ein paar Spekulationen und Assoziationen, auch ein Staunen über die Selbsttäuschung oder Chuzpe, mit der deutsche Wirtschaftsinteressen in Russland als »Sorge um den Frieden« buchstabiert werden, als »Skepsis gegenüber Eskalationen«. Wobei dort vor allem deutsche Großfirmen aktiv sind und der (eher mittelständisch aufgefächerte) Handel mit Polen letztlich sogar bedeutender ist. Was ebenfalls kaum beachtet wird: Das Reißen Russlands an den Ostgrenzen der Ukraine hatte keine entsprechenden polnischen Territorial-Delirien provoziert. »Wenn man jetzt die Polen fragen würde«, sagt Anne mit ihrer hellen Stimme in dem kleinen Eck-Café in der Piccadilly Street, »ob sie nicht die Gelegenheit nutzen sollten, sich nun Lemberg zurückzuholen, das ihnen 1939 Stalin gestohlen hatte, würden sie nur lachen. Und auch rechnen: Was nämlich würde es kosten, die Westukraine in das polnische Wirtschafts-, Sozial- und Rentensystem zu integrieren? So ticken eben Demokratien. Giedroyc hat das genau verstanden, während die deutschen Ostpolitiker der Bahr-Schule geglaubt hatten, Versöhnung und Stabilität ließen sich mit denen aushandeln, deren Herrschaft diktatorisch war – und damit per se instabil.« Danach noch eine Art mündlich improvisierte Weiterschreibung des McEwan-Thrillers: Russische Milliarden an der Londoner Börse und im Häusergeschäft, dazu das Heer britischer Rechtsanwälte und Immobilienagenten, die nun tatsächlich *bezahlen* ...

Czesław Miłosz – Ewiges Staunen

2011

Ich habe Czesław Miłosz nur ein einziges Mal gesehen, bei einer Lesung während des Internationalen PEN-Kongresses 1999. Es war ein lauschiger Sommerabend in Warschau, unvergesslich die Szenerie. Das zerfurchte Gesicht mit den buschigen weißen Augenbrauen konzentriert, die gichtige Hand auf einen Krückstock gestützt, trug der Literaturnobelpreisträger von 1980 mit wunderbarer, das hohe Alter Lügen strafender Leichtigkeit seine Verse vor, die in kieseligem, doch sanftem polnisch in den abendlichen Lazienki-Park hinauszurollen schienen. Hin zu den Parkbänken, auf denen die Verliebten saßen und lauschten, über die geharkten Sandwege, von Topfpalmen flankiert, wo im gedämpften Licht, das von den Lüstern des Belvedere-Restaurants nach draußen drang, seine Leser standen und im letzten Sommer des alten und so schrecklichen Jahrhunderts seine Stimme hörten. Wenn er dann inne hielt, um an dem kleinen runden Marmortischchen (Remiszenz an Warschauer Vorkriegs-Cafés, an das *La Coupole* am Montparnasse) nach einem Glas Wasser zu greifen, begann seine nur wenig jüngere Freundin und Nobelpreis-Kollegin Wisława Szymborska zu lesen. (Ja, *die* Szymborska von *In den großen Garderoben des Augenblicks*, die an ein kluges, witterndes Rehkitz erinnernde alte Dame, deren illusionslose Menschenfreundlichkeit sie zu einer Schwester von Miłosz machte: *Vermeer.// Solange diese Frau aus dem Rijksmuseum/ in der gemalten Stille und Andacht/ Tag für Tag Milch/ aus dem Krug in die Schüssel gießt,/ verdient die Welt/ keinen Weltuntergang.*)

Später, nachdem die beiden sich inmitten des aufbrandenden Applauses mit einem feinen, ermunternden oder auch wie verzeihenden Lächeln zurückgezogen hatten und sich der Platz vor dem Restaurant und die Parkwege des Lazienki-Parks langsam leerten, ging ich inmitten der Heimkehrenden in Richtung Zentrum. Warschau wurde wieder laut und unwirtlich, doch alle waren noch wie in einem Traum. Und selbst wenn man davon ausging, dass diese Gestimmtheit nicht allzu lange vorhalten würde, war sie doch als Aufschein des Immer-Möglichen wie ein Kommentar zu einem Miłosz-Gedicht, zur Weltsicht eines Autors, der sich mit dem »Durchmischten unserer Existenz« nicht nur abgefunden, sondern es in Worte gebracht hatte, evident in vermeintlicher Einfachheit. *Selbst wenn es stimmte/ Dass von den Träumen unserer Gattung/ Nur schallendes Gelächter der Leere übrig bleibt,/ Und wir nichts anderes als einzelne Nichtse sind,/ Wie Schleimklümpchen auf einem grenzenlosen Strand,/ So gebührt das Lob den Wackeren, die bis zuletzt/ Gegen den Tod protestieren, der den Glauben zunichte wacht.*

Protest, der den Glauben erst möglich macht und dazu ein Urvertrauen in das Transzendierende der Poesie. Bei alldem aber ist der Dichter kein hysterischer oder unverständlich raunender Seher, kein gängiger Ausspieler zwischen »Kultur« und »Zivilisation«, sondern einer, der ungleich mehr weiß und es freimütig bekennt: »Der Geist hätte keinen Stimulus, wenn es nicht all das gäbe, was ihn ständig daran erinnern würde, dass er in der Materie verankert ist – Schlachthäuser, Spitäler, Friedhöfe, Pornofilme. Andererseits wären unsere physiologischen Bedürfnisse erdrückend in ihrem tierischen Stumpfsinn, wenn nicht der spielerische Geist, losgelöst, über ihnen schweben könnte. Die Ironie, Meisterin des Bewusstseins, könnte sonst auch nicht ihrer Lieblingsbeschäftigung, dem Beobachten des Körpers, nachgehen.«

Kunst, Körper, Geist und Ironie. Ein Nachdenken über die *condition humaine*, das nicht nur, aber *auch* als Antidot gegenüber den Zumutungen der Diktatur und dem *Ennui* innerhalb der Demokratien von Nutzen ist. »Entfremdung?«, hatte Miłosz bei einem Harvard-Vortrag 1983 rhetorisch gefragt, damals noch im amerikanischen Exil, während in seiner polnischen Heimat gerade General Jaruzelskis Kriegsrecht herrschte. »Entfremdung? Die Leere, die Ziellosigkeit, das Nichts? Wozu so sehr übertreiben? Vor wenigen Jahrhunderten starb man, bevor man dreißig war, an Seuchen, Elend, Teufel, Hexen, Hölle, Foltern... Hat euch das Übermaß an Bequemlichkeiten nicht vielleicht den Kopf verdreht?«

Kein Zufall, dass hier Miłosz seinen Freund und Exil-Kollegen Witold Gombrowicz zitierte, den es nach Argentinien, nach Westberlin und Frankreich verschlagen hatte – auch er ein Solitär, der sich entschieden weigerte, das kulturkritische Lamento von der vermeintlichen Flachheit der westlichen Welt anzustimmen, das alte Lied von der angeblichen »östlichen Tiefe«. Was Miłosz indessen als »Dummheit des Westens« bezeichnete, war die »eingeschränkte Vorstellungskraft«, dessen unwissende, träge Pseudo-Toleranz. Ob der Dichter an jenem Sommerabend wohl auch jenes Gedicht vorgetragen hatte, das erst ein paar Jahre später in deutscher Übersetzung erschien und bereits im Titel jeder falschen Gravität ein Schnippchen schlägt? *Ehrliche Beschreibung meiner Person, bei einem Glas Whisky auf dem Flughafen von, sagen wir mal, Minneapolis*: *Meine Ohren hören immer weniger von den Gesprächen, meine Augen/ werden schwächer, aber noch immer sind sie unersättlich.// Ich sehe ihre Beine in Miniröcken, Hosen oder in hauchzarten Stoffen. (…) Du alter Lustmolch, du solltest schon langsam ans Sterben denken – statt/ an die Spiele und Vergnügungen der Jugend. / Aber nein, ich tue doch nur, was ich immer getan habe: ich komponiere/ Szenen dieser Erde, wie sie mir meine erotische Phantasie vorgibt./ Ich kann nichts dafür, dass wir nun einmal so gebaut sind: Zur einen Hälfte aus selbstloser Kontemplation, zur anderen – aus Appetit.*

Szenen dieser Erde… Führt es zu weit, darin ein Echo zu hören jener Rede des von ihm, dem skeptischen Gläubigen, so tief verehrten Johannes Paul II, der im Jahre 1979 in das stumpf gedrückte Warschau gekommen war, um tausenden Zuhörern Worte zuzurufen, die letztlich das Ende der kommunistischen Diktatur bedeuteten? »Erneuere das Antlitz der Erde. *Dieser* Erde!« Miłosz, dessen bereits 1953 im Westen erschienenes Buch *Verführtes Denken* nicht nur den eigenen Bruch mit dem System dokumentierte, sondern später geradezu eine Intellektuellen-Fibel für geistige Unabhängigkeit werden sollte, mag seine irdischen Szenen etwas freizügiger komponiert haben als sein Landsmann Karol Woytila, doch steht am Ende des erwähnten Alters-Gedichtes eine ebensolche Daseins-Dankbarkeit, die religiöse Dimension besitzt: *Gerettet, denn mit ihm ist ewiges, göttliches Staunen!* (Und auch dies wie ein Kommentar zu einem Gedicht seiner ebenso wissend staunenden Dichter-Freundin Szymborska, die geschrieben hatte: *Gestern betrug ich mich schlecht im Kosmos,/ Den ganzen Tag lebte ich, ohne zu fragen, ohne mich über etwas zu wundern.// Das kosmische Savoir-vivre – / wenn es auch über uns schweigt,/ so verlangt es doch etwas von uns:/ ein wenig Aufmerksamkeit, ein paar Sätze Pascal/ und unsere verwunderte Teilnahme an diesem Spiel/ mit unbekannten Regeln.)*

Doch zurück zu jenem Sommertag, in dem sich symbolisch so viel verdichtet hatte – das Leben kommentierte die Poesie. In den Andenkenläden der Altstadt verkaufte man T-Shirts, auf denen ein selbstbewusstes *Poland-NATO* aufgedruckt stand, in den Fenstern der Gassen (ja selbst in den Eis- und Modeläden) klebten Begrüßungsbilder zu Ehren des just heute angereisten Papstes, und an der Kreuzung einer Straße, die nach Jerusalem benannt ist, grüßte eine Statue des widerständigen Generals de Gaulle. Dazu hatte ich am Vormittag in den Redaktionsräumen der *Gazeta Wyborcza* Adam Michnik (einen weiteren Miłosz-Freund, der den Dichter bereits während der kurzzeitigen *Solidarnosc*-Euphorie von 1980 zu einem triumphalen Polen-Besuch überredet hatte) beim Lachen und Schulterklopfen zugesehen. Noch ein historischer Moment also, denn mit fordernder Milde hatte der korpulent gewordene, beim Häppchen-Vertilgen und Weintrinken schwitzende Dissident und frühere Häftling dem ebenso dicklichen Staatspräsidenten Kwasniewski etwas listige Moral ins feiste Opportunisten-Gesicht gestottert: »M-mein l-liebster E-Ex-K-Kommunist. F-Freie Wa-Wahlen, P-P-Pressefreiheit und Po-Polen in der Na-Nato, an D-D-Dir k-kann m-man sich ein Bei-Beispiel nehmen, doch b-b-bleibe d-d-demütig!« Es war einer dieser vermeintlich leichten und doch so kostbaren Augenblicke, in denen, nur zwei Jahre vor dem Elften September, der verfluchte Determinismus geschichtlicher Tragödien suspendiert schien: Polen gerade in die NATO aufgenommen, der Papst und der 1911 im litauischen Wilna geborene (und damals noch immer in Berkely lebende) Miłosz zeitgleich in der Stadt, die so viel Schreckliches erlebt hatte.

Czesław Miłosz, in der Zwischenkriegszeit ein aufstrebender junger Avantgarde-Dichter mit Hang zum französischen Surrealismus, aber hatte nicht erst während der deutschen Besatzung erfahren, was es heißt, wenn inhumane Kollektive menschliche Individuen zurichten, genauer: hinrichten. Schon 1940, nach der Okkupation Litauens, hatte sich die UdSSR daran gemacht, die idyllische Obstgarten-Landschaft seiner Kindheit im wahrsten Wort einzuebnen – die Bauern als sogenannte »Kulacken« nach Sibirien deportiert und dort zumeist erschossen, die Häuser zerstört und die Bäume gerodet. Und dann Warschau unter dem Hakenkreuz. Von der anderen Seite der Ghetto-Mauer hörte Miłosz Schüsse und Schreie, wurde zum Zeugen der Vernichtung des polnischen Judentums und schrieb 1943 die später berühmt gewordenen Zeilen: *Auch diese Opfer sind einsam,/ Bereits von der Welt vergessen, /Und fremd ist uns ihre Sprache,/ Als wär sie vom anderen Planeten./ Bis alles dann zur Legende/ erkaltet und später nach Jahren/ Ein Dichterwort aufruft zum Aufruhr.*

Ein Aufruhr gegen das Vergessen und die Indifferenz der vergehenden Zeit, die sich der lebensweltlich liberale Miłosz – nach 1945 für ein paar Jahre im diplomatischen Auslandsdienst des kommunistischen Polen – nur schwer als marxistischen Weg in eine permanent bessere Zukunft vorstellen konnte. Dennoch ist *Verführtes Denken* weit mehr als ein Abschiedsbuch der eigenen Illusionen. Im Vorwort zur deutschen Ausgabe schrieb damals Karl Jaspers: »Es ist merkwürdig: der Leser dieses Buches muss an sich selber denken, er sieht die Sicherheit des Soseins des Menschen in Frage gestellt. Miłosz schreibt nicht wie ein bekehrter Kommunist, man merkt bei ihm nichts von jenem aggressiven Fanatismus der Freiheit, der in Gebärde, Ton und Handeln wie ein umgekehrter Totalitarismus wirkt.« Czesław Miłosz nämlich analysierte die vermeintliche Logik des Marxismus nicht mit Schaum vor dem Mund und legte dar, wie vor allem bürgerlicher Überdruss, aber auch das legitime Erschrecken vor sozialem Unrecht Scharen kluger Köpfe freiwillig zum Kommunismus getrieben hatte – ironischerweise im Einklang mit der Tradition. »In Europa ist während der Religionskriege Blut genug geflossen, und wer sich heute zum Neuen Glauben bekennt, zollt im Grunde nur dieser europäischen Tradition seinen Tribut. Mit einem Wort, es handelt sich hier um wesentlich wichtigere Aspekte als den des bloßen Zwanges.«

Nicht zuletzt deshalb ist dieses vor einem halben Jahrhundert erschienene Buch noch heute lesenswert – als Warnung vor der stets lauernden Versuchung, das Komplexe zu reduzieren. Miłosz, der damals in Paris lebte, aber wurde im pro-kommunistischen Intellektuellen-Frankreich sofort als »Verräter« geächtet, während plumpen Antikommunisten die skeptischen Tiefenbohrungen nicht polemisch genug waren. Nach der Übersiedlung in die Vereinigten Staaten als Hochschulprofessor arbeitend (und weiterhin konsequent auf Polnisch schreibend), sah der Dichter dann in der Hippie-Revolte der sechziger Jahre zwar das Bedürfnis nach Freiheit, erkannte aber ebenso Elemente eines gleichgerichteten, ja spießigen Denkens. Sein Buch *Visionen an der Bucht von San Francisco* beschäftigt sich mit diesen Phänomenen, so wie er in seiner essayistischen Autobiographie *West und Östliches Gelände* den Versuch unternommen hatte, seinen demokratischen Gast- und Exilländern die Verwobenheiten östlicher Geistes-Geographie nahezubringen: »Ich wurde direkt an der Grenzlinie zwischen Rom und Byzanz geboren und wuchs dort auf.« Das schwärmerische Erbe östlich-orthodoxer Mystik aber wurde verwandelt, um den Lobpreis auf ein denkendes Leben zu singen und Irrationalismen und knieschürfender Demut eine Absage zu erteilen – auch um den Preis, wieder einmal um ein paar wärmende Gewissheiten ärmer zu werden. »Ein Universum wie das unsere zu schaffen«, schrieb Miłosz noch kurz vor seinem Tod im Jahre 2004, inzwischen wieder heimgekehrt nach Polen, »war nicht anständig. ›Und weshalb sollte ich denn anständig sein?‹, fragt Gott. ›Was ihr immer nur glaubt!‹«

Der Frauen- und Lebens-Liebhaber (*Herrgott, ich liebte Erdbeermarmelade,/ Und die dunkle Süße des weiblichen Körpers*) als skrupulöser, mit sich und Gott rechtender Gläubiger – was freilich ebenso wenig in sich wie verkapselt bleibt wie die frühere Auseinandersetzung mit dem Kommunismus. Besonders in den späten Gedichten, die unter dem Einfluss der amerikanischen Lyrik in freiem Rhythmus sinnliche Alltagsdetails und Reflexion verbinden, wird zu einem ästhetischen *und* spirituellen Erlebnis, wie Czesław Miłosz unser Dasein buchstabiert: *Seid achtsam/ Frühmorgens: Die Neigung des Kopfes,/ Die Hand mit dem Kamm, die zwei Gesichter im Spiegel/ Gibt es nur einmal für alle Zeit. Und nicht unbedingt im Gedächtnis./ Seid achtsam für alles, was ist, auch wenn es vergeht,/ Seid dankbar für jeden Moment und feiert jedes Geschöpf.*

An jenem Warschauer Sommerabend aber gab es dann in den Discotheken und Clubs der Stadt ungewohnte Diskussionen, ob man den vor allem unter den Jüngeren als konservativ verschrieenen Papst nun verspotten oder stattdessen als großen Aufrührer wider das Gängige bewundern sollte – Gespräche bei polnischem Techno, Zigaretten, Bier und Dämmerecken-Knutschereien, die dem greisen Dichter wohl kaum missfallen hätten. *Meine achtzigjährige Freundin schreibt in ihrem Tagebuch:/ ›Ich hatte weder Zeit noch Lust mir Sorgen zu machen.‹/ Ihr gutes Beispiel bestärkt mich.// Die Wilna glitzert, es ist Vollmond, hinter der Anlegestelle des/ Akademischen Sportvereins/ Liebten wir uns. Und dieser Augenblick tröstet mich immer wieder,/ Auch wenn es in meinem Leben viel Bitternis gegeben hat.// Vor dem Antlitz des Herrn singen und tanzen!/ Einfach deshalb, weil Klagen überflüssig sind,/ Wie meine tapfere, unbezwingbare Irena sagt.*

Czesław Miłosz hat die Lehre jener Irena bis zuletzt befolgt, während wir, dankbare Leser seiner Gedichte und Prosa, gut daran tun, uns ebenfalls zu wappnen mit Weisheit und Witz: »Früher schien es mir, dass man Wiederholungen allein schon durch Achtsamkeit vermeiden könne. Und dass sich unser Schicksal somit nicht genauso gestalten würde wie das aller anderen Sterblichen. Was für ein Unsinn! Wenn man jedoch das Bewusstsein vom Körper trennt und ihm Zauberkräfte zuerkennt – allein das *Wissen* um diese Kräfte genügt ja, um zu zaubern –, dann ist das gar nicht so dumm.«

Tomas Venclova – »Wenn selbst die Fremden keine Fremden sind…«

2013

»Über Europa – Winter. Das weithin asphaltierte Land/ Zieht sich zusammen, kräuselt sich, platzt wie Kastanien auf.« Die Zeilen von Tomas Venclovas Exil-Gedicht galten dem geteilten Berlin des Jahres 1979, und der damals seit zwei Jahren im Westen lebende litauische Lyriker sah wenig Grund für Euphorie auf dem zugigen Bahnsteig vom Halleschen Tor. »Wie in den Bahnhof kriecht,/ Der Pappwagon, weit ferner als im Nichts sein letzter Halt.«

In anderen Städten schien diese Gestimmtheit ähnlich, weshalb man sich den 1937 in Klaipeda nahe der Kurischen Nehrung geborenen Poet und engen Freund Joseph Brodskys lange Zeit als elegischen Schmerzensmann vorgestellt hatte, als einen verschlossenen Hermetiker aus dem sowjetisch okkupierten Baltikum, der an amerikanischen Universitäten lehrte und unter Kennern ein »Geheimtipp« war. Über drei Jahrzehnte nach dem melancholischen U-Bahn-Gedicht ist Tomas Venclova als Gast des Künstlerprogramms des DAAD nach Berlin zurückgekehrt. Die Gegend um die Stipendiatenwohnung nahe der S-Bahn-Station Halensee ist ebenfalls eine eher unwirtliche, doch könnte die Stimmung des inzwischen weißhaarigen und auf freundliche Akkuratesse achtenden Dichters nicht besser sein. Gerade arbeitet er an der englischen Ausgabe eines Gesprächsbandes, dazu ist eine deutsche Übersetzung seiner Erinnerungen an Anna Achmatowa geplant, während seine Frau Tanja dafür sorgt, dass der Tisch nicht etwa nur mit karger Preußenkost gedeckt ist.

»Willst du's erzählen?« »Nein du!« Ein schneller Wortwechsel, vom Russischen ins Englische changierend und nahezu zeitgleich von der ehemaligen Deutsch-Reiseführerin in die dritte Sprache übertragen. »Ich war damals ein junges russisches Mädchen, und er war in Vilnius schon ein aufstrebender Dichter. Als wir uns das erste

Mal in einem Café sahen, stellte er ausgerechnet eine Tasche mit verbotenen *Samisdat*-Gedichten neben meinen Stuhl – oh Gott, was für ein Typ!«

Allerdings fand diese Jugendliebe erst Jahrzehnte später ihre Fortsetzung: Im Zuge der Gorbatschowschen Perestroika durfte Tanja in den Westen reisen und gelangte so schließlich in die USA, wo dann in New York geheiratet wurde, Joseph Brodsky Trauzeuge war und der litauisch-amerikanische Avantgarde-Regisseur Jonas Mekas den versammelten Freunden einen Hochzeitsfilm drehte. Das jetzige Lachen von Tanja und Tomas Venclova dementiert damit nicht nur das gängige Bild vom nordöstlichen Melancholiker, sondern wohl auch die hochfahrenden Zeilen des Berliners Dr. Benn: »Herkunft, Lebenslauf-Unsinn! Aus Jüterbog oder Königsberg stammen die meisten, und in irgendeinem Schwarzwald endet man seit je.«

Von wegen. Auch nimmt es Venclovas bereits von Czesław Miłosz hochgelobten Gedichten nichts von ihrem Rang, wenn man einen Verständnis-Zugewinn konstatiert, sobald entscheidende persönliche Prägungen sichtbar werden. Denn folgen beim ersten Lesen die Zeilen eines Paris-Gedichts nicht jenem bis heute wirkungsmächtigem Stereotyp von östlicher Tiefe versus westlicher Flachheit? »Zum Beispiel ist für dich die Place des Vosges/ Um die Ecke kein Geheimnis.../ Hier sind die Cafés, der Flaum in der Luft/ Die du bereits kanntest, bevor du sie sahst./ Sie sind wohl ein vergebliches Geschenk.« Wenn schließlich noch der telefonische Anrufbeantworter erwähnt wird – »Das sprechende Band/ Will dir die neue Chiffre nicht verraten«- scheint das beliebte Bild vom technizistisch kalten Okzident wieder einmal komplett, lyrisches Echo Solschenizynscher Bannreden oder der Irrwisch-Flüche eines Eduard Limonow. Und doch war und ist Venclovas Resonanzraum ein gänzlich anderer – Erinnerungstreue und konkreter Beistand für die Freunde anstatt antiwestliche Klage-Rhetorik. »Das Pariser Telefon hätte mir nämlich damals, es war ebenfalls im Jahr '79, sehr gute Dienste erweisen können«, erinnert sich der Lyriker heute, »doch meine Französischkenntnisse waren unzureichend – eigentlich eine Schande für den Sohn eines Dichtes, der immerhin einst André Gide ins Litauische übertragen hatte. Also war ich unfähig, die angegebene neue Auslands-Nummer, *die Chiffre,* zu verstehen, obwohl ich doch so dringend hinüber in die Sowjetunion hätte telefonieren müssen. Drei meiner Dissidentenfreunde waren geradezu absurd hohen Haftstrafen verurteilt worden – Victoras Petkus in Vilnius und Alexander Ginzburg und Anatolij Schtscharansky in Moskau...«

Das Poem, das mit den Versen endete »Hoffnung gibt es nicht./ Es gibt etwas Wichtigeres als Hoffnung«, wird jetzt im Gespräch ergänzt. »Verpflichtung, die ist noch wichtiger«, sagt Tomas Venclova, ohne indessen der Sentenz einen bedeutungsvollen Altersblick folgen zu lassen oder die ruhige Stimme des langjährigen Berkeley- und Yale-Slawistikprofessors auch nur einen Gran zu heben oder zu senken. Derlei »Verpflichtung« kann sich freilich auch als *Verknüpfung* buchstabieren – Namen, Orte, Geschehnisse – und versehen mit jenem ästhetischen Reiz, wenn Erinnerung und Causerie eine ganze Epoche erhellen. »Mich hat die Mitte des Jahrhunderts voll erwischt«, heißt es in einem Venclova-Gedicht, und auch das erhält nun zusätzlich Kontur in diesem Berliner Wohnzimmer-Gespräch, in welchem die Figur des Vaters nicht zufällig aufgetaucht war. »Der literarisch frankophile Antanas Venclova war im Litauen der fünfziger Jahre so etwa das, was in der DDR der Lyriker und Ulbrichts Kulturminister Johannes R.Becher darstellte – ein hochkultivierter Kollaborateur aus vollster Überzeugung. Interessanterweise waren dazu beide in ihren jungen Jahren Expressionisten gewesen, und tatsächlich hatte mein Vater schon vor dem Krieg Becher übersetzt.« Worauf eine Anekdote von der Wiederbegegnung der beiden folgt, geschehen anlässlich von Thomas Manns Schiller-Rede 1955 in Weimar, wo Venclova Senior das später auch eingehaltene Versprechen gegeben hatte, das einstige Mannsche Domizil in Nidden/Nida renovieren und in ein Museum umwandeln zu lassen.

Ein halbes Jahrhundert später erzählt sein Sohn davon ohne Tremolo, vor allem aber ohne jene falsche Leichtigkeit, die ein »Tut mir leid, ich schweife ab« immer schon auf den Lippen hat. Den Erinnerungs-Medaillons – obgleich vermutlich nicht zum ersten Mal in Augenschein genommen – eignet nämlich nichts Zufälliges oder Eitles; stattdessen machen sie eine Jahrhundert-Biographie plausibel.

»Als Jugendlicher war ich ein sowjetischer Bourgeois«, sagt Tomas Venclova, der dann jedoch bereits als 23jähriger erstmals vom KGB verhört wurde und späterhin die litauische Fraktion der »Helsinki«-Bürgerrechtsbewegung mitbegründete. Hatte bei diesem Bruch mit dem Regime womöglich auch jene ganz frühe Fremdheitserfahrung eine Rolle gespielt, als er sich bereits das erste Mal in der Minderheit gesehen hatte – ironischerweise als Funktionärssohn innerhalb einer antikommunistischen Schülerschar, in deren Familien die Erinnerung an die Deportationen durch die Rote Armee lebendig war? »Ja und Nein. Denn auch der Bruder meines Vaters war – wie beinahe die gesamte bürgerliche Elite Litauens nach 1945 – von den siegreichen Sowjets deportiert worden und starb elendig bei einem Minenunfall in Kasachstan. All das war also auch in unserer Familie präsent – ebenfalls aber auch die Geschichten über die Kollaboration nicht weniger Litauer mit Hitlers Regime und bei der Shoah. In meinem Buch *Vilnius. Eine Stadt in Europa* habe ich später versucht, diese Schichtungen aufzuspüren: Das lange verbotene Erinnern an die sowjetischen Gräuel ebenso wie die bequeme Verdrängung des litauischen Antisemitismus. Im Nachhinein glaube ich, dass mich diese frühen Erfahrungen immun gemacht hat gegen ideologische Aufrechnerei und Unrechtsrelativierung. Und das gilt bis heute, denn jeder hysterische Nationalismus – ob nun in Litauen, Polen oder Ungarn – ist mir suspekt. Dann schon lieber ›wurzelloser Kosmopolit‹...«

Freilich hatte schon damals der junge Mann etliche der vom Regime verbotenen Bücher in der väterlichen Bibliothek lesen können und reiste deshalb gut vorbereitet in die Weiten der Sowjetunion, wo er alsbald merkte, dass sich so manch sprach- und nationalbewusste litauische Regimekritiker in einem irrten: Auch in Russland gab es zahlreiche Intellektuelle, die dem Kommunismus kritisch gegenüberstanden. »So lernte ich Anna Achmatowa und Boris Pasternak kennen, und als dieser starb, den jungen Joseph Brodsky, der nur wenig später zur Zwangsarbeit in den hohen Norden verschickt wurde. Danach waren es dann mutige Menschen wie Natalja Gorbanewskaja, die am 22. August 1968 zu der Handvoll russischer Dissidenten zählte, die gegen den sowjetischen Einmarsch in Prag demonstrierten – ein mutiges und winziges Grüppchen da auf dem derart einschüchternden, riesigen Roten Platz in Moskau. Natalja wurde deshalb in eine psychiatrische Klinik eingesperrt; heute lebt sie hochbetagt in Paris.«

In jenen Tagen hatte ihr Tomas Venclova das »Gedicht über die Freunde« gewidmet, das vor einigen Jahren in dem Suhrkamp-Band *Gespräch im Winter* auch auf Deutsch erschien: Eine Flaschenpost über die Grenzen der Zeit und des Raumes hinweg, die bei der Wiederlektüre nun ihre hermetische Strenge verliert und sich dem Leser öffnet: »Wenn selbst die Fremden keine Fremden sind...« Ein tatsächliches Gespräch, über die faktischen und mentalen Grenzen des Eisernen Vorhangs hinweg: So hatte etwa der 1911 in Vilnius geborene Czesław Miłosz im amerikanischen Exil ein Gedicht des jungen Litauers ins Polnische übersetzt und es in der legendären, in Paris ansässigen Zeitschrift *Kultura* publiziert. Um seinen gefährdeten Kollegen darüber zu informieren und gleichzeitig die Postzensur zu täuschen, schrieb Miłosz in einem Brief, er habe soeben eines seiner Gedichte in einer »kulturellen Hauptstadt« veröffentlicht. Chiffren, die sofort verständlich waren. Nachdem Venclova schließlich 1977 die Sowjetunion legal verlassen hatte und kurz darauf vom Regime ausgebürgert wurde, engagierte sich Miłosz erneut – sein Empfehlungsbrief half dem im Westen noch nahezu unbekannten Dichter aus Vilnius, im Universitätsleben der Vereinigten Staaten langsam Fuß zu fassen.

Und in den bitteren Jahren davor? Hatte Joseph Brodsky, kurz bevor er 1972 aus der UdSSR ausgewiesen wurde, Venclova gefragt, welchen polnischen Dichter es denn im Westen zu treffen lohne. »Da gab es natürlich vor allem einen Namen, obwohl dieser in der weiten Öffentlichkeit ebenfalls noch unbekannt war. ›Selbstverständlich Miłosz‹, sagte ich damals zu Brodsky, nicht wissend, dass später binnen eines Jahrzehnts beide den Literaturnobelpreis erhalten würden. Am wichtigsten aber ist, dass die Gespräche – in den häufigsten Fällen Lektüren, die sich überkreuzen – nie abreißen, das Hin und Her der lebendigen Erinnerungen. Und so war es wohl auch kein Zufall, dass Brodsky dann bei seiner Ankunft am Wiener Flughafen von W.H. Auden persönlich abgeholt wurde. Fünf Jahre später war es dann auch bei mir so weit, da überdies die litauische ›Helsinki‹-Gruppe beschlossen hatte, dass es gut sei, einen der ihren im westlichen Ausland zu haben, um dort auf die Repression in der Sowjetunion aufmerksam zu machen.«

Auf die Frage nach dem Spannungsverhältnis zwischen neuer und alter Heimat antwortet der Dichter, der als inzwischen emeritierter Literaturprofessor längst wieder regelmäßig nach Vilnius reist, wo ihn allerlei Ehren erwarten, mit einer ironischen Selbst-Anekdote: »Immer wenn ich mich müde fühlte – oder schlicht auch nur Ehestreit hatte – ging ich für eine Nacht in ein kleines Hotel in New Haven nahe meines universitären Arbeitsplatzes und belegte genau das Zimmer, in dem 1951 Hermann Broch gestorben war. Da fühlte ich mich geborgen, schlief ruhig ein – und am nächsten Tag ging es dann schon wieder besser.« Man darf sich den Dichter Tomas Venclova als einen tapferen, glücklichen Menschen vorstellen.

František Listopad – »Lieber nicht«, sagte Herr L. und verschwand

2012

Von hier waren einst die Seefahrer und Eroberer aufgebrochen. Das Jerónimos-Kloster im Rücken, vor sich den Tejo und hinter der Flussmündung schon der Atlantik. Aber das Weltreich war von kurzer Dauer, und bereits Camoes' Heldengesang der »Lusiaden« ist voller Melancholie. Eine gute Übung, um nicht in erneute Hybris zu verfallen? Der Weg zu einer nun seit Jahrhunderten andauernden Gestimmtheit, welche die Portugiesen »Saudade« nennen – eine Art vage lächelndes Vergeblichkeitswissen – in Zeiten der Euro-Krise von den nördlichen Nachbarn allerdings auch als »Schläfrigkeit« buchstabiert? Wer vom Lissaboner Stadtzentrum hinaus nach Belém fährt, zahlt für die viertelstündige Taxifahrt ungefähr vier Euro, der Vorortzug ist noch preisgünstiger. Rechterhand, vis-á-vis eines kleinen, mit Zeitungslesern und stillen Kindern bevölkerten Parks, dann der modeste Präsidentenpalast, der in Paris wohl lediglich ein mittleres Stadtpalais wäre. Schwer vorstellbar, dass das atmosphärisch überall spürbare und dabei nicht-unsympathische Klein-Klein allein von der gegenwärtigen Krise beeinflusst ist oder – ins Positive gewendet – von den Nachwirkungen der demokratischen April-Revolution von 1974, die ein für alle Mal Schluss machte mit chauvinistisch schepperndem Tamtam. Gleich da drüben, im Mosteiro dos Jerónimos, liegt Fernando Pessoa begraben, der nervös-fatalistische Nationalpoet, das Kloster aber erbaut im »manuelischen Stil«: Palmenbestandener Innenhof, Licht und Schatten zwischen Orangenbäumchen und Säulengängen, dazu im Inneren die Realität gewordene Unmöglichkeit dezenten Prunks. Ein wenig zaghaft beginnende Renaissance, viele Ornamente, und der herrische Aufschwung glaubensfester Gotik ein beinahe verschämt nachgetragenes Zitat.

* * *

Und so, auf diesem Weg, der in Zickzackspuren in eine kleine Seitenstraße oberhalb des Vororts führt, kommt man bei František Listopad an. Der inzwischen einundneunzigjährige Verfasser von »Tristan oder Der Verrat des Intellektuellen« empfängt in seinem ebenso verwinkelten Häuschen, das im Inneren jedoch Transparenz gewinnt durch einen gläsernen Miniatur-Hofgarten und zahlreiche Fenster entlang der labyrinthischen Etagentreppen; in der Tat ist es neueren Baudatums. (Hatte ich etwa die heruntergekommene Einsamkeits-Klause eines ewigen Exilanten erwartet?) »Gehen wir doch lieber in den portugiesischen als in den tschechischen Raum, dem es bei aller barocken Gemütlichkeit doch entschieden an Weite gebricht«, sagt mit freundlichem k.u.k.-Akzent der hochgewachsene Mann mit der schwarzen Sonnenbrille, nachdem eine Hausangestellte uns in die oberen, lichtdurchfluteten Räume des quadratisch scheinenden Häuschens gebracht hatte. Er trägt einen schwarzen Kimono, Seidenschal und ein T-Shirt über der weißen Leinenhose, und während er mit unmerklich zitternder Hand aus einer Flasche Becherovka in zwei Gläschen gießt, erinnern wir uns an ein paar Sätze aus seinem 1948 geschriebenen Essay, der kürzlich bei Matthes & Seitz in deutscher Übersetzung erschienen ist: »Sie denken sich keine *andere* Welt aus. Sie leben nicht in unwirklichen Phantasien. (Sie leben – wenn Sie wollen – in wahren Träumen.) Sie halten sich bewusst das private Schicksal vor Augen, die Grenzen des Glücks... Der Intellektuelle ist kein Erzieher und muss nicht einmal Missionar sein. Er ist der, der immer etwas ›verrät‹. Auch wenn er aufrichtig einer von *vielen* sein kann, kann er nicht einer von *allen* sein.«

Wir nehmen auf der Ledercouch gegenüber der Bücherwand Platz, František Listopad schiebt eine portugiesische Tageszeitung und die aktuelle Ausgabe der Prager »Literárni Noviny« beiseite und prostet dem Gast zu: »Auf dass Sie nicht nur wegen des Untertitels meines damaligen Büchleins gekommen sind!«

Tatsache nämlich ist, dass das »sie« der ersten beiden Sätze keineswegs die Intellektuellen meint – die *clercs* – sondern zwei Menschen, die sich wider alle Vernunft und Staatsräson bis zu ihrem Tode lieben: Tristan und Isolde. Tristan, der eigentliche Titelgeber jenes Essays, den František Listapod in den Wochen nach dem kommunistischen Umsturz in der Tschechoslowakei geschrieben hatte, der ja auch ihn betraf, den erst seit kurzem in Paris lebenden jungen Chefredakteur einer vom Prager Außenministerium herausgegebenen Zeitschrift namens »Parallèle 50«.

»Aber der Untertitel ist doch eine präzise Anspielung auf Julien Bendas berühmtes, 1927 erschienenes Buch ›Der Verrat der Intellektuellen‹...«

»Der und des«, präzisiert der alte Mann mit der Sonnenbrille lakonisch, als wäre dieser Nachmittag nicht (wie vom Besucher durchaus erwartet) dem erhebend antitotalitären Diskurs gewidmet, sondern entspringe irgendeiner Drehbuch-Idee der Cohn-Brüder. »›*Der* Intellektuellen‹ heißt es Benda, dagegen aber ›*des* Intellektuellen‹ bei mir, dem damals plötzlich zum Luftgeist gewordenen Emigranten Listopad. Dieser unter dem bürgerlichen Namen Jiří Synek 1921 in Prag geborene Enkel des ersten ›Soldat Schwejk‹-Verlegers wollte nämlich so gar nichts *Ex-em-pla-ri-sches* verlautbaren. Aus purer Papiernot musste er sogar – der damals Siebenundzwanzigjährige hatte ab jetzt jeden Centime umzudrehen – auf die Innenseite von werbebedrucktem Packpapier schreiben, dort in seinem winzigen Dienstmädchenzimmer im vierten Arrondissement in Paris. Man sollte aber *immer* die andere Seite beschreiben.«

»Aber Sie kannten doch neben Aragon, Sartre, Camus und Edgar Morin auch Julien Benda, dessen legendäres Vorkriegsbuch nun 1946 mit einem neuen Vorwort erschienen war, wo es – unter der Rubrik ›Weitere neue Formen des Verrats der Intellektuellen‹ u.a. heißt: ›Indem sie *im Namen der Liebe* der Gerechtigkeit in den Arm fallen. Selten lässt sich deutlicher beobachten, wie zwangsläufig Liebe zu Gedankenverwirrung führt.‹«

František Listopad lässt ein krächzendes Lachen hören. »Und so was kennen Sie auswendig? Obwohl, diese Sache mit der Gedankenverwirrung... Nun ja, Sie müssen wissen, ich war in meinem Leben sechs Mal verheiratet.«

Ein Prager Holocaust-Überlebender und am Beginn seiner Karriere stehender Dichter, der drei Jahre nach Kriegsende nun in Paris erneut mit einem existentiellen Bruch konfrontiert ist: Nachdem er einfach nicht mehr zur Arbeit erscheint, um nicht in einem ab jetzt gleichgeschalteten Medium Dienst tun zu müssen, bricht ein Großteil seines bisherigen sozialen Beziehungsnetzes weg. Der jugendliche Verräter in einem pro-kommunistischen Umfeld. Erinnert es nicht ein wenig an das, was der Emigrant Hans Sahl empfunden hatte, nachdem er – ebenfalls in Paris – zwölf Jahre zuvor unter dem Eindruck der Moskauer Prozesse mit dem Kommunismus gebrochen hatte? »Rief mich jemand zurück? Ich wartete noch einen Augenblick, die Klinke in der Hand, und dann hörte ich die Tür hinter mir zuschlagen, stand draußen, war wieder frei. Ich ging den Boulevard Saint-Michel hinunter, der Seine entgegen, die Sonne schien, ich sah die Menschen wieder in ihrer Einmaligkeit und Besonderheit, nicht mehr als graue, gesichtslose Masse, die im Begriff war, irgendeine ›historische Mission‹ zu erfüllen. Und auch ich hatte wieder ein Schicksal, ich war aus der Anonymität aufgetaucht.«

Ob Listopads Augen spöttisch funkeln, ist hinter der Sonnenbrille nicht zu sehen, seine Stimme aber ist von irritierender Beiläufigkeit, als er fragt: »Sie wollen ein Genre-Bildchen? Nun gut... Aber ich muss Sie warnen: Es erinnert eher an eine Sequenz aus der späteren *nouvelle vague* als jene im Stil des *antisozialistischen Realismus* geschriebenen Passagen bei Arthur Koestler oder anderen. Irgendwann nämlich, kurz nach Aufkündigung meiner Chefredakteurs-Arbeit bei der Zeitschrift, befand ich mich in einem kleinen Pariser Hotel. Ich lief über einen schmalen Korridor und irrte mich in der Zimmertür, an welcher ich eigentlich klopfen wollte. 24 statt 23. Ich öffnete die Tür und sah auf einem Bett eine weinende Frau sitzen. ›Heute ist mein Geburtstag‹, sagte sie zu mir, und das war alles. Für den jungen Dichter, der zuvor in der Tschechoslowakei bereits einige Lyrikbände veröffentlicht hatte, schien es allerdings ein Zeichen: Denn auch ich hatte an diesem Tag Geburtstag. War ebenfalls in Liebeskummer verfangen und fing an, die Schichten von Schmerz und Freude langsam besser zu erkennen.«

Seltsame Initiationsgeschichte – ein Hauch von Soupault und Bretons ›Nadja‹, etwas Grauschraffiert-Fragiles. Jetzt, an diesem Lissaboner Nachmittag, aber dringt weiter helles Licht durch die Fenster, sprenkelt die Bücherregale und das modernistische Wandbild eines in verschiedener Perspektive gemalten František Listopad. Und trotz der ungewöhnlichen, surrealistisch anmutenden Erinnerungen, der so ganz und gar unerwarteten Genese, kein wichtigtuerisches greisenhaftes Raunen.

»Auch wenn ich Sie also enttäuschen muss: Mein Buch war wirklich nur im Untertitel eine ironische Kritik an den buchhalterischen Benimm-Regeln Julien Bendas. Worüber sich gerade die ganze Intellektuellenwelt nicht nur von Paris erhitzte – *littérature engagée* oder nicht, pro oder contra Stalin – ich verwies das quasi in den Bereich der Fußnoten. Mit der ganzen Arroganz, Vorahnung, Sensibilität, Einsamkeit und Verletzbarkeit eines Dichters und linksbürgerlichen tschechischen ›Halbjuden‹, dessen Berufsort Paris plötzlich zu einem Exilort geworden war, während er in seiner alten Heimat bis 1989 nicht einmal mehr als Fußnote in den Literaturlexika existent sein durfte. Und alles nur deshalb, weil ich in ›meiner‹ Zeitschrift in der Rue Bonaparte einfach nicht mehr zur Arbeit erschien, nachdem in Prag '48 dieser Februar-Putsch und die Machtergreifung der Kommunisten stattgefunden hatte. Im Übrigen wäre es besser gewesen, hätte sich auch der Verlagsdirektor meiner eigentlich ganz unspektakulären Verweigerung angeschlossen, die im Nachhinein ja eher an Herman Melvilles bei aller Schüchternheit letztlich doch eigensinnigen Bartleby erinnert und jedenfalls nichts mit irgendeinem bombastischen ›Intellektuellen-Protest‹ zu tun hatte. Apropos...«, setzt František Listopad hinzu, ohne seine Stimme oder die Sitzhaltung zu ändern, ohne in einer Art Kunstpause an den Bügel seiner schwarzen Brille zu greifen, *ohne all das.* »Der Name meines Pariser Verlagsleiters war übrigens Artur London. Falls Ihnen dieser Name noch etwas sagt...«

Die Verblüffung, gemischt mit Irritation, ist dreifach. Aber gewiss doch. Der Artur London der Internationalen Brigaden im Spanischen Bürgerkrieg, der Mauthausen-KZ-Häftling und schließlich der Angeklagte im Slansky-Schauprozess: 1948 in die CSSR zurück gekehrt, stellvertretender Außenminister des neuen Regimes geworden, aber bereits 1951 wegen angeblichem Hochverrat zuerst zum Tode, dann zu lebenslänglicher Haft verurteilt, 1956 dann rehabilitiert. Und, für Frankreich und den Westen noch entscheidender: Der Artur London des »L'Aveu«, seines nach der Emigration geschriebenen Berichts über seine Verhör- und Hafterfahrungen, 1970 von Constantin Costa-Gavras mit Yves Montand in der Hauptrolle verfilmt und der manifeste Abschied unzähliger Intellektueller vom Realsozialismus, bereits Jahre vor dem Solschenizyn-Schock.

Falls Ihnen der Name noch etwas sagt... Und was, wenn es irgendwann tatsächlich vorbei wäre? Abgelagerte, zur vergessenen Anekdote geschrumpfte Jahrhunderteinsicht, verdrängt von anderen Geschehnissen und Irrtümern – etwa vom westlichen Köhlerglauben, die nach wie vor in chinesischen Gefängnissen exerzierte Folter würde sich schon irgendwann verringern dank der »objektiven Gesetzmäßigkeit« kapitalistischer Modernisierung? Die dritte Irritation aber betrifft diesen Nachmittag: Weshalb firmiert für den Einundneunzigjährigen, in Portugal und im Nachwende-Tschechien inzwischen längst als Dichter und Theaterregisseur gleichermaßen Bekannten, all dies unter »apropos«? Weil weder Stachanow noch Sisyphos für ihn die wahren Helden sind und er über Tristan und Isolde in damals geradezu provokativer Selbstverständlichkeit geschrieben hat? »Die Liebe dieser beiden Wesen ist tröstlicher als die Freiheit. Ein Fingernagel, der über Seidenstrümpfe fährt, ist mehr als Musik... Als Emigrant an König Markes Hof interessierte sich Tristan nicht für die Freiheit seines Vaterlandes, weil er sich selbst noch nicht zur Genüge frei fühlte. Genauer: er verstand die Freiheit nicht, denn der Begriff überstieg, weil theoretisch, sein Denken, er aber rang fortwährend um etwas völlig Konkretes: *um Freiheit.*«

Unschwer vorstellbar, wie die damaligen Literatur-Genossen auf einen solchen, vielleicht sogar ein wenig Albert Camus' »Mensch in der Revolte« vorwegnehmenden Essay reagiert hätten – wäre Listopad da nicht bereits aus ihrem Umkreis verschwunden, abgetaucht in einen unspektakulären Brotjob beim französischen Fernsehen und sein »Tristan« erst 1954 in einem kleinen Wiener Emigrantenverlag veröffentlicht, im tschechischen Original.

»Gut, junger Freund... Also jetzt *meine* Art des ›Geständnisses‹, wenn Sie mir den unangebrachten kleinen Scherz erlauben. Denn selbstverständlich war ich selbst ein wenig dieser auf alle Staatsräson pfeifende Tristan. Ich war hoffnungslos in eine verheiratete Frau verliebt, und dieser Essay war im Grunde genommen ein langer Brief nur an sie. *Tristan und Isolde denken sich keine andere, keine unwirkliche Welt aus. Sie haben nicht einmal die Absicht, Groll gegen die Welt zu hegen. Aber sie wollen gemeinsam im Wald leben, allein, denn anders kann man zusammen nicht allein sein.* Wenn ich meine damalige emotionale Konfusion und meine materielle Mittellosigkeit auch durch ein gewisses, zum Teil mythisches, zum Teil aktuell ideologiekritisches Gerüst zu strukturieren suchte, eines habe ich ganz bestimmt nicht getan: Die komplexe Liebe zweier Menschen zu überfrachten und als Lösung aller Probleme auszugeben. Immerhin – ich muss es leider wiederholen – war ich danach mehrfach verheiratet, geschieden und wieder verheiratet.«

Sagt's jedoch wiederum ohne Koketterie, ohne irgendeine verschwörerische, Respekt heischende Geste. Erinnert sich stattdessen fast mit Bedauern an die Enttäuschung, die er damit anderen zwangsläufig bereiten musste – und an seine Furcht vor den solcherart enttäuschten Idealisten. »Ihre Fragen lassen jetzt eine Szene wieder auferstehen, die ich zu vergessen geglaubt hatte. Ich schildere Sie Ihnen – sofern Sie bitte davon Abstand nehmen wollen, erneut in subtiler Mimik Ihr Bedauern darüber zum Ausdruck zu bringen, dass ich folgendes Geschehnis ebenfalls nicht in einer *Au-to-bio-gra-phie* zur Geltung, ja womöglich *Weltgeltung* gebracht habe.«

In unser gemeinsames Gelächter hinein sagt er plötzlich: »Große Gefühle! Menschheitsliebe, das Proletariat, die Revolution – und natürlich der Tod, den alle Feinde der Revolution verdienen. Und all das sah ich in den Augen Artur Londons blitzen, jedes Mal, wenn er mich ansah. Ein forderndes, besitzergreifendes, ja brutal-zärtliches Vertrauen, in dessen Hintergrund ich stets die Fähigkeit zum Mord witterte. Ein selbstgewisser, charismatischer Täter, den der vollkommen wahnsinnig gewordene Stalinismus nur ein paar Jahre später zum wehrlosen Opfer machen würde... Noch aber war es nicht so weit, London mochte den jungen Listopad, und so nahm er mich eines Sonntags in den südlichen Vorort Vitry mit, zu einem Essen mit Dolores Ibárruri, der *Pasionaria* aus dem Spanischen Bürgerkrieg. Können Sie sich das vorstellen? Ein Katholik, den es plötzlich zur leibhaftigen Muttergottes verschlägt, hätte sich nicht geehrter fühlen können. Was für eine Auszeichnung! Sie beide vertrauten mir, aber war ich wirklich derjenige, den sie in mir sahen? Da haben Sie, wenn Sie wollen, vielleicht einen Grund, weshalb ich dann im Februar '48 so gänzlich ohne Aufhebens verschwand – ich sah mich wiederum mit *ihren* Augen und ahnte den Abgrund an Unverständnis und Enttäuschung, den ich nicht noch zusätzlich vertiefen wollte. Überdies: Da ich nie ein richtiger Propagandist war wie etwa der französische KP-Guru Roger Garaudy oder unser Prager Pavel Kohout, musste ich folglich nach meinem Weggang auch kein Antipropagandist werden. Statt ein Anti-Kommunist war ich eher ein *A-Kommunist*, sozusagen ohnehin von einem ganz anderen Stern.«

Aber hat Pavel Kohout nicht in seinem jüngsten Roman »Die Schlinge« jene Vorgänge, die zur Machtergreifung der Kommunisten führten, *en detail* beschreiben, einschließlich der vorangegangen Infiltration und Paralysierung der sozialdemokratischen Linken?

Zum ersten Mal kommt eine Schärfe in Listopads Stimme, als er sagt: »Da sind Sie besser informiert als ich. Ich erinnere mich nur an den frühen Kohout, und obwohl ich gemeinhin nicht zum Schelten neige, muss ich ihn doch als einen jener hässlichen, denunziatorischen Kommunisten bezeichnen, deren damaliges Tun es mir noch heute verleidet, auch nur eine Zeile von ihm zu lesen.«

Wobei die Ironie der Geschichte will, dass ausgerechnet zum KP-Einpeitscher Roger Garaudy, (der nach dem Bruch mit dem Sowjet-Kommunismus 1968 zuerst Christ wurde und schließlich zum Islam konvertierte, ehe er als gerichtsnotorischer Holocaustleugner endete) eine gegenläufige Zickzacklinie führt. Hatte bereits Julien Benda in oben erwähntem Vorwort von 1946 Garaudys Diktum »Wer der Zukunft entgegengeht, für den liegt die Freiheit in der aktiven Mitarbeit und im Aufbau« ebenfalls als eine der Formen intellektuellen Freiheitsverrates bezeichnet, würde sich der ewige Ideologe zeitlebens treu bleiben. Ausgerechnet im spanischen Córdoba, das in Listopads Essay-Sammlung zum schützenden Ort individuellen Aufatmens wird, hatte der spätere König-Faisal-Preisträger (nicht zu vergessen Garaudys 2002 errungenen, geradezu surrealistischen »Al Gaddafi International Prize for Human Rights«) einen mittelalterlichen Brückenturm in ein »Museum der Toleranz« umgestalten lassen. Bis zum heutigen Tag werden dort in diversen Sprachen und per Kopfhörer die verdutzten Touristen mit exakt der gleichen Litanei behelligt: »Allein der Islam bedeutet wahre Freiheit – die Freiheit, sich unterzuordnen in Gehorsam und Brüderlichkeit.« Während Listopad bereits Jahrzehnte zuvor in den schattigen Gassen Córdobas notiert hatte: »Anstelle der Angst nun ein Gefühl absoluter Sicherheit: Ich bin in einem Versteck, wo mich niemand findet. Das Versteck – das ist der wahre Sinn des Labyrinths. Ich höre auf, in der Welt zu sein, höre auf, dort zu Taten bereit zu sein.«

»Sie beginnen langsam, etwas zu verstehen«, sagt Listopad mit freundlicher Stimme, nachdem ich die kleine Geschichte dieser seltsamen Überschneidung erzählt habe. Und danach frage, ob er sich an die Gespräche mit dem – von Garaudy zeitlebens gehassten – Albert Camus erinnere...

Auf einmal gibt es ein längeres Schweigen. Ein tiefes Durchatmen und dann: »Wissen Sie... Sartre, mit dem ich mich eigentlich nur über Literatur unterhalten hatte, habe ich geachtet, Camus aber habe ich *geliebt.* Albert Camus, der meine Gedanken und Zweifel nie ›subjektiven Antikommunismus‹ nannte, wie es halb spöttisch, halb ernst der ansonsten doch so sympathische Louis Aragon immer tat. Heute würde ich sagen, dass Camus damals wohl der einzige war, der mir wirklich nah war.«

»Haben Sie ihm von der Ermordung Ihres Vaters im Holocaust erzählt?«

Wiederum Schweigen. Nach einer Weile: »Höchstwahrscheinlich. Wie gesagt: Camus war jemand ganz Besonderes für mich. Obwohl ich nicht so dreist sein möchte, jetzt so zu tun, als würde ich mich – 65 Jahre später – noch an all unsere Gespräche erinnern können. Greise neigen dazu, sich wichtiger zu machen, als sie je waren; das gilt es zu vermeiden. *Ca, il faut absolument l'éviter*, verstehen Sie? Umso mehr ich meine Tagebücher 1959, kurz nach meiner Ankunft hier in Portugal, in den Rio Tejo geworfen hatte, beschwert mit einem Stein. Alles übrige überlasse ich dem Gedächtnis.«

»Der Willkür des Gedächtnisses?«

Über František Listopads Gesicht huscht ein dünnes Lächeln, da der Besucher seine Fassungslosigkeit nicht verbergen kann. Von den beiden Diktaturen des 20. Jahrhunderts malträtiert und für kurze Zeit im Epizentrum der Debatten über die Gewichtung genau dieser Geschehnisse – und dann nicht nur keine Memoiren geschrieben, sondern alle Aufzeichnungen in den Fluss geworfen? Wie vieles mag da unwiederbringlich verloren gegangen sein... Und noch im Jahr 1997 hatte es in Neuilly der bejahrte ungarisch-jüdische Historiker François Fejtö – seit 1938 in Frankreich lebend, in der Résistance aktiv und 1949 im Zuge der ungarischen Schauprozesse ebenfalls mit den Kommunisten brechend – im Gespräch doch beinahe mit den gleichen Worten gesagt, wie eine Beschwörung: »Sartre war mal so, mal so, ein genialischer Trendsetter der A-Klasse. Aber wer wirklich für Freiheit und Gerechtigkeit *brannte* und uns unbehauste Mittel-und Osteuropäer verstand in all unsrer Verzweiflung, das war Camus.« Albert Camus, der sich, was inzwischen beinahe vergessen ist, in Paris für die Bücher von Czesław Miłosz, Witold Gombrowicz und die Gulag-Erinnerungen Gustaw Herlings eingesetzt hatte und immer wieder den Weg hinaus nach Maisons-Laffitte fand, ins Redaktionsgebäude der exilpolnischen *Kultura*, deren inzwischen ebenfalls hochbetagter Herausgeber Jerzy Giedroyc mir noch 1998, zwei Jahre vor seinem Tod, sagte: »So war Camus, der gute Freund, lebensfroh trotz aller Melancholie. Wenn es einen gab, der uns das Vertrauen in den freien, den liberalen Westen erhielt, dann war es dieser mutige Algerienfranzose, *cet homme extraordinaire*.«

»Sind Sie von mir enttäuscht?«, fragt František Listopad mit leiser Stimme, während er auf Portugiesisch etwas lauter nach Kaffee und Gebäck ruft, hinunter ins Parterre.

»Ich bin ja nicht der Anekdoten wegen gekommen«, sage ich.

»Junger Freund, Sie weichen aus.«

»Ja.« Ich denke an Listopads andere, auf Deutsch übersetzte Essays, an dieses »nichts ist widerwärtiger, als immerfort Über-Bedeutung oder Nach-Bedeutung. Auf der anderen Seite dürfen wir aber den Sinn für Bedeutung an sich nicht verlieren.« Poetisch oder politisch gesprochen? Und was wäre, wenn der mitunter an Jazz-Improvisationen erinnernde Stil etwas Schreckliches bannen müsste? Vielleicht nicht unbedingt den von Aragons Zeitschrift »Lettres francaises« 1949 mitten in Paris gegen den Überläufer und Stalin-Kritiker Krawtschenko provozierten Prozess, dessen unerhörtem Verlauf die Exil-Russin Nina Berberova sogar ein eigenes Buch gewidmet hatte, während es in einem Listopad-Text in scheinbar huschiger Beiläufigkeit nur heißt: »Man muss alle Geschehnisse verfolgen und ganz gewöhnliche Fakten betrachten. Krawtschenkos Prozess. Oder die alte hässliche, unappetitliche Eisverkäuferin an unserer Straßenecke...« Wohl aber die Erinnerungen, die ihn noch hier in Lissabon anfallen, am »Hintern unseres kulturellen Kontinents, Afrika gegenüber«. Etwa wenn er sich erinnert, wie damals in seinen tschechischen Kindertagen Schnee gefallen war: »Morgens, noch im Halbschlaf, hörte ich die Schaufeln. Arbeitslose räumten Schnee. Über Nacht hatte es also geschneit. Noch schlief ich halb. Manchmal noch, schwach, höre ich immer wieder Schaufeln. Fünfzehn Jahre später in dem selben Schnee jagten sie die Juden auf die Straße, mit Fausthandschuhen.« Selbst diese Passage aber noch in Klammern gesetzt, innerhalb eines Textes über das neue, schützende Zuhause, von dem es freilich an anderer Stelle heißt: »Trotzdem ist man nie weit genug drinnen, um nicht im Rücken den Luftzug von der Tür zu spüren, durch die man rausgeworfen werden kann.«

Gibt es in den zahlreichen Büchern – Gedichte, Kurzprosa, Kindererzählungen – womöglich andere, ausführlichere Passagen, die davon berichten, wie Listopad ab 1941 im Untergrund überlebt hatte, während Großvater, Vater und Onkel deportiert und ermordet wurden und seine Schwester mit viel Glück das KZ Theresienstadt überlebte?

»Nicht wirklich«, sagt er. »Das alles tut zu weh, und wo stünde geschrieben, dass ausgerechnet Schriftsteller weniger Schmerz verspüren, wenn sie diese Dinge wieder heraufbeschwören? Außerdem: Ich bin ja nur ein sogenannter ›Halbjude‹ und stamme mütterlicherseits von böhmischen Protestanten ab, so dass meine Kindheitserinnerungen natürlich Kirchgänge und Gebete an Jesus sind. Erst die Nazis fanden, dass dies eine Fälschung sei und folglich *in Ordnung gebracht* werden müsse, auf deren Weise. Sie sehen, die tschechische Bedeutung meines Pseudonyms Listopad – in Wirklichkeit hießen bereits meine Urgroßeltern so – hat durchaus eine schicksalhafte Komponente: *Blätterfall*. Außerdem: Ich will nicht unbedingt derjenige seine, der noch auf dem Totenbett krächzt, dass er Recht gehabt hat.«

Und der Weg 1959 vom »intellektuellen Dorf« Paris hinunter ins Portugal der Salazar-Zeit? »Wegen einer portugiesischen Frau, einer weiteren Heirat.«

Keine Angst vor der neuerlichen Diktatur?

»Um ehrlich zu sein: Nein. Für einen Außenstehenden schien es hier eher verschlafen als brutal. Allerdings kann ich auch leicht reden, denn ich war in der sogenannten ›moderaten Opposition‹ und fand an der Technischen Universität als Professor für slawische Kultur und Anthropologie eine Art Nische. Nach der Revolution von 1974 kam dann die Arbeit an der Theater-und Filmhochschule, kamen so etwa fünfzig Theaterstücke und sieben Opern, die ich inszeniert habe – doch immer habe ich es abgelehnt, politische Stücke aufzuführen. Umso mehr ich in den ersten Monaten nach '74 immer wieder diese Art *déja vu* hatte, denn schon standen die hiesigen, moskautreuen Kommunisten in den Startlöchern, um auch Portugal zu einer ›Volksrepublik‹ zu machen, und ihr größter Feind waren – wie schon 1948 in Prag – selbstverständlich die Sozialdemokraten, die ›verfluchten Revisionisten‹ um Mario Soares.«

»Und dennoch sind Sie eher Beobachter geblieben?«

»Mehr oder weniger. Obwohl ich ja die Geschichte all der deutschen Juden und Nazigegner kannte, die wie Franz Werfel, Alfred Döblin oder Golo Mann im Zweiten Weltkrieg hier in Lissabon auf das rettende Visum in die Vereinigten Staaten gewartet hatten. Eine der Hiergebliebenen, die Schriftstellerin Ilse Losa, hat mir viel von jener Zeit erzählt. Wir sprachen immer zusammen deutsch, und ich muss sagen – Sie kannten sie ja offensichtlich auch – dass ihre Person viel interessanter war als ihre doch etwas konventionell geschriebenen autobiographischen Romane. Vielleicht liegt es ja auch daran, und das fortgesetzte Beobachter-Sein würde dann der vagen Furcht des ästhetischen Ungenügens entspringen. Mit Sicherheit nämlich war es keine *kalkulierte Vorsicht*. Denn sogar der angeblich Unpolitische, der dies aus freier Entscheidung ist, bleibt ja den Willkür-Ideologen letztlich suspekt.« Listopad hat seine Brille abgesetzt, und zwei große helle Augen schauen beinahe vergnügt. »Einmal, noch während der Salazar-Jahre, musste ich wegen der Arbeit hoch nach Porto. Kam da zufällig in einen Menschenauflauf, eine kleine Demonstration und steckte plötzlich fest. Die Leute sahen meinen alten Citroen, der immer noch das französische Nummernschild hatte, und riefen sofort ›Vive la France!‹ Schon am nächsten Tag bekam ich wegen ›Aufwiegelung‹ eine Vorladung bei der gefürchteten Geheimpolizei PIDE, aber mein damaliger Schwiegervater boxte mich, mit etwas Schmiergeld und vermutlich reichlich Portwein, wieder frei.« Folgt eine etwas abweisende Handbewegung: Anekdoten minderer Aussagekraft. Dafür nun Auftritt eines sehr jungen Mädchens in graziler Gestalt, die mit Anmut das Tablett mit den Kaffeetassen und dem Gebäck absetzt. »*Patéis de Belem*, Gewürzkuchen mit Mandeln und Zimt – the real original, so just try it and enjoy«, sagt sie in makellosem, auf reizende Weise altklug klingendem englisch.

»Ihre Urenkelin?«, frage ich, und da es offensichtlich auch etwas deutsch versteht, bricht das Mädchen in glockenhelles Gelächter aus. »His daughter, the youngest one. I'm sixteen.« Worauf eine von charmantem Stolz diktierte Rede folgt, dass sie irgendwann gern Politikerin werden möchte, um das Land aus der Krise zu führen, weshalb sie heute Mittag auch einen der alten Freunde ihres Vaters besucht habe. »Mario Soares, *if you remember his name*. Das Wichtigste, sagte er mir, sei es, die Korruption zu bekämpfen, die überall verbreitete Diktatur der Unanständigkeit. *Well...*«

Mit freundlicher Beiläufigkeit ergänzt ihr Vater: »Mario Soares hat mich gleich der nach der friedlichen Revolution '89 mit auf Staatsbesuch nach Prag genommen, als sein ›Berater‹. Hah! Dabei war es das erste Mal seit 1947, dass ich wieder heimischen Boden betreten konnte.«

Die Elfe entfernt sich mit einem Lächeln, und leise, ganz leise sagt der alte Mann: »Und stellen Sie sich vor: Ich habe geweint. Durch die Straßen meiner Jugend zu laufen, erneut die Illegalität und das Geschehen während des Krieges vor Augen... Als wäre es gestern gewesen. Aber auch das gute Gefühl, den einstigen Mitschüler, diesen schüchternen und schlaksigen Burschen, der nun als Parlamentspräsident wieder so hinreißend linkisch vor mir stand...«

»Alexander Dubček?«

»...das Gefühl, ihn ja ebenfalls das letzte Mal erst gestern gesehen zu haben – wir beide Kameraden in der Volksschule vor einem halben Jahrhundert und er als Slowake immer etwas vereinsamt unter all den lärmenden Tschechen-Jungen. Ich hab's ihm gesagt, und natürlich hat auch Dubček sich erinnert.«

Seitdem ist František Listopad wieder regelmäßig in die alte Heimat gereist, wo man ihn als den letzten jener einst um die Zeitschrift *Mladá Fronta* (die er mitbegründet hatte) versammelten Dichter verehrt. »Wir waren damals junge Gefühlslinke, die einen Stil namens ›Dynamoanarchismus‹ ins Leben rufen wollten, mit der alten böhmischen Idyllik nichts anfangen konnten und dennoch, zumindest spreche ich für mich, in der stalinistischen Ästhetik keine Vorbilder fanden. *Mladá Fronta* hatte einen guten Ruf, und unter den noch jüngeren Dichtern, die unbedingt wollten, dass ich dort als Redakteur ihre Sachen veröffentliche, war auch ein euphorischer Siebzehnjähriger namens Milan Kundera...«

Schon kurz nach Weltkriegsende aber hatte Listopad in einem Gedicht – das damals noch problemlos veröffentlicht werden konnte – über den »Jahrmarkt zu Lenins Gedenken« voll wissender Ironie geschrieben: »Boden! Erdinneres! Gewässer! Gesindel! Wälder!/ Bergwerke! Bodenschätze! Volkes Eigentum sind!/ Gesellschaftstheorie des Lebens umsonst für immer,/ Gras, Wodka, Schlangen, Frauen, Sonne,/ oh Logik der Sonne, Logik der Sonne, Logik der Ämterwonne...// Alle singen von Lenin, von Stalins Verfassung,/ zu großen Taten für den König WOLF/ ZU SEIN FÜR EINEN GROSCHEN SCHAF«.

Der Nachmittag geht inzwischen langsam in den Abend über, unten im Haus wird Licht angeschaltet, das auch das Dachgeschoss erhellt. »Wer oft viel Zukunft sah/ wird vergessen«, heißt es in einem Listopad-Vers, doch andere, spätere Zeilen scheinen dem Moment angemessener zu sein: »Portugiesischer Regen/ hört sich rosa an/ in jedem Tropfen ein böhmischer Klang.«

Doch was ist schon »angemessen« angesichts eines Jahrhundert-Lebens, das sich den dazu anbietenden Formeln und Floskeln verweigert? Zum Abschied plaudern wir noch ein wenig über Autoren und Romane, und da erinnert sich František Listopad noch an ein weiteres merkwürdiges Erlebnis, in welchem Literatur und Leben in eins zu gehen scheinen, und das durchaus beunruhigend. Als sei diese Szene *das,* was ich letztlich nach Hause nehmen soll – oder zumindest mit hinüber in das kleine, im krisenabstinent feierfreudigen Bairo Alto gelegene Hotel *Anjo Azul*, das in Pascal Merciers *Nachtzug nach Lissabon* die Arztpraxis des Roman-Protagonisten beherbergt, während an der von einer Palme flankierten, weißgekalkten Außenmauer des nahegelegenen Hospitals an einem Täfelchen Fernando Pessoas hier 1935 auf Englisch gestammelte letzte Worte zu lesen sind: »I know not what tomorrow will bring.«

»Ach... Celine, der große Stilist und Antisemit. Der selbstlose Armendoktor, wie er sich gern nannte – *bon.* Ein paar Jahre waren vergangen, seit ich mit meiner alten Heimat gebrochen hatte, doch saß ich noch immer in Paris. War inzwischen verheiratet, hatte Zwillinge, aber die finanzielle Situation war die angespannte eines Emigranten. Und eines Nachts wurde eines der Kinder krank. Fieber, anhaltende Krämpfe. Was sollten wir tun, da in diesem Banlieue-Nest namens Meudon? Ich hatte keine Krankenversicherung, es gab in der Wohnung kein Telefon und nirgendwo in der Nähe eine Nacht-Apotheke. Der Zustand der Kleinen wurde immer schlimmer, meine Frau war bereits ganz verzweifelt, und da erinnerte ich mich plötzlich daran, dass in einer Nebenstraße doch Celine wohnte, der nach seiner Rückkehr aus Dänemark inzwischen wieder als Arzt praktizierte. Und nein, ich hatte keine Scheu ihn aufzusuchen. Aber das, woran ich mich bis an mein Lebensende erinnern werde, ist diese Szene: Mitten in der Nacht stehe ich am Zaun seines Häuschens und läute. Nach einer Weile geht die Tür auf und das berühmte, zerknitterte, hautlappende Celine-Gesicht mit den strähnig nach hinten gestreiften Haaren taucht auf. Im Hintergrund, irgendwo im matt beleuchteten Korridor, bellen Hunde, hinter ihrem Herrn im Pyjama. Über den winzigen Vorgarten hinweg schildere ich ihm in meinem nicht akzentfreien Französisch die verzweifelte Situation, doch er – ohne wenigstens nach weiteren Symptomen zu fragen oder einen Ratschlag zu erteilen – sagt nur mit dumpfer Stimme: ›Ich kann die Hunde nicht allein lassen.‹ Sieht mich durchdringend an und schließt die Tür.«

František Listopad schüttelt lächelnd den Kopf. »Tja, was sagen Sie nun, welche Interpretation böte sich an? Umso mehr das Kind letztendlich kuriert wurde, auch wenn es hätte anders ausgehen können.«

Als der junge Allen Ginsberg von William Carlos Williams ein Resümee seines Lebens hören wollte, sagte der alte Dichter lediglich: »Ne Menge Dreckskerle da draußen, *lot's of dirty guys out there.*« Möglich, dass nach ähnlichen Erfahrungen deshalb nur das als Rettung erscheint, was Listopad in einem frühen, »Schlafzimmer« betitelten Prosastück so beschrieben hat: »Nicht in der Einsamkeit zu leben, und doch im Mittelpunkt der Stille zu weilen, halte ich für etwas Beachtenswertes.« Wir müssen uns auch den steinalten Mann von Lissabon als glücklichen Menschen vorstellen.

Auf Deutsch liegen bislang zwei, von Eduard Schreiber kongenial übersetzte Bücher von František Listopad vor: »Tristan oder Der Verrat des Intellektuellen« (Matthes & Seitz) sowie der Gedichtband »Jahrmarkt Böhmen« (Edition Thanhäuser)

Vorboten von ’89 – Prager Revolten

1997

...so mildert das doch nicht das Gefühl der Belanglosigkeit des Außenstehenden, das ich jetzt spüre.

Philip Roth, »Die Prager Orgie«

Diesmal war es Zufall, wenn auch kein untypischer.

In der neuen Berliner Wohnung warteten die Bücher darauf, in den Regalen geordnet zu werden; noch war unklar, ob nach dem Alphabet oder der Nationalität ihrer Verfasser. Irgendwann rutschte von einem Stapel ein kleines, inzwischen ganz fleckig gewordenes Suhrkamp-Bändchen herunter: *Reden zum IV. Kongreß des Tschechoslowakischen Schriftstellerverbandes. Prag, Juni 1967. Nachwort von Pavel Kohout.* Damit war die Idee zur Reise geboren, ihr Auslöser dabei wohl alles andere als originell – zu offensichtlich jener Reflex, der uns, *kritische Zeitgenossen*, dazu bringt, Vergangenes nur noch in Intervallen wahrzunehmen, in »runden Geburtstagen«, zu deren Anlass die Amnesie kurzzeitig unterbrochen wird.

Der Reisende, der dann einige Tage später in Berlin-Lichtenberg zusammen mit amerikanischen *Interrail*-Touristen und quengelnden Zehlendorfer Schulklassen in den westlich komfortablen Zug nach Prag steigt, erinnert sich daran, dass es einmal anders war. Dass er, in einem früheren Leben, abends in der ARD einen Film über Dubček und den Prager Frühling sah, am nächsten Morgen stumm die Lügen des DDR-Geschichtsunterrichts über sich ergehen lassen musste; dass er dann ein paar Jahre später, genau am 21.August 1990, auf dem Wenzelsplatz stand und inmitten von Tausenden, die Tränen in den Augen hatten, Václav Havel und Alexander Dubček zuhörte, Jelena Bonner ans Mikrophon treten sah; dass... Irritierendes Gefühl, noch nicht einmal dreißig zu sein und schon solche Bilder auf der Netzhaut zu haben, Archivfotos, Epochen-Schnappschüsse.

Vielleicht war es genau diese Sehnsucht nach dem großen historischen Moment, die diese Reise in die Vergangenheit provozierte, der Wunsch, sich der Augenblicke der Befreiung noch einmal zu vergewissern, ehe alles alltäglich wird und sich auflöst in einer – zugegeben – äußerst behaglichen Gegenwart ohne wirkliches Gedächtnis.

Der 26.Juni 1967 war ein ungewöhnlich heißer Tag gewesen. In Prag zeigte das Thermometer 35 Grad, in den überfüllten Straßenbahnen schwitzten die Menschen. Die Moldau lag träge im Sonnenlicht, und wer immer es einrichten konnte, verließ die Stadt, um auswärts baden zu gehen.

Auch Jiří Hendrych schwitzte. Als der Parteisekretär für ideologische Fragen an diesem Tag um 14.15 Uhr den 4. Kongress des Tschechoslowakischen Schriftstellerverbandes eröffnete, tat er dies in Hemdsärmeln. Genaugenommen handelte es sich bei der Veranstaltung erst um einen »Vorkongress«, auf dem die Parteimitglieder unter den Schriftstellern intern auf Linie gebracht werden sollten, um unangenehmen Überraschungen im weiteren Tagungsverlauf vorzubeugen.

Die Rügen, die dann Hendrych im Auftrag des Zentralkomitees austeilte, waren zahlreich: Die Verbandszeitung *Literární noviny* entfernte sich immer mehr von der offiziellen Linie; die Schriftsteller Jan Procházka, Ivan Klíma und Arnošt Lustig hatten sich während des erst kurz zurückliegenden Sechs-Tage-Krieges erdreistet, die einseitig proarabische Haltung ihrer eigenen Regierung zu kritisieren, und der Dramatiker Václav Havel setzte sich jetzt schon öffentlich für verhaftete Kollegen ein...

Doch der noch vor ein paar Wochen allgewaltig erscheinende Funktionär in Hosenträgern stößt auf Widerspruch. Statt vor der Suada, die da von der Bühne auf sie herunter donnert, die Köpfe einzuziehen, machen sich die Schriftsteller in verärgerten Zwischenrufen Luft, gehen aus der Defensive heraus und verwandeln kurzerhand die geplante Disziplinierungs-Veranstaltung in eine elfstündige Debatte.

Die Widerrede der versammelten Intellektuellen zeigt einmal mehr die Hilflosigkeit des Novotny-Regimes, das sich der zunehmenden Kritik nicht anders als durch Verbote und Zensur zu helfen weiß. Jan Procházka (damals noch Leiter der Parteigruppe des Schriftstellerverbandes; drei Jahre nach der Niederschlagung des auch von ihm herbeigeführten Prager Frühlings starb er, mittlerweile ein Verfemter, völlig unerwartet im Alter von 42 Jahren) ließ es sich in seiner immer wieder von Beifall unterbrochenen Antwort auf Hendrych nicht nehmen, die absurde Seite der staatlichen Maßregelungen zu zeigen: Kürzlich waren in Bratislava sogar Zitate von Karl Marx verboten worden – durch einen Angestellten des Innenministeriums, der Jan Hus hieß... Der Große Saal des »Zentralkulturhauses des Verkehrs- und Fernmeldewesens« in Prag-Vinohrady war zu einem einzigen Dampfkessel geworden, der nach einem Ventil suchte.

»It was a beautiful noise«, sagt im Rückblick Ivan Klíma, Jahrgang 1931, der mit seiner anarchisch ausfransenden Pagenfrisur noch immer wie die tschechische Bürgerrechtsversion von Ringo Starr aussieht. »Jeder war wohl überrascht über die Reaktion des anderen. Nach Hendrychs Tirade war klar, dass wir antworten mussten.«

Ethik des Engagements, dabei ohne heroische Pose vorgetragen. Dabei lägen die historischen Querverweise geradezu am Wege: Jan Hus (der Richtige) und seine frühe Herrschaftskritik, die Sage vom heiligen Nepomuk, der sich lieber foltern ließ, anstatt das Beichtgeheimnis der Königin preiszugeben und dessen Zunge, die »goldene Zunge«, deshalb selbst im Sarg nicht verweste. Aber Klíma ist kein Nostalgiker, eher ein sympathischer Querkopf, der sich bemüht, möglichst tief zu stapeln. »Was wir damals forderten, war doch das Normalste der Welt.«

Wohl wahr. Dennoch: Vergleicht man die Redebeiträge dieses Kongresses von 1967 mit den Statements, die »kritisch-loyale« DDR-Schriftsteller und ihre so behutsam bewundernden bundesrepublikanischen Bewunderer vor und nach 1989 von sich gaben, kann man nur erstaunt sein über das Ausmaß innerer Freiheit und bürgerlichen Selbstbewusstseins, das selbst die Reformkommunisten unter den tschechoslowakischen Autoren zeigten. Obwohl auch Ivan Klíma, jüdischer Überlebender des KZ Theresienstadt, mehrere Jahre Parteimitglied war, verzichtete er in seiner Kongressrede vom 27.Juni (die er überdies mit der zivilen Anrede »Verehrte Freunde« begann) auf jegliches taktische Kalkül und kam sofort zur eigentlichen Forderung – der Abschaffung der Zensur. Statt sich mit Marx- oder Lenin-Zitaten erst einmal abzusichern, erwähnte er die

Tatsache, dass bereits 1867 die Pressefreiheit garantiert worden war und die Situation in der sozialistischen Tschechoslowakei somit einen historischen Rückschritt darstelle. Als Vorbild für eine bessere Entwicklung nannte Klíma ohne Scheu dann die westeuropäischen Demokratien – Artikel 77 der dänischen Verfassung, Artikel 21 der italienischen Konstitution.

Zwei Monate nach dem Kongress wurde Ivan Klíma aus der Partei ausgeschlossen, hatte bis zur Revolution 1989 Publikationsverbot und zählte doch – als einer der prominentesten Unterzeichner der *Charta 77* – stets zu den unverbesserlichen Optimisten. Wie schafft man es, so innerlich frei zu bleiben und inmitten der bleiernen Zeit des Realsozialismus Roman nach Roman zu verfassen, wenn auch nur für die Schublade oder für eine Veröffentlichung im Ausland? Klíma, in seiner dunklen, bücherüberfüllten Wohnung im Prager Vorort Branik hockend, zuckt mit den Schultern. Die Gegend, so erscheint es zumindest dem Besucher, könnte auch zu melancholischer Resignation einladen: eine Waldsiedlung, 20 Straßenbahnminuten von der Stadt entfernt, in der dickbäuchige Männer im Trainingsanzug an ihren verrosteten Skodas herumbasteln oder sich, ein Bier in der Hand, über den Gartenzaun lehnen.

»Weggehen kam für mich nie in Frage«, sagt Klíma. »Im Exil verdorrt die Kreativität, ausnahmslos.« Und Milan Kundera in Paris, Josef Škvorecký in Toronto, in dessen Exilverlag *68 Publishers* immerhin viele von Klímas Büchern erscheinen? Kein Kommentar. Dazu am Schluss noch eine weitere Verunsicherung: »Schön, dass Sie gekommen sind. Wahrscheinlich sind Sie der einzige, der sich noch an diesen Kongress erinnert. Die jüngere Generation hasst normalerweise alles, was mit dem Prager Frühling zu tun hat, die findet uns alte Männer einfach zum Kotzen.« Ivan Klíma kichert.

Die Vergangenheit entzieht sich. Ich greife nach dem Telefon, das auf dem Schränkchen neben dem Hotelbett steht, wähle die Nummern ehemaliger Kongressredner, vereinbare Treffen, trage Ort und Zeit in mein Notizbuch ein – und werde dennoch das Gefühl nicht los, in einer Art Vakuum zu sein.

Auf der Karlsbrücke drängen sich die Touristen, Prag-Fotos, Prag Aquarelle, Prag-Bierkrüge werden feilgeboten; auf der Kleinseite klebt an einer verwitterten Fassade ein Zettel, der für einen »velvet revolution walk« wirbt – Umtrunk in einem »Famous dissident's Pub« inklusive. Neben einer McDonalds-Filiale haben sich historisch kostümierte Studenten postiert, die jedem Vorbeilaufenden einen fotokopierten Wisch in die Hand drücken, der auf die allabendliche Aufführung von Mozarts *Figaros Hochzeit* aufmerksam machen soll. Damit jeder begreift, dass das Stück brisant ist, wird sogar auf eine »Extra Performance on August 22 at 8 pm« hingewiesen, bei der man dann mit knapp dreißigjähriger Verspätung den sowjetischen Besatzern Widerständiges entgegenträllern kann: »Figaro? Figaro!« Weshalb auch nicht? Die Tragödie der Geschichte wiederholt sich als Farce, und statt Blut und Tränen kostet sie nur noch Dollars und D-Mark. Kein Grund für kulturpessimistisches Lamentieren.

Aber diese verwirrende Ungleichzeitigkeit von Zeitzeugen-Erinnerungen und gegenwärtiger Realität, von demokratischer Emphase inmitten stalinistischer Erstarrung und dem demokratischen Alltag von heute, wo man gerade darüber spekuliert, wie lange sich die liberal-konservative Václav-Klaus-Regierung wohl noch halten kann. Als hätte der Kongress in einer anderen Welt getagt. Nach zwei Manuskriptseiten war damals der Genosse Milan Kundera von der offiziellen Eröffnungsrede abgewichen und hatte sich zwanzig Minuten lang »ein paar Privatgedanken über die tschechische Kultur im Würgegriff der Dogmatiker« gemacht. Nicht zu vergessen auch der Genosse Pavel Kohout, der – sich in erregten Worten an das Schicksal seines Landes nach dem »Verrat von München 1938« erinnernd – die Partei-ideologische Hetze gegen Israel als vermeintlichen »imperialistischen Aggressor« entschieden zurückweist und anhand dieses Beispiels die Mechanismen der Manipulation offenlegt. Als er schließlich auch noch einen Brief Alexander Solschenizyns verliest, der sich mit der Unterdrückung künstlerischer Freiheiten befasst, ist der Eklat perfekt. Noch während Kohout spricht, erhebt sich die Staatsmacht in Person des Parteisekretärs Hendrych mit zornrotem Kopf, reißt das Jackett von der Stuhllehne und zischt während des dramatischen Abgangs: »Jetzt habt Ihr Schriftsteller verschissen!«

War dieser Bruch nun tatsächlich nur ein Zwist zwischen Halbkommunisten und Kommunisten, wie heute der junge Literaturwissenschaftler Michael Spirit, müde der heroischen Altsiebenundsechziger, in seinen Aufsätzen polemisch zuspitzt? Sicherlich – gerade Pavel

Kohout war in den fünfziger Jahren *der* Jungstar der stalinistischen Lyrik: während er seine Triumphe feierte, saßen nichtkommunistische Schriftsteller in Gefängnissen und Zwangsarbeiterlagern. In Deutschland sind sie bis heute völlig unbekannt, und es musste mit Peter Demetz erst ein in den USA lehrender Intellektueller aus der ersten Emigrationswelle von 1948 kommen, um in seinem Essayband *Böhmische Sonne, Mährischer Mond* wenigstens die Namen all der vergessenen Dichter zu nennen: Jan Zahradníček, Josef Kostohryz, Václav Renč, František Křelina, Zdeněk Klaista, Václav Prokopek, Jan Snobr, Petr Kopta und unzählige andere.

Man kann es also durchaus als Selbstkritik der reformkommunistischen Intellektuellen lesen, was Ludvík Vaculík – auch er einer der prominenten Kongressredner vom Juni '67 – ein knappes Jahr später in seinem berühmten *Manifest der 2000 Worte* schreibt: »Die Initiative und die Anstrengungen der demokratischen Kommunisten sind nur Ratenabzahlungen auf die Schuld, die die ganze Partei bei den Nichtkommunisten hat, die sie im Zustand der Nichtgleichberechtigung erhalten hat. Den Kommunisten gebührt daher keinerlei Dank, es muss aber anerkannt werden, dass sie sich ehrlich bemühen, die letzte Gelegenheit wahrzunehmen, die eigene Ehre und die Ehre der Nation zu retten.«

Der Philosoph Jan Patočka – eine Art geistiger Vater Václav Havels, der als ein Erstunterzeichner der *Charta 77* im März 1977 nach elfstündigem Polizeiverhör an Gehirnschlag starb – unterschied in einer historischen Abhandlung einmal zwischen kleinen und großen Momenten in der tschechischen Geschichte: Die kleinen standen in seiner Lesart für nationale Selbstbezogenheit, die großen indessen für Augenblicke, die auf das Universelle hinzielten. Ging Pavel Kohouts Verteidigung Israels nicht in diese Richtung, wurde hier nicht – über die aktuellen Befindlichkeiten eines Berufsstandes hinaus und auch jenseits einer rein abstrakten Menschenrechtslogik – gezeigt, dass Wahrheit und Lüge sich benennen lassen, über Ländergrenzen hinweg?

Hanuš Karlach nickt, bedächtig. Der tschechische Übersetzer von Günter Grass, Volker Braun und Franz Fühmann hatte damals am Kongress als junger parteiloser Delegierter teilgenommen und erinnert sich genau. »Wer, wenn nicht die kritischen Kommunisten hätten denn etwas verändern können?«, fragt er. »Man muss sich an die besondere Situation dieses Landes erinnern. Die Tschechoslowakei war bereits in der Vorkriegszeit eine Demokratie – mit einer starken KP, die ein großes Wählerpotential hatte. Auch die Intellektuellen waren mehrheitlich links und fühlten nach 1945 eine große Dankbarkeit für die Rote Armee, die die Nazis besiegt hatte. Als die Schriftsteller schließlich erkannten, dass das System immer mehr stagnierte, begannen sie sich zu emanzipieren. Allen aber war klar, dass so ein Regime nicht mit einem einzigen Stoß erledigt werden konnte, also versuchte man in vielen Schritten, sich Freiräume zu schaffen.«

Hanuš Karlach weiß, wovon er spricht. Nach 1968 zählte er zu jenen, die ein Berufsverbot gerade noch umgehen und in ihren Verlagen und Redaktionen verbleiben konnten, wodurch sie auch die Möglichkeit bekamen, ihren arbeitslos gewordenen Kollegen wenigstens von Zeit zu Zeit ein kleines Zubrot zuzuschanzen – Übersetzungen, Rezensionen. Karlach, der nach 1989 für vier Jahre dem tschechischen PEN-Club als Generalsekretär vorstand, betreibt jetzt auf der Prager Kleinseite ein Projekt, das sich mit Kultursponsoring beschäftigt – abends übersetzt er Franz Werfel. Ehe wir uns verabschieden, erinnert sich der exzellente Deutschland-Kenner noch an die Tatsache, dass die erste auf einem Schriftstellerkongress öffentlich gewordene Kritik an der Zensur bereits im Jahre 1959 von dem Nichtkommunisten Jaroslav Seifert, dem späteren Literaturnobelpreisträger, geäußert worden war. »So ändern sich die Zeiten«, sagt Karlach. »Damals hatten die Genossen Seifert noch unisono niedergeschrieen.«

Und es gibt keine Worte. Und hat sie nie gegeben, / wenn es ernst wurde. An der Schwelle der Schicksale/ schweigt die Poesie, verschlungen von der eigenen Bitterkeit. Miroslav Holub ist Molekularbiologe und Lyriker, Jahrgang 1923. Als ich den beinahe schüchtern wirkenden alten Mann mit dem gelichteten Haar treffe, um über den Kongress zu sprechen, beginnen seine Augen sofort zu glänzen. »Was für eine Erinnerung! Wir lasen Gedichte und diskutierten dann darüber, und der Professor Walter Höllerer war der gute Geist dieses Kolloquiums.«

»Sind Sie sicher, dass wir jetzt über den 4. Tschechoslowakischen Schriftstellerkongress vom Juni 1967 sprechen?«, frage ich vorsichtig. Holub lacht, schlägt sich die flache Hand an die Stirn. »Oh, Verzeihung. Ich dachte gerade an das Walter-Höllerer-Kolloquium in Westberlin, zu dem ich einmal fahren durfte und wo man frei über Gedichte sprechen konnte; das werde ich nie vergessen. Als der Prager Kongress tagte, war ich gar nicht hier, sondern in Amerika – auch eine Gnade, die man mir zugestanden hatte. Aber als ich im Winter 1967 zurück kam« – und jetzt leuchten seine Augen aufs neue – »kehrte ich in eine verwandelte Stadt zurück. Meine Kollegen waren freier geworden, steckten voller Energie und lächelten. Als hätten sie sich einer drückenden Last entledigt – sagt man so?« Er sieht mich neugierig an. Ja, so sagt man. »Es war ein Gefühl der Zusammengehörigkeit, der *freiwilligen* Zusammengehörigkeit natürlich. Das hielt ein knappes Jahr. Dann kam schon die Okkupation, und ein jeder war wieder allein, ganz allein.« Seine Stimme ist wieder leise geworden.

Es ist eine merkwürdige Atmosphäre, irgendwie *strange*. Der Dichter Miroslav Holub sitzt mir an einem mit grünem Velours bespannten Konferenztisch gegenüber, und während er mir von den Widrigkeiten erzählt, die er nach 1968 erdulden musste, fiepen um uns herum Handys, schleppen Kellner auf Tabletts Tonic-Flaschen herbei, tauschen Wissenschaftler in summendem Englisch unverständliche Fachtermini aus. Hotel Forum, Juni 1997 – der inzwischen 74jährige Dichter, seit der Revolution wieder in die Akademie der Wissenschaften aufgenommen, ist gerade *Chairman* eines internationalen Biochemiker-Kongresses. Mir freundlich seinen auf Deutsch übersetzten Gedichtband *Vom Ursprung der Dinge* signierend, spricht er noch einmal schaudernd über das umfangreiche Dossier, das der kommunistische Geheimdienst über ihn angelegt hatte. »Da war ich ungeheuer schockiert, als man mir das zeigte. Irgendwann damals, 1991.«

Damals, 1991. Der Satz versetzt mir einen kleinen Stich. Auf einmal merke ich, dass ich, und sei es nur unbewusst, bis jetzt die Zeit noch immer in »vor '89« und »nach '89« eingeteilt habe, das Jahr, in dem ich in den Westen kam und in dem ein paar Monate später die Mauer fiel, in meiner Privatchronologie als *die* Zäsur. Lächerlich eigentlich – als wäre danach nichts passiert, als hätten mich nicht Menschen, Geschichten, Städte geprägt und viel stärker verändert, als dass es jemals in ein simples Ost-West-Diagramm passen könnte.

Und nun gab es also Jahre, die 1989 folgten und bereits mit dem Wort *damals* bezeichnet werden. Die Geschichten differenzieren sich aus, Zeit vergeht, Handlungsstränge verlaufen nicht mehr linear, erinnern stattdessen eher an Windungen oder kleine Fältchen, die man eines Morgens überraschend beim Blick in den Badspiegel entdeckt.

Am Abend des gleichen Tages sitze ich in einem Restaurant am Staroměstské náměsti und werde, nachdem ich gerade ziemlich nachdenklich ein paar *knedlíky* in die Gulaschsoße getunkt habe, aus einer Gruppe von Kunststudenten angesprochen, die am Nachbartisch sitzen und irgendein fröhliches Ereignis feiern. »Your first time in Prague?«

Ich schüttele den Kopf,sage, dass ich schon vorher oft in der Stadt war. »Before and after the revolution.« Erstaunte Augenpaare. »After what? Ah, revolution, *sametová revoluce.*« Sie denken kurz nach, als müssten sie sich an die Zeilen eines alten Pop-Songs erinnern, nicken dann und wechseln das Thema. Hätte ich ihnen erzählt, dass ich jedes Mal in der Hoffnung nach Prag gefahren wäre, im Wirtshaus *U kalicha* den braven Josef Schwejk Episoden aus dem Ersten Weltkrieg vortragen zu hören, hätten mich die Studenten sicherlich auch nicht erstaunter angeschaut. Dabei hatte ich nicht einmal diesen famosen Kongression 1967 erwähnt.

»Der Bruch geht mitten durch die Generation der Zwanzigjährigen«, sagt mir ein paar Tage später Jakub Železný, der 1989 den ersten Schülerstreik des Landes initiiert hatte. »Wer heute Anfang zwanzig ist, war zur Zeit der Revolution noch ein Kind – für den ist alles, was wir erlebten, schon eine Episode aus dem Lexikon.«

Aber wir hatten das doch nicht geträumt: Wie wir kurz nach dem Sturz der Kommunisten durch Prag zogen, Jakub mir lachend diesen Sowjetpanzer in Smichov zeigte, der über Nacht von seinen Freunden rosarot angepinselt worden war und um den sich nun geifernde Altkommunisten scharten, die angesichts dieser »imperialistisch-zionistischen (sic) Provokation« hilflos herum tobten; wie mir Jakubs Vater – heute längst Chef des einflussreichen Privatsenders *Tele Nova* – das Video vorspielte, das er als Wahlkampfmanager von Václav Havels *Občanské Fórum* mit nur ganz geringen Geldmitteln drehen ließ; wie wir im ehemaligen verbandseigenen Schriftsteller-Restaurant nahe des Národní divadlo die regimetreuen Literaten von einst sitzen sahen, missmutig und vergrämt einen Wodka nach dem anderen kippend, während eine Etage über ihnen nun Milan Jungmann – Kongressredner (natürlich) vom Juni '67, in den Jahren der »Normalisierung« dann zum Fensterputzer degradiert – als Präsident des neuen demokratischen Schriftstellerverbandes amtierte; wie Jakub mir seine an Seifert und Skácel geschulten Gedichte zeigte, die er dann immer heimlich in die Briefkästen seiner jeweiligen Freundinnen warf...

Eine postrevolutionäre Euphorie ohne Guillotine, und mitten drin wir, im Disco-Rhythmus pausenlos Grabgesänge auf CSSSR, DDR und andere üble, strangulierende Kürzel pfeifend, ein permanentes Hochgefühl, dessen Überschwang ein Kapital bleibt, für immer. Als wäre das Leben ein Kapitel aus einem Kundera-Roman... »Wenn du junge Frauen kennenlernen willst, geh' zur germanistischen Fakultät und sprich mit ihnen über die Revolution, zitiere Heine«, riet damals Jakub allen Ernstes und überhörte meine skeptischen Einwände. Denn es funktionierte tatsächlich. Jolana, Klara, Blanka. »Ich habe zwei Geliebte, Dich und die Republik, mit einer bin ich beisammen, zur anderen geh ich in einer Weile«, hieß es nicht zu knapp pathetisch in einem alten Pavel-Kohout-Buch, aber auf eine bestimmte Weise traf es auch die Stimmung nach der Revolution: Die Emphase besiegte die Lächerlichkeit.

Als ich ein paar Jahre später Blanka in Wien wiedertraf, lebte sie bereits in einer glücklich-unglücklichen Beziehung mit einem deutschen VW-Vertreter, dessen Frau im Fall einer Scheidung drohte, die gemeinsame Eigentumswohnung für sich allein zu reklamieren... Nichts bleibt, wie es war, wie es ist. Als mich die Kunststudenten schließlich fragen, ob ich Lust hätte, eine lustige Travestie-Show zu sehen, die jede Samstagnacht im *U Střelce* gleich hinter dem Betlémske náměstí stattfinde, sage ich nicht nein. (Und verschweige dennoch, was mir gerade durch den Kopf geht: Genau dort, an jenem Betlémske náměsti, befand sich die Redaktion von *Literární noviny*, die ein paar Wochen nach dem Schriftstellerkongress komplett ausgewechselt und durch parteihörige Journalisten ersetzt wurde. Und in unmittelbarer Nähe jenes Untersuchungsgefängnis, in dessen Zellen später auch Václav Havel saß.)

So ich chose freedom... Die Gäste singen und klatschen begeistert mit, als ein Mann in strähnig blondem Madonna-Look den *Evita*-Song durchs Mikro jagt. Doch schon den Gag des zweiten Auftritts scheinen nur noch diejenigen richtig würdigen zu können, die wie ich bereits auf die dreißig zugehen: Ein kleines, gedrungenes und molliges Wesen mit geflochtenen Teenie-Zöpfen stampft auf die Bühne, über der künstlich erhöhten Brust prangen zwei Medaillen aus sozialistischer Vorzeit, während den Hals ein riesiges Pionierhalstuch ziert. Die Gestalt salutiert linkisch und beginnt, sich dann zu immer lauter werdenden Techno-Klängen im Scheinwerferlicht zu drehen, bis sie nur noch ein unförmiger, schwitzender Wirbel ist. Ich erinnere mich an die riesigen Appellplätze meiner Kindheit, meinen glücklicherweise halstuchfreien Hals und denke, dass vielleicht gerade derart Schrilles eine Medizin gegen allerlei frühe Traumata sein könnte. Megabyte statt verordnetem Schweigen.

Wahrscheinlich hat nicht jeder die gleichen Assoziationen. Neben mir steht ein gutaussehender junger Mann, den das Bühnenspektakel offensichtlich kaum schert, denn seine dunklen Augen sind hauptsächlich damit beschäftigt, mich von Kopf bis Fuß abzuchecken. Als ich ihn ansehe, stellt er sich als afghanischer Diplomatensohn vor, der in Wellington/Neuseeland aufgewachsen sei, jetzt aber hier in Prag *international law* studiere und heute Nacht bereits ganz *horny* sei.

»Thank you«, sage ich freundlich. Der multikulturelle Varietégast lässt daraufhin sein langes schwarzes Haar durch die Finger gleiten – in diesem Moment ähnelt er tatsächlich dem indischen Soldaten Kip, der im *Englischen Patient* vor der verduzten Juliette Binoche seine Show abzieht – und sagt dann übergangslos: »I like hard sex.« »Not me«, antworte ich störrisch. »So I will...« Es folgt eine überraschend detaillierte Aufzählung seiner diversen Vorlieben, die entweder dem Traditionsfundus des Hindukusch oder klandestinen Maori-Riten zu entstammen scheinen.

»Maybe you don't know the difference between *will* and *want*«, sage ich diplomatisch, um der Sache ein Ende zu machen. »Okay, sorry, good-bye.« Der junge Mann verschwindet klaglos. Im gleichen Moment räumt auch der füllige Techno-Pionier die Bühne. Prag, Sommer 1997.

»Sich ficken zu lassen ist die einzige Freiheit, die einem in diesem Land verblieben ist. Ficken und sich ficken lassen, ist alles, was uns verblieben ist, was sie nicht abstellen können«, gestand 1976, im Bett eines schäbigen Prager Mansardenzimmers liegend, die frustrierte Dissidentin Olga in Philip Roth' *Prager Orgie* dem naiven New Yorker Schriftsteller Nathan Zuckerman. Inzwischen scheint sogar der Sex sein Kompensations-Potential, seine politische Subversionskraft verloren zu haben; bei genauerem Nachdenken doch eigentlich eine eher beruhigende Entwicklung.

Für die heutige Situation hat Eduard Goldstücker nur eine abwertende Handbewegung übrig. »Überall auf der Welt schätzt man unseren ›Prager Frühling‹ als etwas ganz Besonderes, nur hier zu Hause wollen ihn die neuen Machthaber am liebsten vergessen.«

Wir sitzen im *Café Milena* im ersten Stock des Franz-Kafka-Zentrums, und der 85jährige Professor versucht nicht, seine Enttäuschung zu verbergen. Im Zuge des Slansky-Prozesses war er 1951 als tschechischer Botschafter aus Israel abberufen und dann in Prag sofort verhaftet worden – 18 Monaten Untersuchungshaft folgten zweieinhalb Jahre Strafarbeit im Uranbergbau. 1963 initiierte Goldstücker, inzwischen rehabilitiert, die legendäre Kafka-Konferenz, die zusammen mit dem 67er Schriftsteller-Kongress das geistige Klima für Alexander Dubčeks großes Reformprojekt schuf.

Nach dem Einmarsch der Russen musste Goldstücker, der zu diesem Zeitpunkt bereits seine Funktionen als Germanistik-Ordinarius an der Karls-Universität und Präsident des Schriftstellerverbandes verloren hatte, für zwanzig lange Jahre ins englische Exil gehen. Nach Prag ist er nun als melancholischer alter Mann zurückgekehrt, der seiner Vision eines »demokratischen Sozialismus« verbittert nachhängt. Um seine Schelte der gegenwärtigen Regierung etwas zu unterbrechen, lese ich Eduard Goldstücker, mit Bitte um nachfolgende Interpretation, einen Satz aus seiner Kongressrede 1967 vor.

»Sie sollen wissen, dass in unseren Reihen – bis auf geringe Ausnahmen, die es überall gibt und die in der politischen Terminologie als pathologische Randerscheinungen bezeichnet werden – praktisch kein Verantwortungsbewusster existiert, der nicht den sozialistischen Standpunkt vertritt, den Standpunkt, dass der Sozialismus bislang das beste System gesellschaftlicher Ordnung darstellt...«

Als ich von meinem Suhrkamp-Bändchen wieder aufschaue, ist das feingeschnittene Gesicht des weißhaarigen Professors wie versteinert. »Was soll das? Damals war eben jeder für den Sozialismus!«

»Und Václav Havel, der bei einer Reise nach New York die Repräsentanten des Exils von 1948 traf und nach dem Schriftstellerkongress den KNS, den ›Club der parteilosen Schriftsteller‹ mitbegründete?«

»Auch Havel war dafür.«

»Und der Katholik Jiří Gruša?«

»Nun, der ist jetzt in der Klaus-Regierung Bildungsminister. Mein ehemaliger Schwiegersohn.« Eduard Goldstücker streicht sich die Krawatte über dem weißen Hemd zurecht; die Geste hat etwas Abschließendes. Meine Schuld, denke ich, wenn ich mir den Jahrhundert-Mann anders vorgestellt hatte, von der Geburt im k.u.k.-Reich und den notgedrungen vielen Auslandserfahrungen auf einen Spezialisten der komplexen Verknüpfungen schließend. Und der Ton seiner *Erinnerungen eines Mitteleuropäers* (nicht: *eines Sozialisten*) war doch von solch souveräner Ironie gewesen: Wie der junge, seitengescheitelte Gymnasiast im Städtchen Kaschau (heute Košice in der Slowakei) der Organisation »Haschomer Hatzair« beitrat, um sich dort – wie fast zeitgleich Manés Sperber in Wien – auf ein Kibbuz-Leben im damaligen Palästina vorzubereiten. Wie dann auch er die Orientierung wechselt und sich in der Stadtbücherei die Schriften von Marx, Engels und Lenin ausleiht (was in der jungen tschechischen Republik der Zwischenkriegszeit problemlos möglich war). Wie er einen Schulaufsatz über Einstein und Spinoza schrieb, mit dem er dann später, Anfang der Fünfzigerjahre in der Haft, überraschenderweise konfrontiert wurde: »Ich habe da ein Verzeichnis mit zionistischen Individuen, mit denen Sie in verbrecherischer Beziehung standen.« Zum Glück – andere wurden in dieser Zeit nach solchen Vorwürfen gehenkt – konnte er den misstrauischen Verhörer davon überzeugen, dass schließlich auch Karl Marx Jude war. Freilich: Diese Memoiren waren 1989 erschienen, *vor* der Samtenen Revolution und Goldstückers anschließender Rückkehr, die offenbar in beträchtlicher Verbitterung geendet hat.

Es scheint also nicht geraten, hier weiter nachzufragen, wo sich persönliche und politische Differenzen zu verknüpfen scheinen. Noch immer aber sind Goldstücker jene Worte allgegenwärtig, die damals nach der Okkupation auf Flugblättern zwischen die Panzer geworfen wurden: »Niemals werde ich, auch nicht durch die geringste Tat, einen Verrat an der Idee der Demokratie, der Freiheit und des humanitären Sozialismus begehen. Nie werde ich den

15. März 1939 und den 21. August 1968 vergessen.« Wer wollte ihn wohl deswegen verspotten? Zur gleichen Zeit hatte in der DDR eine Christa Wolf im SED-Zentralorgan *Neues Deutschland* den Einmarsch von Breschnews Truppen als nützliche »Übereinkunft« gepriesen.

Als wir uns verabschieden, weist Goldstücker auf die Kafka-Büste, die an der Fensterseite des Cafés aufgestellt ist. »So sah er doch gar nicht aus, der Franz Kafka«, sagt der alte Herr auf einmal lächelnd, »oder was meinen Sie dazu?«

Mein letzter Tag in Prag. Abends werde ich noch Milan Jungmann treffen: genug Zeit, Jakub Železný anzurufen, um zu sehen, ob man sich nach über sechs Jahren noch irgendetwas zu sagen hat. Er arbeitet jetzt als Moderator bei Radio Prag und brüllt tatsächlich begeistert ins Telefon, als ich mich melde. Wir verabreden uns in einem verräucherten Pub an der Vodičkova – und verspüren keinen Moment der Fremdheit. Noch immer trägt Jakub seine verwaschene Jeansjacke, und auch der übliche Seitenhieb auf meine Kleidung darf nicht fehlen:« I see, again your westeuropean outfit.« Er bestellt für uns beide bei der jungen Kellnerin, die mir in diesem Zusammenhang als seine neueste »Bekanntschaft« vorgestellt wird, ein seltsames Gemisch aus Cola und Rotwein, und nach einer Stunde haben wir uns alle wichtigen *events* erzählt, die sich seit 1991 in unserem Leben zugetragen haben.

1993 lebte Jakub einen Sommer lang in London, ziemlich mittellos und sich als Arbeiter in einer pakistanischen Putzkolonnne mehr schlecht als recht finanziell über Wasser haltend. »Eine prima Erfahrung. Und stell dir vor: Letztes Jahr kam die Queen nach Prag, hatte all die offiziellen *dates* mit Havel und meinem Vater auf der Burg und mischte sich dann einen Tag später bei einem Journalisten-Empfang unter die Leute. Und was tut sie? Plaudert mit Jakub Železný! Will alles über meine *underdog*-Monate in London wissen, wiegt ihr königliches Haupt...«

»Gab es da nicht diesen berühmten Hrabal-Roman *Ich bediente den englischen König*?«, frage ich. »Aber...« »Aber natürlich kam der englische König bei Bohumil Hrabal überhaupt nicht vor«, ergänzt Jakub, und wir freuen uns, dass sich auch nach Jahren unsere Assoziationen noch immer zu treffen scheinen.

Irgendwann treten wir auf die Straße hinaus, wo ich ihn auf das leuchtende Firmenschild von *Kentucky Fried Chicken* aufmerksam mache, das sich von den verfallenen Häuserfassaden abhebt. »Seltsam, der KFC-Typ mit seinem Spitzbart...«

»Na klar«, sagt Jakub und haut mir auf die Schulter, »sieht aus wie die Marktwirtschaftsversion von Old Leo Trotzki!« (Apropos Projektion: Hatte nicht Anfang '68 Wolf Biermann in seinem Lied »In Prag ist Pariser Kommune« gedichtet: »Die Revolution macht sich wieder frei/ Marx selber und Lenin und Rosa und Trotzki/ stehen den Kommunisten bei.« Charmantes Missverständnis. Und gleichzeitig etwas Mut Spendendes, hatten zahlreiche junge Leute in der DDR nach dem Einmarsch vom 21. August doch gerade dieses Gedicht heimlich vervielfältigt und verteilt. Worauf die Stasi ihnen nachspürte und eine willfährige Justiz Haftstrafen verhängte. Und eines kommt zum anderen in solchen Geschichten und Erinnerungen...)

Und wie ging es mit dem Kongress aus?

Am 29. Juni 1967 versuchten die Funktionäre Hendrych und Vasil Bilak (dieser würde dann bereits ein Jahr später in Moskau gegen Dubček intrigieren und um »brüderliche Hilfe« bitten) die Schlussveranstaltung in ihrem Sinne zu manipulieren und setzten durch, dass die vier auffälligsten Kongressredner – Václav Havel, Ivan Klíma, Pavel Kohout und Ludvík Vaculík – von der Kandidatenliste für das neue Präsidium des Schriftstellerverbandes gestrichen wurden. Zwei Monate später schloss man Klíma und Vaculík aus der Partei aus, Kohout bekam eine Verwarnung, und Milan Kundera wurde ein Disziplinarverfahren angehängt. Aber die Saat des Protestes war bereits aufgegangen; das marode Novotný-Regime konnte nicht weitermachen wie bisher.

Im Januar 1968 wurde Alexander Dubček zum neuen Generalsekretär der KPČ gewählt, und es begann das, was als »Prager Frühling« in die Geschichtsbücher einging – ein zeitlich begrenztes Aufatmen, ein Wiederentdecken der verschütteten demokratischen Traditionen, eine Unterbrechung in der verfluchten Fatalität der Geschichte.

Für Milan Jungmann, ehemaliger Chefredakteur der Verbandszeitung, Dissident, Fensterputzer, 75jähriger Pensionär und streitbarer Literaturkritiker – soeben ist ein neues Buch von ihm erschienen –, sind die damaligen Ereignisse noch immer präsent. Von all meinen Gesprächspartnern ist der grauhaarige Mann mit den wasserblauen Augen der Zurückhaltendste, Sympathischste. Er ist sogar höflich genug, um vorzugeben, dass er sich selbstverständlich noch an Jakub Železný und mich, die zwei jungen Revolutions-Euphorischen vom Frühjahr 1991, erinnere, wie wir damals bei ihm im Büro des Schriftstellerverbandes gesessen hatten, wobei ein Ofen blubberte und den Linoleumgeruch im überheizten Zimmer fast übermächtig werden ließ. Auf seinem Tisch im *Café Gany's* (an den Fenstern Wolkenstores, als wäre die Zeit stehengeblieben) hat er Bücher, Broschüren und aktuelle Zeitungsartikel gestapelt. Immer wieder sieht er in seinem zerschlissenen tschechisch-deutschen Wörterbuch nach, damit auch ja nur keine Information über den Kongress – »unseren Kongress« – verlorengehe. Ivan Klímas These vom Verschwinden der Kreativität im Exil mag er so pauschal nicht teilen. Gerade kürzlich sei der 1968 nach Toronto emigrierte Josef Škvorecký zusammen mit seiner Frau wieder besuchsweise nach Prag gekommen, da habe man sich wunderbar verstanden und über neue Buchprojekte geplaudert – ganz wie einst. Nur bei der Erwähnung von Milan Kundera scheint auch Jungmann zu versteifen. »Das ist inzwischen französische Literatur für den Weltmarkt und hat mit tschechischen Traditionen nichts mehr zu tun«, sagt der Literaturkritiker und bleibt trotz meiner Nachfragen bei dem seltsam gängigen Verdikt. Dann aber überzieht ein Lächeln sein Gesicht. »Aber wie auch immer... Zumindest ahnen Sie jetzt, wie das damals war mit unserer Generation. Gibt es da nicht sogar ein passendes Brecht-Gedicht?«

Milan Jungmann schließt kurz die Augen, um sich zu konzentrieren, und zitiert dann aus dem Gedächtnis leise die Verse. »Am Grunde der Moldau wandern die Steine./ Es liegen drei Kaiser begraben in Prag./ Das Große bleibt groß nicht und klein nicht das Kleine./ Zwölf Stunden hat die Nacht, doch dann kommt schon der Tag.«

Überlegt, ob die Worte stimmen, nickt dann, wischt sich verstohlen die Augenwinkel. Während ich das Gefühl habe, hier vielleicht doch in mehr hinein gestolpert zu sein als in eine historisch gewordene Episode, welche die Gegenwart nicht mehr betrifft.

Obwohl alles getan wird, um mich vom Gegenteil zu überzeugen: Der Zug, in den ich dann in Prag-Holešovice steige, fährt über Dresden und Berlin bis nach Westerland auf Sylt. Bin ich etwa der einzige Reisende, der dies noch seltsam findet?

* * *

Milan Jungmann starb 2012, wenige Tage nach seinem 90. Geburtstag; bis zuletzt war er publizistisch aktiv geblieben.

Bereits im Jahr 2000 war Eduard Goldstücker gestorben, 87 Jahre alt. Einige Zeit zuvor war er noch einmal nach Berlin gekommen, und auch da gab es diese Ambivalenz. Der Schrifsteller Hans Christoph Buch hatte den Professor in einer Erzählung verewigt, die den Namen *In Kafkas Schloß* trug und eine ironische Hommage auf die Kafka-Konferenz von 1963 war – inklusive eines herumgeisternden Casanova, einer zwischen Neugier und Parteidisziplin changierenden Anna Seghers und einem jungen K., der sich als Milan Kundera entpuppt. »Und warum bauen Sie mich in Ihr Lügengespinst ein und legen mir Worte in den Mund, die ich nie und nimmer gesagt habe?« zürnt in dieser sympathisierenden literarischen Phantasie der halb-fiktive Professor Goldstücker (der in dieser Gestalt auch schon in Jorge Sempruns Roman *Der weiße Berg* gewürdigt worden war). Während sein reales Vorbild auf jener Lesung im Mai 1998 nun ganz ähnlich reagierte: »Dieses burleske Pasquill ist Teil einer breit geführten Kampagne gegen den Prager Frühling, die meine Stellung untergraben soll!« Man hätte den alten Gentleman am liebsten vor sich selbst in Schutz genommen. Als im Jahre 2013 das slowakische Košice zur »Europäischen Kulturhauptstadt« wurde, erinnerte im EU-finanzierten Festival-Trubel dann schnöderweise keine einzige Veranstaltung an Eduard Goldstücker, der doch vor genau hundert Jahren geboren war und hier seine Jugendzeit verlebt hatte. Mitteleuropäische Erfahrungen.

* * *

2013 – 45 Jahre nach '68

Es war die größte Militäroperation in Europa seit dem Ende des Zweiten Weltkrieges: Im Morgengrauen des 21. August 1968 rollten nicht nur sowjetische Panzer durch die sommerlich stillen Straßen Prags – im ganzen Land waren auf Moskaus Befehl eine halbe Million Soldaten des Warschauer Paktes eingefallen, um Alexander Dubčeks Reformversuch gewaltsam zu beenden. In jenen dramatischen Morgenstunden, schreibt Reiner Kunze in seinem Buch *Die wunderbaren Jahre*, war ein Prager Autorenkollege – unverkennbar der libertäre

Milan Kundera – durch Rufe auf der Straße wach geworden. Kundera, der mit seinen die Privatheit verteidigenden Romanen den Prager Frühling gleichsam mit herbei geschrieben hatte, vermutete zuerst eine seiner zahlreichen Freundinnen – mit mulmigem Gefühl, lag er doch ausnahmsweise mit seiner Ehefrau im Bett. Diese wurde durch den Lärm ebenfalls wach und ging nach unten, um nachzuschauen. »Ich sehe, dass ich die Katastrophe nicht mehr abwenden kann, verziehe mich ins Bad. Alena kommt zurück, blaß. Prag ist besetzt, auf dem Wenzelsplatz stehen sowjetische Panzer. – Junge, wenn du wüßtest, was da in mir vorging: War ich froh, als es nur die Panzer waren.«

Bis zuletzt also und noch über das bittere Ende hinaus: Eine zivile, souveräne Ironie, ein tapferes Lächeln unter Tränen. In den nächsten Stunden würde man dann in der ganzen Tschechoslowakei die Straßenschilder übermalen, um »Dubček« darauf zu schreiben – zur Desorientierung der sowjetischen Soldaten, die verdutzt aus ihren Panzerluken schauen, umringt von protestierenden Menschen, die ihnen auf Russisch klarzumachen versuchen, dass dies hier keine Befreiung von irgendeinem »faschistischen Revanchismus« ist, sondern eine brutale Invasion.

Heute, fünfundvierzig Jahre später, scheint gerade jene humane Dimension in Vergessenheit geraten – in den Orkus der Historie hinab gezogen mitsamt all den fruchtlosen Diskussionen darüber, ob ein »Sozialismus mit menschlichem Antlitz« nicht vielleicht doch eine Chance gehabt hätte. Dazu aber hatte der tschechische Dramatiker Pavel Dostál bereits vor Jahren das Nötige gesagt: »Ein Kommunist, der zur Kenntnis nimmt, was seine Partei alles angerichtet hat, wird automatisch zum Sozialdemokraten.« Ironischerweise hatte im Prager Reformklima der Mittsechziger-Jahre dies auch ein gänzlich anderer Aktivist erspürt – und es als die größtmögliche Bedrohung angesehen. Auf »kapitalistischen Wege« sei das Land, zürnte schon im Sommer 1966 Che Guevara, dem die zunehmend freie Atmosphäre an der Moldau entschieden *contre coeur* war. Auch Rudi Dutschke hatte geargwöhnt, dass Dubčeks Reformen über kurz und lang zu einer bürgerlichen Gesellschaft führen könnten.

Was inzwischen gern verdrängt wird: Die eigentliche westliche Solidarisierung hatte erst *nach* dem 21. August ’68 eingesetzt und verknüpfte dann auf sympathisch antiautoritäre, aber auch recht verwaschene Weise die Ereignisse in Prag mit den Pariser Studentenprotesten und dem Vietnam-Krieg. So gewann just im Moment des offensichtlichen Scheiterns der sogenannte »Dritte Weg«, eine Art Symbiose aus Freiheit und Planwirtschaft, an intellektueller Attraktivität – allerdings hauptsächlich bei jenen, die im Unterschied zu ihren tschechoslowakischen Kollegen nicht als politisch abgestrafte Fensterputzer arbeiten mussten oder gar für Jahre im Gefängnis verschwanden. Schließlich aber wurde selbst noch diese Illusion von jenen gekapert, die im August '68 auf der Seite der Okkupanten gestanden hatten: Kaum war 1989 die Mauer gefallen, benannte sich die SED flugs in »Partei des demokratischen Sozialismus« um – quasi ein letzter Akt der Infamie gegenüber Alexander Dubček und seinen Mitstreitern, die man zuvor als »Konterrevolutionäre« denunziert hatte.

»Ich denke oft an diesen Augusttag der zerstörten Hoffnungen«, raunte noch im Sommer 1998 Christa Wolf im Gespräch mit Eduard Goldstücker, dem geistigen Initiator des Prager Frühlings – dabei in gewohntem Verdrängungs-Sprech die Tatsache verschweigend, dass sie in just jenen Tagen den sowjetischen Einmarsch im *Neuen Deutschland* als »Übereinkunft« bejubelt hatte, während der Germanist und Kafka-Experte Goldstücker im Tatra-Gebirge hatte untertauchen müssen, ebenso wie in Ostberlin der Liedermacher Wolf Biermann. (Welcher zwar mit seinem bald im Untergrund kursierenden »In Prag ist Pariser Kommune« ebenfalls die reformkommunistische Lesart übernommen hatte, aber in den Refrainzeilen unbewusst schon viel weiter war – und sie dann im Dezember '89, beim ersten DDR-Auftritt nach der Ausbürgerung, unbeschadet und frisch vortragen konnte: »Wir sind stärker als Ratten und Drachen/ und hattens vergessen – und immer gewusst.«)

Denn das sind die wirklichen Geschichten, die dieser 21. August vor über einem halben Menschenalter schrieb: Heinrich Böll, der zufällig in jenen Tagen in Prag ist, voller Bewunderung vor dem zivilen Widerstand der Bevölkerung und die Worte eines jungen Arbeiters notierend: »Der Sozialismus ist tot, sie haben ihn nicht gerettet, sondern zerstört.« Oder Ives Montand, der bei einem Konzert im Pariser »Olympia« die Verletzung seiner Stimmbänder bekannt geben muss: Stundenlang hatte er zuvor gebrüllt, seine einstigen partei-kommunistischen Weggefährten angeschrien, da diese vorgeschlagen hatten, die Invasion besser nicht zu kritisieren, »um den Gegner keine Argumente zu liefern«. Ab jetzt aber: Nie mehr derlei falsche Rücksichten, keine Illusionen mehr über den Charakter der Sowjetunion und ihres exportierten Gesellschaftsmodells. Nach jenem Sommer '68 gab es dann in der Tat wohl keinen wirklich ernstzunehmenden Linksintellektuellen mehr, der mit den Sowjetkommunisten verbandelt sein wollte.

Und Alexander Dubček, der tragische Held des Prager Frühlings, den man nach dem Einmarsch nach Moskau verschleppt hatte und der danach mit tränenerstickter Stimme den geforderten Kotau erbrachte? Noch sein »Umfallen« sprach weniger gegen ihn als gegen das perfide System, gegen das er sich zuvor noch so tapfer aufgelehnt hatte – keine Selbstverständlichkeit für einen eher schüchternen slowakischen Parteifunktionär. In den Jahren nach '68 fanden folglich auch viele der einstigen Reformkommunisten wie etwa Pavel Kohout den Weg zu den Bürgerrechtlern der *Charta 77*, deren Ideen schließlich im November 1989 triumphierten. Schon aus diesem Grund war es für den liberalen Antikommunisten Václav Havel selbstverständlich, dann auch Alexander Dubček, den gescheiterten Reformer von einst, an seiner Seite zu haben – weniger aus politischer Übereinstimmung, sondern als menschliche Geste des Respekts. Als Dubček 1992 an den Folgen eines dubiosen Autounfalls starb, fehlte bei seiner Beerdigung nicht zufällig der konservative Václav Klaus, für den der Prager Frühling ohnehin irrelevant gewesen war.

Und so ist es bis heute geblieben: Für die Rechten (zum größten Teil einstige Mitläufer des kommunistischen Regimes) eine Lächerlichkeit, für die tschechischen Kommunisten dagegen ein veritabler »Verrat«, sind es die verbliebenen liberalen Bürgerrechtler im Verbund mit einer jungen, neugierigen Generation, welche die Erinnerung aufrecht erhalten: Der 21. August 1968 als das Ende einer Illusion – und der Beginn eines Engagements, das zwei Jahrzehnte später zum Sturz der Diktatur führen sollte. Denn die Geschichte ist tatsächlich *immer* offen – trotz alledem und alledem.

Pavel Kohout – Dunkle Zeiten, helle Zeiten

2009

Die Sozialdemokratische Partei ist müde. Trotz unzweifelhafter politischer Erfolge und einer großen Vergangenheit im Kampf gegen Unrecht und Diktatur hat sie sich von ihren Gegnern einreden lassen, ihr Konzept, das politische und soziale Freiheiten miteinander verzahnt, sei aus der Mode gekommen und viel zu lasch. Für eine angebliche Frischzellenkur stehen die Kommunisten bereit, deren Slogans ohnehin viel volksnäher und deren Veranstaltungen ungleich straffer organisiert sind. Sozialdemokraten, welche dem misstrauen, haben – selbst in der eigenen Partei – einen zunehmend schweren Stand und werden als bürgerlich korrumpiert denunziert.

Im Übrigen befinden wir uns im Prag des Jahres 1948. Die Kommunisten, die bereits mit großem Geschick wichtige Ämter besetzt haben, schauen nun auf Felix Fischer, den charismatischen Vorsitzenden der Sozialdemokraten, polyglotter Held aus dem Anti-Hitler-Widerstand und größter Skeptiker einer so genannten »Vereinigung aller Linken«. Dieser Felix Fischer ist der Roman-Protagonist in Pavel Kohouts neuestem Buch *Die Schlinge*, das sich ansonsten jedoch präzis an die Vorgänge in der Tschechoslowakei hält, wo es dann im Februar 1948 Klement Gottwalds Kommunisten schließlich gelungen war, die gesamte Macht an sich zu reißen und die bis dahin älteste Demokratie in Ostmitteleuropa in ein stalinistisches Gruselreich mit Schauprozessen, Straflagern und politischen Morden zu verwandeln.

Fiktiv in diesem Rahmen ist allein die Dreiecksgeschichte zwischen dem jungen Jan Soukup, einem idealistischen Dichter, der von ihm geliebten Theater-Schauspielerin Kamila und deren Ehemann Felix Fischer. Was schon in zivilen, ergo »bürgerlichen« Zeiten ein unauflösbares Beziehungsknäuel gewesen wäre, wird nun unter dem aufdämmernden Totalitarismus tatsächlich zur Schlinge, denn die Partei und ihre Staatssicherheits-Experten nutzen Jan Soukups Naivität und seine uneingestandene Konkurrenz-Position diabolisch aus, um den ebenfalls allzu vertrauensseligen Felix Fischer zu einem temporären Aufenthalt in Österreich zu überreden und damit in eine Falle zu locken. Plangemäß schließlich als »Republikflüchtling« verhaftet, wird er – nach erfolgter Vereinigung der Sozialdemokraten und Kommunisten – in einem Schauprozess zu mehrjähriger Haft verurteilt, die der bereits sechzigjährige Mann nicht überlebt. Am Ende nimmt sich die in ihrer Liebe verratene Schauspielerin Kamila das Leben, während Jan – mit einer neuen Frau, die er jedoch nun eifersüchtig vor den Avancen eines einflussreichen Politbüromitglieds schützen muss – in jene verschmiert schizophrene Welt des Realsozialismus entschwindet, in welcher politische Freiheit nichts mehr gilt und der Begriff der sozialen Gerechtigkeit längst zur Staffage geworden ist für das Privilegien-Universum der Bonzen.

Was hier in der Nacherzählung ein wenig holzschnittartig anmuten könnte, entwickelt sich im Roman bar jeder Klischees, dafür mit einer dramaturgischen Spannkraft und psychologischen Glaubwürdigkeit, die den inzwischen 81jährigen Pavel Kohout, einst literarische Symbolgestalt des Prager Frühlings, tatsächlich als versierten Altmeister zeigt. Die Wegbeschreibung Jans vom integren Edelkommunisten, der den eindrucksvollen Ehemann seiner Geliebten anfangs durchaus achtete und schützen wollte, zum willigen Rädchen im Getriebe des Systems verrät eine bestürzend genaue Kenntnis stalinistischer Seelen-Geographie. »Gerade Idealisten enden immer als Erste an der Wand, wenn sie naiv darauf beharren, dass ihr Ideal von Mördern verwirklicht wird«, sagt der erfahrene Sozialdemokrat Fischer, der viel früher als der Jüngere ahnt, welches tödliche Spiel hier gerade in Szene gesetzt wird. Auf Jans großäugige Entgegnung »Das kann ich einfach nicht glauben« antwortet er mit der treffenden Bemerkung »Die russischen Menschewiken wollten das noch in den Kellern nicht glauben, wo man ihnen ins Genick schoss.« Dennoch ist der Roman, der auch atmosphärisch die Verwandlung Prager Zivilität in einen totalitären Albtraum eindringlich nachzeichnet, keineswegs mit Rhetorik überfrachtet. Literarische Signallichter für den sozusagen vorbelasteten Leser blitzen gleichwohl auf: Das Schloss Liblice, in welchem der anfänglich widerstrebende Jan Soukup letztlich doch »umgedreht« und zum Meineid-Zeugen gemacht wird, wurde 1963 zum Austragungsort von Eduard Goldstückers berühmter Kafka-Konferenz, der wohl bedeutendsten intellektuellen Initialzündung für den Prager Frühling. Auch wenn die zunehmend verstörte Schauspielerin Kamila zur Beruhigung ausgerechnet Michail Scholochows Roman *Der Stille Don* liest (von dem man heute weiß, dass ihn teilweise der KGB von einem Anonymus hatte verfassen lassen), wird der infame Fake-Charakter des stalinistischen Systems deutlich.

Die eminente Lesbarkeit, ja Thriller-Qualität spricht nicht gegen dieses Buch. Im Gegenteil: Wer bislang nur 1938 (der westliche Verrat von München und Hitlers damit ermöglichter Einmarsch in der Tschechoslowakei) und 1968 (die Invasion der Warschauer Pakt-Staaten) als die beiden Tragödien-Daten unseres Nachbarlandes kannte, wird dank dieses historischen Romans erfahren, was gerade das Putsch-Jahr 1948 an Demokratie und individuellen Lebensläufen brutal vernichtet hatte.

Vielleicht aber wäre es dennoch nicht von Schaden gewesen, hätte Pavel Kohout der *Schlinge*, die den Vergleich zu Arthur Koestlers *Sonnenfinsternis* nicht zu scheuen braucht, eine Art autobiographisches Vor- oder Nachwort beigegeben. Welche Gründe hatte es wohl, dass sich der Autor erst *nach* dem sowjetischen Einmarsch mit der Frühgeschichte des Stalinismus zu beschäftigen begann, so etwa 1978 in seinem Roman *Die Henkerin*, einer Farce auf die Schauprozesse der fünfziger Jahre? Immerhin war Kohout 1948 selbst einer jener glühenden Partei-Jungdichter gewesen – und musste sich noch im Frühjahr 1968 in einem Briefwechsel mit Günter Grass von jenem damals recht Klarsichtigen daran erinnern lassen, dass mit dem kommunistischen Putsch 1948 ein »Terrorregime« errichtet worden war. Doch wäre dies dann schon wieder eine andere Geschichte, will heißen: Der Leser wartet mit Ungeduld auf das nächste Buch des Erzählers und Jahrhundertzeugen Pavel Kohout.

* * *

2010

Diese Autobiographie ein gesamt-europäisches Geschichtsbuch zu nennen, könnte pompös anmuten, ist ihr Verfasser doch geradezu die Inkarnation eines (selbst-)ironischen Zivilisten: Pavel Kohout, geboren 1928 in Prag und seit 1989 auch wieder dort lebend – im Wechsel mit dem Wahlheimat gewordenen ehemaligen Exilort Wien. Doch wie viel hat dieser Romancier, Dramatiker, Essayist und Zeitzeuge zu erzählen, der 1968 wohl *der* literarische Repräsentant von Alexander Dubčeks »Prager Frühling« gewesen war und nach der sowjetischen Invasion einer der entschiedensten Kritiker des neo-stalinistischen Husák-Regimes. Denn gleichwohl ist auch Kohout ein »Mann mit Vergangenheit«: Blutjunger Vorzeige-Autor und Jubel-Poet nach dem kommunistischen Putsch 1948 und bereits in den fünfziger und sechziger Jahren ein vielgespielter Theaterautor mit einem wachen Gespür für Zeitströmungen. Nicht zufällig heißt dieser Memoirenband denn auch *Mein tolles Leben mit Hitler, Stalin und Havel*, doch sollte man sich von dem leicht frivolen Titel nicht täuschen lassen: Pavel Kohout, auch hier in guter tschechischer Tradition, ist viel zu ernsthaft, um sich immer ernst zu nehmen, sprich die burlesken Verwicklungen des Lebens als pathetischen Strang zu versimpeln, der stets stracks von der Dunkelheit zum Lichte empor führen würde.

Der ehemalige Stalinist, dann antistalinistische Marxist und schließlich liberal-antikommunistische Intellektuelle mag nämlich ein Dissident sein – ein eifernder Renegat ist er nicht. Auch dies macht die Lektüre dieses immerhin über 500 Seiten starken Buchs (in der tschechischen Republik kam es vor fünf Jahren in zwei Bänden heraus) so bewegend und erfreulich: Plastische Innenansichten aus dem Milieu der Schriftsteller und Zensoren, der Parteisekretäre und temporären Geliebten wechseln sich ab mit selbstkritischen Reflexionen, die das eigene Handeln immer wieder auf den Prüfstand stellen, ohne dabei sich selbst zum Maßstab aller Dinge zu machen. Berührend und aufschlussreich sind da etwa die Porträts von Alexander Dubček und dem ebenso solitären wie der Verdrängung in eigener Sache nicht ganz abholden Milan Kundera, nicht zu vergessen die lange und komplexe Freundschaftsgeschichte mit dem »Seelenbruder« Václav Havel. Er, der lebenslange Nicht-Marxist, und Kohout, der grausam desillusionierte Ex-Kommunist, waren in den harten Jahren nach 1968 zu einer Art Tandem geworden, das die verschiedenen Protagonisten der tschechischen Künstler-Opposition öffentlichkeitswirksam aus der Marginalität holte. Was sich in der DDR mehr oder minder auf die überschaubare Szene um Wolf Biermann und Robert Havemann in Grünheide beschränkte, zog unter den ungleich freiheitlich gesonneneren tschechischen Intellektuellen viel weitere Kreise: Gemeinsam überlistete man Zensurbehörden und Geheimdienstspitzel, schmuggelte Manuskripte außer Landes, stand Inhaftierten bei, gründete die legendäre »Charta 77« – und vergaß dennoch nicht das gute, gesellige Leben bei Bier und Knödeln in den Bauernhäuschen der böhmischen Provinz. Etwas Unprätentiöses, im besten Sinne Kameradschaftliches geht von diesem anekdotensatten Buch aus, das auch die Brüche nicht verschweigt: Kohout, 1979 nach Österreich zwangsausgebürgert, kehrte nach der Revolution 1989 im Triumph nach Prag zurück – und musste doch, von Freund Havel auf die Prager Burg gerufen, bald vor dem kleinlichen Intrigantenstadl im Umfeld des Präsidenten kapitulieren. Merke: Auch die Demokratie macht Menschen nicht automatisch zu Heiligen. Die Freundschaft der beiden ging trotzdem nicht in die Brüche; heute sind sie beide ältere Herren, die sich vor allem bei Prager Theateraufführungen im Parkett treffen und miteinander plauschen. Es ist die Zimmerlautstärke zweier nicht ganz uneitler und gleichzeitig grundanständiger Schriftsteller, die trotz ihrer immensen Lebensleistung die eherne Heldenpose verschmähen. Was könnte sympathischer sein?

Pavel Kohout: Die Schlinge. Roman. Osburg Verlag 2009
Mein tolles Leben mit Hitler, Stalin und Havel. Osburg Verlag 2010

Milan Kundera – Verrat aus Freiheitsliebe?

2008

Seit jenem Oktobertag 2008 ist alles anders. Die tschechische Wochenzeitung *Respekt* publizierte einen seit 58 Jahren in den Prager Polizeiarchiven vergessenen und höchstwahrscheinlich authentischen Aktenvermerk. »Am 14. März 1950, um 16 Uhr, kam der Student Milan Kundera, geboren am 1. April 1929 in Brünn, wohnhaft im Studentenwohnheim in Prag 7, in die Abteilung, um eine Anzeige zu erstatten.« Es ging um einen ominösen Koffer in der Wohnung seiner Kommilitonin Iva, welche die Freundin von Kunderas Kumpel Miroslav war. Der Koffer aber stammte von einem gewissen Dvořáček, den das Paar von früher kannte und der nun als antikommunistischer Aktivist soeben illegal über die bayrische Grenze gekommen war. Was tun? Die Unterlassung einer Anzeige – so erinnerte sich kürzlich der ehemalige Dissident und Lyriker Jiří Gruša – wurde in jener Zeit des Hochstalinismus und der Schauprozesse mit fünf bis zehn Jahren Haft bestraft. Also ging – wer weiß, ob nun widerwillig, in der Hoffnung, einer befürchteten Provokation zuvorzukommen, oder tatsächlich als diensteifrig empörter Jungkommunist – jener gewisse Milan K. zur Polizei, um Anzeige zu erstatten. Miroslav Dvořáček erhielt 14 (!) Jahre Haft zu verschärften Bedingungen in den Uranminen des Landes; heute lebt er in Schweden und kann – als wäre auch dies ein Roman – nach einem Schlaganfall nicht mehr sprechen. Und Milan Kundera, der vermeintlich ewig junge, das (nicht zuletzt erotische) Tohuwabohu des Lebens immer wieder gegen die Zumutungen der totalitären Diktatur verteidigende Romancier und Essayist, wird dieses Jahr nun auch bereits achtzig. Sitzt in seinem Paris, wo er seit 1975 lebt, dementiert kurz und schweigt: »Dieser Zeitungsartikel behandelt eine Angelegenheit, von der ich gestern noch nichts gewusst habe und die nicht passiert ist.«

Währenddessen überschlagen sich die tschechischen Medien, den ohnehin als weltberühmten, kosmopolitischen Wahl-Franzosen eher misstrauisch Beäugten als einen Denunzianten und Verräter zu titulieren, der nun endlich vom Fluch der bösen Tat eingeholt werde. Nicht minder pawlowsch die Reflexe von Kunderas Bewunderern: Petitionen und Blanko-Ehrenerklärungen von Pavel Kohout bis Gabriel Garcia Marquez, von Bernard-Henri Lévy bis Nadine Gordimer und Salman Rushdie. Was zählt also mehr: Jener Märznachmittag 1950 oder das gesamte restliche Schriftstellerleben, das wie nur wenige andere der Verteidigung der individuellen Würde gewidmet war? Andererseits: Wiegen Bücher, wiegt *Weltliteratur* so einfach vierzehn Jahre Haft auf? Was ist unaufrichtiger – die Hetzjagd einer politisierenden Publizistik oder die allzu schnell ausgestellten Persilscheine von prominenter Kollegenseite?

Aber was wäre, wenn nicht ohnehin schon alles beschrieben ist? Was, wenn der »Fall Kundera« zumindest darin dem »Fall István Szabo« gleichen würde, da der weltberühmte ungarische Filmregisseur im so genannten realen Leben ebenfalls zu seiner kurzen Verstrickungsphase in den fünfziger Jahren schweigt, in seinen Filmen aber – und besonders in der Gustaf-Gründgens-Geschichte *Mephisto* – den korrumpierenden Versuchungen von Künstlern und Intellektuellen geradezu obsessiv nachgeht? Atemberaubend perfektes Ausschlachten der eigenen Schuld bei Kaschieren der wirklichen Antriebskraft oder tatsächlich der lebenslange Versuch, hinter der Maske des Verschweigens jene Wahrheit umso klarer auszusprechen, die bis heute Leser und Kinogänger in ihren Bann zieht?

Was jedoch auch immer in der nächsten Zeit noch herauskommen mag: Bereits jetzt liest sich alles anders. Übrigens – paradoxerweise – zum Gewinn von Kunderas Büchern, dessen Ironie und Pathos-Ferne plötzlich in einem ganz neuen Licht erscheint. Eine Literatur, die tatsächlich das ist, was einst Franz Kafka von ihr forderte, das Buch als »die Axt für das gefrorene Meer in uns«. Hehre Worte, die durch allzu häufiges Zitieren längst zur Talmi-Routine des Kulturbetriebs geworden sind? Nicht in diesem Fall, nicht bei Milan Kundera. Ab nun jedenfalls wird man nicht mehr lächeln, sondern den Atem anhalten, wenn in *Niemand wird lachen* – einer frühen Erzählung aus den sechziger Jahren, später aufgenommen in *Das Buch der lächerlichen Liebe* – ein aufstrebender, promiskuitiver Jung-Akademiker und dessen Freundin Klara ihren Auftritt haben in einer huschig-fröhlichen Boheme-Idylle, die durch eine Verkettung unglücklicher Umstände alsbald in einen Alptraum abgleitet. Und das kam so: Der Ich-Erzähler verspricht einem älteren Herrn eine Rezension zu dessen Studie »Miklás Ales, Meister der tschechischen Zeichnung«, die – wir ahnen es – genauso gut gemeint wie grottenschlecht geschrieben ist, so dass unser Held sein Versprechen weder einhalten kann noch will. Von der typischen Hartnäckigkeit eines minderen Talents in die Enge getrieben – das Männlein taucht zuerst in der Universität und danach in der zusammen mit Klara bewohnten Mansarde auf – verstrickt sich der junge Mann immer mehr in Lügen, lässt sich auf Arbeit verleugnen und beschuldigt schließlich, nur um endlich Ruhe zu haben, den anderen, sich der attraktiven Klara unsittlich genährt zu haben – was wiederum die resolute Frau des Alten auf den Plan ruft, die ihren gemeinsamen Ruf verteidigt und sowohl das Stadtkomitee wie auch die Universitätsleitung informiert. Und siehe da: Unser Aufsteiger ist gar nicht so gut gelitten; als Freund der Moderne seinen orthodoxen Kollegen seit langem ein Dorn im Auge, als gutgelaunter Don Juan eine permanente Provokation für die spießigen Mieter. Am Schluss wird er sowohl seine Anstellung wie auch Klara verlieren, die nicht versteht, dass er so viel log, um nur die Lüge einer preisenden Rezension nicht begehen zu müssen. Die Ethik der Ästhetik, ließe sich sagen. Nur: Am Schluss trifft er die Frau seines vermeintlichen Widersachers, eine müde, von Leben verhärtete und doch ihren in der Fachwelt völlig unbekannten Mann rührend anhimmelnde Gattin, die nicht versteht, weshalb eine Studie, an der doch so lange und mühsam gearbeitet wurde, *nicht* vortrefflich sein kann. Erst jetzt erläutert dies unser Held, doch will er nun schon nicht mehr siegen und ist am Schluss genauso ratlos wie das bärbeißige Muttchen. Und dann kommt es: »Plötzlich begriff ich, dass ich nichts anderes als meine Illusion gewesen war, als ich mir damals dachte, wir könnten unsere Geschichten selber satteln und deren Lauf lernen: vielleicht sind es gar nicht *unsere* Geschichten, vielleicht werden sie uns *von außen* untergeschoben; sie charakterisieren uns in keiner Weise, und wir können nichts für ihren mehr als seltsamen Lauf.«

Zu billig, hier bereits frühen Eskapismus zu vermuten. Nicht das penetrante (und denkbar unpolitische) Ehepaar in seiner aneinander geschmiegten Tragik ist das Üble, sondern die *Situation* – man kann auch sagen: das Land, das alles und jedes mit Parteipolitik und Dogma überziehende System. Das Klopfen an der Tür, die Vorladungen, die scheelen Blicke, die ganze Infamie des zusätzlich ideologisch angefixten »gesunden Volksempfindens«. »Zu Hause war kein Zuhause mehr. Wir fühlten uns wie Leute, die in fremdes Territorium eingedrungen sind und dort jeden Augenblick entdeckt werden können.« Kafkas Josef K. in einer lebenszugewandten Variante. Spekulation: Und wenn der aus dem bayrischen Exil zurückgekommene Mann mit dem Koffer nun ebenfalls einer jener Unentwegten gewesen wäre, die, dampfend vor abstrakter Gerechtigkeitsliebe, nicht nur in bester Absicht ihren Mitmenschen gehörig auf den Geist gehen, sondern auch fragile, lebenskluge Balancen und Kompromisse mit stolzer Prinzipienfestigkeit zertrampeln? Man wird es nie erfahren und nur um die vierzehn Jahre Haft wissen, die es Miroslav Dvořáček gekostet hat, einst den studentischen Kreis von Iva und Milan gestört zu haben. Der potentielle Täter als reales Opfer, die potentiellen Opfer als reale Täter. Wer aber wirft den ersten Stein, stellt den ersten Persilschein aus? Inzwischen eine ganze Menge redseliger Menschen, während Kundera schweigt.

Aber schrieb er nicht immer wieder genau *darüber*? So etwa im *Abschiedswalzer*, seinem literarischen Adieu der seit dem sowjetischen Einmarsch von 1968 erneut schweigend geduckten Tschechoslowakei. Kurz vor seiner Emigration besucht hier der vierzigjährige Jakub noch einmal seine Vertrauten in einem kleinen böhmischen Kurstädtchen. Schläft mit der Tochter seines besten, einst in den fünfziger Jahren hingerichteten Freundes – und verschweigt aus gutem Grund, dass ihr angehimmelter Heldenvater vor seiner Verhaftung ebenfalls Freude denunziert hatte. Wird – freiwillig-unfreiwillig durch eine kabarettreife Verwechslung eines Medikamentenröhrchens – zum Mörder der Krankenschwester Rosa, die seinen Hass auf sich gezogen hatte, als sie mit Blockwart-Eifer das Einfangen und Töten der herrenlosen Hunde im Kurstädtchen begrüßte. »Und auf einmal fiel ihm ein, dass es Stolz gewesen war, der ihn daran gehindert hatte, dieses Land zu lieben; ein einfältiger Stolz, der bewirkt hatte, dass er seine Nächsten nicht liebte, sondern Hass, weil er in ihnen Mörder sah. Und erneut erinnerte er sich daran, dass er einer unbekannten Frau Gift in ein Röhrchen gesteckt hatte und selber ein Mörder war... Er würde gern von hier wegfahren. Er würde von irgendwo wegfahren, wo er irrtümlicherweise geboren war und wohin er eigentlich nicht gehörte. Doch in diesem Moment wusste er, dass er aus seiner einzigen Heimat wegfuhr und es keine andere gab.« Wenn Milan Kundera in den Jahren nach 1989 auf Reisen nach Tschechien zurückkehrte, würde er dies stets anonym und inkognito tun.

Wer bislang verwundert war, mit welch lebenslanger Intensität Kundera gegen das, was er »Kitsch« nannte, focht – in der Ablehnung seines frühen Protagonisten, eine preisende Rezension *contre coeur* zu schreiben, bis hin zu seinen zahllosen essayistischen Attacken auf Kitschiers in der Literatur – wem dies (um in der grässlichen Diktion des kritisierten Genres zu bleiben) doch nur ein »Nebenschauplatz im notwendigen Kampfe gegen den Totalitarismus« war, nun, der müsste jetzt noch einmal genauer lesen. Etwa *Das Buch vom Lachen und vom Vergessen* (1980), in welchem nur scheinbar unvermittelt die melancholisch-libidinöse Handlung unterbrochen wird, um einer Philippika gegen den kommunistischen Lyriker Paul Eluard Platz zu machen. 1950 hatte es der französische Surrealist abgelehnt, seinem in Prag verhafteten tschechischen Kollegen Zavis Kalandra beizustehen, ja mehr noch: Aus dem fernen Paris lieferte er den späteren Mördern seines Freundes auch noch die rhetorische Handhabe. Am widerlichsten jedoch erscheint Kundera, dass all dies mit dem Hinweis auf das einst kommende kommunistische Paradies geschah, ein Paradies, von dem es 1984 in *Die unerträgliche Leichtigkeit des Seins* heißen wird: »Die Sehnsucht nach dem Paradies ist das Verlangen des Menschen, nicht Mensch zu sein.« Hier geht er weiter, unendlich weiter, als seine zahlreichen dissidentischen und exilierten Schriftstellerkollegen, wenn er seine Heldin Sabina provozierend räsonieren lässt: »In einer wirklichen kommunistischen Welt kann man leben. In der Welt des Wirklichkeit gewordenen kommunistischen Ideals, in dieser Welt der lächelnden Idioten, mit denen sie nie ein Wort hätte wechseln können, wäre sie binnen einer Woche vor Grauen gestorben.«

Harte Koste – nicht zuletzt für jene pro- oder antikommunistischen Politikaster, ästhetikferne Fahnder nach irgendwelchen aufrüttelnden Botschaften, Kollektiv-Wesen, die als Stasivernehmer ebenso fürchterlich sind wie als jene vereinsmeiernden Ex-Bautzenhäftlinge, die einem integeren Autor wie Thomas Brussig wegen des Films *Son-*

nenallee beckmesserisch auf die Pelle rückten oder in *Das Leben der Anderen* bereits zu viel Kompromisslertum witterten. Für all die anderen aber – Liebhaber des guten, ergo pausenlos widerspruchsvollen Lebens – musste dieser weltläufige Tscheche Milan Kundera einfach ein Idol sein. Verehrer des spielerischen 18. Jahrhunderts, als Tändelei noch nicht unter dem Fallbeil der Jakobiner lag: Die moderne Vincent-Denon-Hommage *Die Langsamkeit* zeugt davon, jede Seite ein Hochgenuss. Kunderas Vorliebe für die »denkenden Romanciers« von Witold Gombrowicz über Hermann Broch bis Philip Roth; sein geschmeidiger Stil, der mit eleganter Konsequenz von Aktion zur Reflexion gleitet; sein immenses, stets so angenehm *en passant* angetipptes Wissen über Musik und Bücher, über den Körper und die Psyche der Frauen, die Eitelkeit und das Altern der Männer – der selbst schon unsterbliche Verfasser des Romans *Die Unsterblichkeit*... Und *dieser* sollte ein Denunziant gewesen sein?

Was schon eher in Frage käme: Egoistische Wut, ein quasi »aufrichtiges« Empörtsein über den sich ungefragt herein drängenden Mann mit dem Koffer, ein geradezu gewalttätiges Verteidigen des Privatlebens und eine Anzeige aus gefühlter Notwehr – und gruseliger Weise gerade bei denjenigen, die für die Reduktion des privaten Raums als allererste verantwortlich waren. Milan Kundera, seit jeher angeekelt von Ideologen wie auch – man muss es fairerweise zugeben – denkbar fern jeglichem Gedanken an so etwas wie unverfälschte Solidarität, die über das Individuelle hinausgeht, Milan Kundera sah möglicherweise im antikommunistischen Kurier nur die Schattenseite des kommunistischen Kommissars. Beide zausten und nötigten ihn, beide vergewaltigten seinen Freiraum – also verriet er den einen an den anderen. Nur dass der eine, Miroslav Dvořáček, eben dennoch im (wie borniert auch immer verstandenen) Dienst der Demokratie und institutionalisierten Menschenrechte unterwegs war, während die Wachhabenden jenes Prager Polizeibüros stalinistische Mörder in spe darstellten. Der freigeistige Libertin als Verantwortlicher für vierzehn Jahre gestohlenes Leben – das ist jedenfalls schlimmer (und gleichzeitig für eine literarische Reflexion ergiebiger) als eine Denunziation aus ideologischer Blindheit oder noch tumberen Motiven. Wie auch immer: Diesem jungen, eventuell gar nicht so sonderlich sympathischen Mann von damals – dem nach einem Schlaganfall Verstummten von heute – nahm man anderthalb Jahrzehnte, in denen auch er hätte lieben und lesen können, träumen und erkennen. Vorbei, unwiederbringlich verloren. Ich stelle ihn mir als Romanfigur vor. Ich stelle mir vor, der einzige Romancier, der dies vermag, würde endlich auch diesem Miroslav D. Gerechtigkeit widerfahren lassen. Um so im skrupulösen Akt des Schreibens sie alle noch einmal zu beschämen – seine geifernden Ankläger ebenso wie seine ignoranten Verteidiger. Und womöglich sogar: Sich selbst.

Josef Škvorecký – Bohemia forever
Ein Besuch in Toronto

2009

»Are you the priest? Because I'm not a believer anymore, *finalmente.*«

Der Mann im Rollstuhl trug einen blauen Trainingsanzug und hatte dunkles schwarzes Haar und dichte Augenbrauen von der gleichen Farbe. Seine Frau glich ihm wie ein Zwilling, allerdings bekreuzigte sie sich in der Luft, in Höhe ihres Doppelkinns und dem Ansatz ihrer ebenfalls schwarzen Rüschenbluse. Dann murmelten sie weiter auf Portugiesisch, hier in diesem neonhellen Aufenthaltsraum des Rehabilitation Institute an der University Avenue/Toronto. Ich aber hatte verneinend mit dem Kopf geschüttelt und ihnen das Cover des voluminösen Buchs gezeigt, das der alte Mann wohl irrtümlich für die Bibel gehalten hatte. Eine sepiafarbene Fotografie, ein einfaches mitteleuropäisches Wohnungsinterieur aus den vierziger Jahren und im oberen rechten Viertel ein zersprungener Spiegel, der den nackten Oberkörper einer jungen Frau zeigte. *Josef Škvorecký: Der Seeleningenieur. Roman.* Auf Tschechisch bereits 1975 erschienen, und die kongeniale deutsche Übersetzung des Meisterwerks von geradezu skandalöser Verspätung.

Dann öffnet sich auf dem Mittelgang lautlos eine gläserne Flügeltür. Geführt von seiner Frau, kommt ein schmalschultriger älterer Herr mit großer Brille und gelichtetem weißen Haar in den Raum; er trägt einen beigen Trainingsanzug. Zeigt auf das Buch von der Größe zweier Ziegelsteine, nickt mir freundlich zu und steuert zu einer Couch-Ecke in den lila-Farben der frühen achtziger, die soeben eine Somali-Familie geräumt hatte. (Und draußen auf der anderen Straßenseite protestieren Tamilen weiterhin gegen das, was sie einen Genozid nennen, gestört von den Trillerpfeifen einiger Singhalesen und – zumindest im Blick aus der Parterre-Fensterfront – ziemlich effektiv auseinandergehalten von Torontoer Stadtpolizisten diverser Hautfarben.)

Und Danny Smirický, der ewig pubertierende Romantiker aus dem nordböhmischen Kostelec alias Náchod, dessen kleinstädtisches Schloss nach Expertenmeinung genau jenes war, das Franz Kafka auf seinen Arbeitsreisen erblickte und...? Im Unterschied zum Landvermesser K. war der junge Danny aber nicht im Schnee stecken geblieben, sondern den Abhang herunter gerodelt, die von Bronchitis gezwackte Brust unter der Winterjacke nur umso stärker gegen den Rücken der jeweils Angebeteten gedrückt. Irena oder Alena, Marie Dreslerová mit den Wollstrümpfen oder die langbeinige Kristýna? Die romantische Nadja wird es nämlich nicht gewesen sein, denn sie tauchte im vielbändigen Romankosmos erst später auf, als während der deutschen Besatzung der ebenso fragile wie abenteuerfrohe Danny in den Hallen der Firma Messerschmitt Zwangsarbeit leisten musste und – um das schöne, Tbc-kranke Mädchen zu beeindrucken – sogar eine kleine Sabotage wagte an den herzustellenden V2-Düsen. Erfolgreich war die Aktion nicht, und Danny Smirický wäre mit Sicherheit von der Gestapo erschossen wurden, hätte ihn nicht der Kontrolleur, ein nach Böhmen zurückgekehrter Deutsch-Amerikaner, gedeckt, da sie beide doch Jazz-Fans waren. Doch wird Nadja an der Krankheit zugrunde gehen und der faire Kontrolleur (ausgerechnet er) im Mai 1945 von selbsternannten »Revolutionsgarden« ermordet werden.

Smirický, das Alter Ego des 1925 geborenen Josef Škvorecký, aber überlebte, wurde Schriftsteller und 1969, ein Jahr nach dem sowjetischen Einmarsch, Emigrant. Schräge Ironie der Geschichte: Škvoreckýs in der schwejkschen Tradition geschriebener Roman *Die Panzerbrigade* war gerade im Druck, als in Prag die Sowjet-Panzer einrollten und der geborene Zivilist sehen musste, dass es nun hohe Zeit war, sich vom Acker zu machen.

»Sie entschuldigen, aber mein deutsch ist inzwischen etwas eingerostet.«

Die wasserblauen Augen Josef Skoreckýs blinzeln die Müdigkeit und vielleicht auch den Schmerz weg – oberhalb des Patientenbändchens, das er am rechten Handgelenk trägt, ist der dünne Unterarm rot gesprenkelt von Spuren der Kanülennadeln. Seine acht Jahre jüngere Ehefrau Zdena aber lässt ein »Nicht so schlimm« hören und ruckelt resolut an ihrer Hornbrille. Also sprechen wir auf Englisch, was womöglich sogar angemessener ist: Leben und Werk dieses tschechisch-kanadischen Autors, in seinen zwei Heimaten längst mit den renommiertesten Literaturpreisen geehrt, ist ein einziger Einspruch gegen die Routine, ein Jazzstück voller Improvisationen.

»You think so? Dabei habe ich schon Ende der dreißiger Englisch gelernt – um Fanbriefe an Judy Garland zu schreiben. Leider hat sie nie geantwortet...« (Kurze Unterbrechung und ein verschmitztes Lächeln, das den pathetisch rasselnden Atem in die Schranken weist.) »Und was die Improvisationen betrifft: Das haben mir wohl eher die Umstände aufgezwungen. Mein lange unbelohntes Werben um die böhmischen Kleinstadt-Mädchen, meine schwache gesundheitliche Konstitution. Dazu, als hätte das nicht gereicht, die Wehrmacht, die Rote Armee, die tschechischen Stalinisten oder ganz einfach Opportunisten, und dann nochmals die Sowjet-Panzer. Was ich damals bei unserer Schulcombo am Saxophon gelernt habe, das Rhythmusgefühl und *das Spielen* mit dem Unerwarteten, war vielleicht gar nicht nur eine Vorbereitung auf meine Bücher, sondern aufs Leben überhaupt, auf die ganzen Brüche und Sprünge. Gar nicht zu reden von den Herausforderungen, die uns dann nach der Emigration erwarteten, hier in Kanada, ...«

»Das ist ein gutes Land«, sagt Frau Zdena entschieden. »Obwohl ich *mein* Schreiben zu Beginn erst einmal hintenan stellen und mich als Babysitterin durchschlagen musste.« Sie sieht mich mit gütiger Strenge an, als würde sie gleich eine Prüfungsfrage stellen oder auch Kaffee und selbstgebackenen Kuchen herbeischaffen, säßen wir denn nicht in einer Couch-Ecke dieses Rehabilitation Center. Und das genau vier Jahrzehnte nach dem Weggang der Škvoreckýs aus dem neo-stalinistisch »normalisierten« Prag und zwanzig Jahre nach dem Zusammenbruch jener panzer- und geheimdienstgestützten Beleidigung des freien Geistes. »Great, aber jetzt hab' gerade wieder mal Wasser in der Lunge. Ich, Josef S., und nicht mein Romanheld Danny. Aber Freund Havel soll's inzwischen auch wieder schwer an der Lunge haben, wobei er ja auch lange Häftling war in diesen üblen Zellen und ansonsten Kettenraucher...«

Sagt all das freilich eher beiläufig, das Gegenteil eines geschwätzigen Mythomanen. Außerdem: Mir sitzt hier ein immerhin 84jähriger gegenüber, dessen harte Zwangsarbeiterjahre in jener deutschen Fabrik einen frühen Tod wahrscheinlich gemacht hätten. Liegt es womöglich an der lustvoll reflektierten und damit verlängerten Pubertät, die ihm trotz allem diese hohe Alter geschenkt hat? Schließlich sagt im *Seeleningenieur* der mittlerweile zu einem fünfzigjährigen kanadischen Literaturprofessor gewordene Danny Smirický über sich: »Eigentlich bin ich immer siebzehn geblieben.« Es klingt wie das tschechische Echo auf Witold Gombrowicz' Lobpreis der subversiven Adoleszenz, einer »ewigen Unreife« als humanes Kontrastprogramm zu all den schrecklich erwachsenen Menschenvernichtungs- und/oder Menschenverbesserungs-Realitäten des 20.Jahrhunderts.

»Gombrowicz? Guter Gedanke. Obwohl er doch in manchem etwas obsessiver war als ich mit meiner konventionellen Begeisterung für Mädchen, Bücher und für eine Musik, nach der sich nicht marschieren lässt. Weshalb dann auch Nazis und Kommunisten sich einig waren, Swing und Jazz zu verbieten oder ihnen zumindest zu misstrauen. Dabei fällt mir ein Satz aus Gombrowicz' Tagebuch ein, den ich immer sehr mochte: ›Entspannt bleiben und frei – auch in Bezug auf die eigene Freiheit.‹ Ja?«

Josef Škvorecký legt den Kopf zur Seite, halb gewitzter Schüler, halb wohlmeinender Prof. Wahrscheinlich liest man seinen 700-Seiten-Roman auch deshalb mit nie erlahmender Neugier und Zuneigung. Denn nicht nur, dass dieser nun älter gewordene Danny Kontakt hält zu seinen inzwischen in alle Winde verstreuten Kostelecer Jugend- und Prager Studenten-Freunden und von ihnen Kunde erhält über den Lauf der Welt jenseits seiner Fakultät in Toronto. Kumpel Lojza schreibt noch immer hinreißend plebejisch orthographiefreie Briefe aus der fortgesetzt absurden Welt des realen Sozialismus, den antinazistischen und später antikommunistischen Benzinlager-Anzünder Prema hat es nach Australien verschlagen, und die jüdische Schulfreundin und KZ-Überlebende Rebekka Silbernagel schreibt aus Israel, wo ihr Sohn durch eine arabische Bombe ums Leben gekommen ist. Wie aber mit diesem Welttheater umgehen in einem beschaulichen, sozial ausgewogenen kanadischen Biotop?

Professor Danny – falls er nicht gerade abgelenkt ist von einer Studentin namens Irena, die ihn an eine Jugendliebe erinnert (und den Leser an eben jene Gestalt aus dem Adoleszenz-Roman *Eine prima Saison)* – versucht den harmlos freundlichen »Kindern der Prärie« etwas zu vermitteln, das mehr ist als europäische Verzwicktheit: Einblick in die Zumutungen der Geschichte und das Ambivalente menschlichen Tuns. Aber ach, schon bei der Erwähnung des »Eisernen Vorhangs« bemerkt ein fleißiger Student: »Das ist eine ziemlich bekannte Metapher. Stammt die nicht von Churchill? Er war sicher ein Kalter Krieger.« Und dann, auf die Erwiderung Danny Smirickýs, dass nicht Churchill, sondern irgendein Ingenieur in Moskau sich das ausgedacht habe und das ganze »eine Metapher ist, hergestellt aus realem Stacheldraht und Menschenfallen«: »No kiding, I always thought it was a way of speaking...« Kunststück, hatte man doch in anderen Seminaren gelehrt, Orwells *1984* sei eine Satire auf Amerika und Senator McCarthy. Einmal wird der emigrierte Universitäts-Intellektuelle – es sind die Nach-68er-Jahre, und an die Ufer des Ontario-See schwappen die neuen Wellen etwas langsamer – sogar eingeladen, an einer »Gruppe für das Studium des Marxismus« teilzunehmen. Worauf er freundlich ablehnt und mit feinem Lächeln den Schlusssatz von *Huckleberry Finn* zitiert: *I been there before.*

Und auch das ist etwas Wundersames: Statt in eine Solschenizynsche Schimpfkanonade auf die westliche Unwissenheit auszubrechen, lässt er den gutwilligen Ignoranten-Idealisten um sich herum Gerechtigkeit widerfahren, denn: »Es war sinnlos. Es war nicht ihre Schuld, dass es in Kanada keine Diktatur gegeben hatte. Ich sollte vielmehr Achtung vor ihren Eltern empfinden, dass sie es hier gar nicht so weit kommen ließen und dass Angehörige ihrer Generation an der Küste der Normandie von Bord gingen.« Auch wenn ihm die Fairness manchmal verdammt schwer wird, und eine subventionierte Theaterregisseurin, die soeben noch von Castro geschwärmt hatte, auf die vorsichtige Frage nach den Werten der kanadischen Zivilgesellschaft empört blafft: »Are there ANY values in this society worth fighting for?« Oder jene Studentin, die es ganz toll findet, dass ihr Lehrer sogar eine Schauspielerin kennt. »Wir hatten zusammen *Das Geständnis* von Costa-Gavras gesehen, denn alle Rezensenten hatten darüber geschrieben, es sei der beste Film über den Nachkriegsfaschismus. Ich hatte den Kindern der Prärie erzählt, dass ich die Frau eines der Hingerichteten kenne, und Wendy hatte es mit ihrem Fernsehverstand missverstanden; für sie war *Das Geständnis* tatsächlich nur ein Lichtspiel.«

Frage im Jahre 2009: »Und trotzdem haben Sie nach 1989 nicht daran gedacht, zurückzugehen? Obwohl Sie Ihre Bücher doch weiterhin auf Tschechisch schreiben, ehe sie ins Englische übersetzt werden?«

»Manchmal ist es auch umgekehrt. Einige, wie etwa meinen Roman über die tschechische Brigade im amerikanischen Bürgerkrieg, habe ich zuerst auf Englisch geschrieben. Und außerdem... Weshalb die Strapazen eines erneuten Wechsels, wo wir doch inzwischen ganz normal nach Prag reisen können – wenn es uns ankommt, sogar mehrmals im Jahr. Und mein nordböhmisches Kleinstädtchen trage ich ohnehin bis zu meinem Tod im Herzen und hoffentlich auch noch eine ganze Weile im Kopf.«

»Milan Jungmann, der Literaturkritiker, hat mir vor ein paar Jahren in Prag von Ihren Besuchen erzählt«, sage ich, und Zdena und Josef Škvorecký strahlen. »In Ihrem Städtchen Náchod ist Ihnen inzwischen sogar ein Literaturmuseum gewidmet, und Havel hat Ihnen beiden gleich 1990 einen der höchsten Orden verliehen...«

»Schön, nicht wahr? Aber erst das Wiedersehen mit den Musikern, den Jazzfreunden!«

Wobei dies jetzt kein seliges Erinnerungs-Schwelgen ist, denn tatsächlich hatte mit dem Jazz alles begonnen. Nicht nur in Kostelec-Národ, sondern auch in Škvoreckýs Autorenlaufbahn in der damaligen Tschechoslowakei – ehe diese ein schnelles Ende fand mit Verdammung und Publikationsverbot. 1958 durfte endlich Škvoreckýs bereits 1948 geschriebener Roman *Feiglinge* erscheinen (in der deutschen Übersetzung 1969 bei Luchterhand, dann nochmals in Enzensbergers *Anderer Bibliothek*). Allerdings wurde er schon kurz darauf öffentlich verrissen – der damalige Parteichef Novotny persönlich wollte ein Exempel an der ihm zu liberal gewordenen Literaturszene statuieren. Nicht grundlos bezeichnete später Milan Kundera *Feiglinge* als »den ersten freien Roman, der von einem aus unserer Generation geschrieben wurde«.

»Dabei hatte ich sogar noch Glück. Wäre der Roman bereits 1948 publiziert worden, hätte ich wohl auch einen Platz in der Verfilmung von Arthur Londons *Das Geständnis* bekommen – und zwar nicht als *Schauspieler*. Oder wäre ganz sang- und klanglos verschwunden, da ich ja nicht einmal ein *ehemaliger* Kommunist war, sondern nur... ein Jazz-Fan aus der Provinz, der amerikanische Detektivgeschichten mochte.«

Genau das aber – zusätzlich zum defätistischen Titel *Feiglinge* – hatte die Parteikader so maßlos aufgebracht: Anstatt eine konforme Geschichte über die Befreiung des böhmischen Städtchens durch die ruhmreiche Sowjetarmee zu erzählen, ist Protagonist Danny wieder mit seinem Saxophon und den Mädchen zu Gange, kümmert sich um die nach der Flucht der Deutschen freigekommenen englischen Kriegsgefangenen und wird ansonsten Zeuge davon, wie seine lieben Landsleute plötzlich den antifaschistischen Widerstandsgeist entdecken und sich dabei selbstverständlich an den Falschen schadlos halten.

»Ein Skandal! Ich wurde daraufhin sogar als Lektor eines Verlages heraus geschmissen, was vielleicht sogar gut war, denn der trug den orwellschen Namen ›Staatlicher Verlag für schöne Literatur‹...«

Frau Zdena fügt hinzu: »Zum Glück hat sich dann unser Häuschen (sie sagt *little house*) nicht derart bombastisch benannt. Obwohl, *Sixty-Eight-Publishers*...«

Verblüffend: Die beiden sprechen so gelassen leichthin, als interpretierten sie ein Drehbuch voll unerwarteter Windungen und Wendungen, aber nicht ihr eigenes Lebenswerk. Dabei ist die Gründung von *Sixty-Eight-Publishers* – aus mühsam zusammengekratzten eigenen Geldmitteln im Jahre 1972 – eine weitere Škvoreckýsche Großtat und womöglich eine der einflussreichsten Verlagsgründungen des Jahrhunderts. Ähnlich nämlich wie Jerzy Giedroyc' *Kultura* und das *Instytut Literacki* verbotene polnische Manuskripte in Frankreich druckte und dann nach Polen zurück schmuggelte, halfen die Škvoreckýs ihren verbotenen tschechischen und slowakischen Kollegen, einen sicheren Hafen außerhalb der Einflusssphäre des Regimes zu finden.

Kaum in Toronto sesshaft geworden, riefen sie also ihr Zwei-Personen-Unternehmen ins Leben, das bis über 1989 hinaus über zweihundert Bücher publizierte: Kundera, Havel, Ivan Klíma, Bohumil Hrabal, Jan Skácel, Jaroslav Seifert – die literarische Elite der Nation, die nach 1968 im eigenen Land mundtot gemacht worden war. Stets am Rand der finanziellen Selbstausbeutung, funktionierte das Geschäftsmodell: Was an die weltweit verstreute Exilgemeinde verkauft wurde, schuf die finanziellen Möglichkeiten, die Autoren zu bezahlen und ihre Bücher zurück zu schmuggeln in die unter Repression und Zensur leidende Tschechoslowakei. Dort gingen sie alsdann von Hand zu Hand, eine permanente Frischblutzufuhr.

Ein Wunder, was Josef Škvorecký, der auch auf früheren Fotografien eher einem verlässlichen Angestellten als einem umtriebigen Künstler glich, alles unter einen Hut bekam: Die universitären Verpflichtungen (immerhin sein Brotberuf), die Verlagsarbeit einschließlich aller logistischen Herausforderungen – und dazu ein literarisches Werk, das in der Emigration wuchs, Jahr für Jahr. Als Škvorecký 1980 den angesehenen Neustadt Prize erhielt, wurden gleich zwei Grußadressen verlesen – die eine von Graham Greene, der den Kollegen mit Henry James verglich, die andere von Czesław Miłosz, der aus dem amerikanischen Exil den in Kanada Lebenden als Gleichgesinnten pries, welcher dem Westen »ein Stück unserer Welt« plausibel machte. Dies freilich ohne Didaktik, sondern mit einem angelsächsischen Gespür für *story telling,* war Škvorecký – der mit seiner Frau auch mehrere preisgekrönte literarische Krimis schrieb – doch schon in jungen Jahren begeistert von Raymond Chandler, Hemingway und Faulkner, die er auch ins Tschechische übersetzt hatte. Mehr noch: Was bei Milan Kundera – der freimütig zugab, den Freund und Kollegen um dessen Erzähltalent zu beneiden – mitunter ins Parabelhafte driftet, in die perfekte Versuchsanordnung, bleibt in den Geschichten um Danny Smiřický spontan und unerwartet, die eigenen Peinlichkeiten nicht verhüllend: Im 1972 erschienenen Roman *Mirákl* unterschreibt der Protagonist eine regimekritische Petition – und fühlt sich dabei in seiner Haut ebenso unwohl wie all die anderen Zivilisten um ihn herum, die ihre eigene Feigheit allerdings hinter hohen Worten zu verbergen suchen.

Gerade jener Typus der Mitmacher aber konnte sich nach 1989 kurzzeitig bestätigt sehen, als eine dubiose und offensichtlich manipulierte Liste mit Zuträgern der Geheimpolizei auftauchte, auf welcher sich – neben zahllosen anderen Oppositionellen – auch der Name von Škvoreckýs Ehefrau Zdena fand.

»Wie haben Sie auf diesen Gruß aus der alten Heimat reagiert?«

Die Sechsundsiebzigjährige antwortet prompt. »Mit einem Buch, übrigens dem letzten veröffentlichten von *Sixty-Eight-Publishers,* dessen Existenz nun nicht mehr nötig war. Aber dieses letzte Buch war bitter notwendig, denn es sammelte die Lebensgeschichten jener Verleumdeten, die vor ’89 verfolgt und nach ’89 denunziert wurden, eine doppelte Infamie des Regimes. Auch Präsident Havel hatte sich damals gegen diese Listen gewandt, die ja darüber hinaus den ewigen Opportunisten den besten Vorwand boten: ›Wie gut, dass wir immer abgewartet haben, denn Regime und Dissidenten, die gehörten ja wohl irgendwie zusammen.‹ Dabei waren auf der Liste Namen von Spitzeln gelöscht und durch die Namen von Bespitzelten ersetzt worden. ›Zum Glück konnten sich viele erfolgreich wehren, aber es war dennoch schrecklich.‹«

»Und der Fall Kundera?«

»Kompliziert. Eine andere Sache, eine andere Akten-Struktur, über die ich nicht zu urteilen wage.« Ihr Mann nickt zustimmend, nach der Euphorie des Erzählens und Erinnerns nun doch sichtbar ermüdet. Zeit, sich zu verabschieden. (Draußen vor der Fensterfront haben inzwischen auch die verfeindeten Sri Lanker das Trottoir geräumt.) Als der gedrungene Portugiese, der soeben seine Frau bis vor zur Haupttür gebracht hat, beim Zurückschlurfen durch den Aufenthaltsraum mir zuwinkt und nochmals auf das dicke Buch vom *Seeleningenieur* zeigt, erzähle ich den Škvoreckýs die Missverständnis-Episode. »*Funny*. Und wenn er erst wüsste, dass der Titel nicht mal von mir stammt, sondern vom gottgleichen Genossen Stalin, der sich Schriftsteller als ›Ingenieure der menschlichen Seele‹ vorgestellt hatte…« Das Lachen geht in Husten über, die wasserblauen Augen tränen.

Die Erfahrung mit jener Liste – eigentlich ein Fall für den von Zdena und Josef Škvorecký erfundenen verschusselten Inspektor Boruvka – war dennoch nicht der Bruch mit Tschechien gewesen. Denn im Jahre 1993 ließ Josef Škvorecký seinen nun längst pensionierten Danny Smiricky nochmals heimkehren, zu einem Klassentreffen mit den alten Freunden und den nun ebenfalls bejahrten böhmischen Mädchen. (Und wie schade, dass bislang nur fünf Romane dieses Weltklasse-Autors auf Deutsch übersetzt sind, die meisten davon bereits vergriffen.) »Ich spüre die greifbare Menschlichkeit unserer Lächerlichkeit«, heißt es in einem seiner Bücher.

Und jetzt?

»Beginnt einfach das Schlusskapitel«, sagt Josef Škvorecký leise und erhebt sich ächzend aus diesem verwaschen lilafarbenen Sessel, ehe er sich – ganz wie sein unsterblicher Danny Smiricky – mit einem Lächeln und in vollendeter Höflichkeit verabschiedet und zurück auf Station geht, Seite an Seite mit seiner großen Lebensliebe Zdena.

* * *

Josef Škvorecký starb im Januar 2012. Trotz seiner zeitlebens fragilen Konstitution wurde er 87 Jahre alt. Seine Witwe Zdena, Jahrgang 1933, schreibt weiter Bücher, dort in ihrer zweiten Heimat Kanada.

Fortdauerndes Glücksgefühl
Herr Havel und Frau Szymborska

2012

»Fast wäre mir eingefallen, worüber ich nachdenke. Aber was? Schwer zu erzählen. Oder gar nicht erzählbar unter dem entmutigenden Zwang der Tatsachen, die ich zum Glück nicht kenne. Mir war plötzlich klar, dass die Dinge im Nebel lagen. Nebel. Ein doppeldeutiges Wort. Wir nähern uns dem Unschärfebereich der Gegenwart...«

Nein, *diese* treffend freche Parodie aus der Feder des Ostberliner Schriftstellers Kurt Bartsch – unter dem Titel *Die Hölderlinie* 1983 im Wagenbach Verlag erschienen – kam nirgendwo vor im ergriffenen Nachruf-Chor auf Christa Wolf, im Lobpreis einer »skrupulösen Moralistin«, deren Schreiben immer auch ein »Sich-Reiben« gewesen sei. Kurz darauf starb mit Václav Havel jedoch ein wirklicher Moralist. Im Unterschied zur Genossin Wolf war er nicht einmal kurzzeitig bei der Stasi gewesen, sondern von dieser verfolgt worden – und dennoch nie, weder als malträtierter Häftling, als Bühnenautor und Essayist, als solidarischer und gutgelaunter Dissident noch später als unkonventioneller Staatspräsident, jemals in einen raunend bedeutungshubernden Slang abgeglitten. Wer jahrelang im Gefängnis saß oder mit erneuter Verhaftung rechnen musste, hatte im wahrsten Wortsinn keine Zeit, vor einem andächtig lauschenden Publikum mit *gefährdeter Subjektivität* zu kokettieren – er *lebte* sie.

Als der Autor dieser Zeilen in den Medien dann noch einmal Havels lachendes Gesicht mit dem Seerobben-Schnurrbart sah und gleichzeitig über die Routine-Rhetorik der Berichterstattung stolperte, mit der wie bereits bei Christa Wolf nun auch hier vom »widerständigen Intellektuellen« geplappert wurde, da machte es mit einem Drehen der Zeitachse plötzlich – Wusch! Sollte man sich also tatsächlich von anderen vor-schreiben lassen, in welcher Weise zu gedenken sei und »was bleibt« von Büchern und Autoren? Deshalb noch einmal zurück in jene Zeit rund um das Zäsur-Jahr 1989. Und dabei auch der Fairness eine Erinnerungs-Gasse: Welche Wohltat nämlich waren Christa Wolfs Sätze gewesen, bei der Erst-Lektüre von *Kassandra*! Der wegen Nicht-Mitgliedschaft in der FDJ mit Hochschulverbot bestrafte und anschließend zum Hilfsarbeiter gemachte junge Mann tauchte hier in eine andere Welt. *Hier* gab es nicht die bellende Diktion der Zeitungen, *hier* durften Nebensätze sein, die ihren Vordermann hinterfragten, sanft kreisend, ohne den Leser auf ein Ziel zu verpflichten. Ja, das war ebenso Balsam wie die Essays über Ingeborg Bachmann oder Bettina von Arnim, die von allem zeugten, doch nicht von plumpen »sozialistischem Realismus«. Und dennoch. Hätte es – etwa im Tschernobyl-Buch *Störfall* – nicht etwas konkreter sein können, nur einmal wenigstens? War es nicht ungemein bequem und eine risikolose Masche, so wortreich wie vage »unsere Zivilisation« mit Klagen zu überziehen und von der Willkür und dem Schweigekartell der kommunistischen Einheitsparteien konsequent zu schweigen?

»Wir bitten Sie, bleiben Sie hier«, rief Christa Wolf kurz vor Mauerfall ausgerechnet in den Nachrichten des DDR-Staatsfernsehens, als Hunderttausende – darunter gewiss auch viele ihrer Leser – selbstbestimmt in den Westen flüchteten, sich um die Wolfsche Verteuflung des »oberflächlichen Materialismus« keinen Deut mehr scherend. Was für die meisten der sogenannten »kritisch-loyalen« DDR-Autoren von Christa Wolf über Volker Braun und Heiner Müller bis zu Christoph Hein und Stefan Heym eine persönliche Kränkung bedeutete und das »Scheitern einer Utopie« – für deren osteuropäische Kollegen (mit denen sie übrigens kaum Kontakt gepflegt hatten) war es das ersehnte und selbst mit herbei geführte Ende eines Alptraums, der Beginn neuer Herausforderungen.

Dennoch. Das Leuchten, das nicht nur für den Verfasser dieser Zeilen mit der Chiffre 1989 verbunden ist, die Energie, die zumindest die westöstlich Geprägten meiner Generation bis heute aus diesem Freiheits-Moment ziehen, sie bekommt plötzlich etwas von einer Reminiszenz, einer Erinnerung, eines melancholisch Weißt-du-noch...

Weshalb auch nicht? Gleitend wird soeben noch als Gegenwart Gelebtes zu Vergangenheit, stuft sich ab, wird amorph, verschattet mehr und mehr, so dass die Herausforderung wächst, sich eben diesem Vergessen zu widersetzen, jenem so infam totalitären, erinnerungslosen Gleichmacher. Schon deshalb also keine Weinerlichkeit und Larmoyanz, sondern eine Daseinsdankbarkeit, die sagen kann: Ja, so ist es gewesen. Da hat es einmal einen Dichter und Dramatiker gegeben, den zerrten sie von Gefängnis zu Gefängnis, machten ihn lungenkrank (gut, der Fairness halber: auch Genosse Nikotin tat sein Werk dabei), machten ihn zum Brauereihilfsarbeiter, aber dabei weder stumm noch verbittert. Dankbarkeit des Chronisten, berichten zu können: Und dann, Nachgeborene, stellt Euch nur vor, dann ging im eiskalten November 1989 das Volk auf die Straße, hielt Schlüsselbunde in den Händen auf dem Wenzelsplatz zu Prag, ließ sich von den prügelnden Polizisten nicht einschüchtern, sondern klingelte die bösen alten Herrscher auf dem mittelalterlichen Hradschin einfach weg: »Havel na Hrad!« Denn der Staatsgefangene Václav H. sollte nun Präsident sein, obwohl seine Frau Olga ihm doch abgeraten hatte (»Vásek, wie kannst Du nur...«) und er dergleichen unwahrscheinliche Schicksalsumschwünge in seinen Theaterstücken wohl ebenfalls verschmäht hätte – Schöpfer eines Stils, der Beckett und Ionescu fruchtbar gemacht hatte zur Demaskierung eines konsumistisch verschmierten Spätstalinismus.

Zu Jahresfrist 1989/90 war der Dramatiker aber dann tatsächlich Präsident seines Heimatlandes geworden, der Seerobben-Schnurrbart kaum gestutzt und der erste Außenminister beinahe zu spät zur Amtseinführung erschienen – Jiří Dienstbier, auch er ein Bonvivant und als »Charta 77«-Mitbegründer ein ebenso unentwegter Oppositioneller, der quasi bis zuletzt in seinem Straf-Job als Heizer hatte arbeiten müssen.

Glory Days und Halleluja, und aus Timothy Garton Ashs längst zum Standartwerk gewordenen Aufzeichnungen *Ein Jahrhundert wird abgewählt* erfahren wir im Detail, mit welcher Umsicht Václav Havel bereits in den Tagen und Wochen zuvor die Opposition zusammengehalten und zu einer funktionierenden Macht-Alternative geformt hatte, den eiskalten Herrschaftstechnikern ebenso wie den vermuckten Anpassern ein nahezu unheimliches Rätsel. Ja, können wir sagen – und auch das bleibt uns ein Leben lang – derlei hat es gegeben, das war kein Märchen und endete trotzdem nicht im Katzenjammer, denn dieser auch im Smoking sympathisch-linkisch wirkende Havel war der beste tschechische Präsident seit dem legendären

Republikgründer Tomáš Garrigue Masaryk. Er managte den sanften Übergang von der Diktatur zur Demokratie, wurde 1993 nach der (von ihm als nationalistischen Rückfall bedauerten) Trennung zwischen Slowaken und Tschechen erneut Präsident da hoch oben auf der Burg und ging 2003 schließlich in Pension, überall hoch verehrt, wenn auch vom einheimischen Politiker-Klüngel keineswegs geliebt.

Doppelt wunderbar, aber auch sagen zu können: Auch ich war ein bisschen dabei, ein Zaungast voll juvenilem Enthusiasmus. Stand am 21. August 1990 inmitten Tausender auf dem Wenzelsplatz, um nun erstmals in Freiheit der Niederschlagung des Prager Frühlings zu gedenken. Wo sich heute ein Café befindet und dazu ein Stadtteil-Büro der Polizei (die zwar längst nicht mehr ihre Bürger schlägt, jedoch nicht gerade korruptionsfrei ist), war damals das Hauptquartier von Havels Bürgerforum, dem *Obcanske Fórum*, wobei der Dramatiker dem Anfangsbuchstaben-Logo höchstpersönlich ein lachendes Mondgesicht verpasst hatte.

Plötzlich aber begann es wie zur Rache zu regnen, aus Kübeln zu schütten, und in das aufbrandende Lachen mischte sich das Raucherhusten des Präsidenten, der nuschelnd ans Mikrophon getreten war und sich erst einmal dafür entschuldigte, dass man ihm inmitten dieses Unwetters zuhören müsse. Was übrigens kein ranschmeißerischer Trick war. Inmitten der aufkommenden Heiterkeit sagte ein junger Mann, der neben mir stand: »So ist er tatsächlich! Gibt jahrzehntelang den Kommunisten nicht klein bei, entschuldigt sich aber ausgerechnet am 21. August für den Sommerregen...«

Später stellte sich heraus, dass der Gleichaltrige im Revolutionsherbst '89 den ersten Schülerstreik seines Landes initiiert hatte und der Sohn von Havels Wahlkampfmanager Vladimir Železný war. Wie viel Gründe also, in den nächsten Monaten immer wieder nach Prag zurückzukehren! Über den Vater traf ich einmal sogar den Präsidenten, der damals noch kein englisch sprach und auf meine wahrscheinlich reichlich pathetische Eloge mit krächzendem Husten und einem lächelnden Schulterklopfen reagierte: Nur zu, Ihr Jungen, die Zukunft ist offen... Ich übernachtete auf der Liege im Arbeitszimmer des Wahlkampfmanagers (in Kopfhöhe die Bände des 1970 von Ludvík Vaculík gegründeten Untergrundverlages »Edice Petlice/ Edition hinter Schloss und Riegel«), sah jedoch, wie Vater Železny vor allem seine eigene Karriere zu planen schien. Nur wenig später sollte ihn das von Havels sozialliberal solidarischer Gesellschafts-Idee entfremden und dafür zum ersten Medienmogul seines Landes machen, Skandale und Abstürze inklusive. Auch seine Ehe mit einer Kafka-Forscherin würde in die Brüche gehen, doch als ich 2005 seinen Sohn Jakub wiedersah, sagte er mit dem gleichen Lachen wie 1990: »Erinnerst du dich? Da war trotzdem immer Vašeks guter Geist, der die ganze Atmosphäre durchdrang… Vater war damals noch nicht korrumpiert, Mutter nahm uns abends mit zu ihren Schriftstellerfreunden, du bist wie in Trance mit den Fingern die leprösen Hauswände in den Altstadtgassen entlang gefahren, und nachdem wir sogar Franz Kafkas Nichte getroffen hatten…« »Und sie uns Jungspunde mit Geschichten und Becherovka nur so abgefüllt hatte…« »Waren wir im Schneetreiben in eine Discothek unten am Altstädter Ring geschlittert, um die tschechischen Mädchen mit unserer Begeisterung anzustecken: Jugend, Revolution, Poesie und oben auf der Burg Bürger Vásek im geliebten Rolling-Stones-T-Shirt, das über seinem Brauereibauch spannte!«

Als ich 2009 mit dieser Geschichte meinen Erzählband *Schlafende Hunde* abschloss, wusste der Kopf, dass diese Jahre ab nun endgültig vorbei waren. Aber das Herz? Hatte damals, gleich nach der Revolution, nicht sogar ein Neon-Herz auf dem Hradschin gefunkelt, eine weitere ironische Havel-Idee?

Bis zuletzt, bis zu jenem Dezember 2011, schien deshalb jeder Prag-Besuch atmosphärisch beschirmt vom guten Geist des ehemaligen Präsidenten, der noch als Pensionär auf die Barrikaden ging, um Menschenrechtsverletzungen in Weißrussland, Birma oder Kuba anzuprangern. Oder seinen Landsleuten die Leviten zu lesen, auf dass sie sich eher um die Transparenz ihres Gemeinwesens sorgen sollten anstatt um die angebliche Überfremdung durch die Sinti und Roma. »Vašek hat uns immer die Treue gehalten«, sagte in einem Club in der Vinohradská-Straße einer von ihnen, der schwarzhaarige und abenteuerlich beringte Marek, und da schien es, als klänge durch all die Sounds-Bytes der Saison-Hits noch einmal das alte *We shall overcome* der Bürgerbewegung, Havels *Versuch, in der Wahrheit zu leben.*

Kitsch und Projektion? So mögen es die anderen sehen. All jene aber, für die das Jahr 1989 ein Markierungspunkt ihrer Biographie war, bleiben wohl tatsächlich – selbstironisch und im Unterschied zu den Zynikern innerlich frei – »forever young«. Denn das ist, »was bleibt«: Diese Freude und immense Dankbarkeit, ab nun jedoch auch gemischt mit Trauer und Melancholie über das Verrinnen der Zeit. Adieu Vásek...

Allerdings gab es da noch jemand, im benachbarten Polen – Wisława Szymborska, die noch als betagte Dame an ein sanftes, klug witterndes Rehkitz erinnerte. Und ebenfalls zeitlebens wusste, wie sich Ironie und Pathos mit einer menschenfreundlichen Alltagsweisheit zusammenbringen ließ, der diese Zeilen entsprangen: »Glück. Muss das auch sein?/ Takt und Vernunft gebieten, es zu verschweigen/ wie einen Skandal in den besseren Kreisen des LEBENS.« Und so taucht aus der Erinnerung ein weiteres Medaillon auf – als nicht zu verschweigendes Glück. Es war jener Sommerabend 1999, als sich im Warschauer Lazienki-Park unter die Delegierten des PEN-Kongresses längst junges Volk gemischt hatte, um dies zu sehen und zu hören: Wisława Szymborska im Lesungs-Duett mit ihrem alten Freund und Nobelpreis-Kollegen Czesław Miłosz (dem skeptischen Katholiken und Solidarnosc-Unterstützer, der ein paar Jahre zuvor noch geschrieben hatte: »Ich kann nichts dafür, dass wir nun einmal so gebaut sind:/ Zur einen Hälfte aus selbstloser Kontemplation, zur anderen aus Appetit«).

Kieseliges, sanftes polnisch, das da von diesem kleinen Marmortisch im legendären Belvedere-Restaurant in den abendlichen Park hinaus rollte, hin zu den Bänken, auf denen die Verliebten saßen und lauschten. Später, nachdem die beiden so jungen Alten sich inmitten des aufbrandenden Applauses mit einem feinen Lächeln zurückgezogen hatten, leerte sich der Park langsam. Autos hupten, hässliche Neubauten flackerten Neon-Logos in den Sommerhimmel, von fern grüßte (obwohl längst nicht mehr bedrohlich) die Spitze des byzantinischen Kulturpalastes aus der Stalinzeit. Und doch gingen alle noch wie im Traum, in ihren Gedanken geborgen und darauf bedacht, die anderen nicht zu drängeln auf ihrem Weg in die von Graffitis verunstaltete Metro-Unterführung. Die Niedrigkeit hatte also wieder einmal Pause, und der Determinismus geschichtlicher Tragödien schien erneut suspendiert am Ende dieses Sommertags, an dem auf den Straßen stolz die brandneuen »Poland-NATO«-T-Shirts verkauft wurden und überdies der polnische Papst für eine

Visite in der Stadt war. Dazu gab es danach in den Discotheken der Stadt bei Bier und Dämmerecken-Knutschereien ganz ungewohnte Diskussionen: Sollte man diesen als reaktionär verschrieenen Karol Wojtyla nicht auch als tapferen Aufrührer wider das Gängige bewundern? Szenen wie ein Szymborska-Vers: »In den großen Garderoben des Augenblicks.«

Selbstverständlich blieb es nicht dabei. Schon drei Jahre später, an einem Elften September, meldete sich erneut ideologisierter Hass. Wobei angesichts der aus den Twin Towers zu Tode Stürzenden die große alte Dame auch diesmal das Bergende der Poesie als präzisen Widerstand buchstabierte: »Nur zwei Dinge kann ich für sie tun –/ diesen Flug beschreiben/ und den letzten Satz nicht hinzufügen.« Und das ist, was ebenfalls bleibt.

Ab jetzt aber werden nicht nur New York, nicht nur Prag und Warschau andere Städte sein. Auch die eigene Jugend, gefühlsmäßig und wider alle Zahlen-Plausibilität verlängert bis hinein in jenen Dezember 2011, ist nun zu Ende. Dabei ist mit Václav Havel weder der Traum von einer freiheitlichen Welt noch das Engagement des unbestechlichen Intellektuellen gestorben. Ja, noch nicht einmal das Lachen, die Frechheit, die poetische Subversion, die schlichte Anständigkeit und die schon etwas verrückte Überzeugung, es jederzeit mit den Mächtigen aufnehmen zu können, wurde zusammen mit dem Sarg des zuletzt in seiner Magerkeit kaum noch wiedererkennbaren 75jährigen zu Grabe getragen. Dass die staatliche Trauer-Zeremonie ausgerechnet sein langjähriger Antipode und Präsidentennachfolger Václav Klaus leitete (immerhin aber selbst dieser Unsympath kein ex-kommunistischer Kollaborateur) und bei den offiziell Geladenen vor allem das Charaktermasken-Defilee von Sarkozy bis Christian Wulff auffiel – geschenkt. Havel, dem Dramatiker mit Sinn für die absurde Pointe, hätte es vermutlich ein typisches Raucherhusten-Lachen entlockt. Denn das geht doch trotzdem weiter, diese Sache mit den Menschenrechten, und so fand nicht zufällig Madeleine Albright, die tschechisch-jüdisch-amerikanische Herzensfreundin und Ex-Außenministerin unter Bill Clinton, die passendsten Abschiedsworte. Und auch der lebenslange Freund und Wegbegleiter Karl Johannes Nepomuk Antonius Wratislaw Fürst zu Schwarzenberg war da, immerhin Außenminister der Tschechischen Republik (und potentieller Präsidentschafts-Kandidat). Also sieh an, der gute Fürst und ehemalige Burgkanzler... Gleich nach der Revolution zurückgekehrt nach Prag, von Havel als Vertrauter auf den Hradschin geholt. Doch entstammt seine Gestalt nicht einer viel älteren Geschichte? Kennt man solch würdige Außenseiter-Gestalten nicht eher aus den Büchern von Joseph Roth, Leo Perutz, Sándor Márai und Arthur Schnitzler – vermögende Altruisten von Welt und mit Schwäche für's weibliche Geschlecht, die – einmal herabgestiegen von ihrer Salon-Freitreppe – all den großen und kleinen Menschenschindern sofort Paroli geben? Sage keiner, derlei sei Projektion. Karel Schwarzenberg, so der bürgerliche Name, hatte seine bis zur *Samtenen Revolution* währende Exilzeit in Österreich und der Schweiz damit verbracht, die verfolgten Dissidenten Ost- und Mitteleuropas zu unterstützen und die Medien auf deren Schicksal aufmerksam zu machen. Kurz danach war der Verfasser dieser Zeilen dem Formidablen erstmals begegnet – im Moskau des Frühjahrs 1991. Nahe des Roten Platzes trafen sich die Dissidenten und ihre westlichen Freunde, um Andrej Sacharows zu gedenken. Und da waren sie dann, all die ehemaligen Gulag-Häftlinge, die Schwarzenberg für dessen Engagement danken wollten, worauf dieser sich mit Handkuss von Simone Veil verabschiedete, Mario Soares auf die Schulter klopfte und – zusammen mit dem schüchtern lächelnden Alexander Dubček – auf die Russen zuhielt, wobei er sich jeglicher Gönnerei enthielt. Als ich ihn danach schüchtern ansprach, passierte der Fauxpas. »Graf Schwarzenberg...« »*Fürst*, junger Freund, obwohl wir auf derlei Formalien doch gewiss nicht rekurrieren sollten...«

Und waren uns dann zwanzig Jahre danach wieder begegnet, in einer holzgetäfelten Brauereiwirtschaft, die auf einen beinahe ebenso langen Stammbaum zurückblicken konnte wie die Familie Schwarzenberg. Auch das ein Erinnerungs-Medaillon der Freude: Kurz nach Mitternacht nahe des Bethlehem-Platzes aus jenem Club mit dem sprechenden Namen *Babylonia* gestolpert, über das Kopfsteinpflaster geschlendert und, inzwischen mit knurrendem Magen, auf die leuchtenden Fenstervierecke des Gasthauses zugehalten, hinter denen das Geräusch von Bierhumpen zu hören war, auf Holztische aufgesetzt. Dazu dieser Duft von Rindergulasch und Knödeln.

Der Fürst – unverändert in Tweedjackett und Rollkragenpullover – gerade beim Verabschieden von Freunden, die obligate Tabakspfeife in der rechten Hand. Seit Moskau war sein Nuscheln noch stärker geworden, aber das Erinnerungsvermögen geradezu verblüffend. »Gewiss erinnere ich mich. Sie hatten damals im Mai '91 von einer ›Internationale der Konservativen‹ gesprochen und Gorbatschows parteiinterne Gegner mit Maggy Thatcher verglichen, während ich mir erlaubt hatte, diese womöglich allzu juvenile Verknüpfungslust ein wenig zu relativieren, da Genauigkeit der Argumentation uns Liberalen doch immer gut ansteht, nicht wahr?« Worauf der sozialliberale Adlige eine leichte Kopfbeugung andeutete, ironisch lächelte, mir die Hand reichte und sich mit dem Verweis auf heute Nacht noch zu lesende Ministeriumsakten verabschiedete und aus dem Lichtkegel der Schenke hinaus trat auf die stille Altstadtgasse. Oh wundersames Prag...

* * *

2013

Schließlich hatte er es doch nicht geschafft und bei der Stichwahl zum Präsidentenamt gegen den linkspopulistischen Miloš Zeman verloren. Trotzdem war es bereits eine Sensation gewesen, dass Karel Schwarzenberg 45 Prozent aller Stimmen erhalten hatte und gerade bei jungen städtischen Wählern führte. Dabei hatten auch an der Moldau Linke und Rechte das Nach-1989er Mantra gesungen, dass mit all den Bürgerrechtlern und Exzentrikern doch kein Staat zu machen sei – zumindest keiner, wie *sie* ihn sich vorstellten, um ihren Korruptionsgeschäften nachzugehen. Also hatten sie sich gemeinsam auf den 75jährigen Bürgerrechtsliberalen eingeschossen, dessen umfangreicher, noch aus Vor-k.u.k-Zeiten stammender Familienbesitz zuerst von den Nazis, dann von den Kommunisten konfisziert worden war, dessen Liegenschaftsvermögen außerhalb Tschechiens dennoch auf mehrere Millionen geschätzt wird. Dass er nach 1989 vom tschechischen Staat nicht die Rückgabe des Schwarzenbergschen Stammschlosses forderte, hatte ihm Achtung eingebracht, desgleichen seine ostentative Ferne zum Kungelbetrieb der Post-Havel-Ära.

Selbst seine unpopuläre Kritik an den Beneš-Dekreten und der Vertreibung der Deutschen hatte ihm weniger geschadet als vorhergesagt. Wer in den Wochen vor der Wahl in Grenzstädte wie Liberec oder Ùsti nad Labem reiste, sah dort ebenso großformatige Schwarzenberg-Poster wie in den Straßen von Prag. Dort kamen freilich noch die Graffitis und Aufkleber hinzu, die die Häuserwände und Fenster der Fakultäten und Lounge-Bars schmückten: Fürsten-Face mit Schnurrbart und Tabakspfeife, Subversion mit Stil. Vielleicht gehen gewisse Geschichten ja doch weiter, zu Realität gewordene Verse.

Remember Stefan Heym

2013

Zwei Erinnerungen zum 100. Geburtstag von Stefan Heym, den von Freund und Feind einst Über- und Unterschätzten. Das Jahr 1988, und ein von der Stasi bedrängter sächsischer Provinzjunge saß ehrfürchtig in dieser Ostberliner Schriftsteller-Wohnung in Grünau, während der vermeintliche Dissident, dessen ZDF-Interviews in »Kennzeichen D« man doch so bewundert hatte, eher Unwirsches von sich gab: »Weggehen in den Westen ändert gar nichts, junger Freund. Auch kann ich Ihnen keine Bücher mitgeben, Ihre zehn D-Mark da reichen ja nicht mal für ein Fischer Taschenbuch.«

Die Enttäuschung (ostdeutsche Bürgerrechtler wie Stephan Krawczyk oder Freya Klier hatten sie als alerte Entsolidarisierung zuvor noch ungleich stärker erfahren) aber fand keine Zeit, sich auszubreiten, denn in einem Buch-Antiquariat im damaligen Karl-Marx-Stadt fand sich dann zufällig dies: *Kreuzfahrer von heute* und *König David Bericht*, Heyms wohl beste Romane. Das aus der Perspektive eines Antinazi-Emigranten und freiwilligen US-Soldaten geschriebene Weltkriegs-Epos und dazu jenes verschlüsselte Selbstporträt als Ethan, der »tapferfeige Intellektuelle« (Wolf Biermann) am biblischen Herrscherhof König Salomos. Wer in der miefigen DDR hätte etwas derart Packendes schreiben können, wenn nicht der jüdische Sozialist Stefan Heym, der dazu in New York gelernt hatte, was ein *plot* ist? Damit war ein erneuter Dankbrief fällig, der von Heym schließlich mit einem Exemplar von *Ahasver*, dem dritten großen Sinnsucher-Roman, beantwortet wurde und jenen Briefzeilen, die vermutlich weiser waren als ihr Verfasser, der sich dann nach 1989 als »Nestor der Revolution« feiern und ausgerechnet für die PDS in den Bundestag bugsieren ließ: »Im übrigen sollten Sie nicht ganz so schwärmerisch sein: solch herrliche Gestalten sind die Schriftsteller nicht, und bin auch ich nicht.«

Die zweite Begegnung dann im Jahre 2000. Das gleiche anheimelnde Wohnzimmer-Ambiente, ein Gespräch über Heyms neuen (und letzten) Roman *Die Architekten*, doch zuerst einmal erneut Harsches: »Sie schreiben also jetzt für diese Springerpresse, was?« Als der Besucher jedoch Ernst Cramer erwähnte, überzog sofort ein Lächeln das verwitterte, ausdrucksstarke Uhu-Gesicht. »Richtig, der arbeitet ja auch da, *ein Antikommunist.* Sergeant Cramer und Sergeant Heym – zwei junge Juden, die damals vor einem Menschenalter den Nazis gerade noch so entkommen waren und sich nun im amerikanischen Camp Sharp auf die Landung in der Normandie vorbereiteten. Nicht, dass wir uns sonderlich gemocht hätten – aber Sie richten ihm doch bitte Grüße aus, ja?« Und plötzlich füllten sich die Augen des Greises, der einst für die Befreiung Europas sein Leben riskiert hatte, mit Tränen – ein Jahr, bevor er starb, ausgerechnet bei einem Israel-Aufenthalt und damit im Lande des unvergesslichsten seiner zutiefst ambivalenten Helden: Ethan ben Hoshaja. Die Erinnerung an Stefan Heym ist eine gute.

Die Sache mit der Freiheit
Eine Berliner Schriftsteller-Diskussion

2009

Das war bemerkenswert: Spricht der in Ceauşescu-Rumänien aufgewachsene ungarische Schriftsteller György Dragomán von nächtlichen Hausdurchsuchungen durch die Geheimpolizei Securitate und die Beschlagnahmung aller im Haus auffindbaren Bücher, lächelt der deutsche Moderator nachsichtig und stellt seine nächste Frage. »Fühlte man als Schriftsteller aber dann nach 1989 nicht auch einen Verlust, als Bücher nicht einmal mehr von Zensoren ernst genommen und viel weniger als zuvor gelesen wurden?«

Dragomán, Autor des atemberaubenden Romans *Der weiße König*, 1973 in Siebenbürgen geboren und seit 1988 in Budapest lebend, ist ein ausgesprochen höflicher Zeitgenosse, so dass er – anstatt flüsternd das Wort »Vollidiot« zu buchstabieren – noch einmal zu Berliner Protokoll gibt, dass zwei mal zwei vier ist und die Erde keine Scheibe: »Lieber als freier Mensch schreiben zu können ohne die Garantie zu haben, auch von allen gelesen zu werden, als voller Angst in Unfreiheit dahinzuvegetieren.«

Montagabend am Pariser Platz im Kulturforum der Allianz-Stiftung, schräg gegenüber dem Brandenburger Tor: »European Borderlands. Revolution und Literatur 1989–2009«.

Eingeladen hatte das rührige Literarische Colloquium Berlin, und die Gäste zählten zu den interessantesten jüngeren Autoren Mittel- und Osteuropas. Dabei lieferten die Polin Olga Tokarczuk (Jahrgang 1962), der Tscheche Jaroslaw Rudiš, geboren 1972, sowie der Ungar Dragomán keineswegs spektakuläre Wortbeiträge. Nur – aber vielleicht sollte dieses »nur« dann doch in Anführungszeichen stehen – den erneuten Beweis, dass demokratischer Antikommunismus keine scheppernde Ideologie ist, sondern schlichtweg gesunder Menschenverstand, alltagskompatibel und ganz gewiss lebensklug-ironisch genug, noch im Slogan »Der Markt regelt alles« einen Widerschein des alten Denkens aufzuspüren. Der Kontrast zu Volker Braun, der als »Direktor der Sektion Literatur an der Akademie der Künste zu Berlin« die sozusagen gegenwartskritische Einführungslesung hielt, hätte nicht größer sein können. Der in seiner Habitus gewordenen Mischung aus marxistisch-idealistischem Rhetor und sächsischem Kleinbürger keineswegs unsympathische Braun las einen regimekritischen Text vom Frühjahr 1989 und kommentierte ihn mit den ein wenig putzig anmutenden Worten: »Der kafkaeske Ton darin ist eine Hommage an den Prager Frühling.« Was Wunder, dass sich derlei spröder Charme nicht zuletzt auch intellektueller Langsamkeit alsbald von westlichen »Leuchtschriften« und »Marketing« überrollt sah.

Jaroslav Rudiš hatte den Herbst '89 dagegen in ganz anderer Erinnerung. Als er sagte, damals Gymnasiast und schwer verliebt gewesen zu sein, signalisierten Moderator und Publikum noch großes Verständnis, das dann allerdings schweigsamem Staunen Platz machte: »Wir waren Schüler, und ich schwärmte für ›The Cure‹. Als wir zu einem Klassenausflug nach Prag gekarrt wurden, ärgerten wir das Aufsichtspersonal im kommunistischen Clement-Gottwald-Museum mit unserem Gelächter, und als wir wieder auf die Straße traten, sahen wir die ganzen leeren Trabants, die von den ostdeutschen Botschaftsflüchtlingen zurückgelassen worden waren. Zurückgekehrt in unsere Kleinstadt, fingen wir dann mit Theaterproben an, Václav Havels *Audienz*.«

Ein Entwicklungsroman im Schnelldurchlauf, denkt der Zuhörer, poetischer und wahrhaftiger als alle hiesigen Verfertigungen zusammen. Zu polemisch gedacht? Nicht unbedingt, antwortete doch Olga Tokcarzuk auf die insistierende Moderatorenfrage nach einer möglichen Nostalgie in Polen ganz prompt: »Nostalgie? Eher Trauer darüber, dass wir die Kommunisten erst '89 los geworden sind und uns also erst sehr spät mit den Erwachsenenproblemen innerhalb einer Demokratie herumschlagen konnten.« Wie gesagt: Freundliche Zeitgenossenschaft statt himmelstürmender Erkenntnisse. Noch immer aber eine sichtliche Provokation für ein gewisses Milieu, dem einst der französische Linke André Gorz ins Stammbuch geschrieben hatte: »Der Gedanke der Freiheit besitzt keine wirkliche Heimstatt in Deutschland.«

Christa Wolf – »Wer hat dich überredet, Oma?«

2013

Mitte der achtziger Jahre galt Christa Wolf als Kandidatin für den Literaturnobelpreis – den DDR-Nationalpreis und den bundesdeutschen Georg-Büchner-Preis hatte sie da bereits erhalten. *Kassandra*, ihr international berühmtestes Buch, war erschienen und wurde im Westen als eine Zivilisationskritik von Graden gefeiert, dargeboten in einer ebenso reflexiven wie geschmeidigen Sprache, während die Leser im Osten vor allem nach regimekritischen »Stellen« forschten. Zu diesem Zeitpunkt befand sich Christa Wolfs Enkelin Jana Simon gerade in der Pubertät, durchlebte eine erwachsenenkritische »Grufti-Phase« und hatte somit anderes zu tun, als die Bücher ihrer Großmutter zu lesen, obwohl sie dann als 16jährige eine mit persönlichen Widmungstexten versehene Gesamtausgabe unter dem Weihnachtsbaum fand.

»Zu Hause wuchtete ich die elf Bände in mein Regal, und dort blieben sie. Ab und an zog ich eines der Bücher heraus, wog es in meiner Hand, und manchmal las ich es auch. Am meisten berührten mich diese kleinen Widmungstexte. Ich empfand sie als Angebot meiner Großeltern, mir etwas über sich zu erzählen, auch wenn ich das in jener Zeit noch nicht zu schätzen wusste.« Im Sommer 1998 ist es dann schließlich im Wintergarten in Berlin-Pankow so weit: »Meine Großeltern sind fast siebzig, ich bin 25. Gerade habe ich begonnen, als Journalistin zu arbeiten. Das Aufnahmegerät liegt vor mir, und meine Großeltern sehen mich erwartungsvoll an, sie wissen nicht genau, was ich vorhabe.«

Das letzte dieser durch berufliche und familiäre Verpflichtungen immer wieder unterbrochenen Gespräche führt Jana Simon mit ihrem Großvater Gerhard Wolf dann im Sommer 2012 – ein halbes Jahr nach Christa Wolf Tod. Die unaufgeregte Genauigkeit, die schon Simons *ZEIT*- und *Tagesspiegel*-Reportagen auszeichneten, kommt auch diesem unter dem Titel *Sei dennoch unverzagt* erschienenen Gesprächsband zugute. Das frappiert – vor allem im Kontrast zu jenem einst in Ost und West so ehrfürchtig bestaunten Christa-Wolf-Sound. Die Autorin nämlich, die 1968 ihre legendäre Roman-Protagonistin Christa T. jenes verheißungsvoll aufbegehrende »Wann, wenn nicht jetzt« sagen ließ und in der im Wendejahr 1990 erschienenen Erzählung *Was bleibt* von jener Sprache raunte, die sie »schon im Ohr, noch nicht auf der Zunge« habe, flutscht auch im Enkel-Gespräch häufig ins Exaltierte. Bereits den eindringlichen Erinnerungen an die eigene kleinbürgerliche Herkunft und die NS- und Kriegs-Kindheit (»Ich wollte mich für etwas begeistern, an etwas glauben«) folgt die Dramatisierung: »Seitdem ich an *Kindheitsmuster* gearbeitet habe, frage ich mich immer wieder: Warum brach ich zusammen, als ich von der Judenvernichtung erfuhr?« Worauf ihr Mann Gerhard, der im Westen leider bis heute eher unbekannte Essayist, Herausgeber und Lyrik-Kenner, ganz prosaisch-konkret dazwischen fragt: »Was heißt, du brachst zusammen? Das ist mir immer ein bisschen zu viel! Na gut, wie sah der Zusammenbruch aus?« Danach wird im Wohnzimmer weiter geredet, während die Enkelin notiert: »Die Frage nach ihrem Zusammenbruch, als sie von den Verbrechen der Nazis erfuhr, bleibt unbeantwortet.«

Was hier fast unspektakulär erscheint, ließe sich freilich auch als nachgetragene, lebensweltliche Fußnote zu jenem »Literaturstreit um Christa Wolf« lesen, als mit dem Ende der DDR auch der bisherige Nimbus der Schriftstellerin in Frage gestellt worden war. Damals hatten sich Frank Schirrmacher in der *FAZ* und Ulrich Greiner in der *Zeit* gegen genau diesen allzu hurtig hohen und doch konsequenzlosen Ankündigungs-Ton gewandt, da er mehr suggeriere und vernebele als wirklich erhelle. Als Christa Wolf als blutjunge SED-Genossin bei der (unfreien) Volkskammerwahl 1950 die Abwesenheit Intimität schützender Wahlkabinen bemerkt, ist sie »völlig irritiert«. Als nach dem Arbeiteraufstand vom 17. Juni 1953 jede öffentliche Diskussion verboten wird: »Das war ein weiterer Punkt, an dem ich dachte: Das geht nicht!« Im Jahre 1963 (Gerhard Wolf: »Christa wurde überredet, ins Zentralkomitee der SED zu gehen«, Jana Simon: »Wer hat dich überredet, Oma?«) rechnet auf Walter Ulbrichts Initiative die Partei mit unbotmäßigen Künstlern ab, verbietet Bücher und Filme. Auf jenem berüchtigten 11. ZK-Plenum ist dann Christa Wolf die

Einzige, die den Tiraden der Funktionäre widerspricht – mutig, mit zitterndem Herzen, vor allem aber bemüht, klarzustellen, dass man doch weder kritisch noch »bürgerlich« sei. Danach wird sie von Anna Seghers, immerhin der Autorin von *Transit* und *Das Siebte Kreuz*, ins Ostasiatische Museum geführt und anhand der Exponate getröstet: »Guck doch mal, diese Leute durften nicht einmal Menschen darstellen und haben dennoch so schöne Sachen gemacht, Löwen, Pflanzen. Da geht's uns doch aber besser!«

Kurz darauf wurde Christa Wolf krank. »Ich bekam eine richtige Depression im klinischen Sinne. Im Regierungskrankenhaus (sic!) gab es einen klugen Psychiater, der mit meiner Kritik am Ganzen einverstanden war. Mir war klargeworden, dass die ganze Sache schief lief. Dass das in die absolut falsche Richtung ging... Danach kamen ein paar Vertreter des ZK mit einem Rosenstrauß ins Krankenhaus und wünschten mir alles Gute.«

Der heutige Leser ist angesichts dieser wohl ebenfalls nur mit klinischem Vokabular zu beschreibenden Zwänge, Verschrobenheiten und Schizophrenien ebenso baff wie die nachfragende Enkelin. »Ihr habt den ganzen Irrsinn nicht gemerkt?«, will sie wissen, und es ist von durchaus berührender Alters-Fairness, wenn Christa Wolf an einer Stelle konzediert: »Das Denken der jungen Generation heute ist viel differenzierter und entwickelter als unser Denken zu der damaligen Zeit.«

Was freilich die Großmutter nicht davon abhält, bei einem Gespräch im März 2008 sogar noch die eigene Enkelin mit Halbwahrheiten zu beschummeln. Als im Sommer 1968 in Prag die Sowjet-Panzer rollten, hatte Christa Wolf dies im SED-Zentralorgan *Neues Deutschland* als eine »Übereinkunft« gelobt und mit Verweis auf den Vietnamkrieg jede Kritik an der Zerschlagung des Prager Frühlings abgebügelt. Nun, drei Jahrzehnte danach, zitiert sie – formal konkret, moralisch eher fragwürdig – lediglich den letzten, wiederum vage wabernden Satz ihrer Ergebenheitsadresse: »Ich hoffe, die Vernunft wird siegen.«

1969 wird dann die eigene Tochter, die heute als Psychoanalytikerin arbeitende Annette Simon, von der Stasi unter dem Verdacht der aktiven Dubček-Sympathie zum Verhör abgeholt – während die Mutter heimlich Solschenizyns Roman *Krebsstation* liest. Nach der Biermann-Ausbürgerung 1976 ein ähnlich ambivalentes Muster:

Christa Wolf (»Ich dachte: Das geht zu weit!«) protestiert in einer Schriftsteller-Petition, wird jedoch im Unterschied zu ihrem Mann nicht aus der Partei ausgeschlossen, hört auf Honeckers persönliches »Christa, bleib mal bei uns« und schreibt anschließend ihren stilistisch makellosen *Kein Ort, nirgends.* Ironischerweise wird Christa Wolf gerade durch diese berufsbedingt normale Autoren-Egomanie – wo man sie schreiben lässt, da wird sie wohnen bleiben – beinahe sympathisch, besteht doch hier eine Schriftstellerin auf dem Primat der Ästhetik. Freilich ist auch dies nicht unverfälscht zu haben (Ulrich Greiner schrieb seinerzeit von »machtgeschützter Innerlichkeit«), und man fasst sich als Leser erneut an den Kopf, wenn – diesmal von Ehemann Gerhard – die neue Widerständigkeit wie folgt beschrieben wird: »Nach der Biermann-Sache erschienen wir nicht mehr im Schriftstellerverband. Wenn wir ein Visum für den Westen haben wollten, gingen wir gleich zum obersten Kulturbeauftragten der Partei, Kurt Hager.«

Nach 1989 wird sich dann herausstellen, dass Christa Wolfs für *Kassandra* so wichtiger Gewährsmann Thomas Nicolaou für die Stasi gearbeitet und die gesamte Wolf-Familie einschließlich der damaligen Teenager-Enkelin bespitzelt hatte. Fazit der Großmutter: »Andererseits haben wir ihm auch viel zu verdanken, etwa die Griechenlandreise. Und er hat treulich berichtet: Die sind auf Abwegen, aber trotzdem gute Genossen. Man solle uns nicht so schwer bestrafen.«

Im Rückblick sind es jedoch nicht etwa solche Geschehnisse und Gestalten, denen ihr Zorn gilt. Mitnichten also der Stasi, welche die Autorin (unter dem durchaus treffenden Kürzel »OV Doppelzüngler«) observierte, ja noch nicht einmal jenen Ostberliner Polizisten, die bei einer Demonstration im Herbst ’89 erneut ihre Tochter verhaftet hatten, während Christa Wolf weiter »kritisch-loyales« SED-Mitglied blieb. Nein, wer als Resümee dieses literarisch produktiven, intellektuell aber wohl durch und durch verkorksten Lebens das Prädikat »Wen ich am meisten verabscheue« erhält, sind – Frank Schirrmacher und Ulrich Greiner! Kein Zufall, dass »der Westen« vor allem in Gestalt von Sonnenschirmen mit Coca-Cola-Logo ausgemacht wird, die dann ab 1990 auch im Osten auftauchten – zur damaligen Freude der Enkelin, die Buntes mochte, und zum Grausen der Großeltern (die darin fatal an Hans-Werner Richter denken lassen und dessen 1945 auf den zurückgekehrten Emigranten Hans Sahl abgeschossenen Satz: »Tja, allein mit Coca Cola ist's bei uns nicht zu machen.«)

Dennoch ist es etwas schade, dass Jana Simon sich vor diesen Gesprächen kaum in die Bücher und Wortmeldungen ihrer Großmutter eingelesen hat; sie hätte dann vielleicht noch etwas präziser nachfragen können. So sagt etwa die zur Rührseligkeit neigende, autobiographisch grundierte Protagonistin in Wolfs letztem Roman *Stadt der Engel*: »Wir haben dieses Land geliebt.« Ein anscheinend stiller Satz, der auch beim Leser Rührung aufkommen lässt – so lange jedenfalls, wie er den Sound nicht auf Stichhaltigkeit prüft. Das *Land* nämlich, von Sachsen über den Osten Berlins bis hinauf zu den Mecklenburger Seen, gibt es ja noch immer (mit entseuchten Landschaften, die zu einem beträchtlichen Teil tatsächlich wieder »blühend« sind); was verschwunden ist, ist lediglich der Staat DDR. Es ist deshalb etwas Seltsames, um nicht zu sagen Schamloses an der Wolfschen Melancholie. Auch ihr berühmter Tribünen-Satz bei der Alexanderplatz-Demonstration vom 4. November 1989 (»Stell dir vor, es ist Sozialismus, und keiner geht weg«) verrät ein bedenklich homogenes Menschenbild, spätes, unreflektiertes Echo des letzten Satzes aus dem *Geteilten Himmel,* der damals den Mauerbau gerechtfertigt hatte: »Das wiegt alles auf: Dass wir uns daran gewöhnen, ruhig zu schlafen.«

So scheint am Schluss das ganze zivilisationskritische, um »die Bedingungen des Sagbaren und des weiblichen Schreibens« kreisende Werk dann doch aufs Ressentiment reduziert. Während die Enkelin – die sich 1990 auf die Währungsunion gefreut hatte, da mit der D-Mark nun auch die Möglichkeit der Interrail-Reisen kam – irgendwann ganz gelassen konstatiert: »Das heißt, ihr habt euren Kulturkreis nie verlassen.«

Jana Simon: Sei dennoch unverzagt. Gespräche mit meinen Großeltern Christa und Gerhard Wolf. Ullstein Verlag, Berlin 2013

»Es waren doch nur Worte«
Karrieren deutscher Anpasser

2011

Hatte der seit 2010 amtierende Präsident der Berliner Humboldt-Universität zu DDR-Zeiten »ideologische Einpeitscherparolen« verkündet? Dies meint der Berliner Historiker Ilko-Sascha Kowalczuk, der kürzlich auf einer Wissenschaftstagung aus Jan-Hendrik Olbertz' Dissertation und Habilitation zitierte, die in der Tat voll sind mit Honecker-Krenz-Hager- und Lenin-Zitaten.

Dass der nach 1989 zum erfolgreichen Wissenschaftsmanager aufgestiegene Olbertz, dessen Bilanz als Kultusminister Sachsen-Anhalts in der Tat beeindruckend ist, diese Passagen inzwischen als »peinlich« und »verbale Zugeständnisse« abtut, mag aus karrieretechnischer Sicht verständlich sein. Widersprechen müsste man allerdings einem klugen Kopf wie Jürgen Kaube, der in der FAZ ins Feld führt, dass seinerzeit Olbertz' Ergebenheitsadresse doch ohnehin keiner gelesen habe und deshalb von ihr – im Gegensatz zu Kowalczuks Postulat – auch nie und nimmer eine »Stützung und Stabilisierung der SED-Herrschaft« ausgegangen sein könne. Dabei hat das Argument bei erster Betrachtung durchaus etwas für sich: Wo kein Leser, da auch keine Beeinflussung.

Nun war die posttotalitäre DDR-Diktatur bis zu ihrem Kollaps auf die berühmten Nichts-als-Worte allerdings geradezu existentiell angewiesen. Anders gesagt: Das potemkinsche Dorf lebte davon, dass nirgendwo ein Kind schrie, der Kaiser sei doch nackt. Wobei dieses Kind keineswegs eine Metapher ist: Jan-Hendrik Olbertz hatte seine DDR-Karriere immerhin im Bereich Erziehungswissenschaften begonnen, der eben keine Nische war, sondern integraler Bestandteil der Herrschaftsideologie. Hier nämlich wurde seit 1949 gelehrt (nachzulesen etwa in Freya Kliers Standartwerk *Lüg Vaterland. Erziehung in der DDR*), wie man Generationen von Schülern, Lehrlingen und Studenten zu willigen Parteihörigen formt – oder doch zumindest, und dies vor allem in der Schlussphase des Regimes, zu duckmäuserischen Doppelzünglern, die ihre Knecht-Attitüde dann für sich auch noch als Schwejksche Subversion umdefinieren konnten.

Das marxistisch-leninistische Kauderwelsch war eben nicht der kleine Tribut, den man notgedrungen zahlen musste, um ein ansonsten innerlich freies Leben zu führen. Stattdessen war es Teil der Vergiftung, eine Mitmacher-Haltung, wobei es keine Rolle spielt, ob sie nun aus Überzeugung oder Opportunismus geboren war: Denn jede dieser rhetorischen Angleichungen erhöhte den psychologischen Druck auf Abweichler, ließ sie vereinsamen und als manichäische Sonderlinge erscheinen. Auf niederträchtig perverse Weise kehrte sich damit das Verhältnis von Wahrheit und Lüge um: Zu rechtfertigen – vor Schüler- und Studenten-»Kollektiven«, in Seminar- und Fachbereichssitzungen – hatte sich derjenige, der den sprachlichen Vernebelungs-Kotau *nicht* leistete. Im Unterschied zu wohlmeinenden Beobachtern im Westen hatten die Machttechniker des Ostens nämlich sehr wohl begriffen, dass Worte Taten sind, entweder Stabilisatoren oder Gefahr-Elemente. Václav Havel hatte das in seinem *Versuch, in der Wahrheit zu leben* bereits 1978 auf den Punkt gebracht: »Dadurch, dass jemand die Spielregeln verletzt, hat er das Spiel als solches abgeschafft. Er hat die Welt des Scheins zerstört, die Grundlage des Systems, denn durch jedes Heraustreten aus dem Leben in Lüge wird es als Prinzip negiert und als Ganzes bedroht.«

Und manche haben genau das gewagt – der Philosoph Wolfgang Templin etwa, der nach seinem Rausschmiss aus eben jener Humboldt-Universität zu einem markanten DDR-Oppositionellen wurde, oder ein Theologe wie Richard Schröder, der innerhalb der akademischen Strukturen blieb und dennoch – ja, dies war ebenfalls möglich – Freiräume öffnete und dem Regime eben keine Lorbeerkränze wandt.

Herr Olbertz war weder Mitglied der Partei noch der »Kampfgruppen der Arbeiterklasse«, und zu recht nimmt er für sich in Anspruch, auch nach seiner Lebensleistung nach 1989 bewertet zu werden. Gewiss. Nun waren es zu DDR-Zeiten – vom Akademiker bis hin zum Arbeiter – aber gerade diejenigen, die clever auf beiden Hochzeiten tanzten, welche dem perfekt organisierten Unrechtsregime jenen Hauch von etwas trotteliger Hausväterlichkeit verschafften, der dann wiederum jeden Widerstand neutralisierte. Denn weshalb gegen die bornierten Greise im Politbüro protestieren, wenn man, gute Westkontakte vorausgesetzt, verbotene Bücher auch heimlich lesen konnte, bzw. mittags zum »Zettelfalten« in die Wahlurnen schlich, dafür aber abends in der Kneipe nur umso lauter über die von Egon Krenz verkündeten 99,8 Zustimmungsprozent lästern würde?

Führt es tatsächlich zu weit, die bis in die heutigen Tage zu beobachtende Schwäche der ostdeutschen Zivilgesellschaft auf eben jene vermurksten Prägungen zurückzuführen, die damals bereits in den Schulen, Lehrlingswerkstätten und Universitäten begannen?

Wenn nun einer ausgerechnet Präsident einer hauptstädtischen Elite-Einrichtung wird und sein früheres Tun bis dato kaschierte und nun verniedlicht, dann sind nicht allein Zweifel an seiner intellektuellen Redlichkeit angebracht. Auch die Frage nach seinem praktischen Verständnis akademischer Arbeit steht im Raum. Denn was ist daraus zu schließen, wenn Dissertations- und Habilitationstexte vom eigenen Verfasser ihres Wirkungskontextes beraubt werden, welcher mit einem Augenzwinkern als nahezu inexistent dargestellt wird? Wie auch immer man es dreht: Der alerte Jan-Hendrik Olbertz müsste sich bald mehr einfallen lassen als die üblichen Rechtfertigungen eines »Es waren doch nur Worte«.

Mitunter hilft wohl nur befreiendes Gelächter. Immerhin war es laut einer Zeitungs-Recherche »der Justiziar des VEB Lüftungs- und Entstaubungsanlagen Leipzig« (sic!), mit dem zusammen im Spätsommer 1989 eine gewisse SED-Genosssin Wille einen regimekonformen Text veröffentlicht hatte, in dem der bundesdeutsche Rechtsstaat als bourgeoises Possenspiel denunziert wurde. Wenige Jahre später war Karola Wille dann bereits Justiziarin des MDR in Leipzig, dem sie seit letzter Woche nun als Intendantin vorsteht. Quasi makellos gelüftet, entstaubt und auferstanden aus Ideologie-Ruinen, gesegnet mit offensichtlichem Karriere-Willen. Gerade deshalb: Versuchen wir's, mit Ironie zu nehmen, anstatt uns in moralische Aufregung zu begeben.

Könnte es darüber hinaus nicht sein, dass Frau Wille tatsächlich fachlich kompetent ist – ebenso wie der Ex-IM Bernd Runge, langjähriger Verlagsleiter von Condé Nast und heute Vorstandschef eines Londoner Auktionshauses, oder unzählige andere, die von der SED erfolgreich in die Marktwirtschaft bzw. in den öffentlichen

Dienst oder die öffentlich-rechtlichen Medien gewechselt sind? Die Demokratie ist kein permanent tagender jakobinischer Wohlfahrtsausschuss, Menschen ändern sich (und haben ein Recht, diese Änderungen goutiert zu bekommen), denn zu einer liberalen Grundhaltung zählt gewiss auch die Einsicht in die Komplexität von Biographien. Und dennoch.

Da erschien dieses verächtliche Lächeln im Gesicht des bayrischstämmigen MDR-Gründungs-Intendanten Udo Reiter, als er mir – gleich Anfang der neunziger Jahre war es gewesen, und auf den Gängen seines Rundfunkhauses roch es noch nach DDR-Putzmitteln – die Frage nach der medialen Beteiligung der ehemaligen Bürgerrechtler beantwortet hatte. »Nette Leute, oh doch. Was wir allerdings jetzt brauchen, ist Erfahrung und Effizienz.« Und diese sei, so die unausgesprochene West-Botschaft, wohl eher mit allzeit Systemkompatiblen zu erreichen als mit irgendwelchen ewig Renitenten, die darüber hinaus ihre Lebensenergie bereits beim (durchaus löblichen) Engagement gegen die Diktatur verpulvert hatten.

War das nun zynisch? Sicherlich, doch weder unwahr noch ahistorisch. Der von den Nazi-Gräueln existentiell empörte Wolfgang Borchert stirbt jung und beinahe im Wortsinn »draußen vor der Tür«, während der kühle Insektenfreund Ernst Jünger steinalt wird und sogar die Weihen eines Kanzlerbesuchs erfährt und Leni Riefenstahl – auch sie eine dieser Willens-Triumphierer – nun mit gleicher Perfektion die muskulösen Nubas filmt wie zuvor den tobenden Gröfaz. Die Liste ließe sich fortführen: Von Exil, Armeezeit und antinazistischem Engagement ausgepowert, frühzeitig gealtert und literarisch am Ende, sitzt ein grundanständiger Klaus Mann bei einem seiner Besuche in Deutschland ungläubig im Parkett eines Berliner Theaters, während droben auf der Bühne der alerte Anpasser Gustaf Gründgens nach wie vor umjubelt brilliert als perfekter Mephistopheles. Allerdings kannte Gründgens wenigstens seinen Text, während die ehemalige Justiziarin anscheinend all die Jahre so gar nichts mitbekommen hatte von den Korruptionsgeschichten, die nun im MDR jeden Tag auffliegen.

Was also, wenn es mit der so verführerisch alliterarisch gepriesenen Kompetenz der Kompatiblen doch nicht ganz so weit her wäre, sondern nur ein altes DDR-Muster aus wieselflinker Geschmeidigkeit, Seilschaftskumpanei und seelischer Hartleibigkeit greift, vor dem schließlich selbst westliche Karrieristen (deren Opportunismen weniger krisenfest justiert sind) kapitulieren? »Entweder CSU oder Stasi« hieß es deshalb oft über den MDR, und noch vor zwei Jahren vertraute mir ein Redakteur unter dem Siegel der Verschwiegenheit an, wie gerade die mittlere Verwaltungsebene des Senders mit ehemaligen SEDlern durchsetzt sei – beste Garanten gegen Unordnung und potentiellen Gewerkschaftskrawall.

Doch hatten wir uns nicht zu Beginn das Versprechen gegeben, statt Anklage lieber der Ironie treu zu bleiben? Mitunter gibt sie nämlich tatsächlich Balsam – und sei es mit einem einzigen Wort. Da sehen wir etwa, im MDR und anderswo, den seit Jahrzehnten ölig lächelnden und trällernden Karel Gott, erinnern uns seiner Loyalitätsadressen an das spätstalinistische, Andersdenkende einkerkernde Husák-Regime – denken zwecks Erhalt der Seelenheiterkeit aber sogleich an Milan Kunderas lapidares Verdikt über diese »goldene Stimme aus Prag«: »Musik-Idiot.« Paff! Wenn es doch nur immer so einfach wäre, das rettend spöttische Wort im Köcher zu haben, um es auf das Defilee der clever Infamen loszulassen, die mit ihrer im Wortsinn Schlager-Parole »Du musst ein Schwein sein in dieser Welt« alles so perfekt zu korrumpieren wissen.

Nehmen wir die vor allem in Ostdeutschland noch immer bejubelte Helena Vondračková, jene singende tschechische Märchenfee, die noch mit über sechzig Jahren so formidabel ausschaut. Kein Vergleich jedenfalls zu ihrer seit langem verstummten Kollegin und früheren Freundin Marta Kubišová. Denn während die eine zwei Jahre nach dem sowjetischen Einmarsch 1968 Auftrittsverbot erhalten hatte und sich danach als Fabrikarbeiterin durchschlagen musste, begann für die andere eine Karriere, die sie bald auch – und das bis heute – in den Westen führte. Marta wurde mit Václav Havel zum Gründungsmitglied der Bürgerrechtsvereinigung »Charta 77«, Helena unterschrieb derweilen die staatliche »Anti-Charta«. Im Revolutionsnovember ’89 hatte dann Marta Kubišová noch einmal einige große Auftritte, aber der schönen Ex-Genossin Helena’ Stern strahlte eben doch heller – den Rest besorgte ein smartes Management, das überdies sicherstellte, dass ihre moralische Konkurrentin keinen Fuß mehr auf den Boden bekam. Ähnlich sorgenfrei auch das Leben der Castro- und Che-Guevara-Kinder im kommunistisch bankrotten Kuba von heute: In seinem Fotoband *Habana libre* dokumentiert der Fotograf Michael Dweck das vergnügte Highlife-Leben jener Regime-Protegés, die mit IPads, Champagner und Beyoncé-Songs genauso gut leben können wie mit der Tatsache, dass die Mehrheit ihrer überwachten und geschurigelten Landsleute ohne die Geldüberweisungen der exilierten Verwandten längst verhungert wäre. Mehr noch: Das Insider-Kürzel für die wilden Hauptstadt-Partys der roten Funktionäre lautet zynischerweise »pmm, por un mundo mejor« – *Für eine bessere Welt.*

Bevor uns jedoch wiederum das Lachen im Halse stecken bleibt, denken wir lieber ein »Nichts Neues unter der Sonne« und erinnern uns an Orwells *Farm der Tiere*, an Kleeblatts und all der anderen ungläubiges Staunen angesichts der rauschenden Feste von Napoleons Schweinen im Haus des einst vertriebenen Farmers. Oder suchen – so absurd es klingt – Trost in Edgar Hilsenraths bitterer Farce *Der Nazi und der Friseur*, in welcher der SS-Mann Max Schulz die Identität seines von ihm ermordeten Schulkameraden Itzig Finkelstein annimmt und in Israel zum »Musterjuden« wird. Denn immerhin geht es in der Gegenwart gesitteter zu. Schließlich ist die in Tel Aviv lehrende und das dortige Büro der Rosa-Luxemburg-Stiftung leitende Angelika Timm keine Mörderin, sondern eine kluge Expertin auf dem Forschungsfeld des einstigen Antizionismus made in GDR. Dass die üblen Pamphlete, die sie nun textkritisch seziert, bis 1989 von ihr selbst verfasst worden waren – nebbich. Belassen wir es also lieber bei einem höllischen oder himmlischen Lachen und bleiben der Ironie treu. So schwer es mitunter auch fallen mag.

Chodorkowski & Herr Rainer

2013

Okay: Gediegen-heroisch sähe anders aus. Stattdessen wird, als wäre es ein Remake von Prag, der berühmteste Gefangene der Welt von »Ich bin heute gekommen, um Ihre Ausreise«-Genschman in Empfang genommen und gleich am nächsten Tag in die überfüllte Devotionalienkammer des Berliner »Haus am Checkpoint Charlie« verbracht. Dort regiert – nach dem Tod des Museumsgründers Rainer Hildebrandt vor zehn Jahren – dessen ukrainische Witwe Alexandra auf ziemlich autoritäre Weise. Respektlos gesagt: Wäre Putin ein Museumsdirektor, dann... Und nun: Der trotz erfahrenen Leides so berückend mondäne Michail Chodorkowski in den überfüllten, nach altem Westberlin dampfenden Räumen – zwischen DDR-Fluchtautos, Gandhis Sandalen, *Solidarnosc*-Flaggen und Bildern des 17. Juni, 13. August und 9. November. Das Staunen darüber stand deshalb so manchem internationalen Reporter ins Gesicht geschrieben, sofern er denn nicht gerade von Frau Alexandra gemaßregelt wurde.

Allerdings hat solch Irritierendes auch seinen Reiz – als quirliges Kontrastprogramm zum verschwiegen-sinistren Bürokratismus á la Putin. Denn gerade das Organisations-Chaos im Mauermuseum schien weiterhin vom guten Geist des 1914 geborenen Rainer Hildebrandt inspiriert, der gern von sich sagte, er sei ein halber Jude, ein halber Schwabe – und ein ganzer Diktatorenfeind. 17 Monate Haft im Dritten Reich und dann nach dem Krieg einer der vitalsten Aktivisten gegen SED und Mauerbau, zuerst in einem kleinen Ausstellungszimmer an der Bernauer Straße, dann im schnell weltberühmt gewordenen »Museum Haus am Checkpoint Charlie«.

Blechernes Pathos suchte man dort vergebens. Hildebrandt, der charismatisch-gewitzte Menschenfischer, war für seinen weltweiten Freundeskreis nämlich stets »der Rainer«, idealistisch und zerstreut, mit malerisch wuseligem Haar und mehr als nur einem Blick für die Schönheit der Frauen. Ein gern kolportiertes Gerücht besagte, dass einst sogar die Stasi daran verzweifelte: Wollte den permanenten *trouble-maker* entführen, fand ihn jedoch nicht, da gerade bei irgendeinem amourösen Stelldichein am Kudamm oder anderswo. In späteren Jahren machte dann die Vermutung die Runde, die an Berliner Straßenlaternen zwischen Kreuzberg und Grunewald angebrachten Hinweisschilder auf das »Haus am Checkpoint Charlie« dienten vor allem als Orientierungshilfe, damit »der Rainer«, inzwischen etwas gealtert, den Weg von seinem Wohnhaus zum Museum fand, welches ohnehin sein wirkliches Zuhause war. In seiner kleinen Villa im Grunewald hausten derweilen russische Maler, emigrationswillige Juden und Nichtjuden, die noch um drei Uhr morgens bei Pelmeni und Wodka ihre aberwitzigen Lebensgeschichten erzählen und mit Tolstoi- und Dostojewski-Zitaten garnieren konnten, während der Rainer noch das tragischste Ereignis mit einem schwäbelnden »Ja gut, schön« kommentierte. Was freilich kein Zynismus war, sondern das pure Gegenteil: Wie gut und schön, dass es Zeugen und damit Erinnerung gab, dass Jahrhundertgeschichten ein Gesicht hatten – und dass er den Mühseligen und Beladenen immer wieder helfen konnte, und sei es durch den kostspieligen Ankauf holzgeschnitzter Sacharow-Figuren, über deren künstlerischen Wert sich freilich streiten ließ.

Der Autor dieser Zeilen, der sich Anfang der neunziger Jahre das Studium verdiente, indem er den Besuchern des Mauermuseums seine Anti-DDR-Biographie in allerlei Sprachen radebrechte, lernte hier den wuseligen Charme konkreter Menschenrechtsarbeit kennen. Da war eine Petition zu unterschreiben, eine Einladung für einen Dissidenten zu organisieren oder die von Hildebrandts »Arbeitsgemeinschaft 13. August« zusammengetragenen Maueropfer-Zahlen zu überprüfen. Dazu typische Szenen: Rainer, der kurz zuvor noch russische Menschenrechtler und amerikanische Politiker getroffen hatte, nun überfordert im Büro bei der Lektüre irgendeiner Parteitagseinladung: »Ingeborg und Hans-Jürgen (das waren in der flach gehaltenen Museums-Hierarchie seine engsten Mitarbeiter) sagt mal, in welcher Partei bin ich eigentlich?« Wahrscheinlich in der CDU, wurde dem Freund Petra Kellys und Lew Kopelews als Antwort zuteil. Im Mai 1991 war es dann an den Gästen des Moskauer Sacharow-Kongresses, ein wenig verdutzt zu sein: Da erklomm zwischen Mario

Soares, Alexander Dubček und Fürst Schwarzenberg ein schwäbelnder Weißhaariger aus Berlin die Bühne, umarmte Sacharows Witwe Jelena Bonner – und sprach dann von Gandhis Sandalen und der subversiven Milde des gewaltfreien Widerstands, von Martin Luther King bis Lech Walesa. Konfusion? Vielleicht, vor allem jedoch eine Lebens-Strategie, um den falschen Ernst der Menschenschinder effektiv zu unterlaufen. Michail Chodorowski war hier im »Haus am Checkpoint Charlie« also wohl doch am richtigen Ort.

Bei Dao – »Wenn Messer sich im Wasser krümmen«

2010

»Ein bisschen vermisse ich das alte Westberlin.«

Hinter der breiten Fensterfront leuchten im Nieselregen des späten Nachmittags die ersten Neonblöcke auf der Nathan Road auf – gigantische, an die himmelhohen Fassaden geschraubte Tafeln in blutrot oder quittegelb, versehen mit zuckenden chinesischen Schriftzeichen. Darunter das Menschengewühl, die Doppeldeckerbusse aus britischer Vorzeit, die unzähligen Autos auf ihrem Weg von Kowloon hinüber nach Hongkong Island. Aber: Westberlin, das provinzielle Subventionsbiotop, dessen lokalpatriotische Bewohner einem noch heute im Ton forscher Kleingärtner erzählen, dass sogar David Bowie mal in ihrer Nähe gewohnt habe?

»Ich weiß, am Kleistpark.« Bei Dao lächelt wehmütig, und weil Chinas bedeutendster Lyriker auch mit 60 Jahren mit seinem leicht ausgefransten schwarzen Ponyschnitt ein wenig an einen späten Studenten erinnert, denken wir sofort an die Zeilen eines der berührendsten deutschen Exilgedichte: *Ich bin der Weggehetzte./ Nicht der erste, nicht der letzte.// Von keiner Mine zerrissen./ Vorm Zaun nicht ins Gras gebissen.// Keine blaue Bohne in der Lunge./ Nichtmal Blut auf der Zunge.// Mein Leib und meine sieben Sinne,/ Alles frisch und unversehrt./ Das Leben, das ich nun beginne,/ Lebt sich gerade umgekehrt.// Mir ist die Welt ins Herz gesprungen,/ Mir, dem großen Lausejungen.*

Der gebürtige Chemnitzer Bernd Jentzsch hatte die Verse 1976 geschrieben, im sicheren Refugium von Bern, von dem aus er nicht mehr in die DDR zurückkehren durfte, nachdem er in einem persönlichen Brief an Erich Honecker gegen die Ausbürgerung Wolf Biermanns protestiert hatte. Es ist die alte Geschichte, doch wem sie just passieret…

Bei Dao sagt: »Genau in diese Richtung.... Als im Juni 1989 in Peking die Panzer rollten, war ich gerade DAAD-Stipendiat in Westberlin und verfolgte in der Günzelstraße am Fernseher, was das Regime da mit den Studenten tat. Natürlich musste ich reagieren, umso mehr sich ja viele junge Leute auf meine Gedichte berufen hatten. Ich gab also dem ZDF ein Interview, und mein langes Exil begann. Bis zum heutigen Tag, hier als Literaturprofessor in Hongkong.«

Aber weshalb dann Sehnsucht nach Westberlin? »Auch wenn es schockierend klingt: Weil es damals einfacher war. Weil das Militär auf dem Platz des Himmlischen Friedens und die Mauer am Potsdamer Platz jeden Tag aufs Neue eine strenge Reflexion über den Wert und die Gefährdung der Freiheit provozierten, dazu Gedanken über unseren inneren Ort auf dieser Welt. Während heute…«

Bei Dao macht eine vage ausgreifende Handbewegung, welche die offensichtlich festland-chinesischen Café-Besucher (Neureiche mit Armani-und Versace-Tüten samt rüdesten Manieren) ebenso anzutippen scheint wie uns beide hier an diesem kleinen Ecktisch. Doch keine hochfahrende Zivilisationskritik wird sichtbar in den Gesten und Worten, schon gar kein simples Zurückwünschen der Jahre, in denen man selbst noch jünger war, sondern tatsächlich dies: Ein Sondieren der eigenen Situation, für die Bei Dao – ab Ende der siebziger Jahre Sprachrohr einer gleichzeitig ideologiemüden und aufbegehrenden Autorengeneration – in seinen Gedichten Verse von rätselhafter Schönheit gefunden hat: *Der Kompass hat Humor/ Er verweist auf einen Gemützustand/ Du trinkst deine Suppe und trittst/ aus der Szene dieses Lebens// Auf dem Formular von Himmel und/ Stromleitung begehrt ein Baum,/ so aufgebracht zu fliegen/ Wie lässt sich da noch etwas schreiben?*

Ist die seltsame Exil-Situation im nach wie vor überraschend freien Hongkong, seit 1997 gleichwohl offiziell Teil der diktatorischen Volksrepublik, womöglich der Grund dafür, dass Bei Dao in letzter Zeit kaum noch Gedichte geschrieben hat und *Das Buch der Niederlage*, soeben auf Deutsch erschienen, vor allem Arbeiten der vorangegangenen Jahre versammelt? *Wenn Messer sich im Wasser krümmen/ überquerst du auf Flötentönen Brücke um Brücke/ Was verborgen klagt, ist/ die Rose der Zeit.*

Der hochgewachsene schmächtige Mann mit dem leicht verbeulten Jackett wirkt dennoch nicht wie ein Geschlagener. »Ich glaube, das ist normal. Nach 1989, nach dem Aufenthalt in Westberlin und während der langen Jahre in den USA, hatte ich einen Lyrikband nach dem anderen veröffentlicht, viele davon hat mein Freund Wolfgang Kubin ins Deutsche übertragen. Und jetzt? Meine Gedichte erscheinen inzwischen sogar wieder in China (Bei Dao benutzt die Vokabel *Mainland* anstatt des von Peking offiziell verwendeten *Motherland*, MM). Private Verleger bringen sie an der Zensur vorbei in zehntausenden Exemplaren auf den chaotischen Markt, dann zahlen sie dem Staat eine Strafe, zahlen mir selbst jedoch nichts und der Staat... Nun ja, nach kurzen, kontrollierten Aufenthalten zwischen 2001 und 2004 hat er entschieden, mich nicht mehr einreisen zu lassen. Sehen Sie dagegen die Leute um uns herum? Sie kommen nach Hongkong, um Geschäfte zu machen, und wahrscheinlich steigen sie danach gleich hier unten wieder in die Bahn, um nach lediglich vierzig Minuten Fahrt am Grenzübergang von Lo Wu in die Volksrepublik zu wechseln.«

Müssen demnach selbst die Gedichte vor einer beunruhigenden Komplexität kapitulieren, die einerseits wilden (Früh-)Kapitalismus hervorgebracht und andererseits die üble Parteiherrschaft bewahrt hat – nur eine Dreiviertelstunde von diesem Ort, wo man in der überall ausliegenden *South China Morning Post* freie Informationen über die neuesten Pekinger Willkürurteile gegen Bürgerrechtler erhält und doch gleichzeitig ahnt, dass auch dieses Café längst parteinahen Geschäftsleuten gehört? In einem von Bei Daos Gedichten heißt es: *Man muss den Hintergrund ändern/ Erst dann gibt es eine Heimkehr für dich.*

Der exilierte Dichter, dessen zweite Frau inzwischen ebenfalls in Hongkong unterrichtet (die erste Ehe zerbrach in den fragilen Jahren des amerikanischen Exils), wiegt nachdenklich den Kopf. »Machen Sie sich keine Sorgen um mich. Ich fühle mich zur Zeit physisch nicht bedroht und bin auch nicht ausgebrannt. Nur dass es jetzt eher Essayistik und Prosa sind, die mir adäquat erscheinen zu meinen Erfahrungen. Ich schreibe gerade über meine Kindheit und dazu über die Jahre während der Kulturrevolution, als die Schulen geschlossen wurden und ich für elf Jahre dorthin musste, was man im ganzen kommunistischen Weltsystem ›die Produktion‹ nannte, in die Welt der Betonmischer und Bauarbeiter.«

Indessen ist das Urvertrauen in die Sprache unversehrt, überraschend genug bei einem Dichter, dessen hermetische Lyrik ansonsten eher der ehrwürdigen, politik-abstinenten Gattung der »Menglong shi« zugeordnet wird, deren deutsche Übersetzung als »Nebeldichtung« freilich den Kern verfehlt. »Im Gegenteil«, sagt Bei Dao. »Gerade in den Metaphern erkennen wir uns wieder. Als Organisator eines Lyrikfestivals hatte ich im letzten November den Ostdeutschen Kurt Drawert zu Gast, mit dem ich sofort eine gemeinsame Sprache fand. Und auch hier in Hongkong wird keineswegs nur hirnlos konsumiert. Vergessen Sie nicht, wie viele Einwohner der Stadt einst aus Maos China hierher geflüchtet waren, über die Berge und das Meer, über die Flüsse… Menschen, die viel Schlimmeres erlitten hatten als ich.« Sagt's mit leiser Stimme, lächelt erneut und schickt der offensiven Standortbestimmung dann wie viele Chinesen noch eine letzte bestätigende Silbe hinterher: »Ja.«

Bei Dao: Das Buch der Niederlage. Gedichte. Aus dem Chinesischen von Wolfgang Kubin. Hanser Verlag München 2008

* * *

In den Jahren darauf gehen die angstfreien Hongkonger immer wieder zu Tausenden, ja Hunderttausenden auf die Straße: Da war etwa der Massenprotest gegen ein neues Schulfach namens »Nationale Erziehung« und das Unterrichtsbuch *Das chinesische Modell*, das im Pekinger Parteiauftrag den Hongkong-Chinesen das einimpfen sollte, was inzwischen auch so mancher in Westeuropa zu glauben scheint: Es gibt keine universellen Werte, jede Kultur besitzt ihre eigenen Regeln, und im Reich der Mitte gelten kollektive Formen des »harmonischen Zusammenlebens« eben mehr als individuelle Zweifel. Im Unterschied zu den Fans von Helmut Schmidt und Peter Scholl-Latour ist man jedoch auf Hongkong-Island, in Kowloon und den New Territories keine Sekunde lang auf den Manipulations-Schwindel herein gefallen. Darüber hinaus nahmen im Sommer 2014 über 800.000 Hongkonger Bürger an einem (offiziell nicht anerkannten) Referendum teil, bei dem sie freie Wahlen für das Jahr 2017 forderten, ohne dass Peking die Kandidaten zuvor auswählte. Und im Gedenken an das Massaker vom 4.Juni 1989 war die Stadt auch diesmal ein einziges Lichtermeer aus hoch gehaltenen Kerzen – sichtbarster Einspruch gegen jene von den Mächtigen in Umlauf gebrachten Mär, in »unserer Kultur« seien

Erinnerung und Protest weniger »organisch verwurzelt« als in den Gesellschaften des Westens.

Seit April 2014 gibt es mit dem »June 4th museum« nun sogar eine kleine Gedenkstätte – die erste dieser Art weltweit – die an die damaligen Geschehnisse erinnert (www.64museum.org). Zwar wird die Website immer wieder von festland-chinesischen Hackern heimgesucht. Auch haben die Eigentümer des Gebäudes, gelegen im Stadtteil Tsim Sha Tsui und unweit meines damaligen Treffpunkts mit Bei Dao, bereits Klage wegen »Zweckentfremdung« eingereicht: Das im fünften Stock gelegene Museum sei erstens ein Fremdkörper in Hongkongs Stadtleben und würde zweitens durch seine zahlreichen Besucher die »Statik des Gebäudes« bedrohen. Schräge Rabulistik der peking-treuen Immobilienfürsten, die wohl jedoch zurecht um ihre »Statik« fürchten. Denn schon wurden zum 25. Jahrestag des Massakers zahlreiche Chinesen aus der Volksrepublik gesichtet, die nun hier in Hongkong erstmals etwas über die wahre Geschichte jener Juni-Tage erfahren wollten, die Infostände der Demonstranten besuchten und sich danach zu dem kleinen Museum durchfragten.

Wie sich Geschichte manchmal eben doch wiederholt: Kurz nach dem Mauerbau hatte auf der Westberliner Seite der Bernauer Straße ein gewisser Rainer Hildebrandt zwei Räume in einem Privathaus gemietet, um mit einer Minimal-Ausstellung auf die Morde inmitten Berlins aufmerksam zu machen. Jahre später waren er und sein Haus am Checkpoint Charlie weltweit zu Symbolen dafür geworden, sich mit der gewaltsamen Teilung der Stadt und des Landes niemals abzufinden.

Kein Massaker auf dem Tian'anmen, Genosse Consumer

2014

Die staatliche Wochenzeitung *China Daily* liegt inzwischen auch in gehobeneren Hotels Westeuropas zum Frühstück aus, in selbstverständlicher Nachbarschaft zu den einheimischen Medien. Hat womöglich unser Kontinent bereits resigniert – im Unterschied zum kleinen Hongkong, wo weiterhin Massenproteste gegen die Diktatur stattfinden? Immerhin wären vor 1989 Städtereisende, die bei ihrem Brüsseler oder Londoner Hotel-Frühstück die *Prawda* oder das *Neue Deutschland* in den Händen hätten halten müssen, stutzig geworden: In welcher Herberge waren sie da abgestiegen?

Gerade deshalb aber lohnt nicht nur bei Toast und Bircher-Müsli eine genaue Lektüre: Was Pekings Kommunisten hier – pars pro toto – in die Welt senden, ist nämlich nicht nur im professionellen Layout perfekt gestaltet. Ähnlich der fernöstlichen Fake-Label-Produktion wird auch die westliche Debattenkultur einer Travestie unterzogen – ganzseitige »Comments« und »Opinion«-Beiträge, die in gewähltem Englisch darüber reflektieren, wie die Erfolgsaussichten chinesischer Investoren im europäischen Weinhandel beschaffen sind, welche Kunstwerke, englischen Stadt- und Landgrundstücke eine Investition lohnen und dergleichen mehr. Auffällig dabei ist die Häufung des Wortes »Consumer«, das in nahezu jeder Headline den Leser anspringt: Bist Du noch Genosse oder schon Konsument?

Die Schönredner aus unseren Breiten – wirtschaftlich verbandelte Ex-Politiker, die sich in *China Daily* ausgiebig zitiert finden – werden nicht müde, diese Bedeutungsverschiebungen als »Demokratisierung« zu verkaufen: Armani-Jeans statt Mao-Kittel, aufsteigende Mittelschicht statt verarmter Bauernmassen. Dass solch gesellschaftlicher Aufstieg dabei weder durch einen Rechtsstaat noch durch politische Artikulationsmöglichkeiten nachhaltig gesichert ist – kaum ein Wort davon im Westen, der geblendet ist von den chinesischen Wachstumszahlen und Bankreserven. (Letztere übrigens entstanden dank der Abwesenheit eines Sozialstaates, was die chinesische Bevölkerung in eine weltweit einmalige Sparer-Quote zwingt, obwohl angesichts niedriger Zinsen dann nicht der einzelne oder die Familie Gewinn macht, sondern die mächtige, rot-kapitalistische Staatsbank.)

Angesichts eines derart limitierten Freiheits-Verständnisses täte es gut, sich an Václav Havel zu erinnern, der bereits 1978 eine kommende »historische Begegnung der Diktatur mit der Konsumgesellschaft« prophezeit und die Frage gestellt hatte: »Sind wir nicht eine Art Memento für den Westen, indem wir ihm seine latenten Richtungstendenzen enthüllen?« Immerhin sind es nämlich *westliche* Journalisten im Sold der KP, die in *China Daily* das Bild einer »harmonischen Gesellschaft« (sic!) pinseln, ohne den weiterhin schwachen Schutz des Privateigentums, die staatliche Willkür und das brutale Verbot unabhängiger Gewerkschaften auch nur zwischen den Zeilen anzudeuten. Dass in europäischen Krisenzeiten sich auch mancher Journalist prostituiert, mag verständlich scheinen. Was aber lässt Chinas Mächtige so optimistisch sein, dass sie in den Zentren des doch bestens informierten Europa mit ihrer Masche durchkommen? Könnte es sein, dass sie mit feinem Herrscher-Instinkt längst die Wünsche des ermüdeten Westlers erspürt haben, endlich nicht mehr aufs Kritisieren verpflichteter Bürger zu sein, sondern lieber ein hirnlos seliger Konsument, den es einen feuchten Kehricht schert, dass die gegenwärtige Form von Huxleys Glückspille in einem boomenden KZ-Staat hergestellt wurde? »The Consumer, the Consumer« säuselt es, als habe George Orwell eine Fortsetzung von *1984* geschrieben. Doch was hilft's: Sein »Big Brother« hat längst die uns allen bekannte verharmlosende TV-Umdeutung erfahren, und der »Orwell-Staat« scheint nur noch als Brüsseler Büro-Monster vorstellbar.

Wie die Kunst des Umdefinierens Demokratien schwächt und Diktaturen stärkt – die hohen chinesischen Parteikader wissen es genau. Zwar stammt ihre Machtfülle noch aus Mao-Zeiten, doch werden nun zur aktuellen Letztbegründung ihrer Herrschaft »chinesische Werte« herangekarrt, im ganzen Land Tempel errichtet (ohne die vorherige Verfolgung der Religion auch nur ansatzweise zu diskutieren) und Konfuzius-Institute im In- und Ausland eröffnet. Eine geradezu geniale Strategie: Unterordnung nun nicht mehr im Namen revolutionärer Avantgardismen, sondern autoritär interpretierter »nationaler Traditionen«. Wobei die rhetorischen Überschneidungen verblüffend sind: Beim (Nicht-)Erinnern des Massakers auf dem Platz des Himmlischen Friedens vom 4.Juni 1989 wird nun längst nicht mehr eine damals angeblich drohende »Konterrevolution« zur Rechtfertigung herangezogen. In *China Daily* ist nun stattdessen zu lesen, die damals protestierenden Studenten hätten sich vom »gesellschaftlichen *mainstream*« (sic!) abgesondert und die Zeit sei längst über sie hinweggegangen, da die Volksrepublik doch inzwischen über derart beeindruckende Wachstumszahlen verfüge. (Ehe man die berechtigte Empörung über diese Bewusstseinssäuberung allzu schnell ausgelagert hat, sei an Franz-Josef Strauß' Ausspruch von 1969 erinnert: »Ein Volk, das diese wirtschaftlichen Leistungen vollbracht hat, hat ein Recht darauf, von Auschwitz nichts mehr hören zu wollen.«)

Das protestierende Individuum wird nun nicht mehr im Namen der weiterhin herrschenden Partei ausgelöscht. Es wird (wie in Putins Russland) mit Verweis auf einen mythisch überhöhten »Volkskörper« und »die Nation« für obsolet erklärt – oder (anders als in Putins Russland) im Namen des »ökonomischen Fortschritts« zur *quantité négligeable*. Als »ethnischen Nationalismus als letztes Stadium des Kommunismus« hatte der polnische Intellektuelle und Ex-Dissident Adam Michnik diese Entwicklung bezeichnet, und es ließe sich hinzufügen: Der erinnerungslose Konsumismus als effektivster Helfershelfer einer inzwischen weltweit expandierenden Diktatur.

Gleich Haushunden mit weggezüchteten Gefahr-Reflexen erkennen wir nicht, dass die jahrzehntelang geplapperte Rede vom »Konsumterror«, die bis dato vor allem dazu diente, die liberale Demokratie unter Diktaturverdacht zu setzen, sich plötzlich tatsächlich zu erfüllen beginnt, wenn auch nicht in erwarteter Weise. »Überholen ohne einzuholen« nannte einst der anachronistische Walter Ulbricht die Idee des östlichen Vormarschs. Seine ungleich cleveren geistigen Enkel in Peking setzen sie gerade erfolgreich um. Und nicht der westliche *mainstream* informiert über die drohende Gefahr, sondern die chinesischen Bürgerrechtler in und außerhalb der Lager, die freien Bürger von Hongkong und die permanent mit Okkupation bedrohten Taiwanesen. Wird sich der Westen deren Erfahrungen ebenso verschließen wie vor 1989 den Warnungen der osteuropäischen Dissidenten?

Rangun / Birma – Das andere ’89

2011

Es waren einmal zwei Jungen, die tauchten immer wieder in der Bogyoke Aung San Road von Birmas Hauptstadt Rangun auf. Die Verkäufer der unzähligen, eselsohrigen *Second hand*-Bücher, die hier unter Arkaden und in pittoresk verfallenen Ladenzeilen auf Kunden warteten, kannten die beiden bald sogar mit Namen: Aung Zaw und der drei Jahre jüngere Kyaw Zwa Moe.

»Es war Mitte der achtziger Jahre, und noch herrschte der sozialistische General Ne Win, der sich 1962 an die Macht geputscht hatte. Und weil es eine strikte Zensur gab und all die Bücher, von denen wir abends in den Sendungen der BBC gehört hatten, in Birma verboten waren, mussten wir uns mit Antiquarischem zufrieden geben. Von Orwell aber statt *1984* nur das kolonialismuskritische *Tage in Burma*, dafür jedoch alles von Karl Marx. Den lasen wir dann, da es ja nichts anderes gab, sozusagen gegen den Strich, was dennoch mühsam blieb.«

Heute ist Aung Zaw 43 Jahre alt und Herausgeber von Birmas bekanntester Exilzeitschrift *The Irrawaddy*, benannt nach dem mächtigen Strom, der bei Rangun in den Indischen Ozean mündet. Sein Bruder Kyaw Zwa Moe, Chefredakteur des im nordthailändischen Chiang Mai ansässigen Magazins mit insgesamt dreißig festangestellten Mitarbeitern, lächelt freundlich, während er den Erinnerungen des Älteren zuhört. Sympathisch gelassen an ihren Schreibtischen des mit halbhohen Wänden abgeteilten Redaktionsraums sitzend, wirken beide mit ihrem seidenschwarzen Haar und dem schütteren Oberlippenbärtchen beträchtlich jünger und könnten auch frischgebackene Absolventen einer südostasiatischen oder amerikanischen Universität sein. Eine Aufsteigergeschichte also? Aung Zaw fährt fort: »Ich hatte Glück. Sie haben mich nur eine Woche lang gefoltert. Während der Studentenproteste von 1988 haben sie mich als sogenannten 'Aufrührer' vom Campus weg verhaftet und für sieben Tage ins Insein-Gefängnis gebracht, in dem Anfang des 20. Jahrhunderts Orwell Dienst getan hatte, der damals übrigens noch Eric Blair hieß. Ist das nicht seltsam? Ich kam jedenfalls bald wieder frei und nahm dann an den folgenden Protesten teil, in deren Verlauf das Regime über dreitausend Menschen niederschoss oder erschlug. Doch wieder hatte ich Glück und konnte noch im September '88 aus Rangun nach Thailand fliehen. Für Kyaw aber war es schlimmer.«

Kyaw Zwa Moes Zögern, sofort über Privates zu sprechen, ist kein rhetorischer Kunstgriff. »Gewiss... Aber jetzt erst einmal die Neuigkeiten: Diese Woche wurde unsere tägliche Internet-Ausgabe weltweit 12 Millionen Mal angeklickt! Während der Tage im September 2007, als das Regime die Proteste der Mönche und Zivilisten blutig niedergeschlagen und erneut gemordet hatte, waren es sogar 33 Millionen gewesen. Damals war die Militärjunta so wütend, dass sie ihren Computer-Hackern befahl, uns wegen all der Berichte über die Massaker in Rangun lahm zu legen. Allerdings funktionierte das nur für zwei Tage, während derer weiter die Menschen aus Birma heimlich anriefen und uns mit Informationen aus erster Hand versorgten.«

»Und jetzt?« »Jetzt wollen die Leute wissen, was wirklich dran ist an den jüngsten Reformen in Birma.«

»Ausländer?« »Ausländische ›Multiplikatoren‹ und einheimische Birmesen, die inzwischen im Netz surfen können, ohne fürchten zu müssen, sofort verhaftet zu werden und für Jahre im Gefängnis zu verschwinden. Die Frage ist nur, ob die neue Freiheit von Dauer sein wird. Schließlich erinnern wir uns noch gut an das Ende der NeWin-Diktatur, den Jubel nach dem überwältigenden Wahlsieg der demokratischen NLD – und den anschließenden Massenmord an den dreitausend Zivilisten, befohlen und ausgeführt von denen, die drüben hinter der Grenze noch immer mächtige Positionen inne haben.«

Obwohl dort inzwischen die Pressezensur gelockert wurde, die ersten politischen Gefangenen freikamen (ohne juristisch rehabilitiert zu werden) und sogar – es war als Jubel-Nachricht in allen ausländischen Medien zu lesen gewesen – der oberste Zensor eine Reform seiner Behörde angeregt hat: Noch immer wüsste man über die Vorgänge im Inneren der sich nun sprunghaft öffnenden Pseudo-Demokratie (eine Wahl vom November 2010, von der Opposition größtenteils boykottiert und von der zu Zivilisten mutierten Partei der ehemaligen Militärs mit 80% »gewonnen«) kaum Profundes, gäbe es *The Irrawaddy* nicht. Was vor anderthalb Jahrzehnten als hektographiertes, vierseitiges Bulletin begonnen hatte, geschrieben in einem fensterlosen Raum in Bangkok an einem schadhaften Computer (der ersten Spende, die Aung Zaw von einem befreundeten westlichen Journalisten erhalten hatte), hat sich längst zu einem der anspruchsvollsten Publikationen der Region entwickelt, inklusive einer stündlich aktualisierten Internet-Ausgabe (www.irrawaddy.org). In der Tat können sich die zweimonatlichen Cover des 56 Seiten starken Magazins in ihrer Professionalität nicht nur mit denen von *Newsweek* oder *Time* messen – eine gerahmte Bildergalerie über den Köpfen der Brüder zeugt von ausgeprägtem medienästhetischen Gespür – auch die in angelsächsischer Recherche-Tradition geschriebenen Undercover-Reportagen, die Fotostrecken und Insider-Analysen zählen längst zur Pflichtlektüre für Birma-Kenner.

»Obwohl wir nur eine gedruckte Auflage von 3000 Exemplaren haben, lesen uns eben jene sogenannten ›Multiplikatoren‹: Politiker, UN-Gesandte, Diplomaten, NGO- und Menschenrechtsvertreter, die wissen wollen, wer von den im Oktober aus dem Gefängnis Entlassenen ein politischer Häftling gewesen war und wer noch immer in den Kerkern schmort. Dazu Top-Leute aus der Wirtschaft, die zu erfahren wünschen, wie die zu einer ›Zivilregierung‹ gewordene Junta von Gas über Öl bis zu Teakholz und Heroin weiterhin alles verhökert, was Geld und damit Macht sichert. Allerdings kann man nicht sicher sein, ob unsere kritisch intendierten Informationen nicht auch dafür benutzt werden, bestimmten Unternehmen eine bessere Verhandlungsbasis mit dem Regime zu ermöglichen, dort in der neuen, künstlichen Hauptstadt Naypyidaw. Schon lustig, oder? Tatsache nämlich ist, dass sie inzwischen alle in den Startlöchern sitzen, die Südkoreaner und Taiwanesen ebenso wie die Amerikaner und die Europäer.«

Wenn Kyaw Zwa Moe spricht, dann ohne Eifern, dafür mit einer sanft-bitteren Belustigung über den rasanten Wandel. Hatte das dieser Mann je geahnt, den es damals noch ungleich schlimmer getroffen hatte als seinen Bruder? Den die Militärs acht Jahre seines Lebens genommen hatten, 1991 im Alter von 19 Jahren nach einer Demonstration zu Ehren der Friedensnobelpreisträgerin Aung San Suu Kyi verhaftet, gefoltert und – wie zuvor bereits den Älteren – ins berüchtigte Insein-Gefängnis gesteckt? »Wer in der Zelle mit einem Zettel oder einer Bleistiftmiene gefunden wurde, dem drohten Schläge, Nahrungs- und Schlafentzug. Sie wussten, dass ich dem Regime kompromisslos gegenüberstand, deshalb wurde ich nach dem berüchtigten Paragraphen 5J verurteilt. Die Dauer der Haft sollte mein Gehirn so leer machen, dass ich mit 27 Jahren dann eine Art Zombi geworden wäre.« (Wie sich die Geschichten gleichen: Der Schriftsteller Jürgen Fuchs notierte in seinen *Vernehmungsprotokollen*, was ihm sein Stasi-Verhörer 1976 in Ostberlin prophezeit hatte: »Und das gebe ich Ihnen schriftlich, Freundchen. Sollten Sie hier je wieder rauskommen, werden Sie vor Hass nur so sprühen und daran ersticken. Uns soll's nur recht sein.«)

Als Kyaw Zwa Moe schließlich 1999 in Chiang Mai im thailändischen Exil ankommt, rät ihm nicht nur sein Bruder zu mehrmonatiger Ruhe. »Ich sagte Ja, tat dann aber doch das Gegenteil. Mitgefangene hatten mir in der Zelle englisch beigebracht, manche von ihnen, die früher entlassen worden waren, traf ich nun hier in Chiang Mai, dem Zentrum der Exil-Birmesen, wieder. Deshalb wollte auch ich etwas tun und begann zu schreiben, als Kolumnist für *The Nation* in Bangkok ebenso wie für *The Irrawaddy* meines Bruders, der inzwischen weltweit Institutionen und NGO's gefunden hatte, die unsere Non-Profit-Arbeit finanziell unterstützen.«

Was übrigens kein Selbstläufer (mehr) ist, buchstabiert sich – einem weitverbreiteten Köhlerglauben zum Trotz – NGO doch keineswegs automatisch als Altruismus. Ob das Regime oder die Organisationen selbst dies als Erste erkannt haben, steht dahin, Tatsache ist, dass in einem semi-offenen Birma nicht nur für klassische Unternehmer, sondern auch für die *soft power* der internationalen Hilfsprojekt-Industrie die Claims neu gesteckt werden: Umwelt, Bildung, Kinder- und Frauenrechte. Wobei nicht immer klar ist, wer eigentlich von wem profitiert. Für's Frühjahr 2012 hatte sich der deutsche Entwicklungshilfeminister Niebel im zuvor so streng abgeschotteten Naypyidaw angesagt, sein Staatssekretär Hoyer war auch schon da und hatte als erster westlicher Staatsgast sogar an einer Sitzung des dubios zusammengesetzten Parlaments teilgenommen. Nicht zu vergessen all die anderen ausländischen Offiziellen, die sich dort nun die Klinke in die Hand geben. Und plötzlich ist mitunter auch in der westlichen Presse ein ganz neuer, missbilligender Ton zu hören.

»Auf einmal sind *wir* die Bremser, die angeblich finanziell gut gepolsterten Profiteure eines Status-Quo«, sagt Kyaw Zwa Moe. »Birmesische Exil-Lobbys, die in solchen einflussreichen Zeitungsartikeln alle in einen Topf geworfen werden und angeblich aus rein egoistischen Gründen Großbritannien und die USA drängen, die einst gegen Birma verhängten Sanktionen nicht aufzuheben. Dabei bewahrt gerade *The Irrawaddy* ruhig Blut und zeigt ganz pragmatisch auf, was für oder gegen die Sanktionen spricht. Wir nehmen sogar die so beliebte westliche Unterscheidung durchaus ernst, nach welcher man nun die ›Reformer‹ um den Exgenerals-Präsident Thein Sein um jeden Preis stützen und ihnen etwas ›bieten‹ müsse, um die verbliebenen Hardliner in der Armee nicht zu reizen. So etwas tun wir schon deshalb nicht als Naivität ab, weil wir in all den vergangenen Jahren gerade aus den Machtstrukturen selbst heimlich Informationen zugesteckt bekommen haben und also genau wissen, dass sich hinter der einheitlichen Fassade viel Heterogenes befindet und bewegt. Auch kennen wir das Beispiel Spanien. War es nicht der ehemalige Franco-Parteigänger Suarez, der nach 1975 den Weg in die Demokratie effektiv unterstützte, als Ministerpräsident? Und Polen ’89, als dort ausgerechnet General Jaruzelski den ›Runden Tisch‹ ins Leben rief... Wir sind also nicht etwa pikiert, weil der potentielle Wandel nun gerade von jenen angestoßen wird, die während langer Jahrzehnte noch die zaghaftesten Keime von Demokratie verfolgt und niedergetreten haben. Es geht hier nicht um irgendein beleidigtes Dissidenten-Ego. Allerdings aber hat unser Gedächtnis so manches gespeichert. Die blutig niedergeschlagene 1988er-Euphorie in Birma. Dazu all die Liberalisierungs-Reden, Intellektuellen-Träume und Investment-Visionen im China Ende der achtziger Jahre. Bis dann im Juni ’89 die Panzer auffuhren. Bis heute ist das Land, boomend zur Freude der Funktionäre und des Westens, voll ist von Willkür, Angst und Straflagern.«

Die wachsame Flexibilität der beiden Brüder ist wahrscheinlich auch der Grund für das ungebrochene Renommee des *Irrawaddy*. Ließe sich die Zeitschrift nicht mit Jerzy Giedroyc’ exilpolnischer *Kultura* vergleichen, der es ebenfalls nicht genug gewesen war, nur in

Dissidenten-Zirkeln zu wirken? Trotz aller Pressionen mitunter auch von Seiten der Thai-Regierung hat es die Zeitschrift geschafft, nicht nur zur Stimme der Unterdrückten, sondern auch zum Stichwortgeber und zur seriösen Quelle nahezu aller Berichte zu werden, die in der Weltpresse über Birma erscheinen. Ist es der bei allem Engagement sachliche Ton, die Abwesenheit großsprecherischer Kommuniques, mit der Exilgruppen allzu oft ihre mangelnden Einflussmöglichkeiten kaschieren und einem sektiererischen Autismus verfallen?

Kyaw Zwa Moe lacht. »Natürlich ist es das! Übrigens hat es uns eine Menge Kritik eingetragen, als wir uns als Redakteure selbstverpflichteten, keiner politischen Exilgruppe angehören zu dürfen. Es gab bei uns Pro und Contra-Texte angesichts von Nobelpreisträgerin Suu Kyis Entscheidung, ihre NLD die Wahl boykottieren zu lassen. Pro und contra angesichts ihrer Besuche bei der ›Zivilregierung‹. Pro und contra in der Sanktionsfrage, pro und contra zur NLD-Abspaltung NDF, die mit 16 Abgeordneten im Parlament sitzt und um Effektivität ringt, vielleicht aber auch nur ein unfreiwilliges Feigenblatt sein könnte. Gerade diese Herangehensweise – nennen wir es eine Ethik mit pragmatischem Anspruch – hat internen Zwist und unproduktive Spaltungen erspart und dafür unzählige Menschen aus Birma ermutigt, mit ihren Informationen zu uns zu kommen. Ich hatte ja schon erwähnt, dass auf verschlungenen Wegen uns selbst Familienangehörige hoher Militärs kontaktieren, um mitzuteilen, was ihrer Ansicht nach die wirkliche Agenda hinter der gegenwärtigen Öffnungs-Offensive sein könnte – nämlich eine mehr oder minder demokratische, international abgesegnete Basis für weiteres Raffen und korruptes Regieren. Diese Leute würden uns wahrscheinlich nicht informieren, wenn sie sich nicht absolut auf unsere Professionalität in puncto Quellenschutz verlassen könnten. Allerdings drucken wir weder Gerüchte noch pure Vermutungen, denn edle Gesinnung hat noch nie die kühle Analyse ersetzt.«

Wäre es deshalb wirklich so abwegig, die Sanktionen aufzuheben, damit Präsident Thein Sein gegenüber den Altvorderen im Machtapparat auf die Früchte seines begonnenen Reformkurses verweisen und weiter in Richtung Demokratie gehen könnte? Kyaw Zwa Moe lächelt milde. »Vorsicht! Immer wenn der Westen besonders klug sein will, muss er aufpassen, letztlich nicht der Dumme zu sein. Was wissen wir denn wirklich über die Situation hinter der Fassade?

Was, wenn es nur das übliche Spiel ›Good cop, bad cop‹ wäre? Vergessen wir nicht, dass Aung San Suu Kyi zuvor schon zweimal aus ihrem Hausarrest entlassen und von Offiziellen empfangen worden war – um danach erneut für lange Jahre umso stärker isoliert zu werden. Und was, wenn das Regime plötzlich merkt, dass der krisengeschüttelte Westen ihm weniger bieten kann als das wirtschaftlich so potente China? Kein einziger der jetzt begonnenen Schritte ist irreversibel, denn nichts ist bisher in *Institutionen* festgemacht worden. Wenn inzwischen die *Bangkok Post* auch in Rangun ausgeliefert werden darf, nachdem die Zensurbehörden sie durchgelesen haben und kürzlich sogar eine Ausgabe durchwinkten, in dem ich ein Porträt von Aung San Suu Kyi veröffentlicht hatte, ist das zwar überraschend erfreulich. Nur ändert es nichts an einer *Struktur*, dank derer Militärs, abhängige Geschäftsleute und ›zivile Parlamentarier‹ ein Land auspressen, das trotz seiner Bodenschätze noch immer in tiefster Armut lebt. Alles ist bisher ›guter Wille‹, um das eigene Image aufzupolieren. Oder was der Westen daraus interpretiert, der im übrigen auch nicht der arglose moralische Saubermann ist, für den er sich so gern hält…«

Worauf er wieder freundlich lächelt und mir ein ausgedrucktes E-Mail-Interview herüber schiebt, das der *Irrawaddy* am 17. Juni (sic) dieses Jahres mit dem bundesdeutschen Botschafter in Rangun geführt hatte – also noch vor den spektakulären Häftlingsfreilassungen vom Herbst. Verblüffend, wie gut vorbereitet die Journalisten waren. Tätigt nicht der deutsche Waffenfabrikant Fritz Werner nach wie vor Geschäfte mit dem birmesischen Militär? »Nach meinem besten Wissen – nein.« Und die Firma DMG – hat sie nicht Fabriken beliefert, die sich im Besitz der Militärs befinden und die 2008 und 2009 darüber hinaus von deutschen Diplomaten besucht worden waren? Aber nein, diese Maschinen dienten einem »education-related«-Zweck, und wir haben keinen Hinweis, dass… Der deutsche Botschafter hatte sich also hin und her gewunden, offenbar überrascht von der Professionalität der so gar nicht »asientypisch« auf Harmonie und schöne Worte geeichten Exil-Journalisten.

Ist solch investigative Arbeit nicht noch immer gefährdet – womöglich sogar stärker als zuvor, unterläuft sie doch die Anstrengungen des Regimes, seine blutige Hände vergessen zu lassen und der Welt einen »birmesischen Frühling« aufzuschwatzen? Die Fenster des alarmgesicherten Redaktionsraums in der zweiten Etage eines weiß gestrichenen Gebäudes am Rande von Chiang Mais idyllischer, von Wasserkanälen durchzogener Altstadt (in der ersten Etage befindet sich eine Klinik für alternative Medizin) sind weit offen, von der Straße dringt das ewige Knattern der Tuk-Tuk-Taxis und Motorräder nach oben. Fürchten also die beiden Brüder nicht eine weitere Attacke des Regimes, Diebstahl von Dokumenten oder gar körperliche Angriffe?

»Das trauen sie sich nicht. Dafür ist es jetzt dann doch zu spät. Denn alles, was sie eventuell tun könnten, würde schon in den nächsten Stunden im Internet weltweit publik werden. Und Spione einzuschleusen ist schwierig bei Menschen, die Haft und Folter gelehrt haben, dem Anderen in die Augen zu schauen.«

Und all die gestohlenen Lebensjahre im Gefängnis? Kyaw Zwa Moes Stipendiaten-Aufenthalt in den Vereinigten Staaten und diese netten und entspannten Menschen in San Francisco, die dennoch niemals nachfühlen könnten, was einst jenem geschah, der ihnen da jetzt zufällig entgegenkommt an der Fisherman's Wharf oder am Russian Hill, frei und doch allein? Der Journalist atmet tief durch. Überlegt, schweigt. »Ja. Sicher. Aber die Herausforderung besteht darin, weder zu hart noch zu weich zu sein, sondern genau jene Flexibilität zu bewahren, die *sie* uns hatten nehmen wollen. Sich nicht in seinen Erinnerungen einsperren lassen und dennoch nichts vergessen, diese Art Balance. Niemand sagt, dass es leicht ist, aber was ist schon leicht im Leben?«

* * *

Der birmesische Demokratisierungsprozess ist weiterhin »nicht-irreversibel«. Die beiden Brüder setzen ihre publizistische Exil-Arbeit fort.

Brecht in Bolivien

2010

Es ist einer der ältesten und gleichzeitig fragwürdigsten Intellektuellenträume: Der klugen These solle bitte schnell die »authentische« Tat folgen, dem spekulativ Niedergeschriebenen die nachhaltige Verwurzlung in der Erde. Im südamerikanischen Bolivien, wo nach Willen des Präsidenten Evo Morales ein »Sozialismus des 21. Jahrhunderts« Realität werden soll, lässt sich besichtigen, was geschieht, wenn im Schlaf der Vernunft aus einem solchem Traum Albträume werden. Um die Jahrhunderte währende Diskriminierung der einheimischen Indio-Gemeinschaften zu beenden, hatte der Präsident vor einiger Zeit verfügt, dass deren althergebrachte Gerichtsbarkeit nun fortan neben der staatlichen Justiz Geltung haben müsse. Mit Verweis auf eben diese »Volksgerechtigkeit« rechtfertigte man in einem abgelegenen Dörfchen die rituelle Hinrichtung von vier Polizisten, die zuerst erschlagen und dann mit dem Gesicht nach unten in die »heilige Erde« begraben wurden. Als hätten sie Brechts Theaterstück *Die Maßnahme* Wort für Wort gelesen, beriefen sich die »Mallkus« genannten Anführer der Dorfgemeinschaft darauf, die Polizisten – angebliche oder tatsächliche Mörder – hätten ihre Verbrechen doch eingesehen und ihrem verdienten Tod zugestimmt. Warum auch nicht, hieß es doch schon in *Mauser*, Heiner Müllers einstmals viel gespielter Brecht-Adaption: »Die Revolution gibt dich nicht auf. Lern sterben.« Ohnehin gab es nach dieser Lesart jenseits der Revolution keine Menschen, sondern nur »Masken«; ein blutiges Phantasma, das Müller dann auch in seinem Drama *Zement* in vitalistischer Ästhetik unters westeuropäische Theaterpublikum gebracht hatte: »Begraben hast du dich wie ein Besitzer./ Merkst du nicht, wie unser Leben anders wird./ Arbeiterrussland, der neue Planet/ Aus Blut und Feuer hier mit unsern Händen.« Mord im Namen der sozialen Gerechtigkeit: Wer hätte gedacht, dass derlei nach dem Epochenbruch von 1989 weiterhin exportierbar sei?

In Chile indessen, auf der gegenüberliegenden Seite der Anden, hat man andere Lehren gezogen. Auch hier hatte es einst staatlich sanktionierte Verbrechen gegeben – man denke an die zahllosen unter Pinochet in der Atacama-Wüste »Verschwundenen«. Die dortigen Aymara-Indianer aber haben mit der Zentralregierung in Santiago einen klugen Kompromiss ausgehandelt: Übeltäter innerhalb ihrer Gemeinden werden nur noch symbolisch bestraft, das heißt mit auf der Haut juckenden Grasbündeln durchs Dorf getrieben – und anschließend einer funktionierenden staatlichen Justiz übergeben. So etwas mag vielleicht weder den dörflichen noch den intellektuellen Reinigungsfuror befriedigen, besitzt jedoch einen unschätzbaren Vorteil: Es durchbricht den Kreislauf vergossenen Blutes. Zumindest ein Grund zur Hoffnung für jene, für die Menschen nun einmal Menschen sind und keine Masken.

* * *

Um den »Sozialismus des 21. Jahrhunderts« weiter zu vertiefen und kulturell »authentischer« zu machen, hat Präsident Morales inzwischen verfügt, an allen öffentlichen Gebäuden Boliviens die Uhrzeiger in die entgegengesetzte, linke Richtung zu bewegen. Damit erweise man der einheimischen Aymara-Kultur Respekt, da man sich dort im Kreis aufstelle und gegen den Uhrzeigersinn begrüße. Einsprüche von Aymaras, damit würde die nun angeblich herrschende Ethnie nur lächerlich gemacht, wies der Präsident ab. Kurz darauf folgte die Order, das bislang geltende Verbot von Kinderarbeit aufzuheben: Schon immer hätten in »unserer Kultur« Kinder mitgearbeitet und dies sei zu respektieren – im Sinne des Aufbaus eben jenes »Sozialismus des 21. Jahrhunderts«.

Bora Ćosić – Zagreb-Belgrad-Berlin

2012

Dramatische Sagas beginnen oder enden zumeist mit einer wuchtigen Abschiedsszene: Der Zug ist zur Abfahrt bereit, aufsteigender Dampf und schrilles Pfeifen, Schaffner hasten über den Perron, während unser Held – vorzugsweise in Trenchcoat und mit Hut – bereits auf dem Trittbrett einer neuen Existenz steht und mit stirngefurchtem Gesicht irgendeine denkwürdige Sentenz zum Besten gibt.

Was also hatte Bora Ćosić gesagt, als er 1992 sein Belgrad verließ, weil er es nicht mehr wiedererkannte im nationalistischen Wahn jener Zeit? »Daran kann ich mich gar nicht mehr so genau erinnern. Ich sah wohl nur die Tränen meiner verbliebenen Freude, die zum Abschied gekommen waren. Und obwohl in der von Milosevics Krieg provozierten Wirtschaftskrise auch die Inflation gestiegen war und sich besonders kleine, modeste Vermögen in Luft auflösten, hatte man sich etwas einfallen lassen. Ehe ich einstieg, steckte mir mein Freund, der Philosoph Rade Konstantinović, fünfzig D-Mark zu, was damals eine Menge Geld bedeutete. Das und dazu den Schlüssel seines Häuschens im kroatischen Rovinj, in Istrien.«

Also doch wie in einem Film? Bora Ćosić, geboren 1932 in Zagreb, sitzt zwischen Bücherregalen und gerahmten Bildern in seiner weitläufigen, hellen Berliner Wohnung in Ku'damm-Nähe und lächelt. »Tja... Im übrigen war es nicht einmal der Bahnhof, denn alle Zugverbindungen waren unterbrochen. Ein Sechzigjähriger steigt am schmuddeligen Belgrader Busbahnhof mit Tüten und Koffern in einen ebenfalls in die Jahre gekommenen Bus – so profan endete mein bisheriges Leben. Über Ungarn, Österreich und Italien kam ich dann schließlich in das eigentlich doch nahegelegene Istrien, wo man den in Zagreb geborenen serbischen Schriftsteller zwar duldete, ihm aber keine richtigen Papiere ausstellte. Und das mitten in Europa..« Und wieder ist da dieses verwunderte Lächeln, bis es sich sogar in ein kurzes Kichern steigert, das den schneeweißen Dreitagebart des Dichters wie magnetisch zu bewegen scheint. Absurde Welt: Der Abschied von Belgrad war unumgänglich geworden, nachdem zahllose von Ćosić' Mitbürgern, eben das Gros jener Inflations- und Rezessionsopfer, sich nicht entblödet hatten, die zur Zerstörung des kroatischen Vukovar aus der Stadt fahrenden Panzer mit Blumen zu schmücken. In Rovinj dagegen findet er das Haus seines Freundes Konstantinović von einheimischen Nationalisten geplündert und dessen Bibliothek auf den Müll geworfen, darunter auch Original-Briefe von Samuel Beckett. Wegen seines unklaren Aufenthalt-Status wagt sich dann Ćosić kaum mehr aus dem geplünderten Haus. Diese Zeit muss dramatisch gewesen, und sein 2004 auf Deutsch erschienenes Erinnerungsbuch *Das Land Null* kennt deswegen kaum noch naturalistische Interieurs. Stattdessen ist das Haus in Istrien zu einer nebulösen, festungsartigen Villa am Meer geworden, bewohnt von einem gleichzeitig Wortmächtigen und Sprachlosen, der auf die lineare Bewegung von Geschichte – jener der Politik ebenso wie jener der Literatur – nur noch traurig pfeift und Sätze schreibt, deren Metaphern sich gegenseitig aufzuheben scheinen: »Das Begräbnis eines leeren Schlafwagens, der ohne Passagiere über die Grenze fährt.«

Und heute? Wohnt der Jubilar zusammen mit seiner Frau, der kroatischen Publizistin Lidija Klasić, abwechselnd in Berlin und jenem Istrien, das inzwischen längst wieder zu einer zivilen europäischen Kulturlandschaft geworden ist, in der man höchstens über deutsche und holländische Camper schimpft, die mit ihren Grillfeuern die landschaftliche Idylle beeinträchtigen. Im übrigen wirkt der Dichter in seinem taubengrauen Hemd, den Jeans und Lederschuhen gut zehn Jahre jünger, auch wird die letztlich wiedergefundene Lebensfreude keineswegs verheimlicht. *Das Land Null* scheint im Literarischen wie im Persönlichen überwunden, denn die bisherige »Exil-Bilanz« könnte beeindruckender kaum sein: Dreißig publizierte Bücher allein seit 1992, als der in Jugoslawien so prominente Autor, ein Vertreter der einstigen »Belgrader Avantgarde«, im Westen noch nicht einmal ein Geheimtipp war.

»Berlin hat mich gerettet«, sagt Bora Ćosić leise, doch ohne Koketterie. »Zuerst bekam ich hier ein Stipendium, dann wurde die Sache mit dem Aufenthalt geregelt, und schließlich machte ich über meine Verlage sogar eine veritable Reise durch den deutschsprachigen

Raum: Von Rowohlt Berlin über Suhrkamp und Schöffling & Co in Frankfurt bis zu Hanser in München, nicht zu vergessen Droschl in Wien, Folio in Bozen und gute, kleine Verlage in der Schweiz.«

Das Aufzählen hat nichts Renommierendes, denn mit einer gegensätzlichen, vielen anderen Emigranten eigenen Gestimmtheit ließe sich ja auch sagen: So viele Jahre schon in Deutschland und niemals ein fester Verlag, Rezensions-, doch keine Verkaufserfolge, und darüber hinaus so manches wichtige Buch dieses gesamteuropäischen Erzählers nur noch beim Internet-Anbieter Amazon erhältlich, ab 1 Cent plus Versandkosten. »Nun, da gibt es Schlimmeres«, entgegnet Ćosić, dem schon habituell die Pose des dünnlippig Verbitterten unmöglich sein dürfte, die Attitüde eines pikierten Anklägers westlicher Leichtfertigkeit. »Weshalb auch? Im Unterschied zu Solschenizyn bin ich kein gläubiger Nationalist, sondern ein agnostischer Europäer, der in Zagreb geboren wurde, als es noch unter dem schönen k.u.k-Namen Agram bekannt war, und den Widersprüche deshalb erst so richtig aufleben lassen. Gut, ich war glücklicherweise nie in einem Lager oder Gefängnis, denn trotz eines mehrjährigen Veröffentlichungsverbots nach dem Erscheinen meines Erstlingsromans *Die Rolle meiner Familie in der Weltrevolution* kann ich nicht ernsthaft behaupten, ein ›Opfer‹ der Tito-Diktatur gewesen zu sein…«

Anders als der begnadete Falschspieler Ismail Kadare, der nach dem Sturz des albanischen Kommunisten-Regimes in Paris plötzlich den emigrierten Dissidenten gab, möchte Bora Ćosić für sich nicht einmal die Bezeichnung »Exilant« in Anspruch nehmen – zu viel Respekt für die Bedeutung des Begriffs und die damit verbundenen Lebensschicksale. Überdies ist Berlin inzwischen nicht nur Zufluchtsort, sondern eine neue Heimat, an welcher nicht einmal die Naivität eines kulturbeflissenen Publikums zu stören scheint, das Mitte der neunziger Jahre einer Ćosić-Lesung ebenso sensibel lauschen konnte und wie es gleichzeitig Peter Handkes kitschig-abstruse Pro-Milosevic-Prosa der berüchtigten *Winterreise* als vermeintlich »differenzierten Blick« goutierte. Darauf angesprochen, winkt Bora Ćosić, der doch auch in zahlreichen Zeitungsbeiträgen stets Klartext schrieb, beinahe heiter ab: Man sollte sich nicht verzetteln und schon gar nicht als dauer-empörter Polemiker enden.

Ohnehin stehen Bücher wie *Die Zollerklärung*, das Journal einer mentalen Ausreise aus dem Kokon großserbischer Hysterie, oder *Die*

Reise nach Alaska, die Geschichte seines desillusionierenden Rückkehr-Besuchs im Jahre 2005, für sich und verbinden sprachliche Eleganz und gedankliche Schärfe auf derart unangestrengte Weise, dass man sich um deren Schicksal trotz gegenwärtiger Amazon-Verramschung gewiss keine Sorgen zu machen braucht. Was Ćosić, dem konventionelle Autoreneitelkeit durchaus fremd zu sein scheint, selbst übrigens *nicht* insinuiert. Erst als seine Frau ganz beiläufig (»Wir haben hier Freunde aus aller Welt, doch kaum aus Serbien«) den zu zahlenden Preis für die kreative Berliner Idylle erwähnt, wird bei Nachfrage deutlich, welchen Mut dieser geborene Zivilist aufgebracht hat. Als im Frühjahr 1999 nach Monaten erfolgloser Verhandlungen die NATO schließlich ausgewählte Ziele in Belgrad bombardieren ließ, um auf diese Weise Milosevic' Massenmord im Kosovo zu stoppen, war unter den im Land verbliebenen Intellektuellen die Empörung groß. Sie wurde freilich noch größer, als man von den Wortmeldungen Bora Ćosić' erfuhr, der gerade wegen seines Schmerzes über das Schicksal Belgrads an die Genese des Konflikts erinnerte: Nun kehrte das Grauen, das sich 1989 mit Milosevic' national-chauvinistischer »Amselfeld-Rede« angekündigt und ab 1991 von Belgrad – und unter durchaus wohlwollender Publikumsbeteiligung – seinen Ausgang genommen hatte, an den Ursprungsort zurück. Wann hatte seit Thomas Manns berühmter BBC-Rede über die Schuld seiner nun von den Alliierten bombardierten Vaterstadt Lübeck ein anderer Schriftsteller so etwas gewagt, im genauen Wissen darum, dass ihn dies nun endgültig zum Paria und »Verräter« stempeln würde? Bora Ćosić aber erzählt jetzt an diesem Berliner Nachmittag recht beiläufig davon, ganz so, als wäre ihm ein Remake der alten großen Erzählungen vom »Engagement der Intellektuellen« eher peinlich, als hätte die Dichotomie Heimat-Exil tatsächlich ausgedient.

Was aber, würde sich nicht genau in diesem Understatement eine Verantwortlichkeit manifestieren, die konkret und individuell ist und kollektiven Vereinnahmungen von jeher misstraut? Ästhetischen Mehrwert gezeigt hatte diese Lebens- und Schreibhaltung bereits in dem erwähnten Roman *Die Rolle meiner Familie in der Weltrevolution* von 1969, in der das blutige Panorama des 20.Jahrhunderts – patrouillierende SS auf Belgrads Straßen, gefolgt vom Marschtritt der Tito-Kommunisten – konterkariert wird vom Reim, den sich die kleinbürgerliche Ćosić-Sippe darauf macht: Während man draußen tönt und deklamiert, missverstehen diese geistigen Verwandten von Bohumil Hrabals »Baflern« alles auf eine höchst erhellende Weise, etwa indem sie Lenins gegen moderate Sozialdemokraten gerichtete Broschüre *Ein Schritt vorwärts, zwei zurück* für einen neuen Tango halten. Allerdings weiß Ćosić aus Erfahrung, dass selbst vermeintlich subversives Geschichtengarn-Spinnen noch längst kein Antidot ist, mit dem man allezeit gegen die Manipulationen der Herrschenden gewappnet wäre. Bestes Beispiel: Die im Westen so bewunderten Filme von Emir Kusturica, welche bei zweitem Hinsehen genau jenem gewalt-affinen, so schrecklich lustigen Vitalismus huldigen, auf dessen Klaviatur dann auch der lange Zeit populäre Milosevic-Faschismus spielen konnte. Der Firnis der europäischen Zivilisation, lehrt uns dieser Autor, ist dünn, und die alten Zeiten waren keineswegs immer gut. Dass Nostalgie jedoch auch anders als auftrumpfend und ausgrenzend sein kann, beweist Ćosić' mit seinem Buch *Frühstück im Majestic*, das an die vergangene Künstlerwelt der sogenannten »Belgrader Moderne« erinnert. Gleichzeitig bleibt es wohl schon aus Gründen der seelischen Balance bei jener Ambivalenz, die der Wahl-Berliner in einem seiner Gedichte so beschreibt: »Wo mein Zuhause sei?/ Ich sollte meine Hand in Richtung Süden strecken/ zur Konstanzer Straße hin/ sie sehr lange als Wegweiser halten/ den Abstand andeutend.«

Milo Dor – Auf dem falschen Dampfer

1997

Sie haben kürzlich Ihrem Kollegen Peter Handke und dessen Position zu Serbien »Unwissenheit und Ignoranz« vorgeworfen...

Gewiss – so sehr ich sonst Handkes Werk auch schätze. Aber er hat etwas ganz Entscheidendes nicht begriffen. Der Genosse Milosevic – und diese Benennung ist keine Polemik, sondern entspricht den Tatsachen von dessen kommunistischer Sozialisation – hat während des Zerfalls der Ostblockstaaten genau erspürt, das er nun auf die nationalistische Karte setzen muss, um für sich und die Seinen die Herrschaft zu bewahren. Sekundiert wurde ihm dabei von nationalistischen Intellektuellen, die man als »Anti-Havels« bezeichnen könnte. Dass es in Kroatien unter Tudjman dann ebenso zu völkischen Delirien kam, macht die Sache nicht besser. Aber sich nun, wie Handke es tut, nach der angeblichen Idylle Jugoslawiens zu sehnen, ist schlicht töricht, denn in dessen Innerem wurde ja all das gezüchtet, was wir nun mit Schrecken sein Unwesen treiben sehen. Was ich jedoch verstehe, ist seine nostalgische Sehnsucht nach einem Slowenien seiner Tag-Träume. Das ist eine berührende Melancholie, die sich dann nur nicht politisch camouflieren sollte.

Stichwort Melancholie. »Der Mann, der sich Milo Dor nannte« – so beschreiben Sie sich in Ihrer Autobiographie »Auf dem falschen Dampfer«. Schon der junge Mann, ja sogar das Kind, das damals noch Milutin Doroslovac hieß, scheint bereits diese Einsicht zu haben in die letztliche Vergeblichkeit allen Tuns. Ihre Erinnerungen beginnen mit dem Satz: »Es ist schon lange her, dass ich bemerkt habe, mit mir selbst nicht identisch zu sein.« Gibt es irgendwelche Wurzeln für diese Gestimmtheit?

Sicher. Ich bin 1923 in Budapest geboren, aber im Banat aufgewachsen – als Sohn eines serbischen Landarztes. Das ist in der Tat eine sehr melancholische Landschaft, wo über die offenen Ebenen der raue Wind aus Sibirien pfeift, so dass man sich dort ganz klein und unbehaust vorkommt. Ein Freund sagte mir einmal über diese Gegend, das Verstörendste an ihr sei, dass man sich dort nicht verstecken könne. Es gibt also ein Gefühl der Verlorenheit, des Ausgesetztseins, das schon in meiner Kindheit keimte. Das hatte nicht einmal etwas mit meiner sozialen Stellung zu tun, im Gegenteil: Als Kind eines Arztes bin ich privilegiert gewesen. 1933 war ich zehn Jahre alt, und meine Eltern zogen in die Hauptstadt Belgrad – das war für mich als Provinzjunge eine große Umstellung. Und auch da dieses Gefühl, ob drinnen im Gymnasium oder draußen, auf den großen belebten Straßen – hier stürzt alles auf dich ein, will dich verschlingen.

Ist man in solchen Momenten anfällig für Gruppen- und Kollektiv-Verheißungen?

Und wie! Besonders wenn man 15 oder 16 Jahre alt ist, Gedichte schreibt und nach der Geborgenheit einer großen Gemeinschaft sucht. Dabei waren Theorien wie der Marxismus nie interessant für mich; was mich motivierte – und ich hoffe, dass ich das bis heute bewahrt habe –, war das Mitleid mit den Armen, den Geknechteten und Verfolgten. Aus diesem Grund bin ich als junger Mann ein Stück gemeinsamen Wegs mit den Kommunisten gegangen. Der Hitler-Stalin-Pakt begann mir dann die Augen zu öffnen. Als ich mit den Funktionären der kommunistischen Jugend über meine Zweifel sprach,wurde ich misstrauisch angeschaut und kurzerhand als »Trotzkist« abgestempelt, obwohl ich zu diesem Zeitpunkt noch keine einzige Zeile von Leo Trotzki gelesen hatte. Der Riss ging damals durch die ganze jugoslawische Linke; Miroslav Krleza, einer der bedeutendsten Schriftsteller des Landes, protestierte damals in seiner Zeitschrift *Das Siegel* vehement gegen den deutsch-sowjetischen Pakt und wurde deshalb von der Partei verurteilt. Dann aber kam der Krieg, die Wehrmacht bombardierte Belgrad, und die Streitigkeiten wurden erst einmal eingestellt, da es jetzt plötzlich einen wirklichen Feind gab. Ich schloss mich der Widerstandsbewegung an, um gegen die Okkupanten zu kämpfen, aber dennoch war schon damals für mich der Begriff Heimat etwas, das nicht nur national, sondern vor allem gesellschaftlich definiert war. Es bedeutete Toleranz, Zivilität. Mit solch einem Verständnis von Heimat gerät man immer zwischen die Fronten.

Sie haben sich einmal als »Bürger, der die egoistische Lebensart der Bürger verachtet«, bezeichnet, als »Sozialdemokrat, der nur in bestimmten Situationen mit den Sozialisten Solidarität empfindet«...

Ich komme aus einer bürgerlichen Familie. Mein Großvater war Kaufmann, ein Onkel leitete – übrigens recht erfolglos – eine Bierbrauerei, der andere arbeitete als Ingenieur. Meine Vorfahren mütterlicherseits waren Griechen, die väterlicherseits waren Serben mit einem vielfältigen k.u.k.Hintergrund. Solange sie nicht auf Ausgrenzung beruhen, habe ich nichts gegen Traditionen, auch nichts gegen Besitz, sofern er nicht unredlich erworben wurde. Und so nah ich mich immer den Ausgebeuteten fühlte – ich musste doch einsehen, dass ich nicht ganz zu ihnen gehörte, dass ich aus einer anderen Schicht komme.

Rüdiger Safranski hat die diesem Zwiespalt innewohnende Gefahr mit den Worten beschrieben: »Denunziation der Kultur aus Solidarität mit dem Elend.« In ihrem Werk findet man allerdings nirgends diese hochfahrende Geste der Verwerfung, diesen bürgerlichen Selbsthass.

Vielleicht kommt das daher, dass ich mich immer als Bürger im Sinne eines *citoyen,* nicht unbedingt als *bourgeois* gefühlt habe. Ohnehin ist Selbstbefragung immer konstruktiver und auch ehrlicher als Selbsthass, denn sie kann uns dazu bringen, die großen bürgerlichen Traditionen von Recht und Toleranz wieder neu zu entdecken.

Gab es auch in der Widerstandsbewegung ideologische Spannungen?

Ich habe davon nichts gespürt. Mit Freunden verteilte ich Flugblätter, wir hörten BBC, trafen uns in Cafés, um unsere Vorgehensweisen zu besprechen, und sammelten heimlich unter der Bevölkerung Geld für die Partisanen. 1942 wurde ich dann verhaftet, gefoltert und schließlich zur Zwangsarbeit nach Wien verschickt – ich habe diese Zeit in meinem Roman *Tote auf Urlaub* beschrieben. Als die Wehrmacht vertrieben wurde und im November 1944 die Kommunisten in Belgrad einmarschierten, war ich also nicht anwesend. Vielleicht war das sogar mein Glück, denn bis zum Frühjahr 1945 hatten die Tito-Truppen über 30.000 Menschen in Belgrad ermordet. Darunter gab es natürlich viele Nazi-Kollaborateure, aber auch eine Unmenge unbeteiligter Bürgerlicher – und selbst Kommunisten, die der »Abweichlerei« verdächtig waren. Man hat das sozusagen alles in einem Aufwasch gemacht. Das ging so schnell, dass es schnell vergessen wurde; überdies wurde Marschall Tito später von vielen als antistalinistische Galionsfigur gesehen, über deren Makel man lieber schwieg.

In Ihrem Roman »Die weiße Stadt« erzählen Sie die Geschichte Ihres Schulfreundes Stanko, der zu einem Opfer der damaligen Rivalität zwischen Stalin und Tito wurde.

Es gab 1948 eine Entstalinisierung, die vollkommen stalinistisch betrieben wurde. Das Fußvolk war anfangs verwundert: Eben noch war der Genosse Stalin das leuchtende Vorbild, und jetzt plötzlich sollten sie auf ihn spucken? Kominform, das sowjetisch gesteuerte Kommunistische Informationsbüro, das die Nachfolge der Komintern angetreten hatte, brachte also eine Resolution heraus, die zum Kniefall vor dem Kreml aufforderte. Auch in Jugoslawien musste diese Resolution zur Diskussion gestellt werden. Viele einfache Parteimitglieder schwitzten damals Blut vor Angst: Es war bekannt, dass Tito *gegen* die Resolution war, andererseits saß vielen Genossen noch der Schreck im Nacken, wenn sie sich erinnerten, wie der gleiche Tito nur wenige Monate vorher noch mit Stalin-kritischen »Abweichlern« verfahren war. Wie sollten sie nun abstimmen, wen sich zum Feind machen? Stanko aus der *Weißen Stadt* ist einer von denjenigen, die diesmal nicht wieder auffallen wollen und aus Angst *für* die Resolution stimmen. Das aber war ein Fehler, und unzählige Parteimitglieder wurden nach ihrer Entscheidung in ein Lager auf Goli Otok, die »nackte Insel« in der Adria, deportiert. Dort wurden sie geschlagen und gefoltert, sie mussten unter den Schikanen des Wachpersonals leiden oder unter ihren eigenen Mithäftlingen, unter denen sich natürlich auch ganz radikale Stalinisten befanden. Es war ein einziger totalitärer Alptraum.

Hat diese Vorgehensweise Spuren hinterlassen?

Natürlich. Viele Tito-Kritiker waren Nationalisten, ja Chauvinisten, so dass sich eine demokratische Opposition nur sehr schwer entwickeln konnte. Und die Probleme der Gesellschaft wurden immer auf solch rabiate Weise gelöst. Mancher im Westen fand das sogar genial: Um etwas gegen die Arbeitslosigkeit zu tun, gab Tito beispielsweise in den sechziger Jahren massenhaft Reisepässe aus – Gastarbeiter kamen nach Österreich oder in die Bundesrepublik, arbeiteten dort und schickten Geld nach Hause. Das war natürlich alles andere als wirklich zukunftsträchtig. Deshalb bin ich auch nach dem Krieg nicht wieder zurückgekehrt, sondern habe es vorgezogen, in Wien zu bleiben. Nachdem ich dort im September 1944 noch einmal von der Gestapo verhaftet worden war, verspürte ich keine Lust mehr, mich in meiner ehemaligen Heimat erneut in eine Situation bringen zu lassen, in der ich ein wehrloses Opfer war, auf das man nach Belieben eindreschen konnte.

Aber Sie sind besuchsweise immer wieder nach Belgrad, wo auch ihre Eltern lebten, zurückgekehrt?

Ja, und ich wurde Augenzeuge einer mehr oder minder freiwilligen Massenunterwerfung. So wurde etwa Titos Geburtstag zum »Tag der Jugend« erklärt und die jungen Leute verpflichtet, durch ganz Jugoslawien eine Stafette zu bilden, um eine brennende Fackel bis nach Belgrad zu tragen. Es gab da immer ein großes Fest, und ungeheure Menschenmassen jubelten dem Marschall zu. Als er starb, weinten sie, und als 1991 der Krieg ausbrach, verfluchten sie ihn. Seine Fotos, die früher selbst Wohnzimmer schmückten, wurden durch serbische Ikonenbilder ersetzt und draußen auf der Straße unter großem Beifall zerstört.

Erzherzog Ferdinand, Stalin, Tito – der wiederholte Vatermord als Unwille, erwachsen zu werden?

So könnte man es sehen. Deshalb hatte ich, was mir die serbischen Nationalisten ebenfalls sehr übel nahmen, in meinem Roman *Die Schüsse von Sarajewo* auch kein Hohelied auf die damaligen Attentäter gesungen, sondern gezeigt, wie bei ihnen halbgare Ideen, Hysterie und Allmachtsphantasien eine im wahrsten Wortsinn explosive Mischung zeitigten. Und was die Vorliebe für gewaltbereite Gigantomanie betrifft: Im Kult um Tudjman und Milosevic setzte sich das dann fort. Auch diese beiden waren Apparatschiks unter Tito gewesen und hatten keineswegs demokratische Emanzipation im Sinn, als sie schließlich das Erbe des Marschalls unter lautem Getöse verwarfen.

Aber auch die Dissidenten aus der sogenannten »Praxis-Gruppe« gerieten zuhauf in nationalistisches Fahrwasser.

Ja, und eines der bizarrsten Beispiele ist dafür der Fall von Mihailo Markovic, der mein Schulkamerad am Belgrader Gymnasium gewesen war. Als kritischer Marxismus-Professor war er 1968 der Liebling der studentischen Jugend und wurde daraufhin von der Universität gejagt. Er engagierte sich in der »Praxis-Gruppe«, schrieb Bücher, die auf Deutsch bei Suhrkamp erschienen und von der Reformierbarkeit des Sozialismus handelten, und lehrte als Gastprofessor in England und Amerika. Zurückgekehrt nach Belgrad, wurde er Nationalist und avancierte zum Chefideologen von Milosevic. Mittlerweile aber ist er seine Funktion als stellvertretender Vorsitzender der regierenden Sozialistischen Partei Serbiens schon wieder los, denn im Grunde sind die dort maßgeblichen Leute weniger wirre Nationalisten, sondern gewalttätige Opportunisten, die alles versuchen, um den Sturz ihrer Kaste zu verzögern. Deshalb brachte der Sommer 1989 in Polen zumindest halbfreie Wahlen, in Ungarn eine Neubewertung der Revolution von 1956 – in Serbien dagegen jene berüchtigte nationalistische »Amselfeld-Rede«, in der Milosevic, damals noch Präsident des Bundes der Kommunisten, die völkische Karte zückte – und das verhängnisvoll erfolgreich.

Vor seinem Sturz aber hatte Sie Markovic noch 1993 öffentlich als »Verräter« gebrandmarkt.

Das hat mich sehr traurig gestimmt. Ich hatte ihm einen offenen Brief geschrieben, um ihn an seine Mitverantwortung für den großserbischen Chauvinismus und die Verbrechen des Milosevic-Regimes zu erinnern. Statt darauf einzugehen, versuchte er mich dadurch zu kompromittieren, dass er behauptete, ich hätte nach meiner Verhaftung 1942 meine Kameraden bei der Spezialpolizei in Belgrad verraten. Er stellte diese ungeheuerliche Behauptung auf, um von sich abzulenken. Markovic war im Winter 1942/43 verhaftet worden und belastete mich in einem Verhör. Ich habe die Kopie seines Geständnisses, in dem er wortwörtlich schrieb, dass er erst durch mich zum Kommunismus verführt worden sei, was er bereue, da er eigentlich schon immer eher *national gedacht* habe... Ich erzähle Ihnen das in dieser Ausführlichkeit, um zu illustrieren, wie das Verdrängte der Vergangenheit auch die Gegenwart vergiftet und dominiert, wie sich Schändliches gleichsam fortsetzt.

Hinzu kommt noch etwas anderes: viele der jugoslawischen Intellektuellen kamen aus der Provinz. Das Bürgertum war verschwunden, deren Werte verpönt, und nun setzte der Anmarsch der Dörfler auf die löchrig gewordene Zivilisation der Städte ein. Dort fühlten sie sich freilich nicht immer angenommen – der paranoide Hass eines Provinzlers wie Radovan Karadzic auf das multiethnische Sarajewo rührt nicht zuletzt aus einer gekränkten dörflichen Eitelkeit, das ist bereits aus seinen kitschigen Gedichten herauszulesen. Die Tragödie in Serbien bestand nun darin, dass das Bürgertum als Träger der Kultur diesen Stürmern vom Lande wenig entgegensetzen konnte; dafür war der Aderlass in diesem Jahrhundert zu groß gewesen. Die junge Elite des Bürgertums kehrte aus dem ersten Weltkrieg, den sie so begeistert begrüßt hatte, nicht zurück, und in den Jahren nach dem deutschen Einmarsch im Zweiten Weltkrieg kam es noch schlimmer. Und jetzt geht es weiter, denn der Milosevic-Chauvinismus hat natürlich unzählige integere Intellektuelle außer Landes getrieben, dazu Tausende Studenten, die sich nur durch Flucht dem verbrecherischen Kriegsdienst entziehen konnten. Einige Intellektuelle – nicht nur Schriftsteller, auch Ärzte und Ingenieure – aber blieben da, trafen sich zu Gesprächen und gründeten den »Belgrader Kreis«, ein zartes Pflänzchen der Hoffnung und bürgerlichen Zivilcourage.

Kommen wir noch einmal auf die Erfahrung des Scheiterns zurück. Ihr Leben steckt voller Brüche, dennoch hat man beim Lesen ihrer Bücher – der Autobiographie »Auf dem Falschen Dampfer« oder der »Mladen-Raikow-Saga«, die in manchem an Manés Sperbers Trilogie »Wie eine Träne im Ozean« erinnert – den Eindruck einer Kontinuität, von welcher mit einem gewissen Bedauern erzählt wird. Als Sie in Wien von der Gestapo verhaftet wurden, reiste Ihr Vater an und versuchte, Sie freizubekommen. Später wurden Sie von Ihren Eltern in Belgrad finanziell unterstützt, da die Schriftsteller-Existenz in Wien nicht zum Leben ausreichte. »In den Augen meiner Mutter war ich offensichtlich ein Versager«, heißt es in der Autobiographie, in der Sie auch schreiben, dass Sie die Schuld, in der Sie bei Ihren Eltern standen, durch »mancherlei Konzessionen an ihre Lebensart abzutragen« versuchten. Die Dominanz der Eltern und damit auch der Vergangenheit – bei Philip Roth wird es zum schrillen Slapstick, bei Ihnen zur melancholischen Episode...

Was bleibt einem denn auch anderes übrig, als solche Erfahrungen mit Ironie und Selbstironie zu verarbeiten? Das ist manchmal eine masochistische Schule des Selbstzweifels, häufiger aber noch der beste Schutz gegen heroisierende Selbststilisierungen. Da hat mich die Geschichte meines Großvaters, der auch ein Scheiternder war, Wichtiges gelehrt: Vieles im Leben hängt vom Zufall ab, ist nicht steuerbar und auch nicht einfach der Geschichte, der Politik oder sonstwem in die Schuhe zu schieben. Mein Großvater war Kaufmann, hat dann Hopfen angebaut, nachdem er sich in verschiedenen Geschäften versucht hatte und sogar an einer Bank beteiligt gewesen war. Den Hopfen wollte er gewinnbringend in die Tschechoslowakei exportieren, was allerdings die heimischen Brauereien zu verhindern wussten. Er blieb also auf seinem Hopfen sitzen und die Anlagen, die er hatte bauen lassen, verwaisten. Manchmal erwische ich mich, dass ich wie er seufze und plötzlich eine ganze Menge *Achs* ausstoße...

Sind die Politthriller-Farcen, die Sie in den fünfziger Jahren zusammen mit Reinhard Federmann geschrieben haben, vielleicht auch der Versuch gewesen, die Zumutungen menschlichen Daseins in einer Spionage-Story zu fokussieren und sich dann durch ein befreiendes Gelächter wieder aus der Schlinge zu ziehen?

Da könnte etwas dran sein. Vorher aber erschien 1952 mein erster Roman *Tote auf Urlaub*, in dem ich meine traumatischen Erfahrungen in Widerstand und Lagerhaft beschrieb. Ich musste mich also erst freischreiben, das mich Bedrängende aufs Papier bringen, um anschließend die Chance zu haben, innerlich souveräner zu werden.

Sie haben viel über andere Autoren geschrieben, mit denen Sie eine lange Freundschaft verband. Hans Werner Richter von der »Gruppe 47«, bei deren Tagungen Sie lasen, Heinrich Böll, Ilse Aichinger, Paul Celan, mit dem Sie sich in Paris ein Zimmer teilten, in Wien schließlich Hilde Spiel... Gleichzeitig haben Sie sich aktiv für die Berufsbelange österreichischer Schriftsteller eingesetzt und immer wieder politisch Stellung bezogen, ob nun zur Waldheim-Affäre, zu Jörg Haider oder eben auch zu Handkes Pamphleten. Wobei mir die Szene einfällt, als Sie 1966 in Princeton das erste Mal auf Peter Handke trafen und seine geniale Zähigkeit beim Karrieremachen bewunderten, dazu Siegfried Unselds verlegerischen Besitzerstolz. In der dritten Person schreibt »Der Mann, der sich Milo Dor nannte« dazu: »Für ihn selbst trat niemand mit solcher Vehemenz ein, nicht mal er selbst. Aber er liebte diese unvollkommene Welt, eben weil sie unvollkommen war. Er gehörte einer Generation an, die nicht vorgab zu wissen, wo Gott wohnt, die aber wenigstens ungefähr ahnte, was der Mensch im Lauf seines kurzen Daseins braucht... Er, Dor, könne schon deshalb kein Aussteiger sein, weil er nie eingestiegen war.«

Das freut mich, dass Ihnen diese Zeilen gefallen! Aber jetzt sollten wir uns erst einmal einen guten Marillen-Schnaps gönnen, meinen Sie nicht?

* * *

»Der Mann, der sich Milo Dor nannte« starb 2005. Sein Werk ist noch heute lesenswert, die Benennung des Schreckens, aber auch das ironische understatement, Belesenheit ohne Bildungshuberei, das Wissen um Zusammenhänge – und die Melancholie darüber, wie viel dennoch verloren geht, ungenutzte Erkenntnisse und Chancen für ein behutsameres Zusammenleben. Fast ist es ein Echo auf die Zeilen, mit denen Hans Sahls Exilroman *Die Wenigen und die Vielen* endet: »Der Mann, der Georg Kobbe hieß, ging langsam durch die Zweiundvierzigste Straße zum Broadway. Wie er so dahinschritt, glich er einem Schiffbrüchigen, der an eine unbekannte Küste gespült worden ist und sich verwundert fragt: Wo bin ich?« Interessant – und auf gewisse Weise logisch – auch die Übereinstimmung der Verrats-Erfahrung und des Bruchs: Wurde dem intellektuell unabhängigen Sahl 1936 von den Parteifunktionären vorgeworfen, er unterstütze einen »Nazi-Spion«, so streuten auch die ungarischen und serbischen Macht-Ideologen über die Nazi-Opfer Milo Dor und François Fejtö das Gerücht, sie kollaborierten mit der Gestapo. Identisches Schema zielgerichteter Infamie, das dennoch nicht vermochte, die davon Betroffenen zu misstrauischen Rechthabern zu deformieren, die nun nach 1989 grimmig triumphierten. Im Gegenteil.

»Der Mann, der sich Milo Dor nannte«, erklärte mir bei jenem Besuch in Wien, dass Marillen-Schnaps aus Aprikosen gemacht werde und schenkte mir zum Abschied auch eine der zahlreichen Übersetzungen, die er zeitlebens publiziert hatte. Stand – in tadellos gebügeltem weißem Hemd und mit Weste, die Uhu-Brille hochgeschoben ins beeindruckend dichte, weiße Haar – vor einer der Bücherregale in seiner Wiener Wohnung, hielt ein Zigarillo in der Hand und griff mit der anderen zielgerichtet in die Bücherwelt hinein. Isaak Babel, *exemplarische erzählungen*, aus dem Russischen übertragen von Milo Dor und Reinhard Federmann. Der Humanist, der einer sich selbst bestätigenden Humanisten-Rhetorik zutiefst misstraute: Es macht froh, diesen grundgütigen Menschen und im besten Sinne exemplarischen Intellektuellen kennengelernt zu haben.

Tanja Maljartschuk – »Unser ’89 war 2004«

2009

Mit beinahe mutwilligem Lächeln sagt sie: »Hoffentlich nimmt die Redaktion nicht diese Unterzeile von der ›ersten Garde‹.«

Weshalb eigentlich nicht, angesichts der Popularität einer gerade einmal 26 Jahre alten Autorin, die bereits vier hoch gelobte Erzählbände geschrieben hat? »Na wegen der unnötigen Assoziation mit Bulgakow«, erwidert Tanja Maljartschuk nicht ganz ohne Koketterie. »Wegen seines autobiographischen Romans *Die weiße Garde*, wegen des längst zum Literaturmuseum gewordenen Hauses am Andreashang Nummer 13, wo er während der russischen Revolution als Arzt lebte. Wegen, *you know*, diesem Übermaß an Tradition und sattsam bekannten Namen. Kiew, Bulgakow und dazu womöglich auch noch Tschernobyl.«

Dabei ist das, wovon die junge Frau mit dem rötlich braunen, quer über die Stirn fallenden Haar spricht und schreibt, keineswegs ortlos-postmodern. Wir sitzen – interessanterweise zu unser beider Überraschung – im noch immer sowjetisch eingerichteten Frühstücksrestaurant des Hotels *Ukrajina* und schauen aus tiefen Plüschsesseln unter wuchtigen Wolkenstores hinaus auf den Maidan. Entkommt man wirklich der Geschichte Kiews, die in Bulgakows frühem Meisterwerk (slawische Ekstase trifft auf den ironischen Relativismus westlicher Montagetechnik) stets in wuchtigen Majuskeln die »STADT« genannt wurde?

Tanja Maljartschuk, deren Erzählband *Neunprozentiger Haushaltsessig* gerade auf Deutsch erschienen ist, schüttelt den Kopf – zuerst über die naiv anmutende Frage, alsdann über eine beleibte Kellnerin in Miss-Piggy-Schürze, die uns in rüder Weise einen Aschenbecher auf die schmuddelige weiße Tischdecke knallt. »Kiew ist weniger Mittel- als vielmehr Schnittpunkt. Hier trifft die Westukraine auf den russisch geprägten Teil des Landes. Außerdem ist es kein Zufall, dass nahezu die gesamte jüngere Literatur – mit Jurij Andruchowytsch als unserem großen Vorbild – aus dem Westen stammt, aus der Gegend, die vor dem Hitler-Stalin-Pakt einmal polnisch war und 2004 das Kraft-Reservoir der Orangenen Revolution.«

Mit einer gewissen Erleichterung denkt der Besucher: Von wegen Müdigkeit angesichts von Tradition und Geschichte. Möglich jedoch, dass sich Tanja Maljartschuk, geboren 1983 in Iwano-Frankiwsk, diese Reminiszenzen lediglich für das Gespräch aufspart, um ihre publizierten Geschichten nicht unter all dem nationalen Vergangenheits- und Gegenwartsballast versinken zu lassen. Aber dennoch und trotz aller Schnoddrigkeit und Lakonie – Privates scheint in diesen Stories unauflöslich verknäuelt mit den Zumutungen vonseiten des in Großbuchstaben anrückenden Staates:

»Roman lachte, als er es erfuhr. Dass er zur Armee muss. Und zwar nicht einfach zur Armee, sondern nach Afghanistan. Früher wusste das keiner – dass man zur Armee muss. Solange das Dorf nichts von der Existenz der Stadt wusste, wusste wohl auch die Stadt nichts von der Existenz des Dorfes. Als alle alles erfuhren, kamen nach und nach neue Gesetze nach Samagurka, die unverständlich waren und unwiderruflich.«

Nicht wenige der Erzählungen spielen in der Zeit vor 1989, doch Tanja Maljartschuk kommt der nahe liegenden Frage zuvor: »Ich betreibe übrigens keine historische Aufarbeitung. Ich sammle Geschichten und achte auf den *Sound*, die Atmosphäre, aber gewiss nicht auf irgendeine Botschaft. Schließlich war ich erst acht Jahre alt, als die Sowjetunion zusammenbrach. Würde ich also allein meine eigenen Erinnerungen zum Maßstab nehmen, hätte ich nur kindische Nichtigkeiten zu erzählen, in denen die Brutalität des Systems gar nicht vorkäme. Das wäre für mich und die Literatur dann ebenso fatal als würde ich nur auf die großen Erzählungen der nationalen Mythenbildner hören, seien sie nun pro-russisch oder ukrainisch-nationalistisch.«

Und der Ausweg? »Na Joseph Roth oder Milan Kundera«, antwortet sie ohne Zögern, während die hinter schweren grünen Velours-Vorhängen versteckten Lautsprecher plötzlich ukrainischen Techno in den Saal schallen lassen. »Diese melancholische Genauigkeit des k.u.k.-Gefühls! Ethnische Flickenteppiche, Neugier auf die

Geschichten von den so genannt kleinen Leuten – und bei all dem das Wissen im Hinterkopf, das alles auch einstürzen kann, Staaten, Regierungen, Systeme.«

Salopp gesagt: Auch ihr inzwischen viertes Buch ist ein solcher Beitrag zur Krise, die das Riesenland im Osten Europas nicht erst seit gestern heimsucht. Gleichzeitig kündet *Neunprozentiger Haushaltsessig* aber auch von jener illusionslosen Gewitztheit, die zwangsläufig entsteht, wenn der Vater im (selbstverständlich maroden) Betrieb Zugriff zu achtzigprozentiger Essigsäure hat und diese über der heimischen Badewanne mit Wasser auf neun Prozent verdünnt, auf dass die Mutter den so entstandenen Haushaltsessig zu den umliegenden Straßenbasaren tragen kann. »Meine Arbeit beschränkte sich aufs Flaschenspülen. Bierflaschen, die mein Vater in den Glasannahmestellen kaufte. Pro Woche durchliefen so etwa zehn Kästen Essig unsere Fabrik. Das hieß, dass ich zehn Kästen Bierflaschen zu spülen hatte. Die Flaschen stanken entsetzlich. Die Leute, die unseren Essig kauften, taten mir leid.«

Was in den Romanen und Erzählungen von Jurij Andruchowytsch oder des in den ostpolnischen Karpaten lebenden Andrzej Stasiuk mitunter noch als gefährdete Idylle erscheint, ist bei Tanja Maljartschuk (oder dem gleichaltrigen Serhij Zhadan aus dem ostukrainischen Charkiw, Autor von *Hymne der demokratischen Jugend*) reinstes Ödland, ein Täter-Opfer-Territorium jenseits aller Ideologien. Also tatsächlich nur: Ex Oriente Essig?

Lebhafter Widerspruch. »Aber nein, vergiss' nicht den Maidan!« Tanja Maljartschuk versucht mit ihrer zierlichen, beinahe mädchenhaften Gestalt, in das Blickfeld von sage und schreibe sieben am leer geräumten Buffet postierten Kellnerinnen vorzudringen, wedelt mit ihrer zwischen Mittel- und Zeigefinger steckenden Zigarette und signalisiert die Bitte, endlich jenen post-sowjetischen Techno abzustellen, der sich in der Tat anhört wie ein Mix aus Dieter Bohlen und Genosse Breschnew. »Da, hinter dem Fenster, unterhalb dieses furchtbaren Hotels! Dort verloren im Winter 2004 nicht allein mein Freund und ich diese seit Generationen mitgeschleppte Angst vor der Macht, vor Regierung, Armee und Miliz. Zu Tausenden waren die Menschen gegen die Wahlfälschungen der ehemaligen Kommunisten auf die vereisten, saukalten Straßen gegangen und hatten rund um den Maidan-Platz kampiert.«

Weshalb aber ist dann in ihrem jüngsten Erzählband von dieser prägenden Generationserfahrung nirgendwo die Rede? »Weil erstens dieser gerade auf Deutsch übersetzte Band nicht mein jüngstes, sondern mein vorletztes Buch ist – und zweitens der Winter 2004, der im Grunde genommen unser nachgeholter Herbst '89 war, für etwas viel Grundlegenderes steht. Etwas, das – *sorry to say this* – noch entscheidender und fundamentaler ist als die Literatur selbst. Na?« Freundlich ironischer Augenaufschlag hinein in die plötzlich vom Technolärm entlastete Stille und dann diese Worte: »Weil damals zwar nicht plötzlich das Paradies zu uns gekommen ist, wir aber die Angst vertrieben haben. Wer in jenen Tagen da unten in der Kälte kauerte und *nicht* wusste, ob die Milizionäre und Truppen des Innenministeriums nicht vielleicht doch schießen würden, der vergisst so etwas sein Leben lang nicht. Mehr noch: Der ist – ohne allen Kitsch, ohne Ikonen und orthodoxes Glockengeklingel, *you know* – tatsächlich wie neu geboren und strotzt nur so vor Energie.«

Trotz der gegenwärtig noch einmal verschärften Wirtschaftskrise und der Fragwürdigkeit der politischen Klasse? »Na klar! Schließlich sind wir damals nicht hauptsächlich für den sogenannt prowestlichen Juschtschenko als Präsidenten oder Madame Timoschenko als Premier auf die Straße gegangen, ja nicht einmal allein gegen den moskau-hörigen Janukowitsch, der heute schon wieder seine Strippen zieht. Es ging wirklich vor allem *um uns*, um unser Recht, unsere Meinung zu sagen und nicht mehr alles und jedes geduckt hinnehmen zu müssen.«

Tanja M, Revolutions-Kid. Arbeitet inzwischen hauptberuflich als Fernseh-Journalistin, schreibt Buch nach Buch – und käme wahrscheinlich nie auf den Gedanken, die für sie unerschwinglichen Luxus-Klamotten in der mittlerweile unter dem Maidan-Platz entstandenen Shopping-Mall als Insignien neuen Scheiterns zu sehen. »Weshalb auch«, sagt sie am Schluss, »wo ich nun doch die Freiheit und innere Gelassenheit habe, all die beigefarbenen Luxuslimousinen zu beschreiben, die gleich da vorn, an der Kreuzung zum Kreschtschatik-Boulevard halten, um ihre Insassen, die neureichen Funktionärs-Sprösslinge, vor den Eingängen der Edel-Boutiquen abzukippen. Na und?«

In der Frage schwingt kein Fatalismus mit – eher schon die auch uns Westeuropäern zu wünschende Erfahrung, dass Freiheit nicht automatisch auch Gerechtigkeit bedeutet. Die Lehre von Kiew, *en passant* von einer nostalgie-abstinenten jungen Frau vermittelt.

Tanja Maljartschuk: Neunprozentiger Haushaltsessig. Erzählungen. Residenz Verlag, Salzburg 2009

* * *

Nachtrag 2014. Tanja Maljartschuk lebt seit 2011 in Wien. Zuletzt erschien auf Deutsch ihr Roman *Biographie eines zufälligen Wunders*, die unsentimental erzählte Geschichte einer jungen Frau in der Provinzstadt San Francisco – eine sarkastische Verballhornung von Maljartschuks Geburtsort Iwano-Frankiwsk. 2009 hatten wir uns dann noch lange über Michail Bulgakows Roman unterhalten, über das darin geschilderte Defilee der wechselnden Herrscher über die STADT, nachdem am Ende des Ersten Weltkriegs die vom deutschen Kaiser unterstützten Truppen des Hetman Skoropadski hatten fliehen müssen und gleich darauf der in der Westukraine noch heute populäre Hauptmann Petljura in Kiew Einzug hielt in einem antijüdischen Blutrausch, ehe dann mit der Roten Armee Lenins Totalitarismus siegte. Der Dichter mit dem historischen Elefantengedächtnis aber schrieb: »Wieder Zugang zu den Sälen von Versailles erlangen! Wer wird diese lichten Tage erleben? Wir? Oh nein! Vielleicht erst unsere Enkel, denn die Geschichte hat einen langen Atem.«

Es war dann eher die Generation der Ururenkel, die im November 2013 auf den Maidan geströmt war, da aufgrund Moskauer Drucks Präsident Janukowitsch angekündigt hatte, das geplante Assoziierungsabkommen mit der EU nicht zu unterzeichnen. Was die Studenten, Vorhut der in den kommenden Wochen massenweise Protestierenden, sofort als einen erneut niedergehenden Vorhang begriffen hatten, als wiederholten Versuch der Mächtigen, sie im Dämmer eines maroden Korruptionssystems zu halten. Nicht wenige Beobachter im Westen glaubten damals, Putins neo-imperiales Russland rüste nun zum ersten Gefecht, während auf dem Maidan das Schlusskapitel der unvollendeten ’89er-Revolution geschrieben werde. Dabei hätte gerade die Lektüre von *Die weiße Garde* etwas über die *permanente* Schieflage der Geschichte lehren können – und die Tatsache, dass dies in Kiew mehr ist als eine verbrauchte Metapher. Denn wie musste der Besucher bereits 2009 schlittern und sich an den halb vereisten Verkaufstischen festhalten, wo glasierte Teller mit Juli Timoschenkos Konterfei ebenso feilgeboten wurden wie Kalender, geschmückt mit Janukowitschs grober Physiognomie! Genau da, am kopfsteingepflasterten, steil abschüssigen Alexejewsjki-Hang – von Enthusiasten auch als »Montmartre von Kiew« bezeichnet – befindet sich jenes Haus, das in Bulgakows Roman das Refugium des Ich-Erzählers ist. Von hier aus, riskante abendliche Ausbrüche inklusive, hatte der junge desillusionierte Ex-Lazarettarzt das blutige Hin und Her in der STADT beschrieben, in einer hypermodernen Montage-Techik, die auch stilistisch schon alles wusste über Wiederholungen und historische Endlosschleifen.

Und wir, im pompösen Frühstücksaal des *Hotel Ukrajina* – was wussten wir? Tanja Maljartschuk sagte, dass es einen Zusammenhang gäbe zwischen den (von mir leichthin bespöttelten) autoritären Museumswächterinnen im Bulgakow-Haus und dem beunruhigenden Ticktack der Wanduhr in einem der Zimmer. »Misstraue den Maschkas... Ihre Kolleginnen, die an den Eingangspforten der Klöster und Kirchen sitzen, waren 2004 unter denen, die dauernd telefonierten und der Obrigkeit Bescheid gaben, wie sich die Lage entwickelte... *Anyway.*« Dann lachte aber auch sie, und vielleicht war es ja so, dass der offensichtlich unvollendete Charakter der Orangenen Revolution von 2004 die Gewähr bot, dass es von nun an so weitergehen würde, im Stolperschritt, doch ohne Angst und Gewalt. Denn bewies nicht bereits der Ort, wo wir saßen und miteinander sprachen, dieses halbsowjetische Interieur mit den schweren Vorhängen, der Technomusik und dem unwirschen Personal, dass die Geschichte ja keineswegs an ihr (gutes oder schlechtes) Ende gekommen war?

Doch selbst solcher Realismus war noch zu optimistisch. In der Tat nämlich ging es ein paar Jahre später weiter – mit Bürgerkriegsszenen und Massenmord, mit über achtzig Toten allein im Stadtzentrum von Kiew. Vom 18. bis 20. Februar 2014 wurde in die Menge der Maidan-Demonstranten hinein geschossen, auch vom Dach des *Hotel Ukrajina*. Die Lobby und der Speiseraum des wuchtigen Hauses, als *Hotel Moskwa* einstmals das höchste Gebäude der ganzen Sowjetunion und 2001 zum zehnten Jahrestag der Unabhängigkeit umbenannt: Eine Lazarett-Station und Leichenhalle. Blut auf Marmorimitat, Schreie der Verwundeten und permanentes Kameraklicken, dann Janukowitschs Flucht und kurz darauf Putins Krim-Annexion. Unendliches Ticktack der Bulgakowschen Wanduhr und jeder Pendelschlag ein Menetekel, das erst im Nachhinein zu deuten ist.

Revisited – Ungarns Helden des Rückzugs

2009

Seine Exzellenz Sándor Peisch, Botschafter des EU-Mitglieds Ungarn in Berlin, referiert an diesem sommerlichen Mittag im Budapester Lánchid-Palast mit historischer Abgewogenheit und sanfter Stimme. Der am Donauufer gelegene Palast wurde erst kürzlich renoviert, während Herr Peisch die Bundesrepublik bereits seit den achtziger Jahren kennt, als er noch aufstrebender Jung-Diplomat der MSZMP war, der kommunistischen Staatspartei. Der Besucher erfährt, dass Ungarn schon damals unter Janós Kádár wirtschaftliche Kontakte zur damaligen EG gesucht hatte, da in den Augen Budapests die riesige Sowjetunion aufgrund des amerikanischen Rüstungsprogramms nun endgültig bankrott gegangen war, von Ceausescus ultra-repressivem Rumänien ganz zu schweigen. Um die aus Siebenbürgen zunehmend fliehende ungarische Minderheit zu schützen, war die Regierung im März 1989 sogar der Genfer Flüchtlingskonvention beigetreten, womit sie jene jahrzehntelang gültige Warschauer-Pakt-Vereinbarung aufkündigte, die eine gegenseitige Auslieferung von Flüchtlingen vorsah. Im Sommer des gleichen Jahres würden dann auch DDR-Bürger von dieser Neu-Regelung profitieren. Bereits im Mai '89 hatte man die elektrischen Sperranlagen an der österreichischen Grenze abgebaut – ihr Erhalt war für das wirtschaftlich marode Ungarn zu kostspielig und unnütz geworden. Schließlich öffnete im September die Regierung – gegen den wütenden Protest der Ostberliner Genossen und angeblich ohne versprochene Gegenleistungen aus Bonn – ganz offiziell die Grenze zu Österreich und ließ die in Massen flüchtenden DDRler regulär ausreisen. Bei einem Parteitag im Oktober löste sich die MSZMP auf, nannte sich ab da Ungarische Sozialistische Partei (MSZP) und ließ mit ihrer Parlamentsmehrheit am 23.10. die neue Republik Ungarn proklamieren und für Mai 1990 die ersten freien Wahlen seit fast einem halben Jahrhundert festlegen.

All dies ist bekannt (wenn auch nach zwanzig Jahren in Deutschland ein wenig in Vergessenheit geraten), doch jene damalige Mischung aus Mut, Pragmatismus, Überfordertsein, Cleverness, kühler Zukunftsplanung und spontanem Reagieren, der Motivations-Mix aus Moral und Kalkül bleibt wohl ebenso spannend wie ein Blick in die Gesichtslandschaft des langjährigen Diplomaten: Lächelnd, sanft, teflonartig, nicht aus der Ruhe zu bringen. Er, der damals zwischen Budapest und Bonn hin und her geflogen war (da man den Telefonen nicht traute und selbst im Kanzleramt ostdeutsche Spione vermutete), zuckt mit keiner Wimper, als er auf seine durchgängige Top-Karriere angesprochen wird. Im Gegenteil: »Erlauben Sie mir bitte freundlichst, Charles Darwin zu zitieren: ›Es sind nicht die Stärksten, die überleben, sondern die Anpassungsfähigsten.‹« Dr. Sándor Peisch lächelt still in sich hinein, hinter sich die schneeweißen Wolkenstores und das blassblaue Band der Donau.

* * *

Seltsam, doch der Mann aus den »Weltspiegel«-Berichten ab Mitte der achtziger Jahre (»Ungarns Radikal-Reformer«) ist noch immer mühelos wiedererkennbar: Imre Pozsgay, inzwischen 76 Jahre alt, weißes Haar, schwere Lider und massiges Gesicht, den Hosenbund beinahe bis zur Bauchmitte hochgezogen. Ist er der »Schabowski von Budapest«? Falscher Vergleich: Pozsgay, Mitglied des Politbüros, wurde nicht von Zufällen getragen, sondern schuf Fakten – mit Worten, wie dies eben in porös gewordenen Ideologie-Diktaturen am Effektivsten ist. Er wüsste wirklich nicht, was weiterhin für ein Ein-Parteien-System spräche, hatte dieser Mann bereits zuvor westlichen Korrespondenten in die Schreibblöcke diktiert, ehe er in aller Öffentlichkeit das denkbar größte Tabu brach und im Januar 1989 die bisher als »Konterrevolution« bezeichneten Ereignisse von 1956 einen »Volksaufstand« nannte. (Wäre auch nur *ein* hohes SED-Mitglied vorstellbar gewesen, das 1953 ebenso bewertet hätte?)

Dass hier – im Unterschied zum später im Westen hochgeschätzten Gyula Horn – kein Altfunktionär bereits an einer neuen Karriere bastelte und Ungarn allein aus wirtschaftlich-taktischen Gründen dem Westen öffnen wollte: Die Organisatoren von Imre Nagys Begräbnis mussten es gespürt haben. Am 16. Juni 1989 war auf dem

Budapester Heldenplatz der Sarg mit dem einst anonym verscharrten Ministerpräsidenten von 1956 aufgestellt, vor Abertausenden von Menschen, deren mitgebrachte rot-grün-weiße ungarische Fahnen bereits ein Loch in der Mitte aufwiesen, das herausgeschnittene Symbol von Hammer und Sichel. Die einzigen offiziellen Parteigenossen, die man als Ehrenwache am Sarg duldete, aber waren (neben dem Parlamentspräsidenten) Ministerpräsident Miklós Németh und Imre Pozsgay.

»Es war ein bewegender Moment«, sagt der alte Mann, »und drei Wochen später – genau an dem Tag, an dem das Oberste Gericht Imre Nagy auch offiziell für rehabilitiert erklärte – starb János Kádár. Kádár, der von uns bereits Ende 1988 entmachtet worden war, hatte damals 1956 sein Versprechen auf freies Geleit gebrochen und Nagy aus dem Schutz der jugoslawischen Botschaft in den sicheren Tod gelockt. Der britische Historiker Timothy Garton Ash hat geschrieben, dass sich selbst Shakespeare eine solche Fügung in seinen Dramen nicht zugetraut hätte.« Kurze Pause, in welcher der Zuhörer im Lánchid-Palast allerdings ein wenig misstrauisch wird (und der neben Pozsgay sitzende Botschafter Dr. Peisch erneut eine Art darwinsche Überlebensmaske aufsetzt).

»Aber warten Sie, damit Sie mich nicht etwa missverstehen: Schuld an allem war weder allein Kádár noch ›die Sowjets‹ noch ein anonymes ›System‹. Auch ich hatte Anteil an jener Zeit bis 1989, und ich habe lange mitgemacht, dann jedoch und nicht erst zum Schluss... Nun, Sie wissen ja. Meine Devise war stets: Wir müssen etwas sein, damit wir etwas tun können. Eine marginalisierte Position, wie etwa ein Rücktritt aus Skrupel, hätte meine Einflussmöglichkeiten also geschwächt. Ich sehe durchaus Ihre Skepsis, junger Mann: Vermutlich haben Sie diese Melodie aus dem Munde ehemals Mächtiger schon oft gehört, ja?« Die Frage ist nicht wirklich eine Frage, denn Pozsgay schüttelt nur langsam den wuchtigen Kopf, ehe er leise hinzusetzt: »In den meisten Fällen ist es ja auch nur eine verdammte Ausflucht. Aber wir, wir...«

Und Gorbatschows Anteil an jener Entwicklung, das heißt, die Pläne der KGB-Reformer, in den einstigen Satellitenstaaten zur Machtsicherung geschmeidigere Funktionäre einzusetzen, da man der verkalkten alten Garde nichts mehr zutraute? Pozsgay, das Kinn jetzt wie mit dem Hals verwachsen, lächelt listig. »Gewiss gab es diese Pläne – obwohl viele Dokumente nicht mehr vorhanden sind und ich mich auch an manches nicht mehr erinnere. Tatsache ist aber, dass *alles*, was wir schließlich in die Wege leiteten, den sowjetischen Einfluss nicht etwa stärkte, sondern radikal minimierte. Gorbatschow war weniger ein machiavellistischer Planer als ein Getriebener, vermutlich sogar so etwas wie ein humaner Realist. Nur wusste keiner von uns, wie lange er sich im Kreml halten würde, wie viel Zeit wir wirklich hätten. Interessanterweise – aber das entdeckte ich erst bei meinen damaligen Gesprächen mit Leuten wie Kohl, Andreotti, Thatcher oder Bush senior – war der Respekt vor der 1945 in Jalta festgezurrten Ostwest-Teilung Europas im Westen viel stärker entwickelt als bei uns in Ungarn. ›Jalta nicht in Frage stellen‹, hieß es immer wieder beschwörend. Aber genau das war es, worauf alles schließlich hinauslief: Wir wollten heraus aus dem Machtbereich Moskaus und zurück nach Mitteleuropa. Ich renommiere also nicht, wenn ich Ihnen sage, dass ich damals diesen Entwicklungen nicht nur hinterher jagte, sondern sie im Gegenteil mit anzustoßen die Ehre hatte. Nur kann ich leider nicht mit irgendeinem heroischen Damaskus-Erlebnis dienen, eher war es ein Zickzackweg. Schließlich komme ich aus einer Generation, die noch in Hütten mit Schilfdach aufgewachsen ist und ihren Aufstieg der kommunistischen Umwälzung nach 1945 verdankt. Kommunisten wie Lázló Rajk – dessen Sohn dann, aber dies nur als Fußnote, die Feierlichkeiten von Imre Nagys Begräbnis 1989 mitorganisieren sollte – wurden in dieser Phase des Hochstalinismus gehenkt oder erschossen, während andere, Leute wie ich, den Weg zur Hochschulbildung geebnet bekamen. Ich erzähle Ihnen also kein moralisches Lehrstück, sondern skizziere einen möglichen Roman – der allerdings wohl nie geschrieben werden wird.«

Man fragt sich, ob vielleicht auch darin einer der Gründe lag, weshalb Pozsgay, 1989 der noch vor Ministerpräsident Németh populärste ungarische Politiker, nach dem Systemwechsel keine Rolle mehr spielte – ganz im Unterschied zum ehemaligen Außenminister Horn, der 1994 Premier wurde, vier Jahre später abgelöst von Victor Orbán, der als junger Student bei Nagys Begräbnis jene charismatische, radikal regimekritische Rede gehalten hatte, die ihm und seiner politischen Formation FIDESZ bis heute einen hohen Wähleranteil sichert. Der katholisch getaufte Ex-Kommunist Pozsgay lehrt inzwischen an einer Universität der reformierten calvinistischen Kirche Politikwissenschaft. Interessanterweise erwähnt er weder den vom idealistischen Antikommunisten zum Rechtspopulisten gewordenen Orbán noch den (an Demenz leidenden) Gyula Horn und dessen durch permanente Korruptionsaffären erschütterte Sozialistische Partei, die sich gerade erneut an der Regierung befindet.

Und heute? »Nun ja, eine Diktatur ist eben kein Trainingslager für die Demokratie – weder bei den Bürokraten noch bei den Ketzern. Immerhin gibt es inzwischen Alternativen, und wo immer es diese gibt, existiert auch Hoffnung. Ich will nicht leugnen, dass ich natürlich gern Staatspräsident geworden wäre und traurig war, als ich die Abstimmung im Parlament verlor, aber jetzt bin ich endlich alt genug, um selbst dies als Episode zu betrachten. Im Übrigen gilt: Dankbarkeit ist keine politische Kategorie.« Der alte Mann, der wahrscheinlich Ende 1989 das Reservoir seiner politischen Energie bereits ausgeschöpft hatte, seufzt nicht, sondern greift zu seinem Mineralwasser, während Botschafter Peisch weiterhin freundlich lächelt.

* * *

Wie es so schön heißt: Der erste Eindruck täuscht. Ein bäuerisches Gesicht, gedrungener Körper und dazu ein robustes blaukariertes Jackett, wie es *typisch osteuropäisch* scheint. Das also ist der letzte kommunistische Ministerpräsident der damaligen Volksrepublik Ungarn, der (ehemalige) Genosse Miklós Németh, der mit der von ihm durchgesetzten Reisefreiheit für geflüchtete DDR-Bürger den ersten Stein aus der Berliner Mauer schlug? Wartet an einer Tankstelle unten im Ort und fährt dann in seinem keineswegs blankgeputzten VW einen Feldweg jenseits der Uferstraße hoch, zu dessen beiden Seiten sich Weinstöcke erheben.

Ein später Vormittag auf der Terrasse eines Weinrestaurants oberhalb von Balaton-Füred und geradezu atmosphärisch ein Gefühl von *damals war's*. Damals am Balaton, Sehnsuchtsziel aller DDR-Bürger. Ein erster Hauch von Westen in Füred oder Siofok, weiß gestrichene statt graue Häuser, private Weinberge statt hässlicher Fabrikgebäude, rustikale Csárdás-Restaurants mit Rotwein und duftenden Paprika-Gulasch-Gerichten, die allerdings bei einem Umtauschkurs von 7 Forint für eine DDR-Mark unerschwinglich blieben. Bundesbürger erhielten dagegen für eine D-Mark 50 Forint aufwärts, und vielleicht war es ja dieses Rechnen-Müssen, dieses in ressentimentgeladene Engstirnigkeit hineintreibende Vergleichen, Sparen, Warten und Beobachten aus DDR-proviant-gefüllter Trabant-Perspektive, das für den Autor dieser Zeilen die eigene Balaton-Erinnerung vom Sommer 1988 eher zwiespältig macht. Ein seltsamer Westen war das – und ist es auf entgegengesetzte Weise noch immer, denn jetzt fällt auf, wie viel Grau auch hier noch existiert, wie überall ein Achtziger-Jahre-Hauch zu wehen scheint. Im Weinrestaurant mit den geweißten Wänden, den rotweiß-gewürfelten Tischdecken und der tickenden Standuhr gibt es einen »Partykeller«, auf dem Telefontischchen liegt auf einer bestickten Leinendecke ein Quelle-Katalog). Gleichzeitig stammen die jetzigen Urlauber nicht mehr aus der einst von naiven Ossi-Augen als »reich« bestaunten unteren westdeutschen Mittelschicht, sondern sind irische Billigtouristen und *all-inclusive*-Busreisende, zumeist saufsüchtige Realschüler auf Ferientour. Im Grunde alles nicht so schlimm, jedoch auch keine Kulisse für pathetische Geschichts-Gefühle – umso mehr der leicht bärenhafte Herr Németh (»Sie haben Glück, ich bin nämlich kein *early bird* und würde am liebsten immer bis Mittag im Bett bleiben – wie Oblomow«) das Gespräch mit einer kleinen Lobeshymne auf seinen Nachbarn beginnt, einen nun wirklich ganz-ganz hervorragenden Winzer.

Doch dann. Dieses ausgefeilte, ironische und dabei in keiner Silbe prunkende englisch, dieses Sitzen am lackierten Holztisch, während der vermeintliche Funktionärs-Bauer zum sympathischen Bürger wird, der sich freilich weder ankumpelt noch die *elder-statesman*-Karte zieht. Dabei erzählt Németh – im November 1988 Ministerpräsident geworden, damals jedoch noch *unter* dem höchst zögerlichen Kádár-Nachfolger Karoly Grósz als Parteichef – vorerst nichts Neues. Die verstärkte Repression und brutale Umsiedlungspolitik in Rumänien, die insgesamt 12.000 Flüchtlinge aus dem Land getrieben hatte, Angehörige der ungarischen Minderheit, aber auch transsylvanische Juden, so dass Ungarn alsbald der Genfer Flüchtlingskonvention beitrat, um diese Menschen nicht ins Reich des größenwahnsinnigen *Conductator* zurückschicken zu müssen. »Das war, ohne dass es uns in diesem Moment wirklich bewusst war, das erste Aushebeln einer binationalen, im Grunde jedoch typischen Warschauer Vertrags-Klausel – unter dem Verweis auf übergeordnetes

UN-Menschenrecht. Wenige Monate später unterzeichnete ich dann das Gesetz zum Abbau der Sperranlagen in Österreich, aber zu diesem Zeitpunkt dachten wir weniger an die DDR und die möglichen Folgen, sondern eher an unseren beinahe bankrotten Staatshaushalt, der nicht zusätzlich durch teure Überwachungs-Mätzchen belastet werden sollte. Umso mehr die meisten Ungarn zu dieser Zeit ohnehin schon Reisepässe hatten und quasi frei reisen konnten.«

Spätestens nach dem von der Paneuropa-Union organisierten »Picknick vom 19. August« (mit Otto von Habsburg und Imre Pozsgay als Schirmherren) setzte jedoch eine Massenflucht bislang ungeahnten Ausmaßes ein, und in der bundesdeutschen Botschaft in Budapest und auf den Gelände des Malteser-Hilfsdienstes drängten sich Zehntausende, die alsbald in Richtung ungarisch-österreichischer Grenze wollten. »Also öffneten wir am 10. September die Grenze, damit die DDR-Bürger legal ausreisen konnten. Auch wenn mir sofort danach nicht nur die offiziellen DDR-Medien, sondern auch die Hardliner im hiesigen Apparat vorwarfen: ›Damit schlägst du dich auf die westliche Seite‹. ›Ja, so ist es‹, sagte ich«, sagt Miklós Németh heute – und verschweigt aus Dezenz oder Noblesse, wie der später sogar mit dem Karlspreis und allerlei westlicher Hätschelei (inklusive einer Straße in Baden-Württemberg) bedachte Außenminister Horn bis zuletzt diese Entwicklung zu bremsen suchte. Nur so viel: »Als schließlich das Gesetz unterzeichnet war, machten mich meine Ratgeber darauf aufmerksam, dass es doch der federführende Ministerpräsident verkünden solle und nicht der Außenminister. Na, *who care's,* habe ich gedacht und vielleicht auch ein wenig darauf spekuliert, dass doch jeder Fernsehzuschauer und jeder ausländische Politiker wissen würde, dass es in keinem Land der Welt der Außenminister ist, der dem Innenminister Weisungen zu solch epochal weitreichenden Passangelegenheiten geben kann. Aber wenn schon, ich habe mich eben getäuscht, und aus dem Verkünder der Nachricht wurde der Initiator. Doch jetzt ist er schwer krank, von mir werden Sie also keine bösen Worte hören. Wenn auch die historische Gerechtigkeit durchaus nach ein bisschen mehr Genauigkeit verlangt.«

Németh blinzelt mit abgeklärter Melancholie, als wolle er jede Pose vermeiden. Dabei sitzt hier, vergegenwärtigt sich der Besucher mit ungläubigem Staunen, jener Mann, der nicht nur Zehntausenden Ostdeutschen den Weg in die Freiheit ebnete, sondern auch die

Implosion der DDR mit in Gang setzte. Genosse Miklós Németh, dessen damaliger Amtskollege in Ostberlin der Genosse Willy Stoph war. Wie tröstlich, denkt man an diesem Vormittag am Balaton, dass es eben doch nicht nur »Strukturen und Systeme« sind, innerhalb derer austauschbare Zahnrädchen surren, sondern es tatsächlich auf Einzelne ankommt, auf Charaktere und Prägungen (und fallweise auch auf deren Überwindung).

Wie war in jener Zeit vor und nach der Grenzöffnung der Kontakt zu Ostberlin? Der alte Haudegen lächelt. »Ost- und westdeutsche Botschafter gaben sich damals bei uns die Klinke in die Hand. Dazu kam, dass die DDR-Staatssicherheit versuchte, in den Flüchtlings-Camps in Budapest und am Balaton herumzuspitzeln. Während einer Kabinettssitzung informierte mich dann mein Sicherheitschef, dass man gerade entdeckt hatte, wie die Stasi Fotos schoss: Von meiner Frau beim Einkaufen und unseren Söhnen auf dem Weg zur Schule. Am nächsten Tag haben wir sie dann auf anderen Straßen zum Unterricht bringen lassen, und zwar in einem Mercedes, was für die Kids eine Gaudi war, mich aber zur Weißglut brachte: Wer zum Teufel trug in Ostberlin eigentlich die Verantwortung? Honecker war im Krankenhaus, mein Amtskollege Stoph ebenfalls, und da der ungarische Ministerpräsident natürlich nicht einen Kretin wie Erich Mielke anrufen konnte, blieb eigentlich nur Günter Mittag, von dem es hieß, dass er gerade inoffiziell für ein paar Tage die Amtsgeschäfte führe…« Németh bricht in Lachen aus.

»Gott, die Lage war weltpolitisch angespannt, aber im Kleinen wahnsinnig komisch. Der Genosse Mittag?, fragte ich meine Mitarbeiter, ist das nicht der Verantwortliche für die DDR-Wirtschaftspolitik? Na bravo! Als ich noch ZK-Mitglied für Wirtschaftsfragen war, hatte ich ihn in Ostberlin einmal kennengelernt – ein müder Mann, der auf unsere Berichte von wirtschaftlicher Reform antwortete, indem er ein altes Buch von Walter Ulbricht hervorkramte. ›Hier, das müssen Sie lesen, das hatte der Genosse Ulbricht bereits viel besser durchdacht!‹ Das erinnerte mich an jene sowjetische Delegation, die unter Leitung des stellvertretenden *Prawda*-Chefredakteurs Mitte der achtziger Jahre nach Ungarn gekommen war, um sich bei uns über die Wirtschaftsreformen zu informieren. Wir zeigten ihnen dies und das, sprachen von finanziellen Anreizen und gemischter Wirtschaft, von Wettbewerb und so weiter, aber wissen Sie, was am Ende die einzige Frage der Russen war: ›Wir haben die vollen Schuhgeschäfte in der Hauptstadt gesehen, Genosse Németh. Verraten Sie uns deshalb bitte, wie es unsere ungarische Bruderpartei schafft, so genau zu planen und zu wissen, wie viele Männer zum Beispiel Schuhe der Größe 44 benötigen.‹ Kein Witz! Genau das war, unvorstellbar für den Westen, das dortige Niveau, und aus dieser Schule kam auch Günter Mittag. Kurz, ich rief ihn selbstverständlich nicht an, und unsere Dienste signalisierten der Stasi, dass sie sich zu trollen habe.«

Gelächter und Augenblinzeln, zwei Gläser Wein werden geordert. Möglich, dass jedoch die Stimmung inzwischen ein wenig *zu* gelöst ist, denn gewiss standen »unsere Dienste« auch mit dem KGB in Verbindung und waren nach wie vor zum Schutz des kommunistischen Systems verpflichtet. Oder? »Ja. Ich gebe Ihnen Recht – misstrauen Sie den Zeitzeugen. Aber misstrauen Sie ebenso Ihrem Misstrauen. Sicher, es existieren immer Pläne, A und B, vielleicht sogar C. Es gibt aber immer auch – Chaos. Widerstreitende Interessen, Aufblitzen von Nationalstolz, kühles Kalkulieren einer Nachwende-Karriere, all das eben, der nicht zu unterschätzende *human factor*. Doch um ehrlich zu sein: Es war durchaus ein Risiko. Immerhin standen im Land noch achtzigtausend Sowjetsoldaten. Und auch wenn mir Gorbatschow bei meinen Besuchen im Kreml immer wieder sagte ›So lange ich hier bin, wird es kein neues 1956 geben‹, wusste keiner von uns, wie lange dann eben Gorbatschow dort noch sitzen würde.«

Dennoch ist auch jetzt zweierlei nicht herauszubekommen: Gab es für die Entscheidung zur Grenzöffnung definitiv grünes Licht aus dem Kreml, und hatte man damals in Bonn (was Botschafter Peisch mit Teflon-Lächeln bestreitet) finanzielle Zusagen gemacht? Schwer zu glauben, dass diese (Welt-)Geschichte tatsächlich nur aus Moral bestehen sollte. Herr Németh? »Nun, Kohl sagte uns Ungarn irgendwann, dass wir eher in der EU sein würden als Österreich. Dann hat es schließlich doch fünfzehn Jahre gedauert, aber ich will mich nicht beklagen. Wichtig ist, dass wir endlich drin sind. Auch wenn ich selbst nach 1989 keine Karriere mehr gemacht habe und die Leute mir sagten: Hab' Dank für alles, aber einen ehemaligen Kommunisten wählen – das nun doch nicht. Na ja, den Genossen Horn haben sie dann schließlich doch gewählt.«

»Und Imre Pozsgay?«

Kurzes Zögern. »Das Verhältnis zu meinem Freund Imre trübte sich, als er sich Ende 1989 zum Präsidenten wählen lassen wollte – und zwar noch durch das alte, demokratisch nicht legitimierte Parlament. Hat er Ihnen davon nichts erzählt? Aber wie auch immer: Inzwischen ist das damalige Zerwürfnis gekittet, und wir Alten sitzen oftmals im Sommer zusammen – er hat nämlich ein kleines Häuschen hier ganz in der Nähe.«

Ungarische Verhältnisse, denkt der Besucher, Weißwein und melancholisch zivil gebändigter Westentaschen-Machiavellismus. Eine relative Idylle, gäbe es nicht gleichzeitig rechtsradikale »Ungarische Garden«, reich gewordene Ex-Bonzen und deren Seilschaften, wüste Anti-Roma-Stimmung und zwei politische Lager, Sozialisten und Konservative, die sich gegenseitig mit solch verbaler Aggressivität überziehen, als wäre nicht 1989, sondern 1956 der Fixpunkt. Miklós Németh aber möchte hiervon nicht sprechen, und statt Bitterkeit ist da wieder dieses Lächeln, schelmisch und wissend. »Im Jahre 2000 bin ich aus der Sozialistischen Partei ausgetreten, da deren Korruption immer schlimmer wurde, nun bin ich sozusagen Nichtwähler und arbeite in verschiedenen Stiftungen und für *Transparency Interntional.*«

»Haben Sie 1990 Hans Magnus Enzensbergers Essay über *Die Helden des Rückzugs* gelesen?«, frage ich. Németh rutscht ein wenig in seinem Jackett herum, schüttelt dann den Kopf. »Nein. Glaube nicht, aber der Titel gefällt mir. Obwohl ich nicht zu jenen Ungarn zähle, die sich seit ’89 darüber beklagen, wie wenig doch Deutschland unser damaliges Tun anerkennt, wie wenig es in den kollektiven Erzählungen verankert ist. Held? Ich habe getan, was nötig war – *well, that's it.*«

* * *

»Mein Gott, wie er lügt, dieser Wendehals!«

»Wieso? Er erzählt die Geschichte der Grenzöffnung…«

»Ja, aber so, als hätten Funktionäre wie er die Entwicklung angestoßen!«

»Zumindest haben sie sie nicht verhindert und sind auf der Welle mitgeglitten, *Facharbeiter der Demontage*«. Möglich, dass ich Enzensberger ein wenig zu selbstgewiss zitiere.

»Aber doch nicht der Montage ihrer selbst! Deshalb ist er jetzt ja auch Botschafter in Wien, der Genosse Horváth – Prost!«

»Immerhin hat er das System seiner Karriere geopfert, anstatt sich und andere dem System – ebenfalls Prost!«

»Deshalb steckt Ungarn auch gerade in seiner tiefsten wirtschaftlichen und politischen Krise seit '89, während sich egomanische Populisten jeglicher Couleur, ja sogar erklärte Antisemiten gegenseitig zerfleischen, um an die Fleischtöpfe der Macht zu kommen – das nämlich ist der moralische Sumpf, der sich hinter dieser Scheiß-Geschmeidigkeit auftut. Nochmals Prost, junger Mann!«

Das Gespräch wird flüsternd geführt, quasi als Unterströmung zur Stimme des »Tagesschau«-Sprechers Wilhelm Wieben, der auf einer an der Wand angebrachten Videoleinwand *die* Nachricht vom 19. August 1989 verliest, während seine Exzellenz Botschafter István Horváth immer wieder sein »Genau, so haben wir das damals durchgesetzt« in die Runde murmelt. Der Rest sind Essgeräusche im spiegelverzierten »Weißen Saal« des an alte k.u.k.-Zeiten erinnernden Hotels Pannónia: Knödelsuppe, Rinderbraten mit Aprikosenscheiben und Kartoffelpüree, ungarischer Weißwein. Sopron, vor zwanzig Jahren Ort jenes »Paneuropäischen Picknicks« und der darauf folgenden Massenflucht von 600 DDR-Bürgern – man isst und trinkt, feiert und gedenkt. Und wispert.

»Typisch, dass sich da jetzt so einer wie Horváth vordrängen muss, dabei war er schon zu kommunistischen Zeiten Botschafter in Bonn. Wenn er wenigstens sagen würde, ob damals Geld geflossen ist, um die offizielle Grenzöffnung zu ermöglichen....«

László Nagy, damaliger Organisator jenes »Picknicks«, beugt seinen Kopf mit dem wuschlig grauen Haar herüber und flüstert mir ununterbrochen ins Ohr, Botschafter Horváth im perfekt sitzenden Anzug und dem kurzgeschorenen grauen Haar dagegen spricht mit fester Stimme vom anderen Ende des weiß gedeckten, u-förmigen Tischs: »Für unsere europäische Würde haben wir es getan. Wir Ungarn sind doch keine Menschenhändler wie Honecker oder Ceausescu!«

»Wie ADN meldet, haben die Verantwortlichen der UVR am 10. September unter Bruch bestehender Gesetze in einer mit den entspannungsfeindlichen Kräften in Bonn offenbar abgesprochenen Nacht-und-Nebel-Aktion...« Die klobig bebrillte Sprecherin der ostdeutschen »Aktuellen Kamera« sieht während der Verlesung des Schmähkommentars nicht ein einziges Mal von ihrem Blatt auf, gleichermaßen zur Erheiterung von Botschafter Horváth und Bürger Nagy. Kurz darauf schlägt László Nagy jedoch mit dem Dessertlöffel ans Weißweinglas, bittet ums Wort und startet mit »Es war alles ganz anders« eine Rede, die sich jedoch vor allem um die Planung des »Picknicks« dreht, um die grenzüberschreitenden Feier-Absichten der »Paneuropa-Union«, während offen bleibt, wer denn genau den fluchtwilligen DDR-Bürgern den Tipp gab, dass während dieses Nachmittags ab 15 Uhr die grüne Grenze sperrangelweit offen stehen würde.

»Dieser Tag war der Testfall für später, für die eigentliche Grenzöffnung«, fügt der Botschafter ein und hüllt sich wieder in lächelndes Schweigen. »Die Menschen aus der DDR haben einfach alles überrollt, und den kommunistischen Funktionären blieb nichts anders übrig, als zu reagieren«, entgegnet Ex-Organisator Nagy, ehe er sich über seinen Palatschinken hermacht und Botschafter Horváth bemüht ist, das bereits ins Violette changierende dunkelrot seiner Kopffarbe wieder angemessen unter Kontrolle zu bekommen. Danach wird Kaffee serviert, während auf der Video-Leinwand junge Leute in Vokuhila-Frisuren, Marlboro-T-Shirts und *stoned-washed*-Jeans jubelnd ihre von der Botschaft in Budapest offiziell ausgestellten bundesdeutschen Pässe hochhalten. Erneuter Schnitt: Außenminister Horn stellt sich den Fragen der internationalen Presse.

»Das ist auch so einer, 1956 hat er noch mit der Pistole in der Hand die Aufständischen gejagt«, murmelt der auskunftsfreudige Herr Nagy und träufelt Milch und Zucker in die Kaffeetasse, während der Besucher unwillkürlich an Timothy Garton Ashs Beschreibung Ungarns aus dem Jahre 1985 denkt: »Man stelle sich ein Gartenlabyrinth vor, Spiegel verbergen die Hecken, illusionieren leeren Raum und Bewegungsfreiheit, verzerrt, wie in einem Spiegelkabinett. Manchmal kann man auch direkt durch einen Spiegel (oder eine Hecke) hindurch laufen, nur, um sich sofort wieder in einer Sackgasse zu finden. Dort trifft man dann die selbstverloren herumirrenden Verwalter des Labyrinths. Das ist Ungarn.«

* * *

Und das ist die Wiese von Sopron, von wo in den Nachmittagsstunden des 19. August 1989 in der größten Massenflucht seit Mauerbau sechshundert DDR-Bürger nach Österreich geflüchtet waren – von den Reformkräften in der ungarischen Regierung halb geduldete und halb geförderte Generalprobe für die offizielle Grenzöffnung vom 10. September, die wiederum im Rückblick das Präludium zum Berliner Mauerfall darstellt. Soviel Rückblick, Symbolik, Weltgeschichte: Inzwischen geschrumpft, zu Tode zitiert, jubiläumstauglich gemacht, der Picknick-Ort mit einem von Japanern (sic!) gespendeten Glocken-Häuschen versehen, der Weg zu einem der übrig gebliebenen Wachtürme mit einer ganzen Reihe überdachter Schildchen, Zeichnungen und Fotografien flankiert, die an die infame Effizienz des einstigen Eisernen Vorhangs erinnern und an seinen Fall, an die rennenden Ostdeutschen mit Kind und Kegel, von ungarischen Grenzern beinahe fürsorglich hinüber nach Österreich geleitet. Heute steht an der Straße, welche die beiden EU-Gemeinden Sopron und St. Margarethen verbindet, das steinerne Denkmal einer geöffneten Tür und davor, wohl nicht zum ersten Mal, der konziliante Rentner Àrpád Bella, der schon beim Mittagessen im Hotel Pannónia rechts neben mir gesessen und mit ungarisch-österreichischem Akzent Sanftes daher gemurmelt hatte.

»Sie haben als verantwortlicher Abschnittskommandeur die rennenden Leute damals durchgelassen, obwohl es gar keinen offiziellen Befehl gab?« »Aber natürlich. Ich hab' angerufen bei meinen Vorgesetzten in Budapest, aber da ging keiner ans Telefon.«

»Der damalige Leiter der Inland-Abwehr der Staatssicherheit behauptet, er hätte Ihnen und den anderen Grenzkontrolleuren den Schusswaffen-Gebrauch verboten und damit ein Blutbad verhindert.« »Guter Herr, das ist die größte Lüge der Weltgeschichte. Als hätt' wer von unseren Leuten hier unten schießen wollen!« »Sind Sie noch in der Sozialistischen Partei? »Aber ich bitt' Sie. Ich bin Pensionär und hab' meine Mitgliedschaft längst auslaufen lassen.«

Wir stehen auf der Wiese, Herr Nagy schimpft noch einmal auf die alten Kommunisten, die sich das Verdienst an der »Picknick-Flucht« selbst zusprechen. Ansonsten aber ist – hier stimmt die abgegriffene Metapher – über und unter den idyllisch grünen Baumkronen tatsächlich eitel Sonnenschein, nicht zuletzt zwischen dem Ex-Genossen Àrpád Bella und den ehemaligen »Demokratisches Forum«-Oppositionellen Lázsló Nagy und László Magas, die sich ebenfalls seit langem aus der Politik zurückgezogen haben und zu freundlichen, wenngleich auf Exklusivität bedachten Wächtern ihrer Vergangenheit geworden sind. Oder geht es doch um Gegenwart? Herr Nagy, der extrovertiertere der zwei Paneuropa-Veteranen, sagt lakonisch: »Hätten wir noch immer die Diktatur, würden uns jetzt die ehemaligen Jungkader aus dem kommunistischen Jugendverband regieren. Jetzt gibt es die Demokratie, und gewählt wurden die ehemaligen Jungkader aus dem kommunistischen Jugendverband mitsamt ihren Netzen und finanziellen Seilschaften. Es ist, als wenn die Mäuse die Katze zu ihrem Betriebsrat wählen würden. Und der damalige DDR-Botschafter, der im Auftrag der SED versuchen sollte, die ungarische Regierung zur Auslieferung der Flüchtlinge zu bringen, machte sich sogleich nach der Wende auf dem Budapester Immobilienmarkt selbstständig.« Der grauhaarige Großvater Herr Bella, der in jenem Sommer vor zwanzig Jahren als Oberstleutnant die Uniform des Regimes trug, zuvor seit 1969 für die Kontrolle (und vermutlich ja auch für Verhaftungen) am hiesigen Grenzübergang zuständig war und dann dennoch den Flüchtlingen half, kichert in sich hinein. »Nu ja, das alles hätt' auch schlechter kommen können.«

In der Tat: Schon am Tag nach dem Picknick hatten mit Verweis auf angeblich sowjetische Irritation die Hardliner in Armee und Partei Alarm geschlagen und Polizei und die berüchtigten Arbeitermilizen in die Region von Sopron beordert, um Jagd auf DDR-Bürger zu machen, die sich der Fluchtbewegung anschließen wollten. Bei einem gescheiterten Grenzübertritt, freilich eher einer unglücklichen Rangelei mit tragischem Ausgang, kam sogar ein Ostdeutscher ums Leben, letztes Opfer des Grenzregimes. Immerhin: Niemand wurde in die DDR abgeschoben, stattdessen schickte man die im Land Vagabundierenden zurück nach Budapest, wo sich der Malteser-Hilfsdienst unter Pater Imre Kozma und Csilla Freifrau von Boeselager aufopfernd um Zehntausende Flüchtlinge kümmerte, ganz zu schweigen von all den ungarischen Familien, die damals Ostdeutsche aufnahmen, bekochten und beherbergten. Hat man in Deutschland je wahrgenommen, was damals in Ungarn geleistet wurde, erinnern sich die Flüchtlinge heute noch daran?

Und plötzlich ist da, jenseits der politisch korrekten Nachfrage nach der Motivation der Beteiligten, nach Unstimmigkeiten, Zufällen und Kalkülen, vor allem dies: Dankbarkeit. Rührung angesichts von Menschen, die – vom Ministerpräsidenten bis hinunter zum

Grenzoffizier – Genossen waren und sich irgendwann, aus welchen Gründen auch immer, dafür entschieden hatten, andere nicht mehr zu kujonieren, einzusperren und zu bevormunden. Pure Selbstverständlichkeit? Nicht beim Blick auf das benachbarte Rumänien, nicht in der Erinnerung an die massenprügelnden Polizisten und Stasis in Leipzig, Dresden und Ostberlin. Was für eine Fallhöhe, denkt der Besucher erneut: Dort der noch immer mit dem SED-Reformer-Nimbus versehene »Linke«-Ehrenvorsitzende Hans Modrow, Verantwortlicher der Dresdner Einkesselei vom 3. Oktober 1989, der damals 1320 Demonstrierende festnehmen und 428 von ihnen in den Stasi-Knast Bautzen schicken ließ und noch heute von den »Errungenschaften der DDR« tönt. Hier dagegen die zivile Skepsis eines Miklós Németh und Imre Pozsgay, denen schon Mitte der achtziger Jahre klar war, dass das kommunistische Einparteiensystem nicht reformiert werden konnte, sondern in klugen kleinen Schritten überflüssig gemacht werden musste.

Vom »moralischen Imperativ des Verzichts«, hatte Enzensberger in seinem Essay geschrieben, von »Facharbeitern der Demontage«. Angesichts des Größenwahns ihrer einstigen Ideologie, der angemaßten Sachverwalterschaft für's »objektive Bewegungsgesetz der Geschichte«, möchte man tatsächlich den Hut ziehen vor all diesen Facharbeitern. Frage: Könnten sie im gegenwärtigen Ungarn, polarisiert zwischen korrupten Ex-Funktionären, rechten Populisten und paramilitärischen »Ungarischen Garden«, womöglich ein Element der Milde und Mitte darstellen, einer Gewitztheit ohne zusammengebissene Zähne? Aber wahrscheinlich ist dies nur erneute Spekulation und bereits wieder eine ganz andere Geschichte.

* * *

Die ehemaligen Genossen Peisch und Horváth sind 2014 keine ungarischen Botschafter mehr und wurden längst ersetzt durch Gefolgsleute des inzwischen an die Macht zurückgekehrten Victor Orbán. Über den Wandel des einstmals bürgerrechtsbewegten Antikommunisten zu einem autoritären Rechtspopulisten mit prorussischer Tendenz erzählt sein ehemaliger Jugendfreund Gábor Fodor, heute Vorsitzender der ungarischen Liberalen, den Medien eine interessante Geschichte. Anfang der achtziger Jahre dienten beide in einer Armee-

Einheit, die den Befehl hatte, im Bedarfsfall in *Solidarnosc*-Polen zu intervenieren, um die Herrschaft der dortigen Partei zu schützen. Fodor liebäugelte mit sofortiger Desertion, während Orbán sagte, er müsse erst mal abwarten – Gesinnungsethiker versus alerter Taktiker.

Imre Poszgay hat sich inzwischen aus der Öffentlichkeit größtenteils zurückgezogen, der ehemalige Außenminister Gyula Horn starb im Sommer 2013, sein damaliger Vorgesetzter Miklós Németh erhielt für seine Verdienste 2014 den Point-Alpha-Preis des Kuratoriums Deutsche Einheit, der frühere Grenzoffizier Àrpád Bella wurde 2011 mit dem Bundesverdienstkreuz ausgezeichnet und ist inzwischen verwitwet – und László Nagy führt weiterhin interessierte Besucher über jene Wiese in Sopron, auf der sich im Sommer 1989 ein Stück Weltgeschichte ereignet hatte.

Košice – Kulturhauptstadt der Amnesie

2012

»Die Stadt war zu allen Zeiten klein, sauber und bunt, wie die Spielzeugstadt in einer Schachtel.« Und deshalb rennen sie lärmend los, die Gymnasiasten in Sándor Márais Roman *Die jungen Rebellen*, laufen zickzack auf der Fußgängerpromenade im Schatten des gotischen Elisabeth-Doms und schneiden den Kaffeehaus-Gästen vis-á-vis des Stadttheaters spöttische Grimassen. Und all das war vor fast hundert Jahren geschehen, als das ostslowakische Košice, gelegen am Fuß der Karpaten, noch Kaschau hieß und Teil war des multi-ethnischen k.u.k-Reichs. Im April 1900 wurde hier der Schriftsteller Sándor Márai geboren, ein paar Jahre nach seinem Freitod 1989 als unverwechselbarer Chronist dieser untergegangenen Welt wiederentdeckt. Weshalb also sollte man keine Nostalgie verspüren nach einer Zeit, in der hier Slowaken und Juden, Karpatendeutsche und Ungarn friedlich nebeneinander lebten und in jenem Theater, einem weißen, neobarock eklektizistischen Klotz, *Der Zigeunerbaron* gegeben wurde?

Unvorstellbar, ohne solche Assoziationen die Viertelmillionen-Einwohnerstadt, heute die zweitgrößte der Slowakei, zu durchstreifen. Ab Januar 2013 wird sie für ein Jahr den Titel »Europäische Kulturhauptstadt« tragen. Allerdings setzt Košice ganz auf Gegenwärtiges. Die Brüsseler Subventions-Millionen, mit deren Hilfe die postkommunistische Rathaus-Elite um Vizebürgermeisterin Renáta Lenártová nun aus einer alten Schwimm- eine »multifunktionale« Kunst-Halle werkeln lässt, sollen dabei helfen. Kaum ein »Kultur-Event«, das der fluschig-spacig gestaltete offizielle Veranstaltungskatalog ankündigt, welches nicht »sustainable« wäre – diverse »Installations-Projekte«, Klanganlagen und internationale Jazz-Abende, jüdische Folklore und Zigeuner-Tänze, pardon: Sinti- und Roma-Kunst im Rahmen eines »Festival of Diversity and Tolerance«. In der Tat fehlt außer »Transgender« nichts, um einer EU-kompatiblen

Multi-sonstwas-Projektmania zu genügen. Eine Stadt, im subventionierten Laufrad der Amnesie.

Dabei ist das, was den Flaneur auf der wieder schmuck restaurierten Fußgängerpromenade Hlavná innehalten lässt, eher dies: Da braust plötzlich Orgelklang aus den offenen Flügeltüren der gotischen Michaels-Kapelle aus dem 14. Jahrhundert. Man sieht die Rücken eines Brautpaares, eingerahmt von den nicht immer korrekt sitzenden Festkostümen der Verwandten, während am Portal-Eingang drei dickleibig-schnauzbärtige Fiedler Aufstellung genommen haben, um nach Ende der Trauung den Hochzeitsgästen aufzuspielen und damit vielleicht den einen oder anderen Euro ins Innere ihrer speckigen Hüte zu zaubern. Die Roma sind in Košice weiterhin eine starke, sichtbare Minderheit, auch wenn sie bereits zu Herrschaftszeiten des Bürgermeisters Rudolf Schuster von realsozialistischen Stadtplanern aus ihren zentrumsnahen Wohnungen ausgesiedelt worden waren, in ein Hügelgebiet an der Peripherie. Nach 1989 verfiel man dann auf die Idee einer »Selbstverwaltung«, die allerdings weniger an alte k.u.k.-Lässigkeit anknüpfte, sondern eher ein böses Echo südafrikanischer Apartheid-Bantustans war. Einander fremde, seit Generationen bildungsfern gehaltene Menschen, von korrupten »Gebietsbürgermeistern« nun zusätzlich kujoniert: Ein provoziertes Desaster, das wiederum alle Stereotype bestätigte. Und so hausen sie noch heute in jenem unwirtlichen Neubauviertel, das den abstrusen Science-Fiktion-Namen *Lunik IX* trägt. Kein »Festival der Diversität« wird dem Abhilfe schaffen.

Ohnehin scheint es, als würden auch die smarten Postkommunisten am liebsten alles verdrängen, was nicht ins Bild passt. Das mochte in jenen letzten Jahren des Ersten Weltkriegs, in denen Márais Roman spielt, ähnlich gewesen sein: »Sie lebten tief und verborgen zwischen den Bergen, weit hinter dem Kriegsgeschehen. Die Stadt ruhte, gewissermaßen ins Steckkissen gepackt und auf Linnen gebettet, in der Stille. Der Krieg sickerte zu ihnen nur durch Kapillargefäße herein.« Nach dem Ende der k.u.k.-Zeit aber hielt das 20. Jahrhundert für Košice ganz anderes parat. Im Vertrag von Trianon wurde die Stadt von der ungarischen Hälfte der einstigen Donau-Monarchie abgespalten und der neugegründeten Tschechoslowakei zugeschlagen. Nachdem Hitler dort 1938 einmarschiert war, nutzte das unter Admiral Horthy diktatorisch regierte Ungarn ebenfalls seine Chance und verleibte sich die seit dem Mittelalter berühmte Handelsstadt wieder ein, die nun auf

Ungarisch »Kassa« hieß. Ab Frühjahr 1944 kamen Wehrmacht und SS und starteten sofort Razzien, um die bereits zuvor entrechtete jüdische Gemeinde zu vernichten. Und so begannen dann vom Bahnhof der Stadt – in den Jahren der Belle Epoque noch ein beliebtes Postkartenmotiv – bald die Züge nach Auschwitz zu rollen, fahrplangenau nach den Plänen von Eichmanns »Transportabkommen von Kassa«. Etwa 380.000 deportierte ungarische und slowakische Juden wurden an diesem »zentralen Umschlagplatz« in die Vieh-Waggons gestoßen, die erst bei der Rampe des Vernichtungslagers wieder hielten – Eli Wiesel erinnert in seiner Autobiographie daran, wie hier in Košice Wehrmacht-Offiziere ein letztes Mal nach verborgenen Wertsachen geforscht hatten, ehe die Waggontüren zu fielen.

Zwar ist eine der großen, in der Toleranz-Zeit des k.u.k-Reichs in maurisch-modernistischem Stil erbauten Synagogen inzwischen wieder restauriert und für Gottesdienste offen, doch ist die verbliebene Gemeinde sehr klein, und der Rabbiner kommt nur übers Wochenende von Budapest herauf. Wer in Richtung der Stelle läuft, wo sich die geheiligte Thorarolle befindet, kann hinter den Holzverkleidungen der Wand noch eingekerbte Schriftzeichen erkennen – im Frühjahr 1944 in Todesangst hingekritzelt, als die Juden der Stadt von respektierten Kulturbürgern längst zu Toten auf Abruf geworden waren und hier eingepfercht wurden, ehe man sie zum Bahnhof trieb. In einer zweiten Synagoge aber muss die Lehrerin Jana Tesserová mit ihren Besuchern weiterhin über den kieseligen Sandboden kraxeln, während nur noch abblätternde Wandbemalungen und Emporen an die einstige Blütezeit erinnern – im Sozialismus hatte man das Gebetshaus zu einem Warenlager zweckentfremdet. Die Tochter zweier Shoah-Überlebender erinnert daran, dass es der aus Košice stammende KZ-Flüchtling Arnošt Rosin gewesen war, der 1944 seine geheimen Aufzeichnungen außer Landes geschmuggelt und die Alliierten informiert hatte. »Die inzwischen so oft zitierte unterlassene Bombardierung der Gleise nach Auschwitz – hier gleich hinter Košice hätte sie beginnen müssen...«

Auch davon aber im großformatigen Projekte-Katalog kein einziges Wort. Sogar nach Eduard Goldstücker, dem in Kaschau aufgewachsenen Kafka-Experten und späteren geistigem Wegbereiter des Prager Frühlings, wird man auf den bunten Seiten vergeblich suchen. Dabei wäre er 2013 hundert Jahre alt geworden. Man darf spekulieren, aus welchen Gründen man in Košice Kultur allein als »Event« buchstabiert – von Weinfesten bis zu Stadt-Marathons und Vernissagen. Bereits vor Jahren hatte es der regierungskritische slowakische Intellektuelle Peter Zajac auf diese Weise formuliert: »Die osteuropäische Postmoderne ist ein Ahistorismus, eine Flucht aus der Geschichte.«

Und so ist man vor allem stolz darauf, für die neue Košicer Kunsthalle einige Andy-Warhol-»Originale« erworben zu haben (was immer das bei diesem Selbstkopier-Künstler bedeutet). Warhols Vorfahren stammen nämlich »von hier«, aus dem Dorf Miková – das karge Nest befindet sich eine reichliche Fahrtstunde von Košice entfernt. Allerdings ist es dann sogar nur das Nachbar-Kaff Medzilaborce, das sich großsprecherisch »WarholCity« nennt, da es ein unvermittelt in die Landschaft geklotztes, »zweitweltgrößtes Warhol-Museum« sein eigen nennt.

Eine ähnlich ambivalente Erfahrung wartet auf den Besucher in Medzev, das seine nach 1945 verbliebenen karpatendeutschen Einwohner noch immer »Metzenseifen« nennen. Hier existiert seit einigen Jahren ein veritables Präsidenten-Museum, das Zeithistorikern, Medien-Theoretikern und Filmfreaks gleichermaßen den Mund offenstehen lässt. Allein schon der barock-alteuropäische Name, mit welchem selbst die amerikanischen, karg als »Presidential libraries« benannten Gedächtnis- und Forschungsorte nicht mithalten können: »Kinematographie-Museum der Schuster-Familie«. Denn der berühmteste Schuster hieß Rudolf und war von 1999–2004 Präsident der Slowakei. Dass er bei der Wahl für eine zweite Amtsperiode nur noch karge sieben Prozent der Stimmen erhielt, ist längst vergessen, hatte doch der ehemalige Košicer Bürgermeister bereits im Wendejahr 1989 gezeigt, dass er ein wendiger Geselle ist: Vom kommunistischen Apparatschik zum linksbürgerlichen Politiker. Inzwischen ist sogar die Verwandlung zum musen-geküssten *elder statesman* gelungen, denn alle – von Chirac über Kohl bis hin zu Putin und Bush jr. – hatten ihm damals einen Wunsch erfüllt: Als Gastgeschenke bitte nur Kameras und zwar möglichst alte. Anstatt diese nun als einsamer Pensionär zu horten, hat Rudolf Schuster sie ins Elternhaus seiner deutschstämmigen Familie bringen lassen und danach alles zusammen dem slowakischen Staat vermacht (er selbst spricht von einem »Geschenk«, spitze Zungen behaupten derweil anderes). Und so erblickt der Besucher, hat er erst einmal das bäurerische Holztor und den kleinen Hof durchschritten und ist mit eingezogenem Kopf in die Katenräume rechterhand eingetreten, sogleich ein Sammelsurium von Leicas, von Spionage- und Bandoneon-artigen Kameras, altehrwürdigen Ungetümen der Firmen Zeiss, Optica, Pathé, Gaumont, Eumig, Bagley und Prestwisch.

Während an den Wänden gerahmte Bilder von der glücklichen Reisezeit des Ex-Präsidenten künden. »Ja, unser Rudi«, sagt mit schwerem Akzent die Museumsführerin, da wir gerade zu einem grimmig auf dem Flughafen von Gaza salutierenden Yassir Arafat hochschauen und uns zu dem etwas überfordert wirkenden Lächeln von George Bush die entsprechende Sprechblase denken: »Rudi who?« Politische Präferenzen lassen die Bilder und Exponate nicht erkennen: Herzliches Schulterklopfen mit Henning Scherf und Johannes Rau, von Vladimir Putin aber das Präsent einer kiloschweren Filmkamera aus dem Zweiten Weltkrieg. Mochte sich Kollege Havel oben in Prag mit Intellektuellen zeigen, Herr Schuster reiste – inzwischen abgewählt – ohnehin lieber nach Kamtschatka und Kanada, drehte Filme über Berge und Wüsten oder veröffentliche dicke (und hoffentlich nicht hundert Prozent staatssubventionierte) Bildbände über Bären vor Flusslandschaft und deren Bärenhunger auf Fische. An der Kasse sind die kiloschweren Bücher zu erwerben, handschriftliche Widmung inklusive. Ergo: Man darf sich diesen Rudolf S. als glücklich gewitzten Opportunisten vorstellen. Wer würde also die einst von ihm verantwortete Aussiedlung der »Zigeuner« kritisierten, wenn ihm doch auch dies zu verdanken ist: Schon vor 1989 hatte Rudolf Schuster den lange vernachlässigten Stadtpark mit einem Wasserfontänen-Bassin verhübschen lassen, dessen Kaskaden mittlerweile aufsteigen zum Glockenklang von Phil-Collins-Melodien: »Another day in Paradise« – in Košice.

Aber welcher Besucher wird im Stadtzentrum darauf aufmerksam gemacht, dass sich unweit des Türmchen-Kitsch gewordenen Architektentraums »Neu-Schwanstein« auch die Gestapo-Zentrale befunden hatte – und vis-á-vis das Haus, in dem der legendäre Pál Maléter aufgewachsen war, 1956 als Imre Nagys Verteidigungsminister einer der Helden des Budapester Aufstands? Und was erinnert daran, dass im April 1945 die aus London zurückgekehrte tschechische Exilregierung just hier mit dem »Kaschauer Programm« das Fundament für die berüchtigten »Beneš-Dekrete« gelegt hatte, welche die Vertreibung der Sudentendeutschen anordneten? All die wahnwitzigen Zickzack- und Bruchlinien des 20. Jahrhunderts – sie scheinen in der »Kulturhauptstadt 2013« einer event-seligen Aufgeräumtheit gewichen zu sein, die sich zwar slowakisch nationalistischer Engstirnigkeit enthält, aber doch nicht minder geschichtslos ist. Was die in realsozialistischer Zeit beargwöhnte Minderheit der alteingesessenen »Karpaten-Deutschen« betrifft: Deren betulich monatliches Karpatenblatt wird vom slowakischen Staat unterstützt, während sich die Bundesrepublik der prosperierenden Germanistik-Forschung der hiesigen Universität annimmt, damit auch weiterhin voluminöse Bücher zum aussterbenden Dialekt der »Zipser Sachsen« publiziert werden können. Für die etwas Heutigeren gibt es dagegen einen vom Goethe-Institut gesponserten Fototext-Band zu »Urban Art«, deren Autoren seitenweise darüber nachsinnen, weshalb sie das heruntergekommene Roma-Ghetto mit dem wie von Tarkowski erfundenen Namen *Lunik IX* besser *nicht* porträtieren.

Und die jungen Stadtbewohner der Gegenwart? Sind inzwischen natürlich keine kaiserlichen Abiturienten mehr mit Mütze und hochrotem Kopf, die Geschichten über angebliche Ausschweifungen am Städtischen Theater kolportieren. Eher Studenten und coole Erasmus-Stipendiaten aus aller Welt, die abendlich in den zahllosen Bars, den Pizza- und Kebab-Imbissen stehen oder es sich in den Lounge-Cafés an der Hlavná vor ihren Laptops bequem machen, während die Wasserfontänen im Stadtpark aufsteigen zu »Yesterday«- und »I just called to say I love you«-Melodien.

Doch hätte nicht gerade Sándor Márais früher, bereits 1930 erschienener Roman lehren können, was passiert, wenn sich eine Gesellschaft nicht mehr hinterfragt? In den *Jungen Rebellen* hatte er jenen *ennui* am Saturierten beschrieben, der dann bald in gewaltbereiten Nihilismus abkippte, Vorbote jener Gestimmtheit, die schließlich in ganz Mittelosteuropa tabula rasa machen würde. (»›Ich will gegen alles verstoßen, was ihre Gesetze sind.‹ ›Sie und ihre, wer sind denn die?‹ Jetzt schrien alle zugleich: ›Zum Beispiel die Schlosser.‹ ›Oder die Advokaten.‹ ›Lehrer, Bäcker, alle, egal.‹ ›Alle, alle!‹«) Dabei erinnern an den weltliterarisch berühmtesten Sohn der Stadt lediglich zwei dürr ausgestattete Gedenkzimmerchen im Parterre seines Elternhauses. Ob es daran liegt, dass der 1989 im amerikanischen Exil gestorbene Romancier ja gebürtiger Ungar war? Immerhin hat man nun auch eine erz-konventionelle Statue aufgestellt, die – so eine auf Deutsch verfasste Werbebroschüre in unfreiwilliger Komik – »den Dichter, den ›Kafka von Košice‹ zeigt, wie er über die Belange des Lebens nachsinnt«. Nicht erwähnt wird, dass die allererste ungarische Würdigung Franz Kafkas 1922 in einer hiesigen Zeitung erschien – verfasst vom damals 22jährigen Sándor Márai, der späterhin auch Trakl, Benn und Else Lasker-Schüler übersetzte. Vielleicht wäre es ertragreicher gewesen, er hätte stattdessen im Dialekt der Zipser Sachsen geschrieben – in Košice hätte man dann wahrscheinlich ein weiteres »Forschungsprojekt« beantragen können.

Ironischerweise existiert schräg gegenüber des Städtischen Theaters – Schauplatz des dramatischen Höhepunkts der *Jungen Rebellen* – der trendige Schwulenclub »Marseille«, wo man den Eskapismus wenigstens offensiv betreibt: Provokativ benannt nach der anderen, womöglich etwas weniger vergesslichen Europäischen Kulturhauptstadt des Jahres 2013.

* * *

Kaum war das »Kulturhauptstadtjahr« vorbei, kamen die Auslagerungs-Spezialisten im Košicer Rathaus auf eine neue Idee. Wie die tschechische Tageszeitung *Lidové Noviny* berichtet, wurde nun in *Lunik IX* tabula rasa gemacht: Einige der heruntergekommenen Neubauten einfach abgerissen und ihre vormaligen Bewohner in noch unwirtlichere Waldunterkünfte abgedrängt, während an der Grenze zu den »weißen« Siedlungen eine Mauer entsteht. Die Schriftstellerin Alena Wagnerová, Verfasserin einer Biographie zu Franz Kafkas Freundin Milena Jensenská, schrieb daraufhin dem Košicer Bürgermeister einen Protestbrief, der freilich nur mit den üblichen Plattitüden beantwortet wurde. Man bemühe sich ja um Integration, nur fehle leider das EU-Geld. Was wiederum die Frage aufwirft, was in Košice mit all den Brüsseler Millionen geschehen ist, die sicherlich ausgereicht hätten, kleine Projekte zu fördern, in denen zumindest die Aufstiegswilligen unter den Sinti und Roma die Chance zur Individualisierung gehabt hätten, anstatt derart eingepfercht zu bleiben. Wahrscheinlich aber hatte der Westen nur wieder einmal nicht verstanden, dass die Herrscher in jenen Breiten »Nachhaltigkeit« auf ihre ganz eigene Weise buchstabieren – auch ein Vierteljahrhundert nach der Implosion des Kommunismus.

Jaroslav Rudiš – Herrn Nebels Gespür für Kursbücher

2014

Die Zeit der intellektuellen Widerrede und der literarischen Aufschwünge ist, so scheint es, mittlerweile sogar im renitenten Böhmen vorbei. Längst historisch die Momente, in denen nicht nur die Freiheit und die parlamentarische Demokratie triumphiert hatten, sondern sogar die Poesie – mit einem Dissidenten-Dichter, der nun als guter König auf der Burg zu Prag thronte, flankiert von seinen ebenfalls schreibenden Freunden und den an die Moldau geeilten, daueradoleszenten Rolling Stones. Inzwischen hat selbst diese Euphorie nicht nur Runzeln bekommen, sondern scheint in einer Art 89er-Gedenkroutine erstarrt zu sein. Anders nämlich lässt es sich nicht erklären, dass der gängige westliche Blick auf die tschechische Literatur noch immer durch die bedeutenden, zum Teil kürzlich verstorbenen Altvorderen bestimmt ist: Hier die ironischen Moralisten Václav Havel, Ivan Klíma und Jiří Gruša, dort der unsichtbar gewordene Pariser Exil-Erotiker Milan Kundera, dabei nicht zu vergessen die Reizfigur des Jahrhundert-Zeugen Pavel Kohout – Jungstalinist nach 1945, Reform-Intellektueller um das Jahr 1968, danach Mitbegründer der regimekritischen »Charta 77« und gerade wegen seiner ungebrochenen Altersproduktivität für so manchen Gegenwarts-Tschechen ein graphomaner »yesterday man«. Gibt es demnach nicht Aktuelles von Belang, sind die relevanten, die aufwühlenden Geschichten an ihr Ende gelangt?

»Zuerst einmal: Was heißt schon ›Gegenwart‹, was heißt ›Aktualität‹?«

Jaroslav Rudiš, Jahrgang 1972, spricht ein perfektes deutsch mit tschechischem Akzent, was aus seinem Munde freilich weniger traditionell-gemütvoll klingt als vielmehr sacht und zögernd. Auch habituell Angehöriger einer weltumspannenden Generation, die eine gewisse Art von Jugendlichkeit bis weit über die Barriere des vierzigsten

Geburtstages auszudehnen vermag, pendelt er wie selbstverständlich zwischen Prag und Berlin und kennt in letzterem wohl jede Lokalität, jede Bar oder Galerie, in der man mit und ohne Laptop und kreisrunde Kopfhörer seinesgleichen trifft. Der Romancier, der 2004 mit seinem Debüt *Der Himmel unter Berlin* schnell auch außerhalb der tschechischen Republik bekannt geworden war, spricht als nichtmelancholischer Pragmatiker: »Selbst für erfolgreiche Autoren ist der tschechische Buchmarkt einfach zu klein. Hinzu kommt, dass unsere Zeitungen ihre Feuilleton-Seiten immer stärker verdünnen, räumlich wie thematisch. Es ist also ein berufsnotwendiges Ausweichen und kein Kokettieren mit irgendeiner Exil-Stimmung, wenn ich mich in Berlin oder auch in Zürich gern tummele. So lieb es mir natürlich auch gewesen wäre, wenn als neuer Präsident auf der Prager Burg der Dissidenten-Freund und liberale Gentleman Karel Schwarzenberg residiert hätte anstatt sein klobiger Gegner.«

Sagt's, richtet seine Nerd-Brille, zupft den strähnigen Seitenscheitel aus der Stirn, bestellt bei der lippen-gepiercten Café-Kellnerin einen Latte Macchiato und fügt dann hinzu, beinahe in einem Atemzug vermeintlich Disparates vereinend: »In St. Gallen hatte ich Anfang der neunziger Jahre mal schwarz gejobbt, um Geld für eine E-Gitarre zu bekommen, das ich aber dann doch lieber für meine erste Italien-Reise ausgegeben habe. Und gleich da drüben, das Café vis-á-vis von uns, ist das Jazz-Lokal ›Zosch‹, wo – schräg hinter der Synagoge an der Oranienburger Straße – *Der Himmel unter Berlin* spielt, meine erste Hommage an diese Stadt, nachdem mir Prag zu eng geworden war. Aber apropos: In den Jahren zuvor hatte ich dort und in Brünn zusammen mit einem Kumpel eine Lesebühne organisiert, und unter den von uns Eingeladenen waren selbstverständlich auch Pavel Kohout und Ivan Klíma. Mann, haben da die jungen Leute gestaunt.«

Will heißen alle jene, die im Unterschied zu Jaroslav Rudiš die Revolution von 1989 nicht einmal als Teenager miterlebt hatten, die nicht mehr mit einer klandestinen Ausgabe von Reiner Kunzes *Wunderbaren Jahren* aufgewachsen waren und bei ihren ersten Auslandsreisen bereits das »richtige«, nämlich das Mittelmeer entdeckt hatten und nicht nur, wie Rudiš sagt, »die DDR-Ostsee bei Warnemünde, unser jahrzehntelang einzig zugängliches Meer«. Und das ist in der Tat das Überraschende – in Rudiš' Büchern ebenso wie jetzt zu dieser vormittäglichen Café-Stunde, wo rings um uns studentisch wirkende Großstadtbewohner beiderlei Geschlechts lautlos auf die Tastatur ihrer Laptops drücken oder Nachrichten simsen, während es allein die wenigen Älteren sind, die geräuschvoll die Morgenzeitungen öffnen und durch die Seiten blättern. Der tschechische Autor, der – nach zwei Hörspielen und einem Opern-Libretto – gerade mit einem Kollegen an einem deutschen Drehbuch schreibt, ähnelt all den Jüngeren im wörtlichen Sinne bis auf's Haar und sagt dennoch solche Sätze: »Ich komme aus der böhmischen Provinz und bin aufgewachsen mit einer historischen Amnesie, die blind war für die Tiefenschichten dieser Gegend, ihrer ehemaligen Mischung aus Tschechen, Deutschen, Juden und Zigeunern. Meine Magisterarbeit habe ich deshalb über das deutschsprachige *Reichenberger Tageblatt* geschrieben, das ab 1918 loyal zur tschechischen Republik stand, ein wunderbares Feuilleton besaß und noch nach 1933 eine Weile versucht hatte, gegenüber dem über die Grenze schwappenden Nationalsozialismus immun zu bleiben. Kennt heute kein Mensch mehr, wurde allerdings schon zu kommunistischen Zeiten totgeschwiegen... Warum erzähle ich das? Weil ich schon als solchen Gründen das gegenwärtige Oberflächen-Surfen gar nicht als neues Phänomen betrachten oder beklagen kann. Eher schon als die ewig alte Herausforderung, der sich Schriftsteller stellen müssen, wenn sie Geschichten bewahren und erzählen wollen.«

Grandhotel, der 2008 auf Deutsch erschienene autobiographische Roman, spielt deshalb auch nicht in einem Palais aus der verschnörkelten k.u.k.-Vergangenheit, sondern in einem inzwischen arg lädierten, Sechziger-Jahre-futuristischen und neunzig Meter hohen Aluminium-Ungetüm, das auf einer Bergkuppe über dem nordböhmischen Liberec thront, der früheren Stadt Reichenberg. Dort arbeitet inmitten bejahrten Personals, das immer noch gern Schallplatten (sic!) von Karel Gott und der DDR-Rockgruppe Karat hört, der junge Rezeptionist, ein etwas träumerischer und doch bereits desillusionierter Dreißigjähriger, eine Art unfreiwilliger Repräsentant der sogenannten »Nullerjahre« ab 2000. Ihm ist durchaus bekannt, dass unten in der Stadt der Marktplatz früher »Platz der Friedenskämpfer« hieß und davor »Altstädter Ring«. Gegenwärtig ist er nach »Dr. Beneš« benannt, jenem inzwischen sogar unter tschechischen Historikern umstrittenen Vor- und Nachkriegspolitiker, mit dessen

Namen die Vertreibung der deutschen Minderheit nach 1945 verbunden ist. Während – und auch das weiß der historisch interessierte und ansonsten seinen weiblichen Liebschaften eher schluffig hinterdrein jagende Protagonist – die zahlreichen Nazis unter den Deutschen auch in Reichenberg die dortige Synagoge angezündet hatten, damals im November 1938. Mitteleuropäische Sujets und Geschichten gibt es demnach, die verlieren auch durch einen eher modisch-lakonischen Erzähl-Stil nichts von ihrer Explosivkraft.

Im Gegenteil: Sie lassen sich abgleichen mit der außer-literarischen Wirklichkeit. Wer heute Liberec alias Reichenberg besucht, wird nämlich an der Ecke des »Dr.Beneš-Platz« am einstmals so florierenden »Kaffeehaus Post« vorbeikommen, wo man als Nachgeborener die Phantasie schweifen lassen kann – trotz der blinden Scheiben und des dahinter verstaubenden Stucks: Tschechen, jüdische und nichtjüdische Deutsche beim Plaudern und Bestellen einer Wiener Melange, beim genießerischen Zigarre-Rauchen oder Aufblättern eben jenes *Reichenberger Tageblatts*, das bis weit hinein in die dreißiger Jahre diesen liberalen, ethnien-verbindenden Kurs gehalten hatte. Und gleichzeitig: Fahrradgeklingel, Zurufe und Kinderlachen; bayrische und sächsische Radler-Touristen auf ihrer Tour hoch ins Altvatergebirge. Die 1938 niedergebrannte Synagoge ist inzwischen wieder ein jüdisches Bethaus mit angeschlossener Bibliothek. Gleich gegenüber befindet sich auf einem Hügelchen das in dezenter Crémefarbe renovierte Theater, 1893 nach Pariser Vorbild gebaut und ein damaliges Zentrum der städtischen Kulturelite – und heute wegen seiner Konzerte (und erschwinglichen Preise) vor allem bei Busreisenden aus Zittau und Görlitz sehr beliebt.

Und doch lehrt die Geschichte, dass eben nicht »alles gut« ist. Im Jahre 1906 hatte Kaiser Franz Joseph das damalige Reichenberg besucht und dabei auch dem 1873 entstandenen »Nordböhmischen Museum« eine Visite abgestattet. In realsozialistischer Zeit vernachlässigt, erstrahlt das herrschaftliche Gebäude mit seinen Türmchen und Erkern nun wieder in altem Glanz, eklektizistisch, durchmischt im besten Sinne: Ein bisschen Pseudo-Antike und authentischer Wiener Jugendstil, dazu in den weitflächigen Ausstellungsräumen spätmittelalterliche Gobelins und Fin-de-Siècle-Lüster. Nicht zu vergessen das technische Wunderwerk eines »pneu-mechanischen Pianos«, an dessen Seitenwand das Rundbild eines Smoking-tragenden afroamerikanischen Drummers die beginnende Moderne ebenso symbolisiert wie eine Sammlung futuristischer Plakate. So optimistisch und innovativ, hatte der Besucher gedacht (und erinnert sich jetzt wieder daran, mitten im Gespräch mit Jaroslav Rudiš), so zukunftszugewandt hätte es dann auch nach 1918 weitergehen können – nach dem Ende der Monarchie, als das deutsch-tschechisch besiedelte Reichenberg nun Teil der tschechoslowakischen Demokratie geworden war. Der radikal andere Fortgang ist bekannt.

»Hast du auch die Ketten am Rathaus gesehen?«, fragt Rudiš.

Gewiss. Da ist ja dieses österreichische Wunderwerk der Neorenaissance, zinnen- und türmchenbewehrtes Kafka-Schloß voller Mosaikfenster, ein weiteres Stück k.u.k.-Monarchie im nordtschechischen Grenzland, 1893 erbaut nach den Plänen eines Wiener Architekten. Und an der Vorderseite des Gebäudes diese neun Glieder einer Panzerkette. Die darauf eingravierten Namen erinnern an jene Tschechen, die hier am 21. August 1968 gegen den Einmarsch der Warschauer-Pakt-Truppen demonstriert hatten und niedergestreckt wurden von den Schüssen aus einem sowjetischen Schützenpanzer. Die Einwohner von Liberec übten daraufhin auf gewaltlose Weise Revanche, indem sie zur Desorientierung der Okkupanten über Nacht alle städtischen Hinweisschilder übermalten und in »Dubčekova Ulice/Dubček-Straße« umwandelten. Schließlich hatte man mit so etwas jahrhundertelange Erfahrung, waren doch schon im Dreißigjährigen Krieg die Söldner durch Reichenberg gezogen – eine Zeit, an die das nahegelegene Fachwerk-Ensemble der »Wallenstein-Häuser« erinnert. Und im Frühjahr 2014, als Russland dem hoffnungsfrohen Nach-89er-Regel-und-Grenzverständnis endgültig Adieu sagte? Hängten junge Aktivisten ein riesiges Transparent an die Rathaus-Fassade, das Vladimir Putin mit Hitler-Schnurrbart und in Stalin-Uniform zeigte. Von tschechischen Intellektuellen-Protesten war dagegen nichts zu hören, von jenen der Deutschen ganz zu schweigen.

»Vielleicht ist ja auch die Zeit der großen Resolutionen vorbei«, sinniert Jaroslav Rudiš. Vielleicht muss der Kampf gegen die Erinnerungslosigkeit ja inzwischen an vielerlei Fronten geführt werden, den großen und vermeintlich kleinen.

Da wäre nämlich zum Beispiel jener Wechsel von MySpace zu Facebook. Ersteres taucht in Rudiš' letztes Jahr auf Deutsch erschienenem Roman *Die Stille in Prag* noch auf, so dass sich Übersetzer und Verlag beim Autor vorsorglich erkundigt hatten, ob sie die anachronistisch gewordene Bezeichnung aus dem tschechischen Original nicht den neuen Zeitläuften anpassen sollten. »Das habe ich selbstverständlich abgelehnt. Einer meiner Roman-›Helden‹ hatte einen Bruder als Soldat im Irak-Krieg – wo es ja mittlerweile längst zu einem Truppenabzug gekommen ist. Wenn man also der puren Aktualität zuliebe in zeitverzögert erschienenen Übersetzungen zu revidieren begänne, wären wir bald schon wieder bei Orwell.« Doch auch diese Bemerkung eher leichthin gesprochen und ohne die Stirnfalte des literarischen Aufklärers.

Ohnehin ist das Personal in *Die Stille von Prag* eher mit persönlichen und beruflichen Prekariatserfahrungen konfrontiert. Dies freilich auf jenem Niveau, auf welchem noch immer eine Low-Budget-Reise nach Lissabon möglich ist und Zeit bleibt für lange Autobahnfahrten oder Vormittage im Bett, bei denen sich Klara und Petr ihre Lieblingsszenen aus Film und Literatur erzählen – eine berückend heterogene Liste von *Pulp Fiction* über *Lola rennt* bis zu Milan Kunderas *Buch der lächerlichen Liebe* und Bohumil Hrabals *Ich habe den englischen König bedient*. Weshalb wohl, fragt man sich als Leser, gibt es diese Art des freundlichen Eingebettetseins, des literarischen Generationen-Gesprächs und der unangestrengten Traditionstreue nicht in der deutschsprachigen Gegenwartsliteratur, wo entweder eine geschichtslose Berlin-Mitte-Welt mit Midlife-Crisis-Episoden aufgehübscht wird oder die Dachboden-Entdeckung von Briefen des Nazi-Uropas sogleich moralistische Anklägerschwere gewinnt?

Jaroslav Rudiš lächelt. »So polemisch würde ich es nicht sagen. Obwohl mir diese Prenzlauer Berg-Designmütter-Thematik auch langsam auf den Keks geht. Immerhin aber gibt es auch die wunderbaren Geschichten von Ingo Schulze, und wer weiß: Wenn aufgrund der gegenwärtigen Krise immer mehr Ost-, aber auch Südeuropäer nach Berlin strömen und ihre Geschichten mit den hiesigen verquicken... Vielleicht kommt's ja dann zu einer neuen Blüte, jenseits eines aufgeblasenen Hauptstadt-Hypes, der sowieso nur lächerlich war.«

Hört man diese Sätze, in die sich ab und an ein tschechisches *Aha* und *Jo!* einschleicht, schwindet langsam auch das Unbehagen an der gegenwärtigen Erinnerungslosigkeit, die ja vielleicht tatsächlich nur eine scheinbare ist. Denn sie existieren ja nach wie vor, die Bücher und Verknüpfungen und *links* zwischen den Ländern, Generationen und Erfahrungen – und wer könnte das besser bezeugen als der bejahrte Fahrdienstleiter und Kursbuch-Fan Alois Nebel. Rudiš hat ihm zur Sprache verholfen, während Jaromir 99, der 1963 geborene Leadsänger der tschechischen Kultband *Priessnitz*, das Comic-Zeichnen übernommen hat. Nach dem vorletztes Jahr auf Deutsch herausgekommenen Erstband ist nun bereits die Fortsetzung erschienen. *Leben nach Fahrplan* – der Titel selbstverständlich eine Anspielung auf Jiří Menzels legendären Spielfilm *Liebe nach Fahrplan* von 1966 – spielt wiederum in Bílý Potok, einem abgelegenen Nest im tschechisch-polnischen Grenzgebiet des Altvater-Gebirges, dem ehemals deutschen Sudentenland. Der alle Zeitumschwünge trocken-wacker kommentierende Alois Nebel ist mittlerweile aus dem Sanatorium zurückkehrt, in das er eingewiesen worden war, nachdem er auch in seinen Wachträumen allerlei Züge hatte vorbeifahren sehen: Deportationszüge während und nach dem Zweiten Weltkrieg, sowjetische Kriegsgefangene und vertriebene Deutsche, osteuropäische Widerständler oder auch Kollaborateure – quasi das ganze Personal ansonsten verdrängter Historie.

Nun aber hat auch in Bílý Potok die postsozialistische Moderne Einzug gehalten in Gestalt von läppischen »Events«, ja sogar einer veritablen »Reality-Doc«, bei welcher der hiesige Pfarrer sich schließlich total unmöglich macht. Dabei hatten die Provinzler, so zumindest steht es in Rudiš' listigem Comic, darauf gehofft, das Prager Fernsehteam würde hier eine Neu-Adaption des *Bahnwärter Thiel* drehen, ehe sie nach allerlei provozierten Skandälchen eines Besseren belehrt wurden. Denn bald fuhr die hauptstädtische Medienmeute auch schon wieder heim, während Alois Nebel sich erneut auf die schlichte Toilette seines Bahnwärterhäuschen zurückzog, um dort, wie bereits zuvor sein Vater und Großvater, in den aufgestapelten Kursbüchern zu schmökern. »Lies keine oden, mein sohn, lies die fahrpläne: sie sind genauer«, hatte vor Zeiten Hans Magnus Enzensberger vorgeschlagen. Im Jahre 2013 hält sich am Ostrand Europas ein alter Tscheche an diese Weisheit, »erfunden« von seinem halb so alten Landsmann Jaroslav Rudiš, der diesen Comic – erschienen in einem kleinen Dresdener Alternativ-Verlag – mitbringt zu unserem Nachmittagsgespräch in der Mitte Berlins, zwischen Jüdischer Synagoge und Bahnhof Friedrichstraße.

Dabei könnte das raucherfreie Café, das wir uns zum Treffpunkt gewählt haben, mit seiner androgynen Bio-Klientel durchaus auch als Hassobjekt von Judis' Roman-Protagonisten Ole taugen. Der Ex-Punk Ole ist der kettenrauchende Anti-Held von Jaroslav Rudiš' jüngstem auf Deutsch übersetzten Roman: *Vom Ende des Punks in Helsinki*. Die Geschichte spielt in einer ostdeutschen Großstadt der Gegenwart, wo bereits ebenfalls der Gesundheits- und Wohlfühlkult eingesetzt hat inklusive eines sanften, politisch hyper-korrekten Kommunizierens und einer neuen, lauschig-biedermeierlichen Art der Sexualität. In Oles Kneipe »Helsinki« darf dagegen geraucht und geflucht werden, es gibt Bier, Wodka und Soljanka – und dazu jede Menge Erinnerungen. Ole und sein Kumpel Frank waren nämlich DDR-Punks, denen das damalige Regime und mehr noch der tröge Alltag übel mitgespielt hatten, weshalb sie...

Frage an Jaroslav Rudiš, der nun keineswegs wie ein abgerissener Desperado wirkt: »Glaubst du, dass 89er mit so etwas wie dem Fluch der ewigen Jugend belegt sind, weil sich früh erlernte Protesthaltungen – weniger im Politischen als im Habituellen – auch später nur schwer domestizieren lassen?« »Könnte sein. Eine Art Spät-Adoleszenz, mit allen rührenden, aber auch peinlichen Aspekten. Obwohl mein Ole ja seine Umgebung keineswegs mit Geschichten aus seiner früheren Punk-Zeit belästigt. Weder er noch sein Kumpel Frank erzählen den anderen, was passiert war, als sie 1987 nach einem Konzert der *Toten Hosen* in Pilsen versucht hatten, aus der CSSR in den Westen zu fliehen. Im Gegenteil: Das tschechische Mädchen, in das sich Ole bei dem Campino-Auftritt verliebt hatte und das bei dem Fluchtversuch ums Leben kam, hat er geradezu begraben in seinem Gedächtnis.«

Dabei bilden die ungelenken Tagebuchaufzeichnungen jener Punk-Nancy aus dem tschechischen Teil des »Tals der Hohlköpfe« den wohl eindrucksvollsten Teil dieses Buchs, rabiat anarchische Einsprüche gegen eine dumpfe Umwelt, in die sich nicht nur der Krebs von Tschernobyl eingefressen hat. Der tschechische Romancier belebt diese unwirtliche Szenerie genauso mühelos wie die heutige Soft-Existenz amnesiefreudiger ostwestdeutscher Nerds, Hipster und »Helikoptermütter«, die theoretisch Oles und Nancys Kinder sein könnten – aber eben auch nur theoretisch. Der kalte Spott und die gleichzeitig geradezu liebevolle Präzision, mit der dieser deutschtschechische Roman geschrieben ist, macht jedenfalls die Angst vor dem Vergessen obsolet. Zumindest in diesem Buch und bei diesem Autor Jaroslav Rudiš. Solange goldschnittfreie Geschichten wie jene von Ole, Frank und Nancy erzählt werden, ist es wohl um das Gedächtnis des Kontinents besser bestellt als befürchtet.

Jaroslav Rudiš / Jaromir 99: Alois Nebel – Leben nach Fahrplan. Aus dem Tschechischen von Mirko Kraetsch. Verlag Voland & Quist, Dresden 2013.

Vom Ende des Punks in Helsinki. Roman. Aus dem Tschechischen von Eva Profousová. Luchterhand Verlag, München 2014

»Immer die aus'm Osten«
Eine Rückkehr nach Sachsen

2010

Die spitze Bemerkung kam unerwartet, zwischen Aperitif und Antipasti. »Tja, ihr aus dem Osten... Das versucht uns euer Pastor Gauck ja nun seit zwei Jahrzehnten einzuträufeln, dass die Bundesrepublik angeblich schon immer eine Demokratie gewesen ist.« Worauf ein Gemurmel folgte und verschiedene Anwesende wie in einem mechanischen Ballett die Redefiguren Kiesinger, Pinscher, Strauß, Spiegel-Affäre, Globke, Radikalenerlass und Flick-Skandal austauschten, ehe alles in ein halb nachsichtiges, halb enerviertes Seufzen überging.

Hätte ich – an diesem Juni-Abend 2010 kurz vor der Bundespräsidentenwahl plötzlich zum unfreiwilligen Repräsentanten »des« Ostens gemacht – den ansonsten doch recht sympathischen Gastgebern und Gästen in jener weiträumigen Charlottenburger Bürgerwohnung etwa lang und breit zu bedenken geben sollen, dass Demokratie doch mitnichten ein Synonym fürs Paradies ist – und das Engagement gegen Missstände ganz normale Bürgerpflicht und nicht etwa heroischer, vor Angst zitternder Widerstand? Hätte ich vielleicht sogar die tiefenpsychologischen Affekte eines fortgesetzten »Erfahrungsneids« (Jürgen Fuchs) ansprechen sollen, die auch unter DDR-kritischen Linksliberalen noch immer sofort abrufbar sind, sobald irgendein dahergelaufener Ostler daran erinnert, dass Stasi-Verhöre wegen angekündigter Kriegsdienstverweigerung dann doch ein etwas anderes Risiko darstellten als öffentlich abgesicherte Proteste in Mutlangen oder Wackersdorf?

Aber zu spät, zu spät, denn schon wurde zu den Bruschetta und in die Schüssel mit dem Artischocken-Salat gegriffen und der soeben noch Gerüffelte (der seinen Weg vom engen Osten in die weite Welt eben ohne eine sozialisierende Station in Kreuzberg oder am Savignyplatz gegangen war) wieder freundlich in die Mitte genommen: Erzähl' uns lieber von Deinen Reisen!

Für einen Moment überlegte ich – um eventuell all die so polyglott-toleranten Leutchen erneut zum Kochen zu bringen – ob ich nicht wieder einmal von Israel und meinem geliebten Tel Aviv berichten sollte. Diesmal lieber nicht. Und Birma? Ich erinnerte mich, wie – ebenfalls an einem Sommerabend, ebenfalls in einer gediegenen Akademikerwohnung mit abgezogenen Dielen und garantiert echt exotischen Masken zwischen den Bücherwänden – meine Erzählung über die brutal niedergeschlagenen Mönchsproteste im militärdurchkämmten Rangun, deren Zeuge ich 2007 geworden war, von einem emeritierten Soziologen sogleich mit der spitzen Frage gekontert wurde: »Und die Amerikaner im Irak?«

Könnte es sein, dass ich, im Mai 1989 in die Bundesrepublik gekommen, auch nach über zwei Jahrzehnten die Codes des *juste milieu* nicht so richtig kapiere? Unauflöslicher Widerspruch zwischen der im Grunde so angenehmen, urbanen Gewandtheit dieser Leute und den unsichtbaren Panzern und Scheuklappen, die sie dennoch so dünkelhaft mit sich herum tragen.

Wie einfach war es dagegen im Sommer 1990, als man mich – im jungen Antikommunisten aus Sachsen ein wenig zu voreilig neorechten Nachwuchs witternd – zum Symposium einer ultrakonservativen Stiftung eingeladen hatte, der Jungspund aus dem Osten sich dann jedoch weigerte, »unserem sehr geschätzten Ministerpräsidenten a.D. Dr. Filbinger« auch nur die Hand zu geben. Denn dort hatte es bestimmt keine Bruschetta mit Prosecco gegeben, dort wurden Knödel und Klopse serviert, musste das Ressentiment nicht einmal kaschiert werden: »Fortwirkende SED-Gehirnwäsche, Linksdrall, fehlende bürgerliche Kinderstube« – das Verdikt der Versammelten prasselte mir prompt und militärisch knapp aufs Haupt. Noch heute denke ich gern daran zurück.

* * *

Ich finde das Leben im Westen bon/ und plapper schon munter im Westjargon/ und dennoch gibt es so Extras hier, die viel zu viel Seelengeld kosten./ Da sag ich: Nee, nein Danke, kein Bedarf/ ich bin noch auf anderes Leben scharf/ Ich bleib immer die aus'm Osten.

Wann, vor wie viel Jahren, hatte ich zuletzt dieses Biermann-Lied gehört, das er – noch länger ist's her – einst für seine Muse

Eva-Maria Hagen geschrieben hatte? Und wie kommt es eigentlich, dass ich die Verse noch immer parat habe und – gehe ich im Jahr 2010 noch einmal den Freiheits-Lektüren nach, die für den damaligen Neuankömmling so wichtig waren – ebenfalls vor allem auf »die aus'm Osten« stoße: auf Manès Sperber aus Galizien und Reiner Kunze aus Thüringen, auf Václav Havel und die großartigen Polen Gombrowicz und Miłosz, Adam Zagajewski und Kasimir Brandys (für die Ironie, Hedonismus, Glauben und Freiheits-Engagement eben keinen Widerspruch darstellten), nicht zu vergessen meine Freunde Jürgen Fuchs und Utz Rachowski aus dem vogtländischen Reichenbach, Freya Klier aus Dresden und Henryk Broder aus Katowice?

Ist das nun Ostalgie der ganz perfiden Art, wenn langsam die Erkenntnis reift, dass man die Freiheit ja bereits dort im Osten leben gelernt hatte und sie im Westen dann nur ganz wunderbar alltäglich ausweiten konnte? Nicht weniger – allerdings auch nicht mehr. Und ein (mitunter von freundlicher Verachtung nicht ganz freies) Lächeln gegenüber all den Forschen, die – gesegnet mit der unverdienten Gnade einer anderen Geburt – im risikolosen Stechschritt durch unsere Zivilgesellschaft stolzieren und nicht müde werden, marktschreierisch eine »neue Bürgerlichkeit« einzufordern, als hätten *sie* in ihrem bisherigen Leben auch nur ein einziges Mal tatsächlich für bürgerliche Freiheit einstehen müssen. Und ja, durchaus und ohne falsche Scham: Mitunter tut es verdammt gut zu wissen, dass man von woanders her kommt.

* * *

Letzte Woche war ich deshalb wieder einmal in Limbach-Oberfrohna, der sächsischen Kleinstadt im grünen, waldreichen Umland von Chemnitz. Hier hatte ich die ersten zehn Jahre meiner Kindheit verbracht. Das brandneue und wortspielerisch ausgerechnet mit Kalifornien kokettierende Stadtwebsite-Motto »Come to L.-O.« amüsiert (sympathisch sächsischer Hausmanns-Größenwahn), aber was tatsächlich berührt, ist etwas anderes. Denn das hatte ja bereits das Kind von damals so beeindruckt: All die kleinen und größeren, filigran verzierten Fabrikanten-Villen der nach dem Krieg enteigneten Textilunternehmer, die da entlang der »Straße des Friedens« oder der

»Straße der OdF« (das war die technokratische Abkürzung für »Opfer des Faschismus«) standen und keinen Neubauten Platz machen mussten, sondern Kunde gaben von einer ganz anderen Zeit. Bereits im 19. Jahrhundert war Limbach, wie so viele sächsische Kleinstädte, ein Zentrum der Textilindustrie gewesen – mit einfallsreichen Unternehmern und einer selbstbewussten Arbeiterschaft, die in Bildungsvereinen lernte, nicht zu allem Ja und Amen zu sagen. Und etwas hatte sich als Schrumpfform davon sogar in jener DDR Ende der siebziger Jahre erhalten – in den kleinen, noch immer privaten Maler-, Elektriker-, Schneider- und Tischlerwerkstätten, im Kino »Apollo« und in den diversen Läden auf der Helenenstraße (die der 1931 in Limbach geborene und später in den Westen übergesiedelte Schriftsteller Gert Hofmann in seinem Roman *Der Kinoerzähler* so wunderbar beschreibt).

Ging ich mit meinen Großeltern im Stadtpark spazieren, wo an Sommerabenden tatsächlich die Laternen aufleuchteten, trug der Großvater selbstverständlich Krawatte – und war auf die gefüllten Auftragsbücher seiner kleinen Polsterei ebenso stolz wie auf seinen Vater, der in der Nazizeit die Bücher von Heinrich Heine und die Broschüren der Lenin- und Trotzki-kritischen Anarchistin Emma Goldman nicht etwa ängstlich verbrannt, sondern nur gut versteckt hatte. »Und was mein Großvater war, also dein Ururgroßvater«, so wurde ich belehrt, »das war der Martin-Clemens, der hat in Limbach die erste Textilarbeiter-Gewerkschaft mitgegründet und angeblich einmal sogar den Bebel-August getroffen, stell dir vor!«

Ja, stell dir vor, denke ich, während ich jetzt die Straßen dieser Kindheit noch einmal entlang gehe – vorbei an mittlerweile schick restaurierten Häusern, aber auch Gebäuden im fortdauernden Dornröschenschlaf und auf manchen Briefkästen und Firmenschildern noch immer die gleichen Namen wie vor 30 Jahren (was rührt und gleichzeitig auch ein wenig Beklemmung auslöst).

Und sieh' an: Im Gemeindewald unweit des nach dem Turnvater benannten »Jahn-Haus« gibt's noch immer das »Sonnenbad«! Ging ich mit meinem Vater sonntagvormittags dorthin zum Schwimmen, konnte man zuvor in nahezu jeder kieselbestreuten Einfahrt der Einfamilienhäuser aus gerade gewaschenen Autos fröhliches Westradio erklingen hören: Die Freiheitsglocke im Schöneberger Rathaus auf RIAS Berlin oder »Hier ist Bayern Drei, die Servicewelle von Radio

München: Zwischen Schneizlreuth und Reichenhall kommt Ihnen ein Geisterfahrer…«

Es war das denkbar beste Antidot zur tristen Geisterwelt des realen Sozialismus, eine kleine Blase der Gesittung und dessen, was die Leute dort »Fischelanz« nannten, eine Alltags-Gewitzheit jenseits ideologischer Dumpfheit. Auch deshalb spürte ich in meinen allerersten Schuljahren kaum etwas von der nivellierenden Existenz eines Gebildes namens DDR, denn wenn meine Klassenkameraden im Unterschied zu mir auch das blaue Halstuch trugen – sie trugen es bestimmt nicht mehr, wenn wir gemeinsam im weitläufigen Rhododendron-Garten des (später ebenfalls in den Westen ausgereisten) Zahnarztes Haubert herumtollten, uns zwischen den duftenden Kiefernholzbrettern beim Tischler Lippmann versteckten oder hinter den gigantischen Stoffballen in der Werkstatt meines Großvaters. Und abends selbstverständlich die »Tagesschau« und am schönsten Montag der Woche Dieter-Thomas Hecks »ZDF-Hitparade«: »Es ist neunzehn Uhr dreißig, hier ist Berlin…«

Wahrscheinlich musste ich später weggegangen und danach um die halbe Welt gereist sein, um endlich zu würdigen, welch lebensweltlichen Schutz und weiterwirkende Imprägnierung all dies geboten hatte – gegen das resignierte Hinnehmen jenes Grau-in-Grau der Ostzone, gegen das Infame einer ansonsten so deprimierend gleichgeschalteten Gesellschaft.

Da aber jetzt im Frühherbst das »Sonnenbad« bereits geschlossen hat, entscheide ich mich (noch so ein drollig-pompöser Name!) für das ultramoderne »Limbomar« mit seinem Hallenbad und Sauna-Areal. Wenn man so will: Auch das eine blühende Landschaft, hier auf der ehemaligen »Kellerwiese«, wo früher einmal im Jahr der Zirkus gastiert hatte. Und wo dann im Herbst ’89 meine Limbacher bewiesen hatten, dass es mitunter doch noch etwas mehr braucht als lediglich »Fischelanz«. »Nu«, erzählt mir einer der recht kompakten Badegäste, »da simmor damals eben off de Kellerwiese runner, um de SED wegzudemonschriern, und ich saachs mal so: Ä bissel Angst hatt mor schon, du weeßt ja nie.« Sagt’s und plantscht dann hinüber zu seiner Frau.

Und über zwanzig (West-)Jahre hat es gebraucht, bis ich verstand, wie viel ich diesen grundanständigen Menschen, meiner Familie und dieser kleinen Stadt verdanke.

Marko Martin

Kosmos Tel Aviv

Streifzüge durch die israelische Literatur und Lebenswelt

Mit einem Vorwort von Ralph Giordano

Wehrhahn Verlag, ISBN 978-3-86525-293-7, 234 Seiten, 19,80 €

»Was wir hier vorgestellt bekommen, ist eine Art »Who is who?« der israelischen Literaturszene, ohne dass es auf die Intellektuellenebene beschränkt bliebe – eine Odyssee durch die hektische Metropole Tel Aviv. Dabei an die Hand genommen von einem Insider, der sich dieses Prädikat nie selbst anheften würde, dessen Leistung die Auszeichnung aber dennoch rechtfertigt. Das ist so dicht, so malerisch, so kenntnisgespickt, dass man es gleich zweimal inhalieren möchte.« Ralph Giordano

Kosmos Tel Aviv führt in Streifzügen durch eine israelische Literatur und Lebenswelt, die in ihrer flirrenden, selbstkritischen Heterogenität hierzulande noch kaum bekannt ist. Nicht enzyklopädische Vollständigkeit, sondern die Lust an Lektüre, an Biographien und unerwarteten Alltagsbegegnungen vermittelt dieses Stadt-Lesebuch – inklusive Abstecher nach Jerusalem, in Israels Norden und hinunter in die Negev-Wüste. Marko Martin schreibt nicht als kühler, nur für wenige Tage zugereister Beobachter, sondern als sympathisierender Flaneur – in Essays, Reportagen, Autoren-Porträts und Glossen. Die Schriftsteller, die er hier trifft – vom jiddisch schreibenden Holocaust-Überlebenden Alexander Spiegelblatt über die jüngeren Romanciers Nir Baram und Etgar Keret bis zu den israelisch-arabischen Autoren Sayed Kashua und Ayman Sikseck – vermitteln dabei ein ungleich komplexeres Israel-Bild als das medial übliche.